土地科学与土地管理概论

张昭仁　刘仁义　刘　南
张　丰　杜震洪
编　著

ZHEJIANG UNIVERSITY PRESS
浙江大学出版社

内容提要

本书按照“厚理论、重实践、学以致用”的编写思路，比较完整地构建了土地科学与土地管理学的学科体系。与同类专业教材相比，本书力图避免倚重于某一圈层知识的倾向，特别突出了土地科学与土地管理密切的耦合关系。

全书分为上下两篇共六章，上篇为土地科学基础知识，包括第一至四章，第一章对土地科学研究对象、内容、任务以及创新土地文化建设作了概括性的论述；第二、三、四章系统介绍了土地的概念与属性，土地类型及分类系统与分类体系，土地评价的方法与程序；下篇为土地管理法律法规知识，包括第五、六章，着重对土地管理及其法律法规进行了介绍。

本书可作为土地专业教学及土地管理部门岗位培训的教材使用，同时也可供地理科学、地球科学、自然资源科学、国土整治、资源环境保护以及农业区域综合开发等相关专业和部门的理论工作者和管理工作者参考使用。

图书在版编目（CIP）数据

土地科学与土地管理概论／张昭仁等编著．—杭州：浙江大学出版社，2011.8

ISBN 978-7-308-08894-7

Ⅰ.①土…　Ⅱ.①张…　Ⅲ.①土地—研究②土地管理—研究　Ⅳ.①F301

中国版本图书馆 CIP 数据核字（2011）第 144087 号

土地科学与土地管理概论

张昭仁　刘仁义　刘　南　张　丰　杜震洪　编著

责任编辑　许佳颖　黄娟琴
文字编辑　陈静毅
封面设计　刘依群
出版发行　浙江大学出版社
（杭州市天目山路 148 号　邮政编码 310007）
（网址：http://www.zjupress.com）
排　　版　杭州中大图文设计有限公司
印　　刷　浙江海虹彩色印务有限公司
开　　本　787mm×1092mm　1/16
印　　张　19.75
字　　数　444 千
版 印 次　2011 年 8 月第 1 版　2011 年 8 月第 1 次印刷
书　　号　ISBN 978-7-308-08894-7
定　　价　39.00 元

序

土地是自然综合体和人类生产劳动的产物。土地作为一种资源，是人类进行生产建设的物质资料与劳动对象，也是人类赖以生存与发展的基础。

马克思认为创造社会财富的源泉是自然资源与劳动资源，他引用威廉·配第的话说："劳动是财富之父，土地是财富之母。"恩格斯在《自然辩证法》中更明确指出："劳动与自然界一起才是一切财富的源泉，自然界为劳动提供材料，劳动把材料变为财富。"土地科学的基本任务就是研究"人"与"地"的关系，研究"人地"这对矛盾的运动、发展、演变的形式、驱动力和内在规律。在"人地"这对矛盾中，人(通过劳动)是最活跃的因素，总是处在矛盾的主要方面。人类可以不合理且掠夺性地滥用土地，造成土壤侵蚀、土地沙化、土地污染、土地退化，而损失土地的生产能力；人类也可以应用自己的智慧——智力资源，科学合理地利用土地，提高土地利用率、生产率和综合效益，使土地得到节约、高效、持续的利用。解决"人地"这对矛盾的办法，归根结底是依靠人与地的优化组合和科学技术的进步，统筹协调好人地之间、工农业用地之间和城乡用地之间的关系，不断提高土地的生产能力。

土地是一个系统。土地系统包含两层含义：第一层，土地作为自然综合体，它由气候、地貌、岩石、土壤、生物和水等组成一个垂直剖面，进行自然界物质与能量的交换和循环；第二层，土地作为人类生产劳动的产物，人与地之间进行新的物质与能量之间的交换与循环。人们要研究、调控、培育、管理好这个复杂的系统，使得土地系统向良性平衡和可持续利用的方向发展。

土地作为人类物质财富的源泉，自然也是人类社会文化的源泉，其理念在本书绪论中作了详细的阐述，很有新意。现在正是我们要大力提倡土地文化、继承土地文化、研究土地文化、宣传土地文化的时候，并由此衍生出土地文明的更高一层的理念。土地文明的主要标志是维护和塑造健康的、不污染、不退化的土地。只有土地健康了，土地才能可持续利用，经济社会才能可持续发展。在我国这样人口众多、土地相对短缺的国度里，我们应该更加爱护土地、呵护土地，既要保护土地的数量，又要提高土地的质量；还要努力节约用地、培育土地，认真而不是敷衍地，切实而不是口头地，动用经济、法律、行政等一切手段，实施世界上最严格的土地管理制度，为我们的后代留下健康的土地和足够的发展空间，使中华民族得以世世代代繁衍生息，这是我们每个人肩负的重要任务。

本书主编张昭仁教授是我的老战友、老同事。在20世纪70年代以前，我们同在中国科学院自然资源综合考察委员会，一起参加西北、西南、内蒙古等地区的综合考察，与资源综合考察事业结下不解之缘，70年代后他调回老家——浙江省，仍然从事土地研究。他辗转全国各地，跑遍浙江的山山水水，是一位有丰富野外工作经验的地理科学与资源研究工作者，更是对祖国大地有着深厚感情的老土地工作者。因此他在丰富实践经验的基础上，总结编写出《土地科学与土地管理概论》这本书，既有理论，又有实践，内容非常丰富，并且书中提出许多新的思想、新的理念，很值得一读。我有幸先读为快，并汲取其中许多有益的知识和思想。

有感，特作此朽序。

石玉林

2011年5月

前 言

一

土地是国家发展之基，人民安身立命之本，是经济社会可持续发展的根本保障。在人类历史长河中，土地对经济社会发展的影响最为重大；在人生悠悠的岁月里，土地对惠及民生最为直接。土地不但是宝贵的自然资源、物质资产，而且是构筑土地生态、弘扬土地文化、推动社会进步和文明发展的源泉。

随着经济与社会的发展、人口的增加，工业化和城镇化程度不断提高，深刻改变了土地的利用结构，人们正以前所未有的规模和程度开发利用土地。耕地大量被占用，极大地影响了人们的生存环境，并由此引发出一系列的生活环境问题，"吃饭与建设和生态与经济社会可持续发展"的矛盾日益凸显。尤其我国还是一个人口大国，一个名副其实的发展中国家，处在人口基数大、人均土地少、土地后备资源不足、科技水平比较低的条件下，要实现经济与社会保持平稳较快发展和较高增长速度，使本来就已经短缺的土地资源和脆弱的环境面临更大的压力，使土地的可持续利用与经济社会的可持续发展面临严峻挑战。在这种国情和形势下，实现土地可持续利用的核心价值与综合效应势在必行，土地与生态环境问题引起了我国政府的高度重视，已成为党和政府执政为民、富民强国安天下的大事。解决上述矛盾的策略是什么？那就是坚持以科学发展观统领全局，以文化的态度善待土地，惜土如金。遵循"十分珍惜、合理利用土地和切实保护耕地的基本国策"，构建人与土地的和谐关系，推进资源节约型、环境友好型与学习型社会建设；加快推进经济发展方式的实质性转变，使有限的土地能够满足经济可持续发展、全面实现小康社会和构建社会主义和谐社会的需要。这些问题的解决，最终都有赖于土地科学理论知识的指导，以及土地科学管理和土地专业人才的支撑。在这种背景下，编著《土地科学与土地管理概论》，体现了顺应时代使命与适逢新时期的任务需求。

二

土地科学是一门年轻的综合性学科，按系统科学的理论方法，土地科学属于地球表层复杂的、开放的巨系统科学的基础学科。土地管理学、土地法学、土地资源学、土地规划学、土地信息学、土地生态学和土地工程学等，各为相对独立的学科，但在土地科学体系里，它们都属于其中的分支学科。

与本书同类专业的教材或专著，大多将土地类型、土地评价、土地利用规划、土地资源学以及土地管理学等，单独研究，独自成书。而本书试图将土地科学与土地管理学集成一体，进行综合研究，编著方式显著不同。编著者认为这样有一定的合理性和可行性：一是，土地科学与土地管理学都以土地这个地球表层各因素相互作用构成的自然经济综合体作为研究对象，主要研究人与土地的关系，即研究土地利用中有关土地所有、土地使用调节与土地管理中的生产关系及人与人的关系。“调节”（协调）与“管理”的实质是人们为实现一定目标而采用的一种手段，人们之所以需要管理，是因为管理好，可以有效地实现目标。所谓土地有效管理，就是既讲土地利用效率，又讲土地利用效益，使得生态、经济、社会三者综合效益最大化。实践检验表明：无“管理”，则土地科学理论是“一纸空文”，没有土地科学作为理论依据，就没有土地的科学管理。土地科学与土地管理的理论知识水平，在很大程度上决定着土地管理工作水平和领导决策水平。二是，把土地科学与土地管理研究耦合在一起，遵循了土地科学理论知识与土地管理实践相结合的原则，体现了“厚理论、重实践、学以致用”的编写思路。既注重土地科学理论知识的系统性，又联系土地管理法律法规，还与当前土地利用与保护的热点和焦点问题紧密结合起来。正如孔子所论述的“学而时习之”，“学”是基础，被动受教、传业，“习”是重视实践，深化所学，强调学与用不脱节，知与行相结合，两者不可或缺。

综上所述，把土地科学知识与土地管理法律法规知识耦合在一起，融科学性、实践性和政策性为一体，编著这本关于土地科学与土地管理学的入门教材与参考读物，既是新时期土地研究特性使然，又能满足加快推进经济发展方式的实质性转变、惠及民生的需要，还能为培养和输送土地相关专业人才提供服务。

三

本书原稿拟题为《土地资源与管理》，自 1995 年以来，曾作为浙江大学（含前杭州大学）资源与环境信息系统专业学生的教材使用，并在教学相长中得到改进。特别在 1998 年新《土地管理法》颁布实施以来，我国土地科学研究新成就和土地管理事业蓬勃发展，为及时追踪相关领域专业部门的前沿和热点问题，编著者总结经验、与时俱进，在 2002 年对原稿作了一些修改与补充。后期，根据浙江大学浙江省资源与环境信息系统重点实验室张昭仁、刘南、刘仁义、盛乐山和张丰等专家教授，在多年从事自然资源科学考察、土地资源调查与管理，以及资源与环境信息系统诸多领域教学研究工作，积累丰富实践经验的基础上，合力编著了《土地科学与土地管理概论》。在本书的编著过程中，编著者博采众长，吸取和引用了国内外许多相关专业的研究成果和技术规范，以及有关的法律法规和政策文献。因此，应该说本书的编著是集体的劳动结晶，也体现了各有关部门的研究成果和管理工作经验。

全书包含土地科学基础知识和土地管理法律法规知识两部分，分成两篇六章。层次结构与编排顺序紧密结合、交相辉映。篇与篇前后对接；篇与章内涵衔接；章与章承上启下；全书贯通，首尾呼应。上篇为土地科学基础理论知识，系统介绍土地自然经济综合体的研究对象、内容和学科体系，土地的概念与属性，土地类型及其分类系统与分类体系，基于土地类型的土地评价（含土地经济、土地生态、土地适宜性、土地潜力与土地可持续利用评价等)，以期为因地制宜、分类指导土地利用与土地保护，为实施土地可持续利用提供理论依据。下篇为土地管理法律法规知识，主要介绍土地行政、经济、信息科学管理与土地利用规划，土地利用与土地保护，土地复垦、土地整理及其法律法规等方面的内容，突出介绍耕地特殊保护。本书结合实际需要，增强土地基本理论知识和基本操作技术方法等方面内容，力图全面介绍作为土地科学研究对象的土地，以及构成土地这个自然经济综合体各因素的相互关系和整体作用的理论知识。

本书的编著出版，得到中国科学院地理科学和资源研究所研究员、中国工程院院士石玉林的悉心指导和真挚帮助，还得到浙江大学出版社陈晓嘉、黄娟琴和陈静毅，以及浙江省土地信息中心周海燕等人的大力支持和帮助，在此谨向他们一并致以衷心的感谢!

土地科学与土地管理事业处在快速发展中，期待不断完善、提高。受编著者水平所限，书中的疏漏和谬误在所难免，诚请读者批评指正。

编著者

浙江大学浙江省资源与环境信息系统重点实验室

(浙江大学地理信息科学研究所)

2011 年 5 月　杭州

目 录

上篇 土地科学基础理论知识

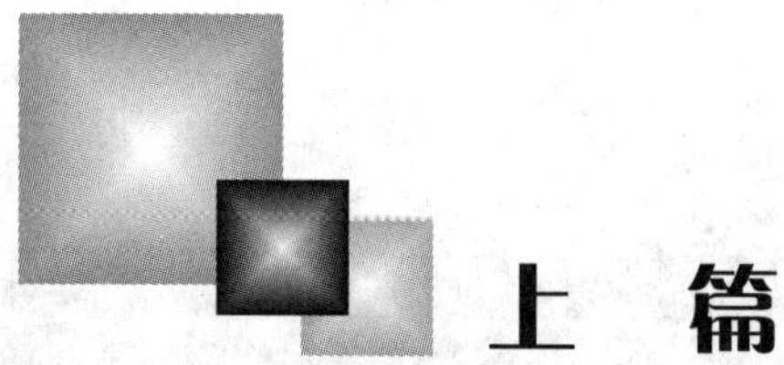

上　篇

土地科学基础理论知识

第一章　绪　论

土地是人类在地球上生存的根基，是人类社会发展的重要物质基础及资源环境条件。土地科学就是要从研究土地自身以及人与土地关系的历史变迁中，发现规律，总结经验，得出正确结论，提高对土地的科学管理和合理利用的水平。

第一节　土地在国计民生中的地位与作用

一、土地是国家的发展之基，人民安身立命之本

在当今世界，除了人才，土地是第一财富，大地载万物，又生养万物，是世间一切事物的根本，万事万物都依靠土地之“源”而生存、发展。在人类社会生产活动中，土地既是重要的生产资料和物质资源，又是劳动的对象和工具，同时也是人类赖以生存的活动领域和生产活动不可或缺的资源条件和空间环境。如果说人生生不息的繁衍发展构成了人类社会的发展历史，那么始终承载人类历史的物质基础就是土地。人类文明史开始于对土地的利用，英文中“文化”的单词“culture”其本意就是栽培。有了栽培才有了文明史。在漫长的旧石器时代，人们只是通过采集、狩猎等方式来获取食物，食物直接取之于自然的恩赐，而不是有意识生产活动的结果。耜耕开始于七八千年前的新石器时代，它是投之于土、获之于土，以土地为物质基础进行有目的的农作食物生产活动。从向自然索取食物到自己生产食物，这是人类文明史的分水岭。这意味着天然植被开始破坏，人类已进入耜耕阶段的农业，在农事活动中，人们通过耕种与收获，通过土地的产出获得一定的温饱，也逐渐认识到土地“一籽百粒”的生育功能。

国家基于土地而发展，民族借以土地而兴旺，社会赖以土地而发达，人们因土地以安身，赖其产出以立命，人既是土地的“房客”，又是土地的“食客”。自古以来，人们对土地就有着极其深厚的情感，爱之深切必然神化它，土地很早就是人们祭祀的对象。祭祀土地神的日子，就是“社日”（“社”与“土”是象形字，为地面上立的土堆，后来引申为社神之义），春社、秋社祭祀，有较早的史籍载录。后来每年都有春、秋两个社日（类似 1986 年以来，每年的全国“土地日”），春祈秋报，普天同祭。春社在春天播种时，求告土地神灵，得以风调雨顺，保佑农业，丰收在望；秋社则在秋天收获时，载歌载舞，以向土地感恩神明。“民以食

为天”，土和谷都是人们生存须臾离不开的。古代以稷为五谷之长，后被奉祀为谷神；古代都是以土为本，因五谷生于土，有土斯有粮，故封土立社示有土尊。故社日所祭的神，一为社二为稷。“社”是土神、“稷”是谷神，象征了土地以及土地的产出。为求得国泰民安、五谷丰登，古时候每年春、秋两次社日皇帝都要亲自祭社神和稷神，这就有了所谓的社稷。后来社稷成了国家的代称。古人祭祀土地神充满了生活气息，睦邻欢聚，热闹非凡，除了上香跪拜，还有多种欢庆活动，于是就有了“社”的副产品，诸如社酒、社肉、社饭等，更有社火、社鼓、社戏等热闹场面、狂欢情景。直到如今，农村仍保留着许多祭祀土地生动有趣的习俗。现在所称的“社会”一词，本义就是“社日的热闹集会”，后被泛指多种集会，进而演绎为人与自然、人与社会、人与人之间的活动关系。由专称引申到泛指，可见古代社日影响之大。

国以土为疆，民以食为天，食以粮为本，粮以地为源，土地是国脉所系，民生所依，对国计民生影响极大；历史上的战火纷起，往往起因于土地之争，翻开中华五千年历史，无不像是一场土地争夺史，抑或圈地划界的改朝换代史。因此，土地对于一个民族、一个国家的生存和发展具有重要意义。

二、耕地是土地的精华，“但存方寸地，留与子孙耕”

土地是国家的宝贵资源和资产；耕地乃是土地的精华，是农业生产、粮食安全的基础，也是国家经济安全、社会安全的基础。中国人以占世界7%的耕地，养活了约占世界1/5的人口，令世人瞩目。这样的成就蕴涵了中国政府的艰辛努力和数亿农民作出的巨大贡献。保护耕地就是保护人们的生命线，是事关中国特色社会主义核心社会建设全局的大事，是经济实现平稳发展、社会秩序得以长治久安的坚实后盾。在社会发展的长河中，“一要吃饭，二要建设，三要生态，四要发展”这个既统一又对立的矛盾，始终制约着社会发展。十分珍惜、合理利用土地和切实保护耕地，是我国必须长期坚持的一项基本国策。据资料统计，1949年新中国成立初期，全国5.4亿人中有4.5亿人是农民，约占全国总人口的83%，他们耕种着9800万公顷耕地(16.2亿亩)。应该说，我国是一个典型的农业大国。1949年至1952年，全国基本完成土地改革，土地所有制的变革极大地调动了农民的生产积极性。农民精耕细作，开垦与利用荒地，扩大耕地面积。这期间，全国耕地面积达到1.08亿公顷，而且耕地面积增长速度高于人口增长，使人均耕地由1950年的0.18公顷(2.7亩)增加到1952年的0.19公顷(2.8亩)，这是新中国成立后人均耕地面积最多的一年。新中国成立以来，由于我国土地管理流失，造成三次大的土地流失。第一次土地流失发生在1953年至1966年，仅13年，全国耕地损失了2.6亿亩；第二次土地流失发生在1979年至1989年，仅10年，耕地又损失了约5.5万亩；第三次土地流失发生在1989年至1997年，仅8年，耕地又损失了1.27亿亩，无偿占用土地的弊端，酿成了这种耕地锐减的态势。与之相比，展望中国人口可能达到16亿人峰值的前景，当今中国仍然是世界人口压力最大的国家，面对这样人增地减的失衡趋势，土地锐减的态势必须遏止，土地制度必须要走改革之路。1997年5月，中共中央、国务院正式下发了一个具有重大历史意义的11号文件——《关于进一步加强土地管理切实保护耕地通知》，采取了果断措施，从我国耕地人均数量少、总体质量水平低、后备资源也不富裕的国情出发，采取治本之策保护耕地，以扭转在人口继续增长情况下耕地大量减少的失衡趋势。为了做好耕地数量、质量和生态三方面的保护工作，保护耕地占补平衡和基本实现耕地总量动态平衡，首先要使补充耕地达到数量和质量的统一，防止占优补劣，使耕地生态环境得到改善；又要凭借现有耕地解决现有人口的吃饭问题，还要对子孙后代负责，如果耕地保护不好，中华民族的生存和发展就会发生严重危机。中央领导明确指示"珍惜和保护好耕地，必须作为关系国计民生、关系国家发展全局和民族安危的大问题、大政策来对待，千万不可掉以轻心，否则我们要犯永远无法弥补的历史性错误"，要"保证耕地总量只能增加，不能减少"。从"土地保护人人有责，保护耕地就是保护生命线"的角度看，我们特别需要承担起相应的责任，守住18亿亩耕地的红线。这些重要指示，站在民族的历史高度，对新时期土地管理工作指出了新的目标，也对土地管理工作者提出了更高的要求。

正因为如此，为贯彻土地基本国策，增强全社会的耕地危机意识，更好地保护有限的耕地，加强土地的管理，1991年5月，国务院决定从当年起，把每年的6月25日确定为全国"土地日"(《土地管理法》于1986年6月25日颁布)，以唤起全民的爱地、惜地、护地意识。从此，我国的土地(准确地说应是土地中的耕地)有了自己的节日，中国成为世界上第一个专门为保护土地而设立纪念日的国家，"但存方寸地，留与子孙耕"。

三、土地文化，于国于民根蒂相连，血脉相系

(一)土地文化世代传承

土地是"无价之宝"，是人们创造物质财富和培育人文精神的源泉。文化是环境的产物，是立国之本，是一个民族的精神和社会的灵魂。中华民族5000多年的悠久历史，传统文化中蕴涵着丰富的人与自然、人与人、人与社会之间和谐的道德理想和道德观念。在人与自然的关系上，我国传统文化强调天人合一、天人一体、尊重规律、休养生息。如果肆意挥霍滥用土地，就等于损及民众与公共的正当权益。

我国传承土地文化，就是要研究人与土地之间的关系问题。探寻人与土地关系在生产力发展水平的不同阶段，尤其是在现今阶段所发生的新变化，树立人与土地关系协调发展的意识，加强以土地为主题的文化活动，加强对不同类型和不同特征的土地对人类的生存和社会发展影响的研究。人类物质文明、精神文明的发展都建立在并取决于土地利用这一基本点之上，土地利用始终处于核心地位，一切土地活动由此而诞生。土地永远是人类的母亲，永远是文化的母亲。先有了土地，才出现了人；有了人在土地上的活动，才出现了文化，才能创造一切土地上的精神文化与物质文明。文化与文明反过来作用于土地与人。俗话说"一方水土养一方人"，这就是人和土地相互交织、互相作用、互相渗透的产物。土地文化是最能体现一个空间范围内特点的文化类型，影响土地文化最重要的因素有两个：一是自然地理环境，由于不同的自然地理环境，形成了不同的土地性状特征，提供了不

同的物质基础，所以形成了不同地域的物质文明，产生了不同的精神文明；另一个是人的因素，一个地方的文化说到底还是当地的人在起作用。某个地方的文化变化，最重要的因素就是移民，移民实质是一种文化流动。从地域分异规律而言，我国南、北地域以“秦岭—淮河”一线为界，这是我国自然地理环境也是土地文化的分界线。陕西为什么会形成粗犷、醇厚的“黄土地文化”，东北为什么会形成豪爽、奔放的“黑土地文化”，西北为何会形成强悍刚烈的秦文化、晋文化等，江南为何能孕育出温文儒雅的吴文化等，这些独特的人群特征，都与土地特定的地域环境相关，某种独特的地域文化特征衍生出独特的土地价值取向。土地文化是人们世代积累形成的习惯和信念，体现在每个人对自己、对别人、对自然和对土地的态度上。弘扬土地文化，就是要通过文化形式来影响和规范人们利用土地的行为。社会和谐是中国特色社会主义的本质属性。构建和谐社会、建设环境友好型资源节约型社会，就是要弘扬中华民族勤劳、俭朴的土地文化，把健康的土地文化观念尽可能广泛地传递给人民群众，提高人的科学素质及文化品位，就是要人们珍惜土地，节约、集约、合理利用土地。

土地文化作为一种特定的与经济社会发展密切相关的文化，很大程度上影响着一个地区，乃至一个国家的经济社会发展。华夏民族从森林洞穴中走出来，自狩猎刀耕火种到农业文明、工业文明、现代文明，始终离不开土地这样一个根本。“地无私载”，土地从来是那样慷慨地默默无闻地作着无私的奉献，人们将土地比喻为母亲，那是因为土地是人们生命的本源，人与土地之间有着一种血缘一样的天然情感。

（二）弘扬地根意识，感恩土地，善待土地

文化是左右人们行为无孔不入的力量。文化是第一创造力，没有文化作为精神基础，就没有什么发展可言。在土地管理和利用过程中，也都渗透和反映出文化问题，因为不良动机随意糟蹋土地的现象比比皆是。现在管理土地虽然有了市场手段、经济手段、行政手段、法律手段和科技手段，但是还要有文化手段。土地文化问题就只能用文化手段去解决。文化手段是一种独特的力量，它不是其他手段可以代替的；而其他任何手段都离不开文化手段的配合，如孤立地使用任何一种手段，都不免折损其效能。文化生产力的发展，已成为21世纪最核心的主题之一，全社会必须运用文化的力量，来矫正人们的行为，唤醒整个社会尊崇土地、珍惜土地、保护耕地的意识，这是土地文化建设的基本任务。在深入学习中国特色社会主义理论体系的基础上，不断提高建设社会主义先进文化的能力，扎实推进社会主义核心价值体系建设。只有总结土地管理实践经验，发现其中的规律，找到新时期土地文化繁荣的动力和方法，才能增强对土地管理和利用的认识，才能更好地利用土地、反哺土地、修复土地、建设土地。加强土地文化建设的一个重要任务是研究、承继古代土地文化中的优秀传统，树立新时代的土地文化和“地根意识”。中国古代的宇宙观、天地观、经济观等，都离不开对土地的认识。土地是人类的衣食父母，天父地母、天阳地阴、天圆地方、“天人合一”，都是古代哲学的观点。这些以尊崇土地、珍惜土地为主旨的土地文化，表达了这样的信息：土地孕育了人类，为人类提供了生存与发展的空间与环境。而在人类社会的发展史上，不断改进土地利用方式，从原始粗放利用走向节约集约、精细利用、

综合经营，是社会发展的普遍规律，也是尊重土地、感恩土地的理智行为。古人对土地实质含义的理解虽然浅显，但是那么真挚，如今人们对土地实质含义的认识虽然深化了，但是失去了对土地应有的热爱与尊崇，这不利于土地的合理利用。在当今的经济大潮中，在工业化、城镇化快速发展中，有的人没有感念土地的恩情，对土地漫不经心，有些忘本；还有人耗用资源，滥用土地，毁子孙地，吃子孙饭。凡此种种经济文化上的短视、急功近利的行为，突出表现了现代人对土地的薄情寡义。

古代对土地的理解、态度和相关学说，是中国传统文化的根脉，也是地根文化、地根意识，某种意义上已成为华夏文化的根脉象征，这是中国历史文化中的核心价值。以尊崇土地、珍惜土地为主旨的传统土地文化应予世代承继，将土地文化继往开来，以感恩之心来善待土地。弘扬土地文化、植根土地意识，也是承继古代土地文化优秀传统中的一个核心价值。从农业的角度看，现今人们对农用地的依赖有所降低。在现代发达国家，80%以上的人集中在城市，农业在经济产值比重较小，只占 GDP 的 5%左右。城市的土地基本是被硬化了的土地，是柏油浇地、钢筋水泥的凝结，与农村的大部分土地是不同质的土地。坐拥城市，脚踩水泥地，土地正日益遭摧着城镇化的威胁，人们在现代化的进程中已经越来越认不清土地以及土地上稼禾根蔸、发芽、开花、结实的本色。当大多数人远离了原生态的土地后，就有人开始淡漠土地，忽略土地“一籽百粒”的生育功能。这是对土地文化的扭曲现象，是一种社会生活的变异。但是，再发达、再现代化的社会也离不开农业，弘扬土地文化就要永远不忘以土地（尤其耕地）作为主要生产基地的农业，是哺育现代社会的基础，是生态结构中的第一生产力。粮食问题是全世界面临的一个共同问题。因此，当人们越是远离土地，就越有必要重塑“地根意识”和推崇土地。在工业化、城镇化的过程中也要有以土地为根的意识，没有土地，就没有路、没有房子、没有工厂、没有城市。而且，工业、城市建设用地节约了，少占或不占耕地，留下更多的良田、桑园、森林、草地、湿地，就是留住养育我们的根基——土地。我们追求人与自然和谐，建设环境友好型社会，首先离不开人与土地的和谐。生态系统的基础在于土地，现在土地荒漠化、水土流失、土地沙化、土质污染等问题不断加剧，其原因是对土地生态的人为破坏。和谐自然，要求人们树立“地根意识”，端正对地球表层这个自然经济综合体的认识和态度，与土地友好，与环境友好，切实厉行节约资源、保护环境的国策。我国的土地事业已经进入一个新的发展阶段，站在一个新的发展起点上，这就对土地文化工作、对土地从业队伍提出了更新更高的要求。从这个意义上讲，中国土地管理水平的高低，取决于这支管理队伍科学文化素质的高低。对土地管理者来说，土地文化是一门认识哲学，每个人都要去学习、参悟；对我国所有人民群众来说，它是一道人生命题，人人都要完成好！因为，这是攸关中华民族生存、发展和壮大的大事，也是建设中国特色社会主义和谐社会以及全面建设小康社会的一件大事。

第二节　土地科学的研究对象、内容与学科体系

一、土地科学研究的对象与涵盖的领域

科学是实践经验的结晶，科学研究是对客观存在事物内部规律的探索。土地科学则是研究地球表层某一地段土地这个自然经济综合体的形成、演变、质量特征与时空分布及其与人类社会发展之间关系的科学，是一门汇集自然、经济、社会、环境诸多学科于一体的交叉性、边缘性与综合性的学科。这门在传统的地理科学、资源科学、环境科学以及生态学、农学、经济学和工程技术学基础上发展起来的独立的新兴学科，也有其特定的研究对象与研究领域。概括各历史时期不同学者的见解和看法，本书认为：土地科学的研究对象是土地这个自然经济综合体，其研究的目的是认识土地及对土地合理利用、有效保护、科学管理，协调土地与人口、资源和环境之间的关系，促进土地可持续利用，保障经济社会可持续、稳定发展。

土地科学研究的领域涵盖土地生态学、土地经济学、土地法学、土地资源学、土地规划学和土地管理学等。土地科学的研究领域涉及面很广，成为一门多学科相互协同合作的科学，但也有其相对独立、稳定的研究领域。就土地这一自然综合体（或土地发生类型）的自然属性而言，其形成分布和演化规律，属于综合自然地理学及其相关的气候、水文、生物、地貌和地质等学科与土地科学交叉的研究领域，并非土地科学自身的研究对象。但是，土地作为资源、资产，以及人类生存、生活和生产发展的环境条件，所具有的社会有序性和经济商品性而引起的土地管理和土地经济问题，却是土地科学明确、独立的研究对象。因此，从土地自然经济综合体的实质而言，土地科学独立的研究对象与涵盖的领域是：揭示土地综合、系统和合理利用及其管理的规律；土地管理要解决的是土地利用过程中所产生的各种关系及其基本矛盾；土地利用过程中的管理则包含土地资源、资产管理与土地开发、利用、整治和保护，以及实施土地可持续利用管理等。所以土地科学不是一门孤立的学科，而是研究土地利用与管理过程中普遍的演化和发展现象、与不同学科相互联系考察问题和揭示规律的横向学科。土地科学研究领域所涉及的是地球表层系统直接和人们生活、生产活动相联系的各种自然地理系统，如气候、水文、土壤、地貌和生物（动物、植物、微生物）与地质作用的过程等，以及人们在利用土地实践活动中，与自然系统相互联系的经济社会系统的有机结合体。

二、土地科学研究的内容与任务

以土地这个地球表层由自然经济各因素构成的综合体作为研究对象的土地科学，属于开放的、复杂的、巨系统构建的基础学科，它的研究内容包括了土地类型与分类、基于土

地类型的土地评价、土地调查与土地利用评价基础上的土地利用规划、按照土地利用规划确定的土地用途使用土地，以及土地利用与土地保护等方面内容。其中，以土地管理及土地的可持续利用为土地科学研究的重点内容。目前，以土地管理为核心的土地生态和土地经济研究正日益成为土地科学研究的热点。土地(尤其是耕地)保护与管理是土地科学研究的首要目标和根本性方向。土地区位理论、土地地租地价理论、土地地域分异规律理论、土地系统理论和土地可持续利用理论等是土地科学研究的理论支撑。土地可持续利用理论是土地利用管理的基础理论，与土地管理相关的政策、法规和技术规程等的制定，都离不开这一基础理论的指导。土地科学对土地这个自然经济综合体的研究方法，采用定性与定量相结合的综合集成法，运用多学科进行系统的深化研究。遥感、遥测及地理信息系统和网络技术等新技术手段与方法的广泛应用，极大地提高了土地科学研究效率和精度、深度和广度，将对人们在土地开发、利用、整治、保护和管理方面产生深远影响。我国土地管理事业快速发展和土地利用问题复杂繁多，需要在目前大量的实践基础上，进行深入的理论研究，不断探索土地科学理论体系，使土地科学立于学科之林，以期为新时期土地利用和强化土地管理提供理论依据。土地科学研究的根本任务是：正确认识土地这个自然经济综合体的基本特征和其形成、演化与发展规律，合理开发利用土地，有效保护和改善生态环境，综合管理和协调人与土地和谐关系，实现土地可持续利用，为实施经济社会可持续发展服务。

三、土地科学的发展历史与现状

土地科学这门研究探讨土地自然经济综合体的构成、性状、地域分异特征、评价及其开发利用保护与整治的科学，在我国科学发展史上还是一门新兴的学科。其发展过程可分成如下阶段。

(一)早期阶段

早在春秋时期，祖先对土地的开发利用，已具备了对土地的性状优劣对比的知识。《左传・成公六年》记载："郇瑕氏土薄水浅，其恶易觏，易觏则民愁，民愁则垫隘，于是乎有沉溺重腿之疾；不如新田，土厚水深，居之不疾，有汾、浍以流其恶，且民從教，十世之利也。"上述所指郇瑕的土地在故绛一带。春秋晋地，在今山西中南部翼城东。晋穆候自曲沃迁都于此，孝公改绛为翼，公元前 585 年景公迁于新田，也叫做绛，因称此为故绛；晋孝公自绛迁都至新田，称新绛(辞海・语词下册)。而新田则在今山西中部太原一带，皆因这个地区的土地良好，宜于开发利用。值得指出的是，我国古代早有人从事土地利用理论的研讨，撰写论著。《管子》是春秋战国时期齐国丞相管仲(约在公元前 723 年或前 716 年—前 645 年)及管仲学派的著述总集，综合反映了法、儒、道、阴阳等学派的观点，还涉及了天文、舆地、经济及农业等方面的知识。其中《管子・地员篇》就是流传后世的著名之作。《管子・地员篇》的前半部探讨按地貌形态类型分为平原、丘陵和山地三类土地与植物相互关系的规律性，从而提出土地开发利用的方向。首先叙述大平原上五种土壤宜栽谷物，其次论述丘陵地的高下等级，最后论述山地的高下层次，甚至指出了植被垂直分布现象。目的在于阐明“草土之道，各有谷造”这一客观规律，以指导人们对土地采用分类开发利用的方法。《管子・地员篇》的后半部专论土壤，按土质不同把土壤分为十八种，每种按品色又分为五类，共计九十种品色。这十八种土壤的不同质，对农、林生产有高下的差别，依次又分为上(土)、中(土)、下(土)三等，每等各统六种土壤，对每种土壤，都阐明其适宜的谷类品种。十八种土壤中，每种土壤各有两个谷类品种，总称为三十六种。上土之中，第一等为“息土”，第二等为“沃土”，第三等为“位土”，都视为最佳的土壤，称为“三土”。其他各土对农林生产的效用，皆与“三土”作相应比较，定出差别。《管子・地员篇》对土地与植物(或农、林栽培作物)相互关联的规律性的探讨，表明我国对土地的研究源远流长，有着悠久的历史。在我国历代土地开发利用的过程中，最重要的指标是户口，人口增加直接导致土地开垦的增加，“民以食为天，吃饭第一”，粮食的唯一来源就是土地(包括游牧地区土地上的水草产物)。尤其是建设一个郡县，主要条件就是户口和钱粮，而钱粮出自土地，不管哪一类郡县，它们都是依靠一定数量的耕地建置的，所以郡县、户口、田亩，实际上是历代土地开发和利用的最有价值的指标。综上所述，我国对土地的科学研究是有历史基础和生产实践基础的。

(二)近期阶段

20 世纪 30 年代开始，由于生产发展，需要根据土地的资源特点进行生产配置，如 1931 年，英国地理学家 R. Bourne 的《区域调查和大英帝国农林资源估计的关系》，以及 30 年代末美国农业部在原土壤学基础上提出《土地生产潜力评级》的八级制系统，在各国参用的基础上，于 60 年代进行修正发表。1930 年，章植的《土地经济学》出版，这是中国第一本土地经济学著作，后期，又出现如张丕介的《土地经济学导论》、朱剑农的《土地经济学原理》等著作。中国科学院院士、著名地理学家任美锷教授在抗日战争时期遵义附近进行的土地利用的调查，开创了我国土地利用分类的先河①。这些都说明了由于生产需要而开始了对土地利用综合分类的研究。而土地科学研究所涉及的学科领域非常广泛，学术思想非常宏观，当时的学术思想及研究方法等方面都不可能得到发展，仅仅是萌芽与尝试。这一时期，主要是在国外土地经济学理论的基础上逐步创立中国的土地经济学。

(三)现代阶段

新中国成立以来，从 20 世纪 50 年代到 70 年代，中国科学院组织有关科研、教学与产业部门协作，先后在东北、西北、西南、华南地区，以及黄土高原、青藏高原与南方山地区域等，开展以土地为核心的区域资源综合考察研究。其主要任务是：查明土地资源数量和质量，编制各种比例尺的土地资源图件，并提出开发利用、改造与保护的方案。20 世纪 70 年代以来，一些宏观学科开始得到了发展，如环境科学、生态科学、地球科学，以及系统工程、遥感技术与计算机技术等的发展。人们开始认识到：一些研究有由分支微观走向综合

① 任美锷. 贵州遵义附近之土地利用[A]. 地理文选[C]. 北京：商务印书馆，1991.

宏观的必要，以便更综合、更宏观地认识自然，这就是人们由18世纪的综合到19世纪的分支，而20世纪后期又走向更宏观的综合的科学发展轨迹。1972年，联合国粮食与农业组织(Food and Agriculture Organization, FAO)在荷兰瓦格宁根举行第一次土地评价国际学术讨论会，提出了土地的科学概念。1973年英国土壤学家C. Mitchell出版了《土地评价》，1976年FAO专家J. A. Howand出版了《土地系统分类》，1983年美国土壤学家H. Jenny出版了《土壤资源》，20世纪70年代中期以后，我国在《1978—1985年全国科学技术发展规划纲要》的重点科学技术项目第一项，提出编制“中国1∶100万土地资源图”。围绕国家这一重点科技项目，许多省(市、自治区)相应开展编制本地区1∶50万土地资源图的工作。这项任务极大地推动了土地科学的发展。20世纪80年代，我国相继编绘了1∶100万的“土地类型图”及“土地利用现状图”，此外，1986年全国农业区划委员会部署开展“中国土地资源生产能力及人口承载量研究”，创立了适合我国国情的“区域资源系统生产力方法”，提出了比较完整的土地资源生产能力和人口承载能力的数据。这一时期开展的多项全面性的研究工作，促使土地科学进入了一个新的阶段。欧美许多国家也相继建立了“土地资源与环境”的课程及院系。在世界性人口压力和人口、资源与环境的二大矛盾中，土地科学逐渐诞生了，但很不成熟。

1986年，我国制定了《中华人民共和国土地管理法》，并正式成立了国家土地管理专管机构，1998年修订了《土地管理法》，相继组建了国土资源部专管机构。全国系统地实现了城乡土地统管、土地资源与资产并重、土地市场与国家宏观控制相结合三原则，真正做到土地资源管理与资产管理统一起来，以适应我国的社会主义市场经济，扭转了过去计划经济条件下单一的土地资源管理的模式，使土地资源能得到更优化的配置。这就为现代土地科学的诞生与发展创造了社会条件。

四、土地科学的学科体系与层次结构

“土地”是一个综合性的科学概念，它反映地球表层某一区域内的一个具体地段，及其所包含的地质、地貌、土壤、水文、生物(动、植物及微生物)和气候等全部自然地理因素，也包括人类社会活动对自然环境的影响，所以土地是一个自然地理综合体，也是一个地区经济与社会历史发展过程的产物，具有特定的地理历史意义。土地的性质取决于全部自然地理因素的相互作用所产生的综合特征，而不单单关联其任何一个自然地理因素，任何一个因素也代替不了土地这个自然经济综合体的综合性特征。由此可知，以具有综合性特征的土地作为自己独特的研究对象的土地科学，是一门研究地球表层(综合作用层)的各个自然地理因素，以及在经济社会活动影响下，所形成的自然经济综合体的类型、结构、地域分异及其开发利用与整治保护和管理的科学。这正是土地科学作为一门新兴学科能够独立存在和不断发展的牢固基础。土地科学不是一门单一的学科，而是由众多相邻学科组成的学科体系，并建立了一套新的科学研究方法。其研究门类包括土地类型学、土地分区学、土地调查和制图学、土地资源学、土地评价学、土地规划学、土地利用工程学和土地管理学等方面。土地科学与相邻学科的关系及其研究程序是：在综合研究各个自然地理因素相互联系性质的基础上，进行土地类型的划分（土地分类），研究土地类型水平空间（经向与纬向）分布及垂直空间分布结构，根据土地类型组合分布的规律及其质和量的对比关系，进行土地区域划分（土地分区）；以土地类型的性状、特征为基础，对比分析土地利用现状与土地现有生产水平，揭示土地适宜性与限制性，评价土地质量与土地生产潜力；在土地评价、土地利用现状分析研究的基础上，研究制定土地规划，从科学布局、合理用地角度综合研究土地利用的最优途径，预测按土地利用规划确定的用途使用土地的动态特征与综合效果，从而制定土地政策和土地管理制度。在土地科学不同表征的学科门类中，土地评价、土地利用与土地规划等方面是互相制约的。它们受社会需要和一定的政策措施的制约，在研究过程中反映出土地科学是自然科学与社会科学的综合，需要更好地与其他学科协同、密切协作（图 1.1 和 1.2）。

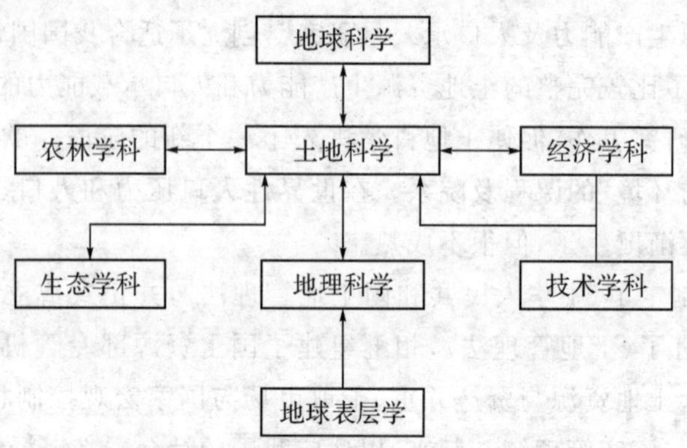

图 1.1　土地科学与其他学科间的关系

土地科学是以研究土地利用为主体（或核心）的科学，它将土地作为一个整体进行综合研究；充分运用其他学科门类的研究成果及其有关问题作为一个复杂的过程，但对各学科门类并不单一再进行深化研究。其层次是明显的，因此，土地科学的学科体系实际上表现为层次结构体系。我国科学界泰斗、中国科学院院士钱学森教授按照人们的认识过程将自然科学结构层次分为三个方面，即基础科学、技术科学和应用科学技术；我国著名经济学家于光远先生将社会科学层次分为两个：将研究不以人类的意志为转移的客观规律的科学定义为基础科学，将研究人类如何利用客观规律的科学定义为应用科学。土地科学的基本任务是研究人类利用土地的一系列有关问题，而不是单纯揭示客观规律，因而在很大程度上属于应用科学的范畴。

土地科学本身应该（而且必须）有理论支撑的，也就是说必须有对客观规律的研究作为基础和前提，因而土地科学中的众多学科也是应该（而且必须）有层次的，将它拟分为土地基础科学、土地技术科学和土地应用科学三个层次结构体系。其关系如图 1.3 所示。

土地基础科学是土地科学的理论研究，包括自然的和经济社会的两个方面：从土地的自然属性来研究，土地是一个生态系统，因而产生了以土地生态系统（land ecosystem）为对象的土地生态学（land ecology）；土地的经济社会属性是土地作为一种生产要素和资产，主要与经济和法律有关，因而相应形成了土地经济学和土地法学。土地基础科学旨在揭示土地利用、整治、保护和管理过程中的普遍规律。土地技术科学是土地科学中有关技

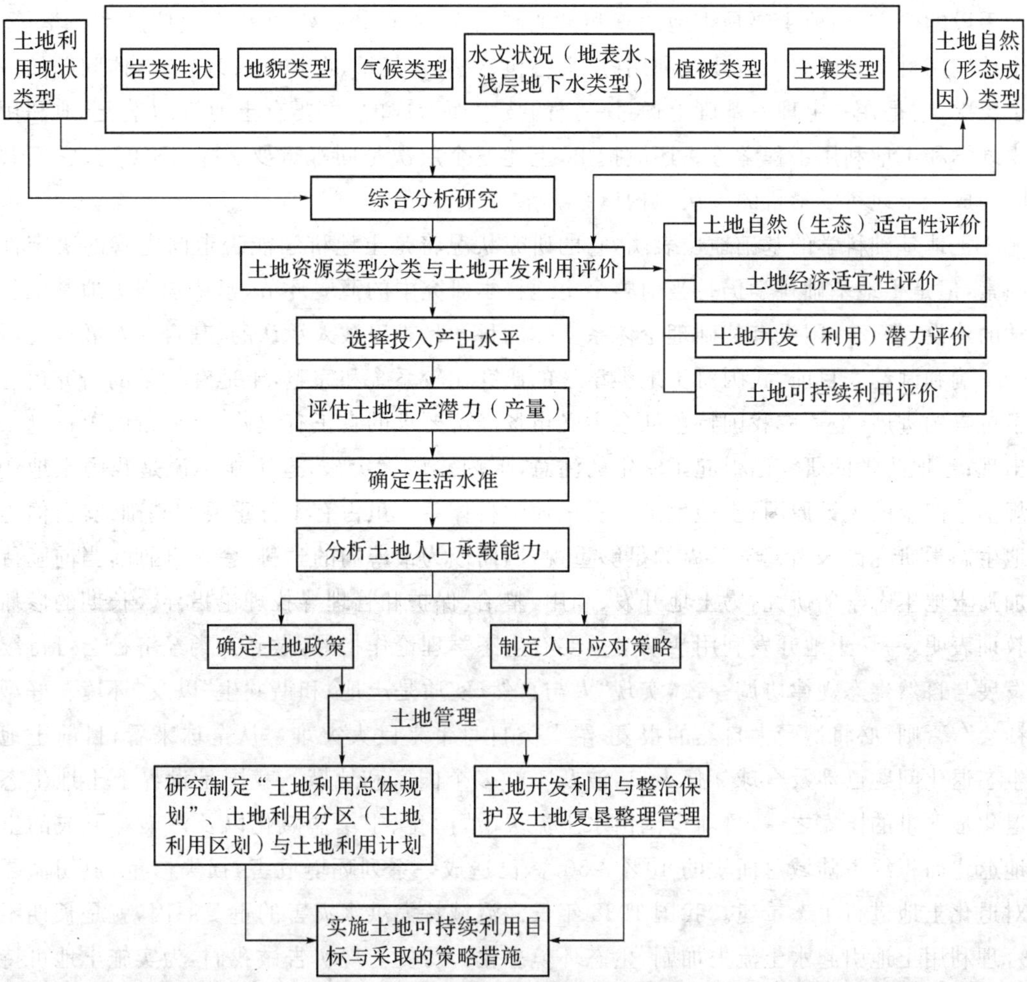

土地利用现状类型
岩类性状
地貌类型
气候类型
水文状况（地表水、浅层地下水类型）
植被类型
土壤类型
土地自然（形态成因）类型
综合分析研究
土地资源类型分类与土地开发利用评价
土地自然（生态）适宜性评价
土地经济适宜性评价
土地开发（利用）潜力评价
土地可持续利用评价
选择投入产出水平
评估土地生产潜力（产量）
确定生活水准
分析土地人口承载能力
确定土地政策
制定人口应对策略
土地管理
研究制定“土地利用总体规划”、土地利用分区（土地利用区划）与土地利用计划
土地开发利用与整治保护及土地复垦整理管理
实施土地可持续利用目标与采取的策略措施

图 1.2 土地科学研究的综合性与程序性

土地科学的层次结构体系
土地应用科学
土地技术科学
土地基础科学
土地管理学
土地利用工程学
土地利用规划学
土地信息系统学
土地统计学
土地调查和制图学
土地法学
土地经济学
土地生态学
土地类型学

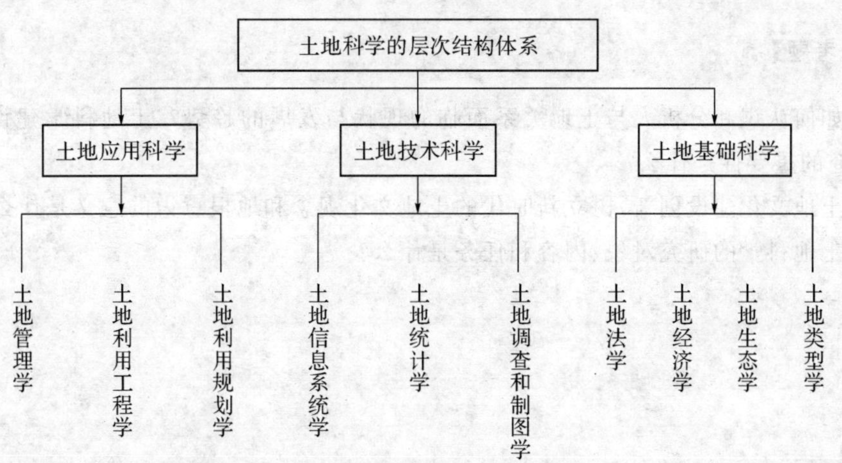

图 1.3 土地科学的层次结构体系

术手段的研究，当前主要是土地调查和土地制图学、土地统计学以及土地信息系统学等。土地应用科学是研究土地开发利用（广义还包含整治、复垦、保护和管理）中具体问题的一个层次，它是在一定理论基础上通过一定的技术而形成的，主要有土地管理学、土地利用规划学和土地利用工程学等。还应指出，上述三个层次是同等重要、缺一不可的，它们共同构成了土地科学学科的层次结构体系。

土地基础科学的基础地位表明，它的研究状况将是土地科学能否走向完善的决定性因素，但是土地基础科学仍是当前整个土地科学研究中的薄弱环节，亟待加强土地基础科学的建设，任何一门没有基础理论体系支撑的科学是难以被人承认的，其自身发展也将深受影响和制约。目前，我国对土地类型学的研究比较系统和完整，土地经济学的研究也有了可喜的进展，但适应我国特色社会主义市场经济要求的真正有权威、有分量的著作尚未出现；土地法学的研究已引起了一定的注意，但尚无较大突破，这不能不说是我国土地法规不够健全的关键原因；土地生态学在土地学科体系中虽占有十分重要的基础地位，但土地生态学研究尚未引起学术界的足够重视，因而成为最薄弱的学科之一。因此，当前亟待加强土地生态学的研究，为土地开发、利用、整治、保护和管理寻找理论指导。长期的惨痛教训表明，一切土地开发利用活动必须要有生态学理论作指导，做到人类经济社会可持续发展与自然生态规律协调一致，实现“人与自然（实质是土地）和谐共生”以及“环境友好型社会”，否则，必将遭受大自然的报复，给人类自身带来巨大灾难。从全球来看，目前土地生态退化问题已涉及全球 9 亿人口，波及 100 多个国家和地区。我国是世界上土地生态退化最严重的国家之一，目前全国由水土流失、沙漠化、土壤盐碱化以及污染等形成的土地退化面积约占陆域总面积的 40％～50％，已造成一系列环境危害，损失惨重，迫切需要对退化土地进行生态重建。我国 1988 年长江流域特大洪水灾害的重要原因，就是长期不合理利用土地引起水土流失加剧、生态环境恶化。历史与现实告诫我们，为实施土地可持续利用和人类社会经济可持续发展，必须将土地生态学的研究摆在重要的地位，切实加强、加快建设发展。

【思考题】

1. 如何认识和分析人与土地关系面临的现状与发展的趋势？土地科学建设与土地管理研究的重要性是什么？
2. 土地文化建设创新，树立新时代的土地文化观念和地根意识的意义是什么？
3. 土地科学的研究对象、内容和任务是什么？

第二章　土地的概念、属性与功能

第一节　土地的概念

准确认识土地的概念，深刻理解土地的本质属性及其功能作用；明辨一些与土地密切相关的概念，确切阐述与界定土地的构成因素与分布范畴，对于研究探讨土地问题与加强新时期中国土地管理都有重要意义。

一、土地的概念与本质

土地(land)的概念根源于劳动者对地理环境的综合认识。尽管这种认识最初是朴素的，却是土地科学现代概念的理论基础。对于科学的土地概念，尽管中外学者叙述各不相同，迄今未有一个严格的定义。但对土地本质的认识，已基本取得一致意见，并日臻明确。

1972年联合国粮农组织(FAO)在荷兰瓦格宁根(Wageningen)召开的关于土地评价的专家会议的纪要《土地与景观的概念及定义》指出："土地包含着地球特定地域表面及其以上和以下的大气、土壤、基础地质、水文、植物和动物，还包含着这一地域范围内过去和目前人类活动的种种结果，以及它们对目前和未来人类利用土地所施加的重要影响。"1976年，联合国粮农组织发表的《土地评价纲要》(*A Framework for Land Evaluation*)进而指出："土地包括影响土地用途潜力的自然环境，如气候、地貌、土壤、水文与植被，它包括过去和现在的人类活动成果。"中国科学院自然资源综合考察委员会(即现中国科学院地理科学与资源研究所)研究员、中国工程院院士石玉林认为："土地是气候、地貌、岩石、土壤、植被和水文等自然要素组成的自然综合体和人类过去和现在生产劳动的产物。"[①]土地是地球表层系统的一个垂直系统，它可分为三层：表层、内层、底层(或以近地面气候为主的地上层、以生物圈和地貌形态为主的地表层和以地球风化壳和地下水(groundwater)为主的地下层)。土地包括一定垂直厚度的地貌、土壤和植被的全部，以及影响它的地表水(如泛滥地、湿地)、浅层地下水、表层岩石和作用于地表的气候条件及其

---

① 石玉林. 关于编制《中国1∶100万土地资源图》的分类系统问题. 中国科学院自然资源综合观察委员《土地资源研究文集》(第一集). 自然资源，1982(1).

相互作用的结果，还包括人类长期活动的影响。所以，土地实质是指上自大气的对流层的下部，下至地壳一定深度的风化壳，这一立体空间的有关自然因素与人类劳动所形成的自然经济综合体。从上而言，土地首先是个自然概念，它是自然的产物，其次才是人类活劳动与物化劳动的产物。"土能生万物，地可发千祥"，对土地的价值，先民早有认知。土地具有潜在使用价值，可作为物化劳动对象的生产资料，用以开发利用创造物质财富。因此，土地也是一个经济学概念。

土地是由地球表层陆域具有一定高度和深度的地质、地貌、土壤、水文、生物(动、植物和微生物)和气候等自然地理因素综合影响，相互作用形成的自然综合体，即陆地及其自然附属物，上述概念是就土地作为自然资源而讲的。而在现实经济社会活动中，绝大部分土地都经过人类开发、改造与长期使用，投入了大量的人类劳动及其成果。可见，现实的土地已不仅仅是一个单纯的自然综合体了，还是一个由各项自然构成因素相互作用、相互制约的结果，也是综合了人类劳动成果的自然经济历史综合体。所以土地具有自然地理和社会经济的双重属性。土地的特征是各个自然构成因素相互作用、相互制约以及自然、经济、社会环境因素综合影响的结果，而不从属于其中任何一个因素。对此，中国科学院地理科学研究所赵松乔先生曾采用函数形式来表征土地的概念：$L=f(n,e,s)_t$。式中，L 为土地(land)；n 为自然因素(nature)；e 为经济因素(economic)；s 为制度因素(system)；t 为时间因素(time)。所以"土地"是指地球表层某一地段的岩石性质(其中包含各种元素)、地貌(形态类型)、动物和微生物以及植物等各自然因素，同时，还包括在人类的影响下，相互作用相互联系的自然经济综合体。而且随着经济社会的发展、科学技术的进步，人类对土地的干预与影响越来越大，故也是某一地段历史发展的产物。但这里所说的综合体应指自然、经济各因素间有机联系成整体，而不是机械地相加，简单地凑合。这好比建造一座房子，需要由砖块、木料、砂子、石灰或水泥等建筑材料，但如果只把砖块、木料、砂子、石灰或水泥等建筑材料胡乱地堆在一起，就不称其为房子了。高楼大厦平地起，乃是由种种建筑材料彼此间相互联系、相互作用、相互依赖、有规律地整合的集成体，是有序组建与装配而成的整体。

二、土地的相关概念与分布范畴

土地是经济社会发展和人类赖以生存、生活的最重要资源和物质基础，是生产力布局的基地和生产过程的空间环境，又是劳动对象和劳动手段。当今世界日益尖锐的人口、资源、能源、粮食、环境问题，都与土地密切相关，因此，土地问题研究近年获得前所未有的发展。地理科学、城市科学、自然资源科学、经济学、农学和工程学等都从不同角度来研究土地。在实践活动中，一些与土地密切相关的概念，在含义上常常被混淆，由于对土地含义理解与认识上的差异，出现对土地包括因素和分布界限与涵盖范畴的认同也就不一致，既不利于统计，也不便于交流。

(一)对土地一些相关概念的辨析

1. 土壤

土地与土壤(soil)是两个相关联但又不同的概念。通常人们把土地这个自然综合体的立体垂直剖面只理解为平面形态，认为“土地”就是土壤。其实“土地”的概念要比“土壤”的概念广泛得多，包含的东西要多得多。土壤只是构成土地这个综合自然地理环境因素中的一个重要因素，“土壤是地球陆地上能够产生植物收获物的疏松表层”。苏联著名土壤学家威廉斯给“土壤”下的定义是“土壤是指位于地球陆地表面、具有一定肥力而能够生长植物的疏松层，其厚度一般为1～2m”。土地与土壤的区别还在于：土壤是构成土地这个自然综合体的最基本要素之一，土壤空间上具有一定的置换性；而土地有严格的地理位置，并不受表层物质的限制；土地产生在前，土壤形成在后。

早在19世纪初，俄罗斯土壤学家道库恰耶夫就已指出土壤是自然界的一面镜子，但它不能与土地的概念等同。从发生学观点看，气候及地貌、基岩母质和动物、植物和微生物等是土壤形成的因子，土壤只是反映这些因素的综合作用，并且只是这些因素相互作用的特征产物。土地则是在一定地段内，全部自然因素（包括土壤在内）作为它本身的组成部分，并通过这些因素的相互作用集成一个整体，从本质特征看，土壤的本质属性是肥力，即为植物生长提供和协调营养条件，包括为植物生长提供必需的水分和养分，以及环境条件的能力；而土地的本质特征是生产力，是在特定的管理制度下，表征某种用途的生产能力。从形态结构看，土壤处于地球风化壳的疏松表层，由覆盖层（O）、淋溶层（A）、淀积层（C）和基底层（D）等组成，土壤只是其地表层的一部分。而土地是由地上层、地表层和地下层组成的立体垂直剖面。卡尔·马克思在100多年前研究级差地租时，提供了“地体”的概念，包括了地面以上的空气、水和阳光，这就把土地立体化了。

2. 土地生态系统

土地与土地生态系统（land ecosystem）的概念也不完全相同。生态系统（ecosystem）就是在一定空间中共同栖居着的生物群落与其环境之间，由于不断地进行物质循环和能量流动而形成的统一体；是指地球上特定地段的森林、草原、荒漠、湖泊、河流和海洋等全部生物（生物群落）和物理环境相互作用的统一体。当生物群落、生境、处境三者相结合，构成了比生态系统更高一级的系统——自然地理系统。土地是自然地理系统的低级单位，它在具体地段的表现可称为土地系统（land system）。生态系统是地理壳的基本单位，可从类型上或从区域上理解，包括不同大小的生态系统，如湖泊、沼泽、山地、陆地、海洋，以及多种多样的森林、灌丛和草地等。也可以是自然的或人工的，后者如农用地（耕地、林地、草地和内陆水域）生态系统和城市生态系统等。实质上生态系统是一个能量固定、转换和物质循环的动态系统，各个组成部分形成机能上的统一。一个完全的生态系统由非生物物质、生产者有机体、消费者有机体和分解者有机体四部分组成。当生产、消费和分解之间，即能量和物质的输入与输出之间接近平衡状态时，系统即发展到成熟的相对稳定的阶段。系统愈复杂，它就愈稳定，因为当生态系统受到一定的干扰时，它能多途径地自我调节，维持其稳定性。反之则是脆弱的。水土流失、土地沙化、土地质量退化等，不仅破坏了生态系统的生产力，而且直接影响到地球上更大生态系统的能量和物质循环。因此，生态系统的研究，关系着人类的生存与环境，具有重大的理论和实践意义。土地生态系统以生物为核心，土地自然综合体内部存在着能量流动、物质循环和信息输入、输出的联系的动态变化，土地生态系统与土地概念的不同之处就在于：土地生态系统比较强调生物的核心作用，特别突出作用过程和动态发展。虽然因为不太注重空间状况而缺乏空间基础，却与注重空间区位、分异和分布而缺乏动态分析的土地，仍然是一对互为补充的概念。

3. 土地资源

土地与土地资源(land resources)同宗同源，但严格地说，两者仍有区别。土地资源是指土地总量中在当前和将来可预见的技术经济条件，能为人类所用的那部分土地，是人类生存的基本资料和劳动对象，具有质和量两方面内容。土地资源具有一定的时空性，即在不同地区和不同历史时期的技术条件下，所包含的内容可能不一致。在其利用过程中，可能需要采取不同类别和不同程度的改造措施。如大面积沼泽因渍水难以治理，在小农经济的历史时期，不适宜农业利用，不能视为农用地资源。但在已具备治理和开发技术条件的今天，即为农用地资源。因此，有的学者认为土地资源包括土地的自然属性和经济属性两个方面。由此可见，土地资源与土地概念的关系，是部分与全体的关系。由于人们目前还很难确定哪些土地是绝对不能利用和创造财富的，因此，土地和土地资源两个概念经常是相互通用的。随着科学技术的进步，目前未被利用的土地，包括难以利用的土地，亦有可能被逐步开发利用起来。从这个意义来讲，土地与土地资源的含义是一致的。在土地利用现状调查(或土地利用现状变更调查、更新调查)中的农用地、建设用地和未利用地等土地利用类型，其含义与所称的土地资源是没有区别的。

4. 土地资产

土地不仅具有资源的特性，而且具有资产的特性，是一切财富的源泉。马克思引用威廉·配第的话说："劳动是财富之父，土地是财富之母。"资产(asset)一词，为经济学用语。按流动性质，还可分为流动资产和固定资产(或非流动资产)。而土地资产(land asset)同厂房、建筑物、设备一样，是有形的固定资产。随着经济社会的发展，土地作为资产的特性表现也日益明显，并在经济上作为资金运用的同义词。土地资产的概念，认为土地不仅是社会进行物质生产的重要自然资源，还是一笔巨大的财富。土地是人类劳动或投入的载体，凝聚了大量的人类劳动成果，并提高人类的劳动生产率，从而产生超额利润。我国自1987年以来土地有偿使用制度改革的实践，充分证明了土地资产特性对社会创造财富的重大作用。人们积极培育和规范地产市场，使土地资产发挥更佳效益。土地的稀缺性和有限性使土地经营垄断成为可能，从而使土地所有者凭借对土地的所有权可以定期从土地使用者中获取地租(绝对地租)。因此，当土地被垄断与所有权流通被让渡时，必然要求从经济上得到补偿，进而取得价格形态，这时土地作为资产的特性便得到体现和发挥。土地资产对应于土地权属关系，因此，国家、集体、个人对土地具有的权力，就等于拥有物质财产，可以凭借土地所有权获得权益。

5. 国土与国土资源

土地和国土(territory)与国土资源(territorial resources)之间相关联但不相同。国土这个词，是"国"与"土"两个字组成的。除了"土"字——"土地"以外，还有个"国"字——"国家"。这就是说"国土"的含义要以"土地"作为基础，但并不能把两者等同，混为一谈。国土是一个包含政治学、经济学、自然科学和技术科学意义的概括性的综合概念，具有狭义和广义两种概念。狭义的"国土"概念指主权国家管辖下的领土(包括地面和地下)、领海和领空的政治地域概念，包括一个国家的全部疆域，属于空间的范畴。领土通常指一个国家的陆域部分（包括河流、湖泊等内陆水域）和它的地下层；领海指沿海国家根据其地理位置特点、经济发展和国防的需要，自行确定的与海岸或内陆水域相邻接的一定范围的海域（内海、大陆架），国际上至今对领海的范围没有作出统一规定，其宽度为 3～200 海里；领空指领土和领海范围内的全部上空，但对其垂直高度目前国际上尚无明确规定。国土主权具有不可分割的整体性，不能容忍别国的侵犯。国土作为一个国家和人民的立足点、生活场所和生产基地，是主权国家赖以存在和发展的物质基础。

广义的"国土"概念还包括国家所拥有的一切资源，主要指自然资源（如土地、水、生物、矿产、海洋、气候和风景资源等），也包括人口、劳动力等社会资源。所谓的国土资源，是一个国家或地区由自然资源和社会资源组成的物质资源。对国土资源的开发利用不仅受到自然规律制约，而且受到一定社会制度下的经济规律的支配。合理开发利用国土资源，在于谋求最佳的经济效益、生态效益和社会效益，使社会经济与人口、资源、环境之间得到协调发展，从而建立起一个生产发展、生态平衡和生活舒适的国土环境。可见，"国土"是人与自然环境之间密切联系的综合体现；是以地理环境为基础，以人为主体的矛盾统一体，具有自然和社会的双重属性。

从以上土地与国土两个名词的概念来看，土地与国土含义的不同点是：从社会科学角度讲，国土具有政治意义，因为它是指国家管辖范围的疆域或领域（领海、领空和领土），而土地没有特定的国家的范围。从这个意义上讲，土地比国土广泛，它不受国界的限制。土地不包括上层的气候资源，也不包括下层的基岩和地下水，更不包括领海。但是就一国或某一行政辖区而言，土地则是国土的一部分，土地资源既是土地的其中部分，更是国土资源的一部分。

6. 景观与自然景观

土地和景观（landscape）与自然景观（natural landscape）也是不同的含义，"景观"一词源于德文 landschaft。在欧洲，"景观"（landscape）一词最早出现在希伯来文本的《圣经·旧约全书》中，被用来描写具有国王所罗门教堂、城堡和宫殿的耶路撒冷城美丽的景色。16 世纪末，"景观"主要被用做绘画艺术的一个专门术语，泛指陆地上的自然景色。17 世纪到 18 世纪，景观成为描述自然、人文以及它们共同构成的整体景象的一个总称，包括自然和人为作用的任何地表形态，常用风景、风光、景象、景色等术语描述。自然景观即为自然因素相互联系形成的自然综合体，是文化景观形成的基础，因此，自然景观又是一种宝贵的资源。19 世纪，由近代地理学创始人洪堡（A. V. Humboldt，1769—1859 年）将景观的概念引入地理学中，认为景观是"一个地理区域的总体特征"。作为一门研究景观形成、演变和特征的学科，景观学产生于 19 世纪后期至 20 世纪初期。

（二）土地的构成因素与分布范畴

对土地的构成因素与分布范畴，学术界从各自学科角度进行了界定，一般来说，认为土地是地球表层的一定地段的特定部分。但究竟地球表层的哪些部分、哪些因素属于土地的分布范畴，长期以来人们对此的认识与解释并不一致。

1. 关于土地分布范畴的不同观点

第一种观点:土地即土壤,指地球表面疏松的、有肥力的、可以生长植物的表层部分。

第二种观点:土地即地球表面,地球的陆地部分和海洋部分都包括在内。

第三种观点:土地即地球的纯陆地部分,并不包括陆地的水面。

第四种观点:土地即陆地及其水面,指地球表面除海洋之外,包括突出于海洋面上的陆地(如海洋岛屿)及江河、溪流、湖泊、水库和池塘等陆地水面。

上述四种观点,其中第一种观点失之于过窄。把土地的个别构成因素,代替各因素构成的综合体。其实,土壤只是"具有肥力的土地",按前面所述,土壤只是土地的构成因素之一,或者是土地的重要组成部分,但并不代表土地的全部。土地非土壤部分,虽不具有肥力,不能生长植物,但仍具有土地基本功能,其作用不能排除在土地之外。

第二种观点,失之于过宽。陆地与海洋是地球表面的两个不同部分,两者具有各不相同的功能作用。地球表面海洋部分并不具备土地的一系列功能,因此不应包括在土地范围内。

第三种观点认为土地是陆地中不包括水面的部分,这是狭义的土地,在某些特定的场合适用这种概念。

第四种观点比较确切。陆地中的水面是经常变化的,它是陆地的附属物,广义的土地应该包括陆地中的水面。马克思曾说过:"只有水流等有一个所有者,是土地的附属物,我们也把它作为土地来理解。"

2. 关于土地构成因素的不同观点

英国著名经济学家马歇尔(A. Marshall,1842—1924 年)认为:"土地是指大自然为了帮助人类,在陆地上、海上、空气、光和热各方面所赠予的物质和力量。"

美国土地经济学家伊利(R. T. Ely,1854—1943 年)认为:"经济学家所使用的土地这个词,指的是自然的各种力量,或自然资源。不是单指地球的表面,并且包括地面以上和地面以下的一切物质。经济学上的土地侧重于大自然所赋予的东西。"

上述观点所指的土地构成因素,似乎偏广泛,把土地本身的构成因素与对土地发挥功能所起作用的环境因素等量齐观了。光照、温度、热量是宇宙因素,来自于太阳,只是土地的环境因素,并不能作为构成土地的因素。

土地的构成因素,在学术界虽然解释很多,但归纳起来主要存在着两种不同的理解:一种认为"土地既包括地表的组成物质土壤、岩石与砂砾,也包括地表上的大气圈、生物圈和地貌、地质、流水活动(水文),以及地面下的基岩和地下水。另外,还包括人类建设的一些永固性的建筑物,如居民点、道路、渠道、防护林带、堤防等。这些是土地中人工的组成部分"。另一种认为"土地指地球陆域(包括内陆水面和沿海海涂)的表层(具有一定厚度、不是表面)。它是由表层的岩石与砂砾、空气、水分、生物(动物、植物及微生物)等物质组成的,具有特定地理位置和一定的地貌形态,并作为人类一切活动的基地和最基本农业生产资料的自然综合体。气候、水文、植物等自然因素和农作物、构筑物等社会技术经济条件乃是影响土地质量、分类和利用方向的环境因素,但不是土地本身固有的组成部分"。作为土地管理中的调查对象——土地,应是后一种土地概念。从系统论和科学的观点可以概括地说,土地这个自然经济历史综合体,是地球表层陆域一定地段上,由地质、地貌、土壤、水文、生物(动物、植物及微生物)、气候等自然地理因素构成的综合作用层,这个作用层受人类活动的深刻影响。这就是1983年以来,钱学森教授坚持倡导要发展一门"地球表层学"所研究的基本部分。他认为,因为有了人的介入,使得"地球表层"系统变得十分复杂。同时由于人类自身的不断发展和不合理开发,使得人类赖以生存的地球表层系统变得十分脆弱,资源耗竭,灾害频发,环境污染,水土流失。在了解地球表层系统的基础上,为协调人与地理环境的和谐关系,钱学森教授独具慧眼,高瞻远瞩,发起借助系统科学来建立"地球表层学",其所指的即是和人最直接相关的地球表层那部分环境,就是把人在地球上进行活动的这个区域进行系统的、跨学科的综合研究。具体地讲,这个研究区域的范围为:上界至大气对流层的顶层,在极地上空约8公里,赤道上空约17公里,平均约10公里;下界一直到岩石圈的上部,陆地深下去5～6公里(海洋平均4公里)。这是一个同人类活动直接有关的区域。钱学森教授还指出了一个重要的概念:这个区域是一个非常复杂的、开放的巨系统,它与外界或者这个区域的环境有着物质和能量的交换。这样一个复杂的开放的地球表层系统,也包括土地各个构成因素,也包括人,特别是人很重要。从系统科学的观点来看,就大有研究的内容。1986年,钱学森教授在"第二届全国天地生相互关系学术讨论会"上作了《发展地理科学的建议》的报告,正式提出"地理科学"这一划时代的概念,他认为地理科学"是自然科学和社会科学的汇合",它作为现代科学的一个大部门,是建设社会主义所迫切需要的科学,与自然科学、社会科学、数学科学、系统科学、人体科学、思维科学、军事科学、行为科学、文艺理论科学九大部门并行构成十大科学技术部门。钱学森教授进而提出①,"地球表层学"是"地理科学"这一重要学科的基础理论学科。这与通常所说的数学、物理学、化学、天文学、地球科学、生物学等基础学科具有一样的意义。钱学森教授从地球表层入手,运用系统科学方法对地球表层学、地理科学进行了开拓性的、独到的和跨学科的综合研究,这对发展和完善土地科学理论方法具有重要的现实指导意义。

第二节　土地的属性与功能作用

一、土地的属性及其表现特征

土地具有一系列与其他物质相差异的特征。正确认识、深刻理解土地的属性,洞察并掌握它的表现特征,对于科学管理和合理利用土地具有十分重要的意义。土地是自然经济历史综合体,它的基本属性包括自然地理属性、经济属性和社会属性。

---

① 钱学森.保护环境的工程技术——环境系统工程.环境保护,1983(6).

(一) 土地的自然地理属性

土地的自然地理属性(nature and geography attribute of land)指土地这个自然综合体本身所固有的内在属性,为构成土地的各因素,如地貌形态成因类型及所含海拔分布、相对高度、地表起伏变化、切割深度和地面坡度等因子;土壤类型及成土母质(岩类性状)质地、有效土层厚度、土壤养分、盐渍化程度;水文(地表水及浅层地下水)状况,以及植被类型等,受长期相互制约、相互影响、综合作用而赋予的特性。从而直接关系着土地的适宜性与限制性,也是综合分析土地质量等级的重要指标与依据。土地自然地理属性的表现特征有以下几方面。

1. 土地是自然的产物

土地是自然历史形成的,早在人类产生之前就存在,"经同位素测定地球的年龄约为46亿年"。人类出现在约150万年前,远在土地形成之后。自从25万~50万年前出现了"智人"以后,人类对土地的干预才逐渐广泛起来。但是这种干预只是影响土地的利用状况和土地质量的变化,从而影响土地的用途和功能,而不能像制造机器那样创造出土地来。但是,土地具有发生与演化的过程,土地的时序演化与空间分布密切联系,处于不同空间位置的土地其能量和物质的变化状况也有所不同。土地是不以人的意志为转移的自然客体,它的原始生产力也是很低的。

2. 土地面积的稳定性与数量的有限性

土地面积由地球表层陆域某一地段分布范围的大小所决定,土地的基本财富是面积,尽管地球在运动,地球的陆地和海洋也在变迁,但这种变化是很缓慢的,就它的面积而言,基本上是稳定的,它不能像其他生产资料那样,少了可再生产,人类只能根据需要和客观可能来改变土地用途。沿海地区围垦海涂也算不上扩大了土地面积,就目前我国围垦的经济技术状况来说,围垦只是在土地的利用类型上发生了一些变化,土地的总面积并没有显著增加,因目前还没有条件进行深海围垦,世界上有的国家(如荷兰),进行深海围垦,不但耗资巨大,而且所增面积有限,对陆地面积来说,也是微不足道的。土地是地球表层的陆域部分,而地球是自然历史形成的,其面积具有不可再生性。人类可以改良土地,提高土地质量,改变土地形态和使用方式(如将坡地改为梯地、梯田,由贫瘠变为肥沃),但面积丝毫不能扩大(或缩小)。在不合理利用的情况下,土地质量发生退化,甚至废弃,从而使可利用的土地面积减少,迫使人们必须集约利用土地。

3. 土地分布的地域性与位置的固定性

分布在地球表层陆域各个不同位置的土地,永久地固定在一定地理位置和地貌部位上,不能随意搬动或变换位置,因而致使土地分布具有明显的地域性与区域差异性。同时,除农业生产可以变更土地使用方式,调整用地结构和规划布局之外,其他的物质生产部门,连同附加于其上的基础设施如道路、桥梁、渠道、房屋住宅等固定资产,都具有位置的固定性与难移动性。地球表层陆域任何一片土地都有特定的地理位置,它的经纬度是无法变更的。劈山造田造地、"坡地梯化"、围垦海(滩)涂(地)以及开沟挖河等工程措施,只能在垂直高度和利用方式上引起变化,而它的平面位置是不变的。尽管这种人为的措施，会使一定垂直高度的土地利用方式发生变化，但毕竟是局部、小范围的。总的来说，除土地的水平分布(经纬度)无法变更外，土地垂直高度基本上也是不变的。因此，土地的利用受到自然地理环境因素和社会经济的影响，它的分布具有明显的地域差异性与地理位置的固定性。在地球的发展史中，虽曾出现过较大规模“沧海桑田”的变迁，但这早已成为历史的陈迹。目前，大陆漂移、岛屿隐现等对陆地面积和位置的影响，即使在几十年、几百年间也微不足道，没有很大的实际意义。从人类的生产活动看，虽然从理论上说部分土地表层的移动也是可能的，但这不但数量有限、所增面积无几，而且耗资巨大、代价高昂，因而没有很大的实际意义。所有这些变化都不能从根本上改变土地位置固定性和分布面积有限性的特征。由于受土地位置的固定性，以及水平地带性(东西经度与南北纬度地带)、垂直地带性的限制，要求人们就地利用各种土地。

4. 土地的不可替代性

土地是全部自然地理因素构成的综合体，由于它本身是不能再生产制造的，是真正的不动产，其使用价值具有不可替代性。在目前乃至可预见的未来的科技条件下，人们生产活动的干预不可能有效地扩大土地面积，制造替代土地的材料。任何其他生产资料都不可替代土地为人类的一切活动提供基地，也不能替代土地作为农业生产的基本生产资料。即便种植农作物采用的“水培法”，也需要利用土地作为支撑和基地。

5. 土地的可持续利用性

土地在空间分布上具有位置的固定性，在合理利用和有效保护下，土地可以持续利用。如耕地可以长期耕种栽培农作物，林地和草山、草坡地可以长年生长树木和栽培草本植物等。土地作为一种生产要素，只要处理得当，土地质量就会得到改善。在合理使用和有效保护农用地的条件下，农用地的肥力可以不断提高，农用地可以反复利用，永无尽期，这已被人类长期的发展历史所充分证明。土地的这一自然特征，对人们合理利用和保护土地提出了客观的要求。土地质量因条件的改变而变化，如农用地的科学利用使土地的肥力可以不断提高。熟地“耕种年限长”，比新开地好，就是因为这个道理，它不像机器、机械器具，在使用中磨损，日久就会报废。但是，如果农用地得不到合理利用，土地的生产能力也会下降，甚至丧失肥力。现在有些地方的水田耕层变浅、土质变劣，我国东北黑土地在变黄就是明显的一例。“黑土地”是一个特定的概念。从全球看，能叫黑土地的地方有三个:一是乌克兰大平原，一是美国密西西比河流域，再一个就是我国东北松辽流域，主要分布在黑龙江、吉林、辽宁和内蒙古四省(区)，即松嫩平原和辽河平原，面积约 70 万平方公里(7000 万公顷)，占全球黑土面积的 1/5，其中有 1/4 被称为“典型黑土地”，即其土壤全部为黑土、黑钙土、草甸黑土。东北农民所说的“手一攥就攥出油”指的就是这种土，其黑土层要比其他黑土区的黑土厚，因而显得更为稀少和珍贵。

东北的黑土地肥沃，曾经是我国的粮仓，但严重的水土流失及人为活动的影响正使这片富饶的黑土地变得又薄又黄。黑土地的持续生产功能受到影响。

我国的黑土区黑土层原来初垦时一般有 60～80cm 厚，最深的可达 1m，但是现在的黑土层差不多薄了一半，严重的地方甚至只有几厘米到十几厘米，只剩下表皮薄薄的一层。土地板结，土壤结构恶化，颜色也由黑变黄，当地人把它叫做“破皮黄”、“火烧云”。现在黑土区每年流失 0.3～1cm 的黑土表层，而形成 1cm 表土需要大约 400 年的时间。照此下去再有 50 年，黑土层就要流尽。黑土地是大自然赐予人们的得天独厚的宝藏，它一旦被破坏，将没有再生的可能。为此，一些专家呼吁，必须保护松辽平原的黑土地。

造成松辽流域黑土地流失加剧的原因是多方面的，松辽流域本身的自然地理因素，是黑土地出现水土流失的自然根源。在一些比较开阔的黑土区，地形呈波浪状，坡面宽，坡面长，雨季会形成大面积积雨，造成径流集中，冲刷力增强，特别是黑土耕地表层土壤疏松，底土比较黏重，透水能力较低，抗蚀、抗冲性能弱，因而土壤很容易被各种自然力侵蚀，造成水土流失。

人们不合理的开发方式和不注意水土保持工作也是黑土地流失的原因。黑土地在未开垦的自然状况，由于天然植被良好，自然修复能力强，水土流失现象是很轻微的。随着时代的变迁，黑土地在人口的压力下过度开垦，大量毁林、毁草开荒，大大破坏了天然保护屏障；不合理的耕作制度破坏了黑土地的天然土壤结构，使耕地越种越瘦，恶化了黑土地的土壤性能；由于缺乏土地生态意识，以及农业政策上的失误，一些地区往往为了追求暂时的局部的利益，不顾对土地生态的破坏和环境的污染，进行开矿、挖沙、修路、滥伐林木，促使生态环境不断恶化。正是这种不合理的开发方式，加上淡薄的水土保护意识，成了加剧黑土地水土流失的重要原因。当人们了解了肥力下降状况，并采取相应的策略措施，土地肥力又可恢复，土地生产力又能得以提高。因此，土地具有功能的永续性与可持续性利用的特点。

6. 土地生产力与土地质量的差异性

土地生产力(land productivity)指土地具有一定的生物生产力(biological productivity)，例如土地是植物生长的场地，用来供应和调节植物对光照、温度、水分及养分等元素的需要，使绿色植物通过光合作用制造碳水化合物；草山、草坡地上生长的绿色植物是畜禽生产的物质基础；水域(指陆地，未含海洋)是水产养殖的场所等。但由于土地的自身因素(地质、地貌、土壤、植被、水分等)以及相应的环境条件(光照、温度、雨量等气候因素)的差异，造成土地这个自然综合体有质量上的巨大自然差异性。这种差异性不仅存在于一个国家或地区的范围之内，即使在一个基层生产单位内也同样存在。随着经济社会生产力水平的提高和人们对土地利用范围的扩大，这种差异性还会逐步扩大，而不是趋于缩小。土地质量(land quality)的自然差异性是土地级差生产力的基础。土地质量的自然差异性，要求人们因地制宜，合理利用各类土地，确定土地利用的合理结构与方式，以取得土地利用的最佳综合效益。

(二)土地的经济属性

土地既是具有生产能力与使用价值的自然物，又是能够创造财富与产生经济效益为人们赖以生存的极其重要的生产资料。经济学家们认为，土地是一种特殊商品，它与一般商品相比，两者都具有非劳动产品与劳动产品的双重性，且其价格不是价值的货币表现，而是资本化的地租。土地的经济属性(economic attribute of land)是在一定历史发展阶段上，通过人类的经济活动对土地这一自然物加以开发利用所赋予它的新属性。如土地的所有权、土地利用现状、经济和科学技术发展水平、交通状况、有关的土地利用政策等。

这些虽然不直接决定土地质量特征，但是在很大程度上决定了土地利用方式、生产成本和利用价值等，因而，也是评价土地时所必须考虑的指标因素。

土地的经济属性是以土地的自然属性为基础，并在人类对土地的利用过程中产生的，其表现特征有以下几个方面。

1. 土地供给的稀缺性

土地面积数量的有限性决定了土地供给的稀缺性；土地在地域分布上的不平衡，导致人与土地供求关系上的不平衡。在人类出现以前，没有人类对土地的利用和需求，当然也就无所谓土地供给的稀缺性。只有当人类出现以后，特别是由于人口不断增加和经济文化的发展，对土地需求不断扩大，而可供人们利用的土地又是有限的，因而产生了土地供给的稀缺性并日益增强。土地供给的稀缺性，不仅仅表现在土地供给总量与土地需求总量的矛盾上，还表现在由于土地位置固定性和质量差异性，致使某些地区（城镇地区和经济文化发达、人口密集地区）和某种用途的土地（如农用地）特别稀缺。由于土地稀缺性日益增强，土地供求矛盾的日益尖锐化，导致一系列土地经济问题的产生。土地供给的稀缺性，成了引起上地所有权垄断和土地经营垄断的基本前提；由十土地供给稀缺，在土地私有、自由买卖、出租转让的条件下，出现地租和地价猛涨、土地投机泛滥等现象。

2. 土地利用的制约性与利用方式的相对分散性

土地具有利用的多宜性，可以有多种用途。但它的使用在不同用途之间变更，要受到土地位置固定性的制约。这种位置的固定性，限制了土地只能就地利用，例如在市场经济条件下，即使农产品价格由供求关系等变动导致明显的升降时，决策与指挥农业生产者，也很难抉择农用地结构与布局的变更，因为农作物生产的调整，不仅受土质、气候条件的限制，还受生产技术和资金投入的限制。土地的利用不容朝令夕改，随心所欲。同时，由于土地位置的固定性，对土地只能就地分别加以利用，采取相对分散的利用方式，这一特征在农用地上表现得更为明显。农业（种植业）利用绿色植物从土地中吸取营养物质，将太阳的光能、热能，转化为生物能，生产农产品。没有一定面积的土地就不能转化一定量的光能、热能，也就不能生产足够人们需要的农产品。因此，农业生产必须分散在广大面积的土地上进行。即使在非农产业中，土地利用方式可以相对集中，但由于土地的固定性，不能将其重叠起来利用，只能分别加以利用，从而要求人们在利用土地时选择区位，注意区间交通运输联系，以提高土地利用的综合区位效益。

3. 土地的可垄断性

土地一经与人的劳动相结合，就成为创造物质财富的源泉。对土地的使用、占有进行垄断时，就形成了土地所有权。从法学观点看，凡占有某块土地者，其所有权管辖范围包括地上、地表及地下所附着的一切自然物和自然力。由于土地面积数量的有限性和所有权的可垄断性，可以成为一种财产（不动产或地产），作为长期使用的担保品或抵押品，所有者可凭其对土地的所有权获得收益，相当于具有物质财富，具有资本。国家、集体或个人对土地的所有权，就成为一种产权，在产权基础上分离出使用权。无论对产权或使用权的出让和转让都要有代价，这种土地权属关系即为最基本的土地社会经济关系。土地的权属、数量和质量构成土地的三大基本要素。

4. 土地的可改良性与改变土地利用方向的困难性

土地虽然不能被人为制造、"仿造",或者直接创造财富,但经人们投入物化劳动和活劳动以后,可以使土地的性状发生变更,造就使用价值,产生经济效益。由于土地具有多种用途,当土地已经投入某项用途之后,欲改变其利用方向,一般来说是比较困难的。这首先受到土地自然条件的制约,如在我国北方寒冷地区不能改种热带和亚热带植物(如橡胶、柑橘等),在海拔几公里并缺乏水源的地区难以建设现代化工厂等。因为这些地区不具备这种用途的自然环境条件。其次,由于在工农业生产上变更土地利用方向往往会造成巨大的经济损失,因而是不合理的,甚至是不允许的。在农业生产中,由于农作物生长周期较长,在生长周期没有结束时,改种其他作物或作其他用途,势必造成巨大的经济损失;林木等多年生植物生长周期更长,投入的资金和劳动更多,任意改变土地用途,经济损失会更为巨大。在建筑业和其他非农产业中,建筑物和其他设施使用周期也很长,如果在建成后随意改变土地利用方向,其经济损失也将是十分巨大的。基于土地利用方向不能任意变更,要求人们在确定土地利用方向时,一定要进行详细考察,制定长期周密的规划,决不能任意改变土地用途。

5. 土地报酬递减的可能性

土地供给的稀缺性要求人们集约利用土地。由于"土地报酬递减规律"的存在,在技术不变的条件下对土地的投入超过一定限度,就会产生报酬递减的后果。这就要求人们在利用土地增加投入时,必须寻找在一定技术、经济条件下投资的适合度,确定适当的投资结构,并不断改进技术,以便提高土地利用的经济效果,防止出现土地报酬递减现象。

(三)土地的社会属性

土地的社会属性(social attribute of land)是指土地作为土地关系的客体而言的,其特征主要表现为如下方面。

1. 不同的社会制度有不同的土地关系

土地关系,包括人与人之间在土地的占有关系,转让、出让和出租的使用关系,以及处置土地方面形成的人际关系,是社会生产关系中主要的内容之一。土地所有制形式是土地关系的基础和核心,它决定人们在生产中的地位、相互关系和产品分配。所以,土地归谁所有是决定性的。土地所有制形式随生产力的发展而变化,受社会生产方式所制约。原始社会地旷人稀,生产力水平很低,没有固定的生产和生活用地,以采集和狩猎为生,谈不上对土地开发利用,也不存在土地权属问题。土地归氏族人员共同占有。在阶级社会里,是以生产资料私有制为基础的,土地主要是私人占有。我国是社会主义国家,消灭了阶级和剥削,变土地的私有为公有,即国家所有和集体所有制。2004 年 8 月第二次修正的《中华人民共和国土地管理法》①第二条规定:"中华人民共和国实行土地的社会主义公有制,即全民所有制和劳动群众集体所有制."第八条规定:"城市市区的土地属于国家所有。农村和城市郊区的土地,除法律规定属于国家所有的以外,属于农民集体所有;宅基

① 本书后面部分将 2004 年 8 月第二次修正的《中华人民共和国土地管理法》简称为新《土地管理法》。

地和自留地、自留山，属于农民集体所有。”第九条明确规定：“国有土地和农民集体所有土地可以依法确定给单位或者个人使用。使用土地的单位和个人，有保护、管理合理利用土地的义务。”优越的社会主义公有制土地关系为充分、合理利用土地，有效整治、保护土地，不断提高土地生产力开辟了广阔前景。

2. 土地利用后果的社会性

土地是自然生态系统的基础因子，且土地生态系统互相连接在一起，不能移动和分割，因此，每块土地利用的生态经济后果，不仅影响本区域内的自然生态环境和经济效益，而且影响到邻近地区，甚至整个社会的生态环境和经济效益，从而产生巨大的社会后果。例如在一块土地上建设一座有污染的工厂，就会给周围地区带来环境污染；在一个城市中心繁华地段建设一座占地很多而单位面积收益不高的仓库、运动场等，不仅使地段的土地效益不能充分发挥，而且还影响城市繁华地段的生态、经济、社会综合效益的提高。土地利用后果的巨大社会性，要求任何国家都要以社会代表的身份，对全部土地进行宏观的管理、监督和调控。

（四）对土地属性的小结

综上所述，对土地的本质属性概括为以下认识。

1. 土地是自然综合体

土地的自然地理属性取决于土地构成的自然因素。这是一个综合的概念，指的是地球表层自然环境中的某一地段，包括地质、地貌、气候（降水）、水文、植物、土壤等全部自然地理因素长期相互作用、有机组合，并包括人类活动对自然环境影响在内所形成的自然综合体。中国科学院院士、著名地理科学家黄秉维先生称这个自然综合体为“作用层”，更贴切地反映出土地这一自然经济综合体的本质与属性，及其历史产物的动态特征。人们利用土地，绝不是与土地的某一自然构成因素单独发生关系，而是和所有因素的综合特征打交道。这个综合特征，体现在地表自然地理环境中的某一地段，构成人们通常所称的自然综合体，即土地自然类型。从土地农业利用来看，气候、水文、土壤、岩石、植物、动物和微生物等自然因素均对农业生产发生一定的影响，其中，降水、空气、热量、光照、水分等气候因子直接作用于植物，是生长、发育所必不可少的，气候是发展农业生产必须考虑的重要自然环境因素。地貌因素决定着土地结构基本框架，并对其他土地构成因素起到调节作用。例如海拔分布变化影响温度和水分；坡度对水文、土壤的分布产生影响；坡向对水分、温度、光照及干湿度产生影响等，但这些影响不是孤立的，而是彼此联系，相互制约的，只要其中一个因子发生了变化，必然连带引起其他因素变化。因此，农业生产并不仅仅受某一因素的影响，而取决于各个因素之间的相互联系和相互作用。工程建设同样如此，不仅要考虑地基的承载力，还要考虑局部地区、小气候条件、地貌部位、现代地貌作用过程及地表和地下的水文状况等。由此说明，土地自然综合体概念是从土地的自然生产力的基本特征出发，在实践过程中逐步形成和发展起来的。

2. 土地是一个垂直系统

在地球表层，土地有一定的空间位置，各个土地因素在地球表层自然环境中均有自己相对应的场所。每一地块均占据着特定的三维空间，深受南北纬度、东西经度（水平地带性）以及垂直高度（非地带性）的影响，拟分为三层，即外表层、内层、底层（或地上层、地表层、地下层）。土地从空中大气环境到地下的地质层，处于岩石圈、水圈、大气圈和生物圈相互接触穿插的边界上，它包括地貌、土壤、植物的全部（根部、茎部直至顶冠层），以及直接影响它的地表水、浅层地下水、表层岩石和作用于地表的气候条件。在农业利用上，从土壤的母质层和植物的根系层，直到植物的冠层，是各种自然过程（物理的、化学的和生物的作用的过程）和人类活动与地理环境相互作用的场所。在工矿、道路、水利、交通建设用地上，则从地下岩石层到地面建筑物的顶部。但是，那些与土地特性并无直接联系的地上层（高空气候）和地下层（深层岩石），只是土地这个自然综合体的环境条件。

3. 土地是自然经济社会综合发展过程的历史产物

土地有自身的发生规律和发展过程，某一土地类型的土地特征，就是土地形成、利用及演变过程中的现实反映。土地特征是因地表水分热量条件、地貌过程、土壤和动植物群落的演化等的不同而随时间发生变化的。但因为经济社会活动（特别是人类过去与现在的生产活动）对土地极大的影响，所以，土地又是自然经济社会发展过程的历史产物，是一种综合的自然资源，被称为“真正的资源”，具有人们可利用的资源功能。对人们的生存来说，土地是最基本、最广泛、最重要的资源，我们要对土地合理开发利用和整治保护，使土地可持续利用，保障经济社会可持续发展。

二、土地的功能与作用

土地是民生之本，经济社会发展之基，它在人类社会中占有极重要的地位，人类诞生于土地，人类利用土地并将长期在土地上继续生存和发展。因此，没有土地也就没有人类，没有人类的生存和发展。马克思曾指出，“土地是一切生产和生存的基础和一切财富的源泉”，是人类“不能出让的生存条件和再生产条件”。威廉·配第（W. Petty，1623—1687年）也曾说过：“劳动是财富之父，土地是财富之母。”

（一）土地的功能

土地的功能（land function）主要表现在如下方面。

1. 承载功能

土地由于其物理特性，具有承载万物的功能，因而成为人们进行一切生活和生产活动的载体和空间环境，成为人们进行房屋、道路等建设的地基。“皮之不存，毛将安附”，在一定意义上比喻了土地对于人们的这种承载功能，表现为土地的养抚作用。

2. 生物生产性功能

土地在一定深度和高度内，具有滋生万物的生产能力，如土壤中含有各种营养物质以及水分、空气等环境因素，这些是地球上一切生物生长、繁殖的基本条件，表现为土地“一籽百粒”的生产功能。土地通过生物产量提供生活的支持物质，如食物、饲料、纤维、油料、木材和人们使用的其他生物物质，直接或间接地进行畜牧业、水产业、渔业、淡水和海洋滩地养殖，耕地、园地、林地、草地等土地利用类型都是人们利用和发挥土地生产性功能的体现。据估算，人类食物的88%是由耕地提供的，10%是由草地提供的，即人们食物的98%由土地的生产性功能所决定。

3. 生命的环境功能

土地可以提供生物栖息地和地上、地下动植物和微生物基因库，是陆地生物多样性的基础，能满足人们自身的需要和改善自身的环境条件。

4. 水文与气候调节功能

土地是温室气体的源和汇，决定全球的能量平衡（太阳的放射性能量的反射、吸收和转换）和水循环。其水文与气候调节功能，规范着地表和地下水的储存和流动，并影响它们的质量。

5. 废物和污染控制功能

土地的废物和污染控制功能表现在土地对有害物质的接受、渗透、缓冲和转换功能。

6. 生活空间与生存空间关联功能

土地为人们居住、工业生产和运动娱乐等社会活动提供物质基础；为储存和保护人们的文化遗产提供媒介和土地利用信息的源泉；为人们的交通、投资和生产，以及离散的自然生态系统之间运动提供空间环境。没有这些环境与条件，地球上的生物就不能生长繁育，人们也就无法生存和发展。

7. 储存与提供人们使用的矿物质和原材料（非生物资源）功能

人们要进行物质资料的生产，除了需要生物资源外，还需要大量非生物资源，如建筑材料、矿产资源和动力资源（石油、煤炭、水力、天然气）等。这些自然资源都蕴藏于土地之中，没有这些丰富的原材料和矿产自然资源，人们就无法进行采矿业和加工工业生产，也就不能生产各种机械设备，不能进行各种房屋、道路建设，不能生产人们生活需要的各种工业品。没有土地提供原材料，提高工业化、城市（镇）化水平无法实现，可见，土地的非生物资源功能对于人们也是绝不可缺少的。

（二）土地功能在产业部门发挥的作用

因土地的位置、质量、数量对不同部门有着不同的意义。土地的功能在国民经济各个部门所发挥的作用并不完全相同。

1. 工业、建筑业和交通运输业

土地主要是作为地基、操作的场地和空间发挥作用。在这些部门中，土地的数量、质量，尤其是土地的位置发挥着重要的作用。在工业部门中，建筑工厂需要选择合适的厂址，要求土地坚实、抗压性强及地基稳固，并有一定的面积以满足生产工艺要求。特别是厂址位置要适宜，以使原料的供给、产品的销售及能源的保证等，都是经济而具有高效益的。

2. 采矿、水力发电、地热利用和航运等部门

土地的数量、丰度及其位置，对采矿、水力发电、地热和航运等部门的土地利用的效果有决定性影响。

3. 旅游业

旅游观赏也是人们利用土地具有观赏性功能的结果。它以自然景观的优美、奇特、险峻为特殊利用的基础。此外，交通的便利也是旅游区不可缺乏的条件。并不是任何一块土地都具备这方面的条件。因此，重要的旅游点往往都具有特殊的土地类型分布空间。秀丽的群山丛岭、浩瀚的海域、奔腾的江河、荡漾的湖泊、蓄储的水库、众多的清泉溶洞、奇峰怪石迷人的景色、无垠的沃野，为丰富人们的生活内容，陶冶人们的情操提供了大量的游览胜地和休息场所。

4. 农业

农业生产对土地的要求更为严格。土地不仅是劳动对象，而且土地本身又是不可替代的生产资料，发挥着生产工具的作用。万物土中生，植物(包括农作物)的生长发育又不可缺少光照、温度、热量、水分、肥力的供应者和调节者——土地，因此，没有土地根本就谈不上农业生产。在农业生产中，首先需要一定数量(面积)的土地，否则就不能生产足够数量的农产品，以满足人们的需要；其次，狭义的农业(指种植业)，对土壤、气候、地貌、水文等综合因素与自然环境条件的要求十分严格。只有土地构成因素与宇宙因素配合得当，才能适宜与满足农业生产的综合要求，才能获得农业的优质高产效益。当然，土地的自然地理位置和经济地理位置对农业生产来说，虽然也很重要，但与工业生产相比，土地的自然地理位置和经济地理位置对农业生产来说，就处于次要地位了。

(三)构成土地的自然因素

构成土地的各种自然因素共同对植物(农作物)的生长产生影响，这些因素可以分为以下三类。

1. 直接因素

直接因素即直接作用于植物，为植物生活所必不可少的因素，如水分、空气、热量、光照、养分元素等。植物本身含有60%以上的水分，没有水就没有生命。植物每天不断以根系吸收水分，在蒸腾中失去水分，就这样把养分元素通过水运输至茎叶中去，作为生长发育的原料。植物一刻也离不开空气，当遭大水淹没时，绝大部分植物会死去，那些没死的沉水植物全靠它茎叶中的气道来维持空气的供给；没有二氧化碳，植物不能进行光合作用；没有氧气，植物不能呼吸；风媒传粉的植物(如玉米)还需要流动的气体来传粉繁殖。热量也是植物所必需的因素之一，温度过低或过高都会使植物停止生长、受到伤害甚至死亡。光照是绿色植物光合作用必不可少的条件，在控制开花上又起重要作用。养分元素如氮、磷、钾、钙等是植物生长发育所必需的。这一类是直接关系植物生长发育的因素，也是发展农业必须考虑的重要因素。

2. 间接因素

间接因素它对植物没有直接作用，但对各个直接因素起调节作用，从而对植物产生重大影响。间接因素有地貌、土壤和其他植物等。地貌形态特征对各直接因素都起调节作用，如海拔分布影响温度和水分，一般每升高100m气温要降低0.6℃；海拔在7000m以下的高度，一般大气水分随海拔升高而相应升高，而土壤水分随海拔升高而相对减少(山体局部洼地除外)。坡度也对土壤水分产生影响,单面山陡坡的一面水源缺乏,缓坡一面由于顺岩层流来的地下水而水源丰富。坡向对水分、温度、阳光都产生影响,一般说来,东南坡由于早上太阳辐射的热量主要用于蒸发露水、霜等,用于提高地面温度和气温的热量不多;而西南坡由于露水上午已蒸发掉,到下午太阳直射西南坡时,其热量主要用于提高地面温度和近地面的气温,所以西南坡要比东南坡干燥炎热。南北坡之间的差异,越往北方(指北半球)越显著,光照、温度、湿度都不相同,迎风坡与背风坡也有差异,在朝向盛行风向的迎风坡比较多雨,而背风坡因受焚风作用,降水很少,干燥炎热。土壤对植物的影响主要通过它的结构、质地等性状对水分、空气、热量和养分元素进行调节,从而间接地对植物的生长发育产生影响。现在,一些国家用"水培法"来培植蔬菜等农作物,也就是在人工气候室中,把植物所需要的养分元素加入水中,给予一定的光照和空气,并控制在一定的温度幅度内,促进培植在其中的青菜、番茄、黄瓜等生长发育。也就是说,只要满足水分、空气、热量、光照、养分元素等直接因素,没有土壤植物也能照样生长,而且生长得很快。但是成本高,目前尚不能普遍推广。

3. 既有直接作用又有间接作用的因素

这类因素的直接作用表现为它直接以植物为食料从而对植物产生影响,如害虫直接吃掉植物,对植物产生直接的危害;麻雀既吃粮食又吃虫,既直接有害于粮食作物,又间接有利于粮食作物的生长。微生物也是这种情况,病害是直接作用,而分解枯枝落叶的微生物可使有机物质变成无机物质的养分元素,供植物生长发育用。这类元素是元素循环中的重要一环,对植物是一种间接作用,人类的影响也是如此。因此,动物、微生物和人类影响的直接作用与光照、热量、水分、空气、养分元素的直接作用是有区别的,其间接作用的情况又是错综复杂的。

综上所述,土地是一个包含许多因素的自然综合体,由于这些因素相互联系作用,只要其中一个因素发生了变化,必然连带引起其他因素变化,牵一发而动全身。因此,对于土地只有全面、综合地利用,才不会片面追求一方面的利益而使其他自然因素恶化。

【思考题】

1. 土地的确切概念是什么?
2. 如何认识和理解土地的基本属性及其表现特征?
3. 土地具有什么功能?

第三章　土地类型及其分类系统与分类体系

第一节　土地类型研究与土地类型学

一、土地类型研究的意义

前面提到“土地”是一个综合性的概念，反映的是地球表层某一区域地段环境内，包括地质、地貌、土壤、植被、气候、水文等各种自然地理因素相互作用，也包括人类社会活动对自然地理环境的影响所形成的自然综合体(或称自然地理综合体)，黄秉维先生把这个自然综合体贴切地称为“作用层”，这个作用层就是钱学森教授在 1983 年倡议的要发展一门“地球表层学”(epigeosphere science)。自然综合体反映该自然地带范围内水分、热量分异规律所形成的自然地理因素的组合特征。土地的性质取决于各自然地理因素之间相互作用所产生的综合特征，不从属于其中任何一个自然地理因素，任何一个自然地理因素都无法代替土地的综合性特点。研究土地的综合性，要以土地这个自然地理综合体作为有机整体，并从整体出发，将各个自然地理因素联系起来，全面、有机地加以研究，着重对各个相互联系、影响和制约的自然地理因素进行综合研究。既不是地质、地貌、土壤、植物、气候和水文等各个自然地理因素资料的简单罗列，也不仅限于对自然综合体现象的简单描述。

类型是个体的理论概括的结果，是个体的聚类与归分，只有首先研究个体，才能分出类型。土地类型即地球表层某一区域地段内各个具有综合自然地理因素特征的土地个体(即自然地理综合体)的分类范畴。土地类型是一个综合的自然地理概念，人类的生产活动离不开土地类型，人类社会的发展过程，可以说是人类利用和改造土地类型的过程。自然地理综合体的类型(土地个体)研究即土地类型研究，首先必须研究这一区域内的自然地理因素作用过程，找出各因素的组合形式和分异特征，从而掌握土地类型的形成、特性、演化及其分布规律，并在此基础上，分析各类土地的生产特性及适宜性和限制性，提出各类土地的合理利用方向和改造措施，为实现土地的因地制宜布局和分类开发利用提供服务，土地类型构成因素及土地类型分异过程如图 3.1 所示。

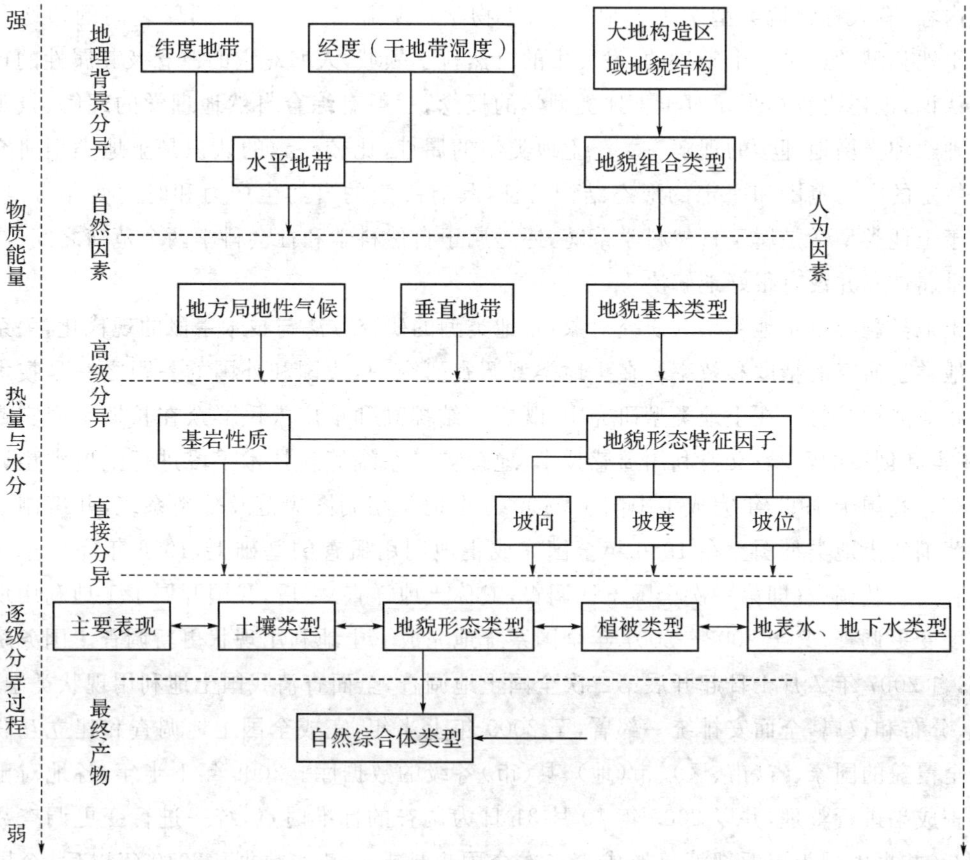

强　弱

地理背景分异

纬度地带　经度（干地带湿度）　大地构造区域地貌结构

水平地带　地貌组合类型

自然因素　人为因素

物质能量

地方局地性气候　垂直地带　地貌基本类型

高级分异

热量与水分

基岩性质　地貌形态特征因子

坡向　坡度　坡位

直接分异

人为因素对土地类型形成与分异的影响

逐级分异过程

主要表现 ↔ 土壤类型 ↔ 地貌形态类型 ↔ 植被类型 ↔ 地表水、地下水类型

最终产物

自然综合体类型

弱　强

图 3.1　土地类型构成因素及土地类型分异过程

二、土地类型研究的现况与展望

研究土地综合体特征的科学被称为土地类型学，它在土地科学的层次结构体系中具有非常重要的地位。土地类型学研究土地系列分级及其个体单位逐级划分（土地分类），这是土地科学最基础，也是最核心的部分。

土地类型研究在我国有着悠久历史。战国时期《管子·地员篇》探究土地与植物相互关联的规律性，按地貌形态特征，把土地分为平原、丘陵、山地三大类，再按土质不同，细分为 25 个亚类的系统划分和详细描述，是我国古代对土地类型研究的卓越贡献。我国把土地类型作为科学研究开始于 20 世纪 60 年代初期，对各种自然条件与自然资源的综合考察和积累的丰富资料，促使全国性的综合自然区划研究工作有了很大发展，从而极大地推动了土地类型研究。到了 20 世纪 70 年代后期，土地类型研究在我国又有了新的发展，它在综合自然地理学现代发展中成为一门新学科，类似德国、法国、美国和苏联的景观学，也相当于澳大利亚、墨西哥和联合国粮农组织（FAO）所进行的土地资源调查研究。土地类型学研究包含土地类型等级的划分与土地类型的分类系统，以及土地利用现状类型、土地评价（生态经济适宜性评价和土地生产潜力评价）、土地潜力等级、土地规划和土地管理等系统内容，有人称土地类型学为土地科学、生物学等基础科学和应用科学之间的边缘科学。土地类型学还是一个新兴的、发展中的自然科学领域，人们对它的概念及其属性的理解和认识，也还比较初步。对于土地类型学的概念，一般有综合自然地理学的理解、景观学的理解和土壤地理学的理解。关于土地类型的属性，比较一致的认识是土地类型研究具有特定的空间范围和一定的形态结构特征，具有一定的自然生产力和时间变化特点。但对于土地类型学是属于自然科学范畴，还是属于自然科学和社会科学两个范畴之间(具有双重属性)，并没有很好地解决。

土地类型学以土地类型为研究对象，土地类型的研究方法与技术手段的现代化，关系着土地类型研究的精度和效率。在土地类型调查研究中，我国和外国的差距之一是技术手段相对滞后，因此，在土地类型研究中，既要总结提高和推广人民群众在长期生产实践中，积累和创造的经验；又要利用遥感技术、地理信息系统等新技术手段进行土地类型调查研究。我国于1985年完成了中国1∶100万土地类型制图规范及分类系统，并编制了全国范围的土地类型图。在1986年全国完成土地利用概查的基础上，1996年完成全国土地利用现状调查(即第一次全国土地调查，或称土地详查)之后，我国开展了土地利用现状年度变更调查；又于2003—2007年全国系统地完成了土地利用现状更新调查。国务院决定，自2007年7月1日起开展第二次全国土地调查，全面查清我国土地利用现状类型、面积、分布和权属，全面安排统一部署，至2009年上半年，完成全国土地调查和建立互联共享全覆盖的国家、省(市、区)、市(地)、县(市)各级的数据库。2009年下半年，各地对土地调查成果进行整理，并以2009年10月31日为调查的标准时点，统一进行变更调查数据更新，并报由国土资源部汇总形成第二次全国土地调查基本数据。2010年以后，全国每年进行一次土地变更调查，确保土地调查数据、图件等成果的现势性和准确性，为加强和改进土地宏观调控，严控土地“闸门”；为严格土地规划管理，切实保护耕地特别是基本农田，保障国家粮食安全，提供基础数据和科学依据。

第二节　土地类型分类系统与土地分类体系

一、土地类型分类的概念

土地类型分类的概念，既指某一级的土地类型(土地个体)划分，又泛指由不同级土地类型的划分所构成的土地分类系列。

土地类型分类简称为土地分类(land classification)，是土地类型研究的主要内容，也是土地类型制图、土地类型组合区域的划分(土地分区)，以及评价土地质量和土地使用价值的基础工作。土地分类是衡量土地科学水平的重要标志，在土地科学领域内，土地分类一直居于重要地位。土地分类问题的解决，是土地科学成熟的标志。

土地分类是把土地调查的大量土地个体单位加以条理化、系统化，为土地类型的深化研究创造条件。同时，由于科学的土地分类系统反映了土地类型（土地个体单位）间的规律性联系，可以提高土地类型研究的效率。

土地分类是为了便于按某种目的需求来利用土地，也是认识土地的一种手段。

土地分类是土地类型研究的一种常用方法，主要是研究地球表层各自然地理因素和经济社会因素综合作用所形成的土地的性状、特点和分布规律。为全面、准确地掌握土地的状况，不仅要了解土地面积总量，还必须了解各类土地面积数量与构成，以便对各类土地进行合理开发、利用与管理。此外，对于土地征税、实行地产经营等，科学的土地分类也是必不可少的。

二、土地类型等级划分与土地类型分类系统

（一）土地类型等级划分（土地类型分级）

土地这个自然经济综合体具有成因的复杂性、类型的多样性、质量的差异性、分布的地域性和用途的多宜性等特点，分布在地球表层某一地段的土地，往往是千差万别的。尽管如此，仍然可以归纳其相似性，区别其差异性，把千差万别的土地个体划分为不同级别和类别。土地类型等级的划分是以土地类型个体为单位的，在一个自然区域或行政区域范围内，土地类型个体单位是很多的，一般不可能对土地个体单位进行逐个研究。通常采用的方法是，根据土地类型个体单位的特点，将个体单位按性状的共同性或相似性进行不同程度的抽象概括与归并，按土地类型个体单位之间相互联系的性质合并成更复杂的土地类型个体单位，从而形成一个土地类型（土地个体单位）等级系列，获得级别高低、排比顺序不同的各种土地分类单位；将土地的个体单位（或土地类型分级单位）归纳它的相似性，区别它的差异性，从而形成土地类型单位系列。土地类型等级的划分是根据一定的目的，按土地类型（土地个体）的复杂程度，逐次将土地类型分为大小不等、复杂程度不同、等级从属的土地类型（土地个体）。在土地类型单位系列中，所属级别愈低，分类标志愈具体，土地类型（土地个体）的共同性愈多，相似性愈大；反之，所属级别愈高，分类标志愈概括，土地类型（土地个体）的共同性愈少，相似性愈小。

（二）土地类型分类系统

由于土地类型（土地个体单位）是多级的，而且其划分又只能在同一等级（这里所指的等级，仅指土地类型按分等划级的排列层次及等级系统从属关系，它与土地类型作为质量评价的基本单位进行的分等划级（或评估）的含义并不相同），土地类型划分是在土地个体单位上进行多级制连接续分，因此，土地类型划分的个体单位具有多级序列、等级从属、可连接续分的特点。土地类型划分包括两个方面：一是土地类型等级划分（分级）；二是某一层级（或泛指不同级）土地类型的划分。土地类型分级与某一层级土地类型分类是两个既有联系又不相同的概念。在土地分类的实际工作中，两者纵横交织为一个分类网络，即某一级或同一层级土地类型的划分和土地类型分级的结果形成了土地类型的树枝状结构，

也就是土地类型的分类系统。

三、国内外土地类型分类系统与分类体系

从不同的目的和需求出发,土地分类研究选择对该目的有意义的土地性状及其度量指标,以满足不同土地分类的需要,将一定层级的大量土地个体概括成具有从属关系类型(个体)的等级系统。该系统包括土地的自然类型、土地的各种利用类型(如农用地中的农、林、牧业,以及工业和矿产业生产用地,乃至细分为作物品种如粮食、玉米、柑橘等的土地适宜性分类);按土地所有权形式,土地类型可划分为全民所有(国有)和集体所有类型。由于土地分类的目的、依据与需要的不同,必然出现许多分类方法,构成不同的土地分类体系。关于国内外目前出现的土地分类系统与分类体系概述如下。

(一)国外土地分类系统的特点

根据林培教授就《国外土地类型研究发展》整理的各国主要土地类型分级系统来看,主要有以下几个特点。

(1)土地分类系统与产业用地不相适应。概括为土地类型、土地利用、土地潜力评价和土地适宜性评价 4 个分类系统。这 4 个分类系统虽已显现土地(自然)类型分类、土地利用现状类型分类和土地资源类型分类(用做土地适宜性评价和土地潜力评价单元)的雏形,但其界限并不清楚。不管哪种分类,都是以土地的农业利用为主要对象进行划分的,这与土地是各业用地的基础不相适应。

(2)土地自然类型分类系统,多数重视综合考虑土地的自然构成因素,但在具体划分时,都有以自然景观或地貌形态类型作为主导因素的趋势。土地自然类型分类系统采取多级制连接续分,多的有 7～10 级,但大部国家采用 4～5 级分类制,并都要求与制图比例尺相适应。且在土地自然分类中都不包括陆地水域。

(3)土地利用类型分类系统,多数都以土地利用现状作为分类依据。发达国家为了适应遥感制图的需要,在建立土地利用现状分类系统时,为了适应遥感资料判读和实际需要,一般采用三级制分类,以美国的土地利用和地表覆盖分类系统比较有代表性。

(4)土地潜力评价和土地适宜性评价系统,多数都是从农业利用出发对土地进行评价,很少有各业用地的评价系统,但不管哪种土地评价都需要有一个与制图比例尺相适应的评价单元,而这个评价单元分别体现在土地评价体系之中,没有一个单独的分类系统。

(5)国外土地分类系统都注重实际应用,但由于对土地概念的认识不一致,土地类型分类系统存在比较严重的混乱现象,亟待加强研究,使之逐渐科学化。

(二)国内土地分类系统的特点

我国土地分类的历史比较悠久,早在战国时期的《管子·地员篇》中就有土地分类、分等划级和适宜性评价等的记载。但科学的土地分类系统研究比较迟,主要工作在新中国成立以后才进行,20 世纪 80 年代具有代表性的土地分类系统有:朱显谟的陕西省土地类

型分类系统；张昭仁的浙江省1∶10万土地自然类型分类系统（三级制分类），以及浙江省1∶50万坡地农业适宜性分类与质量评价系统；中国科学院地理研究所牵头，会同国内几十个科研和教学单位组成中国1∶100万土地自然类型图编辑委员会，提出了1∶100万土地类型分类系统（土地纲、土地类和土地型），以及中国科学院自然资源综合考察委员会牵头，会同国内几十个科研和教学单位编制《中国1∶100万土地资源图》，制定《中国1∶100万土地资源图》及土地资源类型分类系统；全国农业区划委员会制定的全国土地利用现状分类系统（一、二级）。

1. 国内主要土地分类系统各自的特色

国内上述具有权威性的土地分类系统具有各自的特色，具体分析如下。

(1)1∶100万土地资源图的土地资源分类系统。此系统围绕1∶100万土地资源潜力的编制，把土地区域的划分（土地类型区或土地潜力区）、土地适宜性评价（土地适宜类、土地质量等和土地限制型）和土地资源分类（土地资源单位或类型）综合在一个系统中，这种分类系统满足了编制1∶100万土地资源图的要求，但不能适应其他比例尺的制图要求。因此，不符合土地资源类型分类系统及资源图编制原则。

(2)1∶100土地自然类型分类系统。此系统是在土地区域划分的基础上，采用地貌因素作为划分的主要标志，同时也十分重视土地性质（土质、土壤性状）的作用。这个分类系统除土地分区外，以地貌为主要标志划分第一级土地类型，类似于土地资源单位（或类型），而且由于第一级土地类型分得太细，特别是土地分区与土地分类混在一个系统中，给建立土地分类系统和确定基层土地类型以及野外制图带来困难。

(3)土地利用现状类型分类系统。土地利用分类依据与国外基本相同，但因国情差异，在具体划分类型上很不相同。在我国由于耕地比较复杂，人多地少，耕地稀缺、宝贵，就特别重视把耕地与园地都作为一级划分，而在国外，例如美国只作为第一层农用地中的两个类型分类。另外，在国外为了运用遥感资料进行土地利用现状调查，在土地利用类型分类上，也采取与遥感资料判读能力及其制图相适应的土地利用分类系统。

2. 国内土地分类系统与国外土地分类系统相比的特点

国内开展的土地分类系统与国外土地分类系统有许多共同之处，但是具有如下特点。

(1)土地分类体系可划分为土地自然类型、土地利用现状类型和土地资源类型三个分类系统，这三个系统虽各有侧重，但相互之间很难分清。

(2)不管哪种土地分类，其服务对象都侧重于农、林、牧（草）业用地。

(3)土地分类都注重实际应用，但也都因对土地的认识不一致而使土地分类存在紊乱现象。

(4)在三个土地分类系统中，只有土地利用现状类型分类系统包括陆域水面，其他的土地分类系统均不包括。

(三)土地分类体系的建设构想

在综合评价与吸收国内外有关土地分类经验的基础上，结合实践经验，进行土地分类系统与分类体系的构想。

1. 土地分类体系的准则

土地具有自然地理特性和经济社会特性的双重属性，实践表明仅以一个土地类型分类系统，很难解决土地分类这个复杂的问题，为此，在总结国内外土地分类经验的基础上，必须拟定一个由不同分类系统构成的土地分类体系。构建这一分类体系所遵循的基本准则是：①具有科学性，即能简明地反映土地的双重属性；②要有实用性，即便于掌握与应用；③坚持继承性，即对国内外已经在运用，并系统性、规范性都有比较优势的予以继承、创新与应用，例如我国土地利用现状类型分类系统。

2. 土地分类体系建设的构想

以浙江省为例，根据土地的双重属性和多用途性，在总结国内外的经验及其发展趋势的基础上，拟定由土地自然（形态成因）类型分类、土地利用现状（土地应用）类型分类、土地资源类型分类三个土地类型分类系统构成的土地分类体系（表 3.1）。

表 3.1　土地分类体系建设简明表

土地分类体系	分类依据及作用	相应的图件
土地基础分类（土地自然类型分类）系统	依据土地的自然属性，为土地应用基础分类服务	土地自然类型图
土地利用现状类型分类（土地应用分类）系统	依据土地的自然、经济属性，为土地利用评价（特定目的）及编制土地利用规划服务	土地利用现状类型图、土地开发潜力类型图、土地利用适宜性评价类型图、水土流失与治理保护类型图等
土地资源类型分类（土地应用性基础分类）系统	依据土地的自然、经济和社会属性，为土地利用规划、土地整治与保护、土地管理服务	土地资源类型图、宜农荒地类型图等

资料来源：张昭仁，王人潮. 浙江土地资源. 杭州：浙江教育出版社，1999.

这三个土地类型分类系统具有相关性、耦合性等显著特点。

(1)土地自然类型分类系统

土地自然类型分类系统是一个以土地自然因素有机组合的土地形态成因类型分类系统，也叫土地发生类型分类系统。这个分类系统能表达地表形状的结构框架，可以反映出主要土地资源类型的性状和土地利用的总体方向。它是一个土地类型基础分类系统，是对比分析土地利用现状类型、划分土地资源类型以及评价土地质量的基础依据。

(2)土地利用现状类型分类系统

土地利用现状类型分类系统的内容可以根据直接为国民经济建设服务的目的，建立不同的分类系统。土地应用分类主要表现为土地的生产利用属性。土地应用分类实质是土地应用性基础分类的出发点和归宿。并可以作为划分土地资源类型和土地利用评价的基本单元。例如土地生产中直接利用的各种类型（如土地利用、改造和土地管理等），土地适宜性评价系统（针对某种利用目的），土地潜力评价系统（侧重于开发土地生产潜力的预

测)，土地质量评价系统(侧重于土地质量评价与等级判别)和土地地籍分类系统(侧重于土地权属与管理)等。

(3)土地资源类型分类系统

土地资源类型分类系统是一种针对各业用地的需求进行土地质量等级的评价，提供评价基本单元的分类系统。考虑到土地是一种不可再生的资源，合理开发、可持续利用土地是进行土地类型分类的主要目的和重点。分类单元必须同时反映土地自然属性和经济属性，这是土地应用性的基础分类。该土地分类系统是在土地自然类型的基础上，充分考虑土地作为物质生产资料和劳动对象时所表现出来的特征。原中国科学院自然资源综合考察委员会提出由地貌类型、土壤类型和土地利用类型三者构成土地资源单位或土地资源类型，这是土地分类的重要发展。土地资源类型分类系统也可称为土地资源分类系统。

第三节　土地类型分类的方法与程序

土地类型分类既包含对土地进行某一等级(或同一层级)土地类型的划分(如按一定的标志，将土地划分为:层级相同的山地、丘陵地等形态成因类型)，又包含将某一土地类型(或同一土地类型)按一定的标志，进行不同等(层)级的连接续分，如按形态特征标志和海拔分布变化，将山地划分为中山山地、低山山地等，又如按坡度变化，将山地(或丘陵地)续分为:低山缓坡地(或低丘缓坡地)、低山斜坡地(或高丘斜坡地)类型，等等。从而使所进行的某一等级(或同一层级)土地类型的划分和某一土地类型(或同一土地类型)进行不同层级(不同等级)土地类型的连接续分，结果形成了纵横交织、网络状结构的土地分类系统，得到一个具有不同土地分类系统构成的土地分类体系。

土地分类是土地类型研究的主要内容，也是土地类型调查制图的基础，又揭示了各类土地构成因素之间的相互联系，分析了各类土地的性状，发生、发展规律和各类土地组合分布的区域差异，为实现土地的因地制宜、分类指导科学利用、改造和管理提供了基础依据。

下面就土地自然类型分类、土地利用现状类型分类和土地资源类型分类这三个具有差异性、相关性、耦合性，各自构成系列的土地分类系统，分别对其概念、研究方法和程序进行阐述。

一、土地自然类型分类与分类系统

(一)土地自然类型分类研究的目的与意义

狭义的土地分类仅指土地自然类型分类，通常也把土地自然类型及其分类，习惯地称为土地类型(或土地分类)。土地自然类型(也称土地形态成因类型或土地发生类型)分类，就是把构成土地这个自然综合体的各个自然地理因素之间的相互联系、相互作用综合为一个整体，根据这一整体性状特点的相似性和差异性进行分类，并由此划分出不同因素相互联系、相互作用的土地自然类型，其目的在于认识同类土地共有的综合特征，不同类土地之间综合特征的差异，以及各类土地之间内在联系的相关性和耦合性。土地自然类型分类(简称土地自然分类)研究就是采用这种方法研讨土地这一自然综合体的发生、演化、特性、结构和分异规律。土地自然分类把充分认识、了解、揭示自然综合体作为自己的主要任务。应当强调指出的是，土地自然类型及其划分，属于自然地理学研究的范畴，研究土地自然类型及其划分的目的是，借助土地自然分类这一科学概念和方法来研究土地利用现状类型和土地资源类型的分类、制图以及为区域开发和管理提供服务。在当前世界所关注的人口、资源(土地资源为核心)、环境这些重大问题中，土地问题又成了矛盾的焦点和热点。各国为了土地的开发、利用、整治和管理，以及保护资源环境的需要，纷纷成立了有关土地的机构，加强了对土地的调查研究，为政府的土地利用决策提供依据。而在土地的调查研究中，土地自然分类则是重要的基础性工作。一般认为，其重要意义在于，土地自然类型可以作为综合评定土地质量和分析土地生产潜力的基本单元，可作为对比分析土地利用现状的状况与阐明土地合理开发、利用、保护和整治的依据，以及作为制定土地利用规划的基础。此外，划分的土地自然类型及类型的组合结构，又可以帮助人们认识土地类型之间的空间相关性及其分布规律，从而推动土地类型研究工作的深化发展。

(二)土地自然类型分类研究历史与现状

1. 国外土地自然分类的研究

从土地的概念看土地自然分类的研究与发展，早在20世纪初期，苏联就把土地当做自然地理因素综合体来看待，建立了土地类型学和林型学等学科。土地类型和林型都是指包括地貌、水文、气候、土壤和生物(动物、植物和微生物)等因素相互作用、有机组合的复杂整体。

1931年英国地理学家鲍思(R. Bourne)发表的《区域调查和大英帝国农林资源估计的关系》一文认为，从实用目的出发，土地的单位点(unit site，相当于land facet，即土地刻面)具有相似的地文(地貌)(physiognomy)、地质、土壤和成土因素(pedophic factors)。其含义是指地貌、地质、土壤等因素在土地的单位点的空间范围内近似或均一，这个单位点实际上就是土地自然(立地)类型。由于单位点包括了各种因素，因此，它是一个复合概念，是各种自然因素的综合。把地球表面分为三种不同等级的土地单位，这一思想被看做是土地自然分类研究中很重要的等级分类的先驱。三种不同等级依次分为地文(貌)区(physiographic region)、单位区(unit region)和单位点(unit site)。

从20世纪30年代开始，各国地理学家在从事地理和农业调查中，根据土地的综合思想，从实际中探索土地类型的分级、分类和制图问题。1931年，R. Bourne提出“立地点”(site)作为农业调查中的类型单位，1935年伦敦大学教授伍特里奇(S. W. Woold-ridge)从地貌学观点提出用“刻面”(facet)作为类型分类的最小单位。同年，另一位英国地理学家米恩(G. Milne)在东非研究土壤与地貌的关系时，提出用“土地链”(catena)作为土地调查单位的概念。美国地理学家维池(J. O. Veatch)，分别于1930年和1935年发表《土地的自然地理划分》、《根据土地的基础来进行土地划分》和《自然土地类型的概念》等文章，均以综合的观点看待土地。他根据地貌、土壤、水文、植物等自然因素的相互组合关系划分土地自然类型。德国波恩大学教授特罗尔(C. Troll)则于 1939 年发表《航空照片生态的地理研究》一文，1966 年又发表《景观生态学》(*Landschaft Ecology*)一文，是现代土地概念的奠基人之一。苏联对土地的研究在 20 世纪 30 年代也很活跃。苏联著名地理学家л. G. 贝尔格 1931 年出版了《苏联景观地理地带》专著，对景观学原理进等了全面阐述，是苏联景观学派的奠基人。其后 C. B. 卡列斯尼克、л. T. 拉孟斯基、H. A. 宋采夫、B. H. 苏卡乔夫以及 Λ. T. 依萨钦科等地理学家，都沿着贝尔格的方向发展和完善了景观学的理论体系和研究方法。景观形态实际上就是指土地这个自然综合体(土地自然类型)。加拿大、荷兰等国均对土地自然类型有深入的研究，而且也作出了较大的贡献。自 20 世纪 60 年代以来，英国在土地自然类型的研究和应用方面，也有较大的发展。例如，在《土地潜力》(*Land Potential*)一书中，对土地自然类型的研究是以航片的解释为基础的，称之为景观分析(landscape analysis)。

1978 年，C. W. Mitchell 和 J. A. Howard 在《土地系统分类》(*Land System Classification*)一书中明确指出，土地单位(即土地自然综合体单位)是不论大小的均质单元土地。所说的均质土地是指当用航片对一个地区的土地类型进行解译制图时，尽管每一个制图单元(土地类型单元)在大小和组成上有很大的不同，但每一制图单元与相邻制图单元相比，其植被、地貌类型均更为相似，相对均一。这一概念的提出，对于土地类型的制图有重要的指导意义。

澳大利亚的地理学家对土地类型的研究开始也较早。他们认为："土地是地表上的一个立体垂直剖面，从空中环境直到地下的地质层，并包括动植物群体以及过去和现在与土地相联系的人类活动。"联合国粮农组织对土地的理解，实际上认同了澳大利亚关于土地的概念。二战后的日本，以 1955 年为转折点，经济进入了发展阶段，土地利用出现了新的生机，以农用地改革为基础的农业得到了迅速发展。以这种时代为背景，日本农林省于 1957 年 8 月制定了《农林水产政策纲要》，主张将"开发和改良农用地、高度利用土地和加强农业经营基础"作为一项重要措施加以实施。1957 年 10 月日本成立了土地利用综合调查筹备委员会，并研究决定：以未利用和利用粗放的土地为对象，确立了土地利用分类标准。从农用地(耕地、草地和林地)生产力的观点出发，根据土壤、地貌的发生学特性，对作为评价的土地单元加以分类和划分(日本称之为自然立地分类)。20 世纪 50 年代以后，出于开发利用土地资源和编制国土规划的需要，土地分类在世界范围内广泛开展，澳大利亚、英国、加拿大、俄罗斯等都对土地分类的理论、方法进行了广泛的研究，完成了大片地区的土地类型制图。美国的土地概念，长期以来不太明确，直到 1966 年美国大平原农业会议上才第一次提出综合处理土壤、植物、大气统一体(SPAC)的问题。研究 SPAC 是为了增加光合转化率和热能转化效率，以提高土地单位面积产量。

由此可见，国外对于土地的认识基本趋于一致，无论美国、澳大利亚还是俄罗斯，都认为土地是包括地貌、气候、水文土壤和生物(动物、植物、微生物)在内的立体结构的自然综合体，这是土地研究工作的进步。但土地分类工作却显得相对滞后，主要表现在对土地综合研究不够健全。即便像澳大利亚、俄罗斯等土地研究比较领先的国家，在土地综合和土地分类研究方面，还处于裹足不前的状态。唯有促进土地综合有关的交叉学科得到发展，如地貌对土壤、气候、水文以及植物等的影响，利用这些因素指标进行深入的研究，才能使土地综合和土地分类工作得到新的发展，国外已经开始进行这些方面的研究。M. J. Kirkby 的《山坡水文学》(*Hill Slope Hydrology*)、俄罗斯的 H. 米尔科夫的《地形对动植物的影响》等，都代表了这种交叉学科的方向，但还没有在土地综合研究中充分应用，因而土地分类研究工作进展并不迅速。

2. 国内土地自然分类的研究

我国对土地自然分类的研究，有着悠久的历史，春秋战国时期的《周礼》一书有如下一段记载："大司徒之职，掌建邦之土地之图，与其人民之数，以佐王安扰邦国。以天下土地之图，周知九州之地域广轮之数，辨其山林、川泽、丘陵、坟衍、原隰之名物。而辨其邦国都鄙之数，制其畿疆而沟封之……"可见，当时把全国土地类型划分为山林(生长树木的山地)、川泽(江河湖泽之地)、丘陵(比较低缓的起伏之地)、坟衍(坦荡平原之地)、原隰(低洼平坦的湿地)5类，是我国最古老的具有土地分类思想萌芽的一部著作。战国时期管仲等人编写的《管子·地员篇》体现了综合的思想，按照一定的等级系统(采用二级制划分)进一步把全国土地一级划分为三类和二级划分为25种。Ⅰ平原类：根据土质的差异，又细分为5种(亚类)；Ⅱ丘陵类：根据地貌形态和地表组成物质的差异性，分为15种(亚类)；Ⅲ山地类：根据地势的高低，细分为5种(亚类)。下面列出《管子·地员篇》土地自然分类系统：

Ⅰ渎田(大平原)

(1)息土(生息之土)

(2)赤卢(疏历、刚强、肥沃之土)

(3)黄唐(黄色虚脆的盐碱土)

(4)斥植(盐质黏土)

(5)黑植(黑色黏土)

Ⅱ丘陵

(1)坟衍(介于丘陵与源隰之间，等于漫坡地)

(2)陕之旁(即峡隘之旁)

(3)杞狭(即狭谷地)

(4)杜陵(土陵，即大的土阜)

(5)延陵(比土陵更广大的土阜)

(6)环陵(丘陵回环接边，丘梁相接)

(7)蔓(峦)山(蔓延的石质低山)

(8)附山(附，即小土山)

(9)附山白徒(土)(即白土的小土山)

(10)中陵(中等丘陵)

(11)青山(青色土石的山)

(12)礉山赤壤(多石而具有赤土地的小山)

(13)山白壤(多垒石的白壤的山)

(14)徒(土)山(土山)

(15)高陵土山(高丘陵土山)

Ⅲ山地

(1)悬泉(有泉水自上而下流的山)

(2)复(覆)吕(重山的顶巅)

(3)泉英(有泉的重山)

(4)山之材(有杂木林的山地)

(5)山之侧(山下)

另外,根据长期土地利用实践,我国也有一些区域性土地形态成因类型划分的经验,例如,黄土地区的土地分为塬、梁、峁、川等类型;南方地区有沙田、围田、畈田、淤田、基塘田等类型。

中国科学院于1959年主持完成全国自然区划后,迫切需要从类型角度对各自然区域的内部特征加以分析研究,明确进行土地自然类型的研究始于1963年。土地(自然)类型概念的形成是从苏联地理学者A.P.伊萨钦科在我国讲授景观学中有关景观形态学时产生的,因为景观形态学实际上就是指的土地(自然综合体)类型。中国地理学会从1963年至1966年在全国几个地区进行了土地自然类型的研究试点,如北京的丘陵山区、广东的珠江三角洲、浙江的杭嘉湖平原和西北的干旱沙地。

1976年以后,特别是在《1978—1985年全国科学技术发展规划纲要》中,把农业自然资源和农业区划列为108项中第一项的研究任务,并且,设立了全国农业资源调查和农业区划委员会,主持和推动此项工作。这项工作研究和编制了全国各地1∶100万的土地类型图及其说明书,既涉及编图的方法和理论,又有土地类型的分类研究,从而形成了我国土地自然类型的划分原则、土地自然类型的分等划级和土地自然类型的分类系统,如我国1∶100万土地类型分类系统,采用二级划分,按土地形态成因分成一级(土地纲)11大类和二级(土地类)106类,如表3.2所示。

(三)土地自然分类标准与方法

自然界的环境状况是纷繁复杂的,在一个自然的或行政的区域范围内,土地这个自然综合体的单位很多,而且每一斑块土地在形态、色泽、覆盖、肥力等都是千差万别的,一般不可能对它们进行逐个研究。进行土地分类可以把大量的土地个体的繁复材料加以系统化,按一定的标准,分成性质上相类似的类型,以便分类统计与研究。

1. 土地自然分类的任务

学科的分类问题具有高度概括的性质,分类的成熟程度直接反映了该门学科的发展水平。土地自然类型分类,由于其研究历史较短,加上本身的难度较大,仍然有些问题尚待解决,但就分类的基本内容而言,已经逐渐达到成熟的阶段。因此,土地自然分类作为土地类型研究的主要内容,是土地类型调查制图的基础,通过对土地自然类型分类,可以

表 3.2　中国 1∶100 万土地类型分类系统(土地纲和土地类)

土地纲	土地类
A 湿润赤道带	A_1 岛礁
B 湿润热带	B_1 岛礁 B_2 滩涂 B_3 低湿河湖洼地 B_4 海积平原 B_5 冲积平原 B_6 沟谷河川与平坝地 B_7 台阶地 B_8 丘陵地(相对高差小于 200m) B_9 低山地(海拔 500～1000m,相对高差大于 200m) B_{10} 中山地(海拔 1000～2500m)
C 湿润南亚热带	C_1 滩涂(潮间带) C_2 低湿河湖洼地 C_3 海积平地 C_4 冲积平地 C_5 沟谷河川与平坝地 C_6 岗、台地 C_7 丘陵地 C_8 低山地 C_9 中山地
D 湿润中亚热带	D_1 滩涂 D_2 低湿河湖洼地 D_3 海积平地 D_4 冲积平地 D_5 河川沟谷与平坝地 D_6 岗、台地 D_7 丘陵地 D_8 低山地(海拔 500～1000m,相对高差大于 200m) D_9 中山地(海拔 1000m 以上) D_{10} 高山地 D_{11} 极高山地
E 湿润北亚热带	E_1 滩涂 E_2 低湿河湖洼地 E_3 海积平地 E_4 冲积平地 E_5 沟谷河川与平坝地 E_6 岗、台地 E_7 丘陵地 E_8 低山地 E_9 中山地 E_{10} 高山地
F 湿润半湿润暖温带	F_1 滩涂地 F_2 低湿河湖洼地 F_3 海积平地 F_4 冲积平地 F_5 冲积洪积倾斜平地 F_6 沙地 F_7 沟谷河川地 F_8 岗、台地 F_9 丘陵地(海拔 500～1000m,相对高差 200～500m) F_{11} 中山地 F_{12} 高山地
G 湿润半湿润温带	G_1 低湿河湖洼地 G_2 盐碱低平地 G_3 草甸低平地 G_4 (冲积)平地 G_5 (冲积)高平地 G_7 沟谷地 G_8 丘陵地 G_9 低山地 G_{10} 熔岩高原 G_{11} 中山地 G_{12} 高山地
H 湿润寒温带	H_1 低温洼地 H_2 低平地 H_3 针叶林灰化土低山地
I 黄土高原	I_1 黄土冲积平地 I_2 黄土川地 I_3 黄土台地 I_5 黄土塬地 I_6 黄土梁地 I_7 黄土峁地 I_{10} 黄土丘陵地 I_{11} 低山地 I_{12} 中山地
J 半干旱温带草原	J_1 低湿滩地 J_2 盐碱滩地 J_3 沟谷地 J_4 干滩地 J_5 沙地 J_6 平地 J_7 岗坡地 J_8 丘陵地 J_9 低山地 J_{10} 中山地
K 干旱温带暖湿带荒漠	K_1 滩地 K_2 绿洲 K_3 土质平地 K_4 戈壁 K_5 沙漠 K_6 低山、丘陵地 K_7 中山地 K_8 高山地 K_9 极高山地
L 青藏高原	L_1 河湖滩地及低湿地 L_2 平谷地 L_3 平地 L_4 台地 L_5 低山地 L_6 高山地 L_7 极高山地

揭示土地类型的发生发展规律,各种土地类型组合的区域性差异,为分析土地类型的自然特性,组成土地类型各因素之间相互联系提供了可能,为土地的评价、科学的利用改造和土地管理提供基础资料。

土地自然分类的目的任务有两个:一是表达出地表形态的结构框架及其土地利用的总体方向。土地自然分类要摸清经济生产发展的基本自然条件,从而掌握土地这一自然综合体的形成、特性、演替和分布规律,以及分析土地资源类型及其土地利用的总体方向。并在此基础上,根据各类土地的适宜性及限制因素,为因地制宜地开发利用土地、规划布局、安排生产、制定技术措施提供基础资料。二是为各级政府在分类指导生产和进行宏观决策时提供服务。科学的土地自然分类是各级政府掌握各类土地特点、指挥生产和国民经济建设以及宏观决策的基础,土地自然分类是为了反映地表形态的土地自然结构与框架及其生产潜力，是为了寻找最佳、最有效的挖掘土地生产潜力的方法，并加以优化配置与合理利用，而且要求能对它用简括的语言加以表达。例如浙江省陆域的土地结构与框架，可用简括的语言表达为"七山二分田一水"，意思就是，全省土地总面积中，有70%左右的丘陵山坡地，20%左右的平地(田)及10%左右的内陆水域。因此，可以根据这个土地形态的结构框架，估计浙江省的土地自然性状、生产潜力，拟定土地利用的总体方向。

研究土地自然分类，揭示土地自然类型的发生、自然特性及类型组合分布的地域差异，对于认识、改造和利用土地及保护自然环境都有重要意义。首先，土地自然类型是某地段全部自然地理因素的综合产物；其次，土地自然类型是对比分析土地利用现状及划分土地资源类型的基础，为土地评价提供全部土地构成因素及其属性的综合信息；再次，划分土地自然类型和分析土地自然类型结构组合分布规律，是进行自然区划、经济区划的基础，同时，土地自然分类，也是为制定土地利用总体规划和农业综合开发规划提供科学依据。

2. 土地自然分类的技术方法与划分标准

(1)土地自然分类的技术方法

将个体土地单位性状特征按质的共同性或相似性进行不同程度的抽象概括与归并，得到土地自然分类层级高低不同的分类单位。分类层级愈低，分类标志的共同性或相似性愈多；分类层级愈高，分类标志的共同性或相似性愈少、愈综合、愈概括。由于土地自然类型个体单位是多级的，而且土地自然类型划分又只能在同一级别的土地单位上进行，因此土地分类单位显然也具有多级序的连接续分的特点。

对研究对象进行分类，是科学研究的一种常用方法。生物学对生物的个体进行种、属、科、目、纲、门、界的类型群系统归并。土地个体单位的类型归并也借鉴这种方法。如前面所述，土地类型划分包括两个方面：一是同级土地类型的分类；二是土地类型不同层级的分类(多级制连接续分)。同级土地类型的划分和同一土地类型的不同层级分类的结果构成土地类型的树枝状结构，即土地类型的分类系统。

同级土地类型的划分是按一定的原则及标准，将该层级的土地按其属性的差异进行类型的系列划分与归并。

土地类型的分级是根据一定的目的，按土地的复杂程度，将土地分为大小不等、复杂程度不同、层次与等级(层级)关系从属的土地个体单位。

土地类型层级的划分与某层级土地类型的分类是两个既不相同、又相联系的概念，两者可编织在一个分类网络之中。土地类型分级(土地类型层级的系统划分)主要依据是类型间的相似性和差异性。在土地这个自然综合体形成过程中，由于本身自然属性所具有的差异，形成许多大大小小，等级有高有低的自然综合体，因而土地自然分类应是多级的，从低级至高级，自下而上其内部相似性逐渐减小，而相互间的差异性逐渐增大，高一层级单位是低一层级单位的归并和概括，并且以单系列形式把这些类型按级序排列起来，构成土地自然类型的分类系统。土地这个自然综合体除了有等级高低之分外，在同一等级内，还包括了若干土地类型单位，它是同级类型在具有某种特征基础上，根据一些局部差异，自上而下，逐次划分出来的土地类型单位，所处层级愈低，类型间的共同性愈多，差异性愈小。

中国 1∶100 万土地类型分类系统采用的多级制(二级连接续分),只含土地纲和土地类,未含土地型(表 3.2)。

(2)土地自然分类的标准

土地自然分类的标准有多种,不同的分类标准满足不同的分类需要,按土地自然性状与地貌形态类型可以把土地划分为高原、山原、山地、丘陵、盆地、平原;按土地质地可以划分为黏土地、壤土地和沙土地等。

在土地自然类型分类系统中,各级土地自然类型的划分是按照一定标准进行的。土地自然类型划分标准比较复杂,以我国在 1979 年以来编制 1∶100 万土地类型图所定的土地类型划分标准为例,该土地类型图在分类系统中,采用了土地纲(即土地区)、土地类、土地型三级的划分。澳、英学派把土地分为三级,从高而低称土地系统(land system)、土地单元(land unit)和土地点(site);苏联景观学派和我国部分学者也把土地分为三级,称为地方、限区和相。我国对土地分级的命名也还不统一,与上面三级划分相应的一级土地纲(或称它为土地区域),二级土地类,三级土地型。

一级(土地纲或土地区域)反映了水分、热量条件组合特征与生物气候分布的地域差异,并根据这一差异,将全国土地分为:湿润赤道带、湿润热带、湿润亚热带、湿润半湿润暖温带、湿润寒温带、寒温带、黄土高原、半干旱温带草原、干旱温带暖温带、荒漠、青藏高原、盐碱滩地 12 种区域类型。

二级土地类反映了地貌形态类型组合特征与土壤、植被因素等构成的自然综合体,将土地纲这一级内的土地分成若干组合类型,主要有:山地(含高山、中山、低山地)、丘陵地(高丘、低丘)、高平地(岗地、台地)、平地(川地、沟谷地)、低湿地(沼泽地、滩涂地)等。

三级土地型主要反映二级(土地类)内的地貌、土壤和植物群系在土地类内性状特征的差异。

3. 土地自然分类的依据与原则

(1)土地自然分类的依据

自然科学的类型分类,主要取决于研究对象和研究任务,土地自然分类以自然综合体作为自己的研究对象,着重研究自然综合体的形成、特征、结构、演化和分布规律。其任务就是把这种自然综合体加以科学分类并系统化。土地自然分类,总的依据是土地自然地理属性,也就是以构成土地自然因素的地域分异规律作为划分土地自然类型的依据。例如我国在 1979 年以来所完成的 1∶100 万土地类型图编制,即以水分、热量条件组合特征、大中型地貌因素、小地貌、土壤和植物群系等自然地理因素,综合划分土地自然类型,如将土地划分为中山山地、低山山地、丘陵地、高平地和低湿地等。由于土地自然类型组合形式的不同,形成了一系列相互区别、各具特色的地段。在综合分析土地构成的自然因素的基础上,根据一定的标准和指标,依照土地自然因素的相似性与差异性,用差别分类与聚类分析方法,把一定区域范围内的土地形态特征进行系统划分,从而得到各种不同的土地自然类型,并通过一定程序,构成一个不同级序的土地自然类型分类系统。

在地球表层一定区域地段中,在自然地理因素的综合影响和相互作用下,特别由于地貌形态特征引起土壤、植被、水文等因素组合分布上的变化，使土地具有不同性状特征及形成过程，在一定区域范围内显示出性质各异的土地形态特征并进行系统分类。土地自然分类涉及地球表层一定区域内各个具有综合自然特征地段的土地自然综合体分类范畴，土地自然分类是按照它们之间的共同性，归纳它们之间的相似性，区别它们之间的差异性，从土地类型发生学的观点进行土地自然类型分类。

(2)土地自然分类的原则

从理论上讲应以土地自然综合体特征为依据，也就是要以土地自然构成因素的地域分异规律来划分土地自然类型。但因土地自然分类还很不成熟，现阶段要想提出一个适应全方位、多层次服务的土地自然分类系统并不可能，所以目前土地自然分类还是着眼于为农、林、牧草业发展提供基础服务。土地自然分类遵循的基本原则有以下几个。

①主导因素与自然地理因素综合分析相结合的原则。土地自然类型的实质是各自然地理因素有机组合形成的，存在于地表空间的自然综合体，其自然特性、形态结构和利用价值等都是各因素长期相互作用的综合反映。因此土地自然类型的划分，既要考虑各因素的特征，又要综合分析各因素的相互作用及因果关系的组合形式。要按各自然因素综合反映的相似和差异程度筛选具有相互关联性和标志性的因素作为划分的依据。土地自然类型是由地貌、土壤、水文等自然因素的有机结合、相互参与作用形成的。它的属性取决于全部自然地理因素相互作用产生的综合特征。但是在土地这个自然综合体的形成过程中，各个自然地理因素所占的比重不同，所起的作用和影响程度也不一样，通常把那种作用最大，影响程度最深，外部表现最显著，以及它的变化能够引起诸因素相应变化，且在发展演化过程中稳定而长期起着作用的因素，称为主导分异因素。然而在一定区域地段内，在自然综合体分异中起决定性作用的，能突出反映土地自然类型性状特征，并制约着土地综合体的分异规律和土地利用方式等，却只有其中的一两个因素。因此在全面分析各个自然地理因素特征的基础上，还要特别突出某一两个因素的主导地位，在不同等级中或同一等级内，突出某一两个因素，如在地貌、岩性、土壤和植被中，突出其中一两个起主导作用的因素，作为自然综合体分异的主要标志，用以划分自然综合体类型的确定界线。通常第一级(高一级)自然综合体分类的主导因素是地貌形态组合类型(如山地、丘陵地、平原地等)；第二级土地分类的主导因素以次一级地貌类型(如以海拔分布或相对高差为主导标志，将山地、丘陵分为中、低山地，高、低丘陵地)；第三级土地分类的主导因素则为第二级分类基础上再次一级的地貌形态类型(以坡度作为主导标志，进而将山地、丘陵分为缓坡低山地、缓坡丘陵地)，或以岩类、土壤、植被类型等作为主导标志。因此，土地自然分类，要辩证地运用主导因素与自然因素综合分析相结合的方法。

第一，综合性(或相关性)分析方法。这一方法是由土地自然类型自身属性所决定的，土地自然分类要求把自然因素当做自身的组成成分，分析它们的相互关系和组合方式，以利于掌握类型的总体特征。因为土地是地球陆域表面各个自然因素长期相互影响和相互作用所构成的自然综合体，所以土地自然类型的划分就要根据构成土地的各自然因素的综合性质来划分。其综合分析方法通常采用叠置法，如将构成土地的各自然因素的同比例尺图件叠置在一起，必然就有各因素的界线重叠网络，然后取其中重叠最多的线条作为土地自然类型的界线。这种方法存在的问题是有时各因素的图件不齐全,缺乏地貌因素或土壤因素的图件,因此给综合分析带来一定的困难。另一方面,各自然因素有其自身的发展规律,这一方法在实际工作中往往有较大困难。随着现代科学技术的发展,电子计算机的广泛应用,为叠置方法提供了新的途径,可以向计算机输入各因素的图件,再由计算机的专家系统综合,并得出结论。

第二,主导因素标志方法。由于区域自然环境条件的差异,通常是其中某一两个因素起着长期而稳定的作用,影响和制约着土地自然综合体的分异和特征。因此,在综合分析各因素关系的基础上,应力求找出其中的主导分异因素。但还应指出,不同等级其主导因素是不同的。在土地自然综合体形成过程中,各个土地构成因素的作用是不均衡的,影响程度也不一样。一般把作用最大、影响程度最深、外部表现最明显、发展过程起着长期而稳定的作用,以及其变化能够引起其他诸因素相应变化的一两个因素称为主导分异因素。荷兰国际航测和地学研究所(ITC)、澳大利亚土地力学处、英国海外调查处(DOS)等划分的土地自然类型采用地貌和岩类等自然因素作为依据,在进行综合分析的前提下,充分考虑在特定条件下某因素所起的主导性作用。由于不同区域土地的分异特点不同,起主导作用的因素往往也是随地而异的。一般来说,在山地和丘陵地区,海拔分布、相对高度、坡度与坡向的变化对水分、热量条件的重新分配有重要影响,从而导致植被和土壤也发生相应的变化。因此,在这些地区划分土地自然类型时,地貌因素通常作为主导因素,采用体现地貌形态类型性状特征的海拔分布、相对高度、坡度或坡向等主导标志,作为土地自然分类的主导标志。尤以山丘、高平地(岗、台地)分布地区,地貌因素对气候、水文、土壤和植被因素产生直接或间接的影响,从而制约着土地自然综合体的分异特性及利用方式。采取地貌因素作为主导因素划分土地自然类型,能综合反映出土地的主要自然特征。

在平坦地区,尤其是那些坦荡、宽展的平原地区,地面微起伏的微地貌特征、土壤质地或水分状况等常作为土地自然分类的主导标志。但是,在平原地区,实际工作中往往难于依据这些因素去划分土地自然类型。在这种情况下,如果植被的分异状况比较明显,就可将植被作为主导标志,因为植被的分异在很大程度上可反映微地貌变化、地面的微起伏,以及土壤质地或水分状况。

②实用性原则。土地自然分类研究具有明显的科学性和实用性,土地自然分类研究的目的在于认识土地,摸清土地自然性状、特征和分异规律,为分类指导合理利用土地提供服务。但是,由于土地自然类型无不打上人们活动的烙印,土地自然性状发生变化,变成另一种土地类型。如平原低洼的湖沼,经人们的筑堤围垦,地下水位降低,湖沼被疏干,辟成水田(圩田),影响或改变原来湖沼湿地的自然性状,人工圩田替代了昔日的沼泽类型。因此,在划分土地自然类型时,要结合当地实际,在注意土地自然属性的同时,也要充分注意人为因素,密切联系当地实际,参考土地利用方式的一致性,作为划分土地自然类型的依据。

土地自然分类研究与其他自然学科一样,具有鲜明的实践性,旨在掌握一个地区的土地类型,建立科学的用地格局,即为因地制宜布局生产或其他目的服务。在进行土地自然分类时,确定分类依据尤其是分类指标时,应尽量照顾到土地自然类型的服务目标。如南方丘陵山地或西北部黄土高原这些重点水土流失区域的土地自然分类，主要为本区域环境保护与治理水土流失提供服务，因此，在对山丘坡地、黄土峁、梁坡地进行分类时，应突出地面坡度的变化，例如，在“梁坡地”内分出缓坡梁地(＜15°)、斜坡梁地(15°～25°)和陡坡梁地(＞25°)。坡度15°和25°分别对应于较强侵蚀/强烈侵蚀及强烈侵蚀/剧烈侵蚀的界限。因此，按此坡度指标对山丘坡地及黄土峁、梁坡地进行分类，不仅可指导区域的土地合理利用，而且也可直接为治理水土流失服务。

③形态成因(或发生学)原则。土地自然类型和自然界的各种物质一样，也有其发生、发展和演化过程。由于一些土地自然类型发生和发展条件的共同性而形成它们之间的相似性。因此，土地自然分类必须要以它们的发生过程和发展条件的共同性为基础，在土地自然分类中，既要考虑内生因素的作用，也要考虑到外在因素的影响。这样才能综合地反映出所有因素相互作用的结果，把土地自然类型内生的、外在的构成因素的复杂性状综合成一个整体。正因为如此，每一种土地自然类型都具有自己的个性和区域的完整性，表现出形态成因上的一致性。

④地域分异原则。土地自然分类除了遵循形态成因(或发生学)的原则以外，还要遵循地域分异规律的原则。所谓地域性原则，是指构成土地自然类型的地质、地貌、水文等因素发生变化的规律性，它随地方性自然条件的变化而改变。土地自然类型是陆地表面不同的区域内，在自然地理过程作用下，经过自身的发展，逐渐演变分异成为各具特色的自然综合体，各个自然综合体随地质、地貌、水文、土壤、植物等土地构成因素的变化，强烈地反映出地域分异特性。不同形态的土地自然类型的形成与分布，主要是受水平的南北纬向、东西经向及垂直的地带性因素控制的结果。在土地自然类型系统中，较低级的形态单位反复出现，深受地方性因素综合作用的影响。

⑤多级制连接续分原则。对自然界各种物质的分类，总是从个体到群体，从简单到复杂，从低级到高级。土地自然类型同样存在着由大同到小异、由普通到特殊的层次等级差异。所以，土地自然类型在不同层(等)级单位系统中所显示的相似性与差异性的程度自然也是相对的，分类单位的等级愈高，相似性中的差异程度也愈大；相反，分类单位的层(等)级愈低，相似性中的差异程度也愈小。因此，土地自然分类就是按照土地自然综合体类型的相似性与差异性的程度，从上向下逐级加以区别划分，或者是从下向上逐级加以归纳合并，土地类型的相似性才会逐渐浓缩，而差异性则逐渐地淡化甚至消失。也只有按照不同的层次等级划分，才能明确彼此之间的从属关系。正因为土地自然分类要逐级进行，所以，就产生了多级制连接续分的分类单位系统。因此，多级制连接续分的原则也是土地自然类型分类的基本原则。

土地自然分类系统是多级制连接续分的，但在某一种土地自然类型图上不可能把所有的土地自然类型分类系统全部表示出来。在土地自然类型制图过程中，只能按照大、中、小比例尺地图的可能载荷量，确定出上下衔接的土地类型制图的对象，特别是针对具体的服务对象和目的，根据不同的比例尺图负荷能力，反映某几级的土地自然类型。

上述土地自然分类的原则，在土地自然类型划分时，必须全面考虑、互为补充、综合运用，片面强调某一原则或忽视其中任何一个因素都达不到准确进行土地自然分类的目的。

4. 土地自然类型命名法则

命名准确与否对于认识土地自然类型的性状以及在生产上的应用、土地管理等方面均有直接的关系。

土地自然类型命名并不统一，一般采用复合命名。主要有以下三种方法。

(1)采用三名法或两名法

采用植被、土壤、地貌因素三名法，或者采用地貌、土壤(或植被)因素两名法。如表3.2中的针叶林灰化土低山地，这种命名方法在我国使用比较普遍。在自然植被保护较好的丘陵山区，采用土壤、植被、地貌三名法，如黄绵土草灌峁地、灰褐色森林土针阔叶混交林低山地、黄红壤针阔混交林山丘坡地等；而在丘陵和河谷地区，因人工植被的变化较大，采用植被、地貌的两名法，如草灌丘陵坡地；或采用土壤、地貌两名法，如淤土河谷阶地、褐土宽平梁地、红壤盆(谷)坡地、低丘红壤坡地或黄红壤山坡地等。这种命名方法比较直观，能直接反映土地的特征，缺点是名称比较冗长，不便于非专业人员应用。

(2)采用群众习用的名称

群众习用的名称有很多，例如，珠江三角洲地区的沙田、垌田、洋田、坑田等；浙江杭嘉湖平原地区的淤田、基塘，金衢盆地区的畈田等；黄土高原地区的川地、塬地、梁地、峁地等；闽西北丘陵山区的溪边田、平洋田等。这类名称简练、形象、生动，便于群众使用。类似的地方性土地类型名称还有待进一步发掘，然而这种命名方法也存在某些缺陷。例如，同样名称在不同地区可能指不同的土地自然类型；同一成因类型土地在不同地区可能有不同名称。因此，在发掘和应用群众习用的土地自然类型名称时，对其科学内涵要进行仔细分析，并说明与之相应的土地自然类型其他名称，以便比较。

(3)采用地名命名

澳大利亚、英国等在对土地自然分类系统进行分级命名时大多采用地名命名的方法。这种命名方法，给非专业人员应用产生了困难。

世界上许多国家，包括我国各地都有自己的土地自然分类系统与分级的命名。据此可看出土地自然分类不统一和不成熟的情况。

(四)土地自然类型分布规律

土地自然类型的分布具有地域分布规律差异特征，主要表现为土地自然类型的地带性分布规律和区域土地类型分布规律。

1. 土地自然类型的地带性分布规律

土地自然类型的地带性分布规律是从宏观规律来考虑的，由于构成土地的各自然因素的地带性分布规律，使得土地类型的分布也呈地带性，称之为土地类型的地域分异。各自然因素不仅有各自的特殊规律和特征，更重要的是各因素之间相互联系、相互影响、相互制约，共同反映土地自然综合体总体分布的规律和特征。首先按气候带与地貌结构单元分布差异，其次，根据地貌、土壤类型组合分布差异。土地类型的地带性分布表现为三种形式。第一种是土地类型的纬向地带性分布。第二种是经向地带性分布。这两种也称为水平地带性，它是土地自然类型分布的基本规律。第三种是垂直地带性分布，是由前两种派生的非地带性规律。

(1)土地的水平地带性

土地的水平地带性即土地的纬向地带性和经向地带性。土地纬向地带性是土地地域分异的一个普遍的规律，在地表平坦的区域内表现最为明显。由于太阳辐射能在地表分布不均匀，沿纬度方向呈规律的南北更替变化的带状分布，使包括大气圈下部水圈和岩石圈上部各层的气候、土壤、植被、降水等因素同样也具有纬向地带性，从而表现出土地这一自然综合体性状的纬向地带性。土地经向地带性是指土地由于距离海洋的远近不同，按经度表现出大气湿度变化的规律性。自东而西，距离海洋越远，降水越少(常用积温与干湿度表示)，土壤、植被分布有明显的地域差异，是一种跨越纬向地带性的分异规律。由于纬度地带和经度地带性交叉作用，形成了土地分布水平地带的地域性差异。

(2)土地的垂直地带性

土地各组成因素构成的土地自然综合体，常常随着丘陵、山地的海拔分布及坡向产生有规律的变化，这种规律称之为垂直地带性(也称高度地带性)规律。其直接原因是由于海拔分布引起热量和水分及其对比关系的变化。

2. 区域土地自然类型分布规律

在一个区域内，土地自然类型的形成和分布，与地质、地貌、土壤性质及人为干预密切相关。研究一个区域土地自然类型及其分布规律时，一般采用土地类型结构的研究。

(1)土地自然类型结构研究的意义

土地自然类型结构(简称土地结构)是指在一个区域内，各种土地类型的对比关系，以及它们组合而形成的一定格局。土地结构是各个土地自然类型在自然界中相互依存和相互组合关系的客观表现。在一个区域内，常常有几个性质上不同，但在成因上彼此有机联系的土地类型相互结合在一起，各类土地有自己相应的地貌部位，不同等级的土地自然类型，具有不同的水分、热量条件和不同的形态特征，在空间上具有不同的分布。彼此间存在着物质和能量的联系和数量比例关系，又有一定的排列顺序。对土地自然类型结构的研究，不仅有助于提高土地类型理论的研究水平和对区域土地类型及其分布规律的认识，又可促进土地类型分类工作的深入。充分认识土地自然类型的空间分布规律，对于认识土地类型结构的发生与演替(分为进化和退化两种)，掌握它的自然属性，明确合理利用方向，优化配置产业结构，拟定改造利用措施，具有重要的理论意义和实用价值，同时也能为区域土地的合理利用、生产布局提供参考依据。

土地自然类型结构包括土地类型的空间结构和数量结构。

①土地类型的空间结构。常见的几种空间土地类型结构有：条带状结构、组合状结构、环状结构和树枝状结构等。

②土地类型的数量结构。土地类型的数量结构是指某个区域包含哪些土地类型，它们各占多少面积比例。所以，土地类型的数量结构实际是指土地类型在量上的对比关系。例如，浙江“七山一水二分田”，就是指这种量的对比关系，其中，山、水、田是土地自然类型的“质”及其利用方式，而七、一、二是土地自然类型及其利用的数量构成，即面积比例。

(2)土地自然类型结构研究的实用价值

土地自然类型结构研究对农业生产布局具有重要的实用价值。一个地区的农业生产发展主要取决于这个区域内的水分、热量条件和土地类型结构。水热条件决定了农业生产发展方向,而土地结构则使农业生产方向更加具体化。更进一步地说,一定的水热条件有其最适宜发展的作物组合,最适宜的林种结构,最适宜饲养的牲畜种类及其品种组合,等等,据此可大致确定农业专门化生产的发展方向。然而,由于在相同的水分、热量条件下,存在各种不同的土地自然类型,而不同的土地类型适于不同的农业生产门类,所以水分、热量条件与土地结构的结合可合理地确定一个地区具体的农业综合开发与规划布局。一般来说,平原地区土地结构比较单一,常形成比较集中的专门化生产。而在地貌变化较大的丘陵山地区,土地结构复杂,农业综合开发利用不易形成集中优势,但可进行具有一定农业构成的专门化趋势的综合发展。

(3)土地自然类型结构研究对农业结构的影响

土地自然类型结构对农业各门类的内部构成也有一定影响。例如,适于种植业的土地类型的面积比较大,种植业在农业构成中的比重也大;适于牧草业的土地类型面积比例较大,牧草业生产在农业构成中的比例也大;等等。此外,土地自然类型结构对于土地利用方式和生产经营规模、农作物和牲畜种类及农田水利措施、田间工程种类和农业机构配套等也有一定的制约和影响。

(五)土地自然类型的演替及其研究方法

1. 土地自然类型演替的概念

土地自然类型的演替是指:在一定时段内,一种土地类型向另一种土地类型转化的过程。从演替过程来看,既有节律性演替,又有非节律性演替。从演替的原因来说,既有自然原因,如地面受新构造运动抬升与沉降变化、滑坡、崩塌、侵蚀的影响等;也有人为原因,如砍伐森林、破坏植被、不合理垦殖,以及由此引起的水土流失、土层变薄、土地沙漠化等。从演替方向来说,有正向演替和逆向演替,前者指在顺应自然规律和合理开发利用土地情况下,土地类型向维持生态平衡方向发展的一种进化性演化。研究土地类型演替,就是要阐明土地类型演化的规律及其原因,在不违背自然规律的前提下施加人为影响,排除和防止土地类型的退化性演替,促使土地生态平衡与环境良性循环,促进其进化性演替和土地的可持续利用。

2. 土地自然类型演替的研究方法

目前,常用的土地自然类型的演替采取的研究方法有两种:一是传统的常规方法;二是传统方法和现代技术方法(手段)相结合。

(1)土地自然类型传统的常规研究方法

土地自然类型传统的常规研究方法主要有以下四种:

①总结群众的经验法。我国有悠久的土地开发利用历史,劳动群众在长期的生产实践活动中积累和创造了因地制宜、分类指导利用土地的经验。如群众根据平原上地表的微起伏,以及在生产上的利用特点而将古河床(遗留的地上河床)称为“岗地”,岗地之间的

低洼部分叫“背河洼地”或“河间洼地”,盆(谷)间的低洼地叫“畈田”等。总结群众对土地类型的区分和认识的经验,即是对土地类型研究的一项通俗简便、行之有效的方法。

②综合剖面研究方法。综合剖面研究方法是土地类型野外调查研究中常用的一种方法。它是指沿着地貌组合结构的横断面综合地研究各土地类型之间和构成土地类型的综合剖面图。

③土地类型系列制图研究方法。土地类型的系列制图有两个方面的含义:一是以同比例尺的土地自然综合体的土壤、地貌、植被类型等自然因素图与土地自然类型图和土地利用现状类型图以及土地资源类型图等,进行系统分析与综合研究,在这一系列的类型图中,土地自然类型图是承上启下的关键图;二是不同比例尺编制的土地类型图,从不同视野来认识同一地区的土地类型。

④地理相关法。运用地理相关法系统分析与综合研究土地自然类型,是以构成土地自然类型的各自然因素之间的相互制约性和适宜性为依据。这种研究方法有利于通过对一部分构成因素或指标的认识和直接应用,提供另一些“看不见”的其他因素或指标的质和量的情况,从而分析和确定相应的土地类型数量、分布范围和分布规律。

(2)传统常规方法和新技术方法相结合

近年来,遥感技术(RS)、地理信息系统(GIS)、计算机和制图自动化的迅速发展,土地类型研究在传统方法的基础上,采取新技术和传统方法相结合的综合研究方法,使得土地类型的研究和土地类型的制图有长足的进步。

利用遥感资料(航片和卫片),在大比例尺制图中,可在选择典型地段进行航片解译的基础上,直接在航片上分析各种土地类型的影像特征,并进行制图。在中、小比例尺的土地类型制图中,利用卫星影像使它和相应比例尺的地形图相结合,并根据各种土地类型的影像判读标志以地理相关法为辅助,初步判断土地类型及其结构,进而绘制土地类型图。利用卫星影像进行土地类型制图速度快而且便宜,因而可使用于大面积监测。

(六)浙江土地自然分类与分类系统的方法与程序

——以浙江 1∶10 土地自然分类系统为例

1. 土地自然分类的目的与要求

土地自然分类(或称土地形态成因分类),是指采用土地自然地理属性为依据,进行土地自然综合体类型的划分。浙江土地自然分类的目的与要求主要体现在以下两方面。

(1)表达出全省地表形态的结构框架及其土地利用的总体方向

土地自然分类要摸清经济生产发展的自然条件基础,掌握土地这一自然综合体的形成、特性、演替及分布规律,以对比土地利用现状,综合分析主要土地资源类型、组合特征、分布规律及其土地利用的总体方向。并在此基础上,根据土地自然类型的生产性能及限制因素,为因地制宜分类指导开发利用、规划布局、安排生产、制定技术措施提供服务。

(2)为各级政府实行分类指导生产、优化结构、规划布局和宏观决策提供服务

科学的土地自然分类是各级政府掌握各类土地特点,指导生产和国民经济建设以及宏观决策的基础,土地自然分类是为了反映地表形态的土地自然结构与框架及其生产潜

力，其目的是为了合理利用土地，寻找最佳、最有效的挖掘土地生产潜力的方法，而且要求能用简括的语言加以表达。浙江省陆域土地结构与框架，简括之就是“七山二田一分水”，意思就是70%左右的丘陵山地，20%左右的平地和10%左右的内陆水域，揭示了浙江土地构成的数量与质量，因此，可以根据这个土地形态类型的结构框架，估计浙江省的土地生产潜力，科学规划土地利用的总体方向。

2. 土地自然分类的主要内容

土地自然分类揭示了土地自然类型的发生、演化、自然特性及组合分布的地域差异，因此，它是土地类型研究的主要内容，也是土地自然类型制图的基础，对于认识、改造和利用土地及保护自然环境都有重要意义。①土地自然类型是地球表层某地段全部自然地理因素的综合产物；②土地自然类型具有自然生产能力，是构成土地资源类型的基础，为土地评价提供全部土地构成因素及其特性的综合信息；③划分土地自然类型和分析土地自然类型结构组合分布规律，是进行自然区划、经济区划的基础，同时，也为土地的合理开发利用制定总体规划，为农业综合开发规划提供科学依据。

3. 土地自然分类的依据与基本原则①

浙江土地自然分类，总的依据是土地自然地理属性，也就是把构成土地自然因素的地域分异规律作为划分土地自然类型的依据。土地自然类型组合形式的不同，形成了一系列相互区别、各具特色的地段。在综合分析土地构成因素的基础上，根据一定的原则和指标，依照构成土地因素的相似性与差异性，用差别分析与聚类分析方法，把一定区域范围内的土地形态特征进行系统划分，以得到各种不同的土地自然类型，并通过一定程序，构成一个不同层级次序的土地自然分类系统。

土地自然分类，从理论上讲应以土地自然性状特征为依据，也就是要以土地自然构成因素的分异规律来划分土地自然类型。但因土地自然分类还很不成熟，现阶段要想提出一个适应全方位服务各产业发展需要的土地自然类型分类系统并不现实。所以目前土地自然分类大多着眼于为农(种植)、林、牧(草)业生产提供基础服务。另外，浙江土地具有形态成因上的复杂性、形态类型上的多样性及生产利用上的多宜性等特点。因此，浙江在具体划分土地自然类型时，遵循以下基本原则。

(1)形态成因(或发生学)原则

土地类型有其发生和发展过程，故划分土地自然类型要联系土地发生过程和发展条件的共同性。因此，既要考虑土地构成内在因素的作用，又要考虑外在因素(环境条件)的影响，把土地自然类型构成因素的复杂个性综合成一个整体，使划分出的土地自然类型(土地基本单元)既具有自己的个性，又反映区域的整体性，体现了形态成因上的一致性。

(2)地域分异原则

土地自然类型是地球表层陆域不同地段内，在自然地理因素综合作用下，经过自身的发生发展，逐渐演变分异成为各具特色的自然综合体，各自然综合体随地质、地貌、土壤、水文及植被等土地构成因素的变化，强烈地反映出地域性的分异特性。不同形态的土地

---

① 张昭仁. 浙江土地自然分类与分类系统. 浙江土地资源. 杭州：浙江科学技术出版社，1999：38—50.

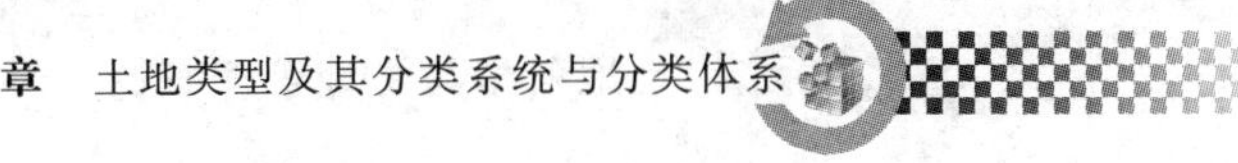

自然类型的形成与分布，主要是地域性因素控制的结果。

(3)主导分异因素原则

由于地球表层陆域某一地段自然环境的不同，在土地自然综合体形成过程中，各个土地构成因素的作用是不均衡的，影响程度也不一样。一般把作用最大、影响程度最深、外部表现最明显、发展过程起着长期而稳定的作用，以及它的变化能够引起其他诸因素相应变化的因素称为主导分异因素。浙江省山地丘陵分布约占浙江省土地总面积70%以上，因此在具体划分土地自然类型时，突出了地貌形态类型，作为土地自然分类的主导分异因素。地貌因素对气候、水文、土壤和植被因素产生直接或间接的影响，制约着土地自然综合体的分异特性及利用方式。采用地貌因素作主导因素划分土地自然类型，能综合反映出土地的主要自然特征。

(4)综合性(或相关性)原则

由于土地自然类型是陆地表面各个自然因素长期相互影响和作用形成的，存在于地表环境空间的自然综合体，它的特性取决于土地全部自然构成因素相互作用产生的综合特征。因此把地貌作为主导因素并与综合分析各个土地自然因素的特点、相互关系和组合方式有机结合起来，借以正确认识土地自然综合体的特征，合理划分土地自然类型。

(5)多级制连接续分原则

土地自然分类，是按照土地自然综合体的相似性与差异性的程度，从上向下逐级加以划分(区别差异性)，或者从下向上逐级加以合并(归纳相似性)。分类单元的层次(等级)愈高，相似性中的差异程度愈大；分类单元的层次(等级)愈低，相似性中的差异程度愈小。即土地自然类型的相似逐渐浓缩，而差异性的区别逐渐淡化。

因此，划分土地自然类型时，对上述原则要全面考虑、互为补充、综合运用，片面强调或忽视其中任何一个因素都达不到准确划分土地类型的目的要求。

4. 浙江1∶10万土地自然分类与分类系统

浙江1∶10万土地自然类型分类系统，采用三级制，包括组合类型、基本类型和形态成因类型。

(1)土地自然分类技术方法

从浙江幅员小、靠山濒海、山地多、平地少等特点出发，综合运用上述诸项原则，拟用多级制连接续划分。

按照一定程序逐级划分土地自然类型(或称土地形态成因类型)，形成三级制土地自然分类系统。浙江土地自然类型分类系统(1∶10万)与综合特征简明如表3.3所示。

①一级：土地组合类型(简称土地“类”)。以大地貌或地貌组合类型为主导标志，反映土地自然类型性状的综合分异特征。

②二级：土地基本类型(简称土地“亚类”)。反映土地所处的地貌类型组合分布的内在差异，突出海拔分布变化对光照、温度、降水等产生的影响，从而引起土地组合类型的内在差异。

③三级：为土地形态类型(简称土地“型”)。反映地貌形态、性状、特征变化，例如山地、丘陵地突出坡度类型，及坡面覆盖物、有效土层厚度等对评价土地质量差异具有重要

表 3.3　浙江省(1∶10 万)土地自然类型分类系统(类、亚类和型)及其综合性特征简明表

土地自然类型分类系统				面积比重		地貌形态示量标志			第四系沉积物类型、性质	土壤性状			植被类型(含人工栽培作物)	水文与水利状况				
一级	二级	三级																
组合类型(“类”、代号)	基本类型(“亚类”、代号)	形态类型(“型”、代号)	代号、序列(复合式)	面积(km²)	占全省土地总面积(%)	海拔分布(m)	地面起伏(相对高度)(m)	地面坡度(°)		土壤质地	土层厚度(cm)	土壤肥力及养分含量(%)		地面侵蚀强度	保水保肥性能	地下水性状	地表水灌溉条件	主要水患或灾害
平地Ⅰ	合计		Ⅰ$_{1,2,3,(1\sim3)}$	19697.23	18.69	<10	10	<3										
	滨海平地Ⅰ$_1$	滨海滩涂平地(1)	Ⅰ$_{1-(1)}$	6058.95	5.75				海积物	粉砂壤土，粉砂黏土	>70	水稻土有机质含量3.12%～1.12%，滨海盐土1%～2%，其含盐量为0.1%～0.6%；海岸线外侧土体含盐量0.6%～2.2%	水稻、旱粮作物棉、麻、水果，盐碱植被及部分海水养殖(或晒盐)	无	稍好	地下水位埋深1～3m，水质微咸	缺水易旱	易受海水浸淹
	河口平地Ⅰ$_2$	江河海滩涂平(2)	Ⅰ$_{2-(2)}$	3307.41	3.41				冲积、海积物	砂质黏壤土；砂质黏土	>70	水稻土有机质含量3.39%～0.99%，肥力好	水稻、油菜、麦、桑园或淡水养殖	无	良好	地下水位埋深1～3m，水质微咸	农业灌溉设施比较完善，一般能旱涝保收	地势低洼地段有渍害，雨季造成多年一遇的洪、涝灾害
	湖沼平地Ⅰ$_3$	水网平地(3)	Ⅰ$_{3-(3)}$	10330.87	9.80				湖积，湖沼淤积物	壤黏土、壤土	>70	水稻土有机质含量3.9%～0.99%，肥力好	水稻、油菜、麦、桑园或淡水养殖	无	良好	地下水位埋深0.5～1m，局部<0.3m	水网密布，农田灌溉设施较完善，一般能旱涝保收	沿河部分有多年一遇的渍、涝灾害
盆(谷)地Ⅱ	合计		Ⅱ$_{4,5,6(4\sim8)}$	4349.82	4.12													
	宽谷盆地Ⅱ$_4$	平坦坡(畈)地(4)	Ⅱ$_{4-(4)}$	1839.08	1.74	30～100	<10	<3	冲积物	砂壤土，壤土	>70	水稻土有机质含量2.79%±1%，基本肥力较好	水稻、油菜、麦	不明显	良好	地下水位埋深1～2m，孔隙潜水丰富	农田水利主要靠库、池塘、渠坝水灌溉，大部分农田水源丰富，能达到保收的要求	沿江部分有多年一遇的洪水灾害
	山间谷地Ⅱ$_5$	平坦坡谷垅地(5)	Ⅱ$_{5-(5)}$	1722.40	1.63	50～250	10～50	<3	冲积、洪积、坡积物	砂质壤土，壤质砂土	>70	水稻土有机质含量2.79%±1%	水稻、油菜、麦、瓜果等	不明显	良好	地下水位埋深1～3m，孔隙潜水较丰富	农田主要靠山溪沟渠、塘坝、水库灌溉，一般能达到保收的要求	沿江经常性受洪水淹没，遇特大洪水则全面成灾
		平缓坡谷垅地(6)	Ⅱ$_{5-(6)}$					3～6			50～70			不明显	较好			
		缓坡谷垅地(7)	Ⅱ$_{5-(7)}$	132.11	0.13			6～15						不明显	较好			
	河间滩地Ⅱ$_6$	河漫滩平地(8)	Ⅱ$_{6-(8)}$	656.23	0.62	30～250	<10	<3	冲积、洪积物	砂质壤土	>10	水稻土与潮土有机质含量1.5%～2.0%，清水砂<1%	水稻、瓜果、花生及芦苇、杨柳等	不明显	稍好	地下水位埋深0.5～3m，有丰富孔隙潜水	农田主要靠沿江提水与井灌，一般可达到保收要求	沿江经常性受洪水淹没，遇特大洪水则全面成灾
岗(台)地Ⅲ	合计		Ⅲ$_{7,8(9\sim15)}$	6271.56	5.95			<3										
	岗地Ⅲ$_7$	平坦岗地(9)	Ⅲ$_{7-(9)}$	3059.02	2.90	50～250	30～50		洪积、冲积、坡积物(基岩以红层为主)	砂质黏土，砂壤土、黏壤土，局部含砾质	30～70	水稻土有机质含量2.97%，红壤盐基饱和度<350%，紫色土磷、钙含量较高，盐基饱和，基本肥力较好	水稻、油菜、麦、旱粮作物和经济林木及茶、果园地	轻度面蚀	较好	地下水位一般1～5m，局部地段有孔隙裂隙承压水	有库、塘水灌溉，才能保收	农田一般缺水易旱
		平缓坡岗地(10)	Ⅲ$_{7-(10)}$	3059.02	2.90			3～6						中度面蚀	一般		靠天然降水	
		缓坡岗地(11)	Ⅲ$_{7-(11)}$	851.69	0.81			6～15										
		斜坡岗地(12)	Ⅲ$_{7-(12)}$	45.34	0.04			15～25							较差			
	台地Ⅲ$_8$	平缓坡台地(13)	Ⅲ$_{8-(13)}$	462.95	0.44	一般50～450最高达700～1200	10～30	3～6	坡积、残积物(基岩为玄武岩)	壤质黏土，局部为壤土、黏土	50～70	水稻土、基性岩土，盐基饱和度70%～90%，含矿质养分丰富	水稻、旱粮和经济林木、桑、果园地	轻度面蚀	较好	裂隙水或泉水出露	平坦台地、缓坡台地、农田靠库、塘水灌溉，其他地段缺水易旱	易受水土流失危害
		缓坡台地(14)	Ⅲ$_{8-(14)}$	175.89	0.171		50～100	6～15										
		斜坡台地(15)	Ⅲ$_{8-(15)}$	9.48	0.09			15～25			30～50			中度面蚀	一般			
															较差			

续　表

土地自然类型分类系统				面积比重		地貌形态示量标志				土壤性状				水文与水利状况				
一级	二级	三级																
组合类型（"类"、代号）	基本类型（"亚类"、代号）	形态类型（"型"、代号）	代号、序列（复合式）	面积（km²）	占全省土地总面积（%）	海拔分布（m）	地面起伏（相对高度）（m）	地面坡度（°）	第四系沉积物类型、性质	土壤质地	土层厚度（cm）	土壤肥力及养分含量（%）	植被类型（含人工栽培作物）	地面侵蚀强度	保水保肥性能	地下水性状	地表水灌溉条件	主要水患或灾害
丘陵Ⅳ	合计		$Ⅳ_{9,10(16\sim23)}$	16519.82	15.67	＜300	＜30	3～6	坡积、残积物（基岩以红层、碎屑岩为主）	砂质壤土、壤土，砂质黏土，部分含砾石	30～50	水稻土有机质含量2.92%±0.9%，红壤盐基饱和度＜35%；石灰岩土土质黏重，含钙丰富；紫色土地土质瘠薄；粗骨土土层浅薄，砾质含量40%～50%	水稻、旱粮、油菜、绿肥、竹林及茶果、园和杉木、马尾松等	轻度面蚀	较好	裂隙水或泉水出露	靠天然降水，一般缺水易旱，局部农田靠水库、山塘水灌溉	易受水土流失与旱害
	低丘Ⅳ₉	低丘平缓坡地(16)	$Ⅳ_{9-(16)}$	240.37	0.23													
		低丘缓坡地(17)	$Ⅳ_{9-(17)}$	1758.43	1.67		50～150	6～15							一般			
		低丘斜坡地(18)	$Ⅳ_{9-(18)}$	3114.62	2.96			15～25			＜30			中度面蚀	较差			
		低丘陡坡地(19)	$Ⅳ_{9-(19)}$	1786.63	1.69			＞25			10～30				差			
	高丘地Ⅳ₁₀	高丘平缓坡地(20)	$Ⅳ_{10-(20)}$	52.37	0.05	300～500	＜30	3～6			30～50			轻度面蚀	较差			
		高丘缓坡地(21)	$Ⅳ_{10-(21)}$	1296.84	1.23			6～15			＜30			中度面蚀	较好			
		高丘斜坡地(22)	$Ⅳ_{10-(22)}$	2789.84	2.64		150～200	15～25			10～30				一般			
		高丘陡坡地(23)	$Ⅳ_{10-(23)}$	5480.72	5.20			＞25							较差			
山地Ⅴ	合计		$Ⅴ_{11,12,13(24\sim35)}$	58552.83	55.57								常绿林、竹林、马尾松，平缓地段为水稻、旱粮地、茶园	中度面蚀	一般			
	低山地Ⅴ₁₁	低山平缓坡地(24)	$Ⅴ_{11-(24)}$	31.78	0.03	500～800	＜50	3～6			30～50							
		低山缓坡地(25)	$Ⅴ_{11-(25)}$	1140.28	1.09		200～300	6～15			＜30			较强面蚀	较差			
		低山斜坡地(26)	$Ⅴ_{11-(26)}$	2599.30	2.47			15～25							差			
		低山陡坡地(27)	$Ⅴ_{11-(27)}$	14011.04	13.29			＞25			10～30							
	低中山地Ⅴ₁₂	低中山平缓坡地(28)	$Ⅴ_{12-(28)}$	0.98	0.0009	800～1000	＜50	3～6	坡积、残积物（基岩以火成岩类为主）	砂质壤土、壤土、砂质黏土与砂土，部分含砾石	30～50	水稻土、黄壤（含黄红壤）盐基饱和度＞40%；石灰岩土，土质黏重，含钙丰富；粗骨土，土层浅薄，砾质含量占40%～50%	常绿落叶针叶混交林，山顶为灌木林或草丛，平缓地段为水稻、旱粮地、茶园	中度面蚀	一般	裂隙水或泉水出露。在局部农田中形成冷水田或烂糊田	天然降水，大部分农田为自流灌溉（或引灌泉水）。水、肥流失较为普遍，一般能保收，山坡地灌溉条件较差	易受水、土冲刷，易发旱情灾害
		低中山缓坡地(29)	$Ⅴ_{12-(29)}$	277.25	0.26			6～15			＜20			片状侵蚀	较差			
		低中山斜坡地(30)	$Ⅴ_{12-(30)}$	1030.83	0.98			15～25										
		低中山陡坡地(31)	$Ⅴ_{12-(31)}$	8081.08	7.67		300～500	＞25			10～20			块状面蚀	差			
	中山地Ⅴ₁₃	中山平缓坡地(32)	$Ⅴ_{13-(32)}$	21.63	0.02	＞1000	＜30	3～6			30～50			中度面蚀	一般			
		中山缓坡地(33)	$Ⅴ_{13-(33)}$	1511.54	1.43		＞500	6～15			＜30			块状侵蚀	较差			
		中山斜坡地(34)	$Ⅴ_{13-(34)}$	3534.04	3.35			15～25			10～20							
		中山陡坡地(35)	$Ⅴ_{13-(35)}$	26313.08				＞25			＜10			土崩乱石	差			
全省土地总面积				105390.95	100.00													

资料来源：张昭仁. 土地构成的自然因素与土地自然类型及分类系统. 浙江土地资源，杭州：浙江科学技术出版社，1998.

意义的因子。地面坡度分成:平坦坡(＜3°)、平缓坡(3°～6°)、缓坡(6°～15°)、斜坡(15°～25°)、陡坡(＞25°)五级,作为划分土地形态类型的重要标志。

(2)土地自然分类系统的构成

根据土地自然分类依据和原则,以及比例尺与制图负荷能力,土地自然分类采用三级制划分。结合浙江土地自然类型形态成因与性状特征,陆域部分首先分成平地和坡地(含盆、谷坡地、台、岗坡地、丘陵坡地和山坡地)两个系列;然后按照土地形态类型的结构及其空间分布差异,由上而下再依次划分为:土地组合类型—土地(基本)类型—土地形态类型。浙江土地自然类型分类系统的构成为:一级,5 个土地组合类型;二级,13 个土地基本类型;三级,35 个土地形态类型。浙江土地自然分类系统名称、代号与序列如表 3.3 所示。

平地系列,1 个土地组合类型,内含 3 个土地(基本)类型,3 个土地形态类型(未含河漫滩平地)。

坡地系列,4 个土地组合类型,内含 10 个土地(基本)类型,32 个土地形态类型。其中包括:盆(谷)地组合类型及所分的 3 个土地基本类型,5 个土地形态类型(内含河漫滩平地)。

岗(台)地组合类型及所分的 2 个土地(基本)类型,7 个土地形态类型。

丘陵地组合类型及所分的 2 个土地(基本)类型,8 个土地形态类型。

山地组合类型及所分的 3 个土地(基本)类型,12 个土地形态类型。

5. 土地自然类型综合特征及其地域分异规律性

浙江土地自然类型构成因素复杂,土地自然类型的形态、性状特征各异。全省境内归分为平地与坡地两大系列,包括 5 个组合类型"类"、13 个基本类型"亚类"、35 个形态类型"型"。各类土地综合特征及其区域分布规律概述如下。

(1)平地系列

平地组合类型指江、河、湖、滨海等水系两岸(沿岸)比较宽阔、连片、低平的平原土地(未含山丘地区盆、谷平地与山间河漫滩平地)。根据形态成因和地面组成物等的差异,分为滨海滩涂平地、江河海滩涂平地、水网平地 3 个土地形态类型。集中分布于杭州湾两侧的杭(州)嘉(兴)湖(州)平原、萧(山)绍(兴)宁(波)平原,以及浙东南沿海的温(岭)黄(岩)平原和温(州)瑞(安)平原地区,约占全省土地总面积的 18.69%。地面组成物质由第四系冲积、海积、湖积等松散物堆积而成,地面起伏低平,海拔分布在 10 米以下,地面坡度＜3°;水系密布,水域面积广,地表水和地下水均丰富,水质良好,除局部地区水质污染外,农业灌溉、饮用、养殖业及工业水源均可利用。从土地分布区位看,①滨海滩涂平地。主要分布在杭州湾以南的滨海地带,是浙江省棉、麻及粮食、水果等作物品种的主产地;海岸线外侧的滨海滩地,原是浙江省重要的土地后备资源,除晒盐外,还是贝、藻、鱼虾等水产养殖地。②江河海滩涂平地。主要分布在钱塘江、椒江、瓯江、飞云江等河流出口入海地段,由河流和潮流挟带的泥砂堆积成为砂咀、砂坝及栏门砂等,地面组成物质以冲积、海积的粉质黏土、粉砂土为主,河网密度小,水源缺乏,宜于旱作棉、麻开发利用;钱塘江口岸外侧江海岸的平地,涂面平坦,粉质黏土底质细软,利于发展养殖业。③水网平地。主要分布在太湖流域南岸至海宁市长安镇以北的杭(州)嘉(兴)湖(州)平原，以及萧(山)绍(兴)宁(波)平原、温(岭)黄(岩)平原和温(州)瑞(安)平原等，温瑞平原内侧，为古海湾演变而成，地面组成物质为冲积、湖沼淤积物，海拔分布5m以下，地势低洼，易受涝、渍危害。河网密布、湖泊众多，淡水养殖开发潜力很大。杭嘉湖、萧绍宁等地水网平地开发利用程度较高，土地集约经营，人们在长期生产实践中形成的"桑基鱼塘"农业类型，实现了粮、桑、鱼、畜互相促进，生态系统良性循环。

(2)坡地系列

坡地系列包括盆(谷)坡地、岗(台)坡地、丘陵坡地和山坡地四个组合类型(简称"类")。

● **盆(谷)坡地组合类型**。指分布于浙江省八大水系流域的汇水盆地以及中小河流的山间谷地，由河流冲积、洪积物堆积而成，沿河两岸呈阶梯状分布(一般称阶地)。大部分属于平地(或畈田、畈地)，少部分为缓坡谷地。由平畈地、平坦谷地、平缓坡谷地、缓坡谷地、河漫滩平地5个土地形态类型构成，约占全省土地总面积的4.12%。由于地势低，地面起伏平缓，地表覆盖深厚的松散物，水、肥条件较好，经济、交通区位条件比较优越，耕作方便，是当地农业生产最好的农业区。这类土地集中分布在金(华)衢(州)、诸暨、新(昌)嵊(州)、天(台)仙(居)、碧湖、松阳、泗安等宽谷盆地区。山间谷地主要分布在山涧溪流、河沟沿岸，呈树枝状延伸或条带状分布，浙南山区泰顺、景宁、云和、永嘉、庆元等县的山间谷地区，水、热资源充沛，宜于种植双季稻。伏旱、洪水和干热风为土地利用的限制因素，特别是洪水对平畈地区农田危害较大，所以应趋利避害，扬长避短，加强防洪设施，搞好水利建设，改良土壤的酸、黏、瘦性状，应用现代科学技术，挖掘农业综合开发潜力。

● **岗(台)坡地组合类型**。指分布在盆谷边缘向丘陵山地过渡的交接地带，一般顶部比较平直和缓，边缘陡峻。由平坦岗地、平缓坡岗地、缓坡岗地、斜坡岗地及平缓坡台地、缓坡台地、斜坡台地7个土地形态类型组成。约占全省土地总面积的5.95%，分布比较零散。这类土地集中分布在金衢盆地、诸暨盆地、新嵊盆地、泗安盆地周边，主要为红土层侵蚀基座阶地组成，地面起伏在50m以下，土层堆积较厚，土质较好；在浙西北、浙西南地区为一些起伏较大的山丘岗地，土层较薄，土质较差。在浙中东地区，由玄武岩发育成的台地，是浙江省很有特色的一种土地自然类型，在新昌、嵊州、磐安、天台、宁海、奉化、临海等地分布比较集中，台地海拔分布有50m、150m、250m、300m及450m，天台县龙皇堂玄武岩台地高达700m。玄武岩发育的红黏土、棕泥土，土质好，植桑产茧率高，蚕种品质佳，白术、花生(新昌"小京生")是其优质农产品。玄武岩柱状节理发育，土层松散，台地边缘和陡峭台坡易造成水土流失。

● **丘陵坡地组合类型**。指江河两侧海拔分布500～600m以下的盆谷边缘地带，突出于宽谷盆地或岗台地面之上的形态实体，分布没有规律，比较零散孤立，根据丘体高度及坡面变化，分布为低丘平缓坡地、低丘缓坡地、低丘斜坡地、低丘陡坡地，以及高丘平缓坡地、高丘缓坡地、高丘斜坡地、高丘陡坡地8个形态类型，约占全省土地总面积的15.67%。由于水热组合条件好，亚热带经济林、果分布普遍，它们也成为浙江省亚热带经济林、竹笋、茶、果生长基地。这类土地开展植树营林，停耕25°以上的陡坡地，还林、还草，涵养水源，保土增肥具有长远的战略意义。

● 山坡组合类型。浙江省内山系连绵，地势高亢，海拔分布 500～1000m 以上，山水相依，地面起伏变化大，山地河流切割较深，地面坡度陡峻，地表径流易于失散，土浅薄，土地自然生产力相对较低。根据山地形态与坡面变化特征，分为低山平缓坡地、低山缓坡地、低山斜坡地、低山陡坡地以及低中山平缓坡地、低中山缓坡地、低中山斜坡地、低中山陡坡地和中山平缓坡地、中山缓坡地、中山斜坡地、中山陡坡地 12 个土地形态类型，约占全省土地总面积的 55.57%。由于海拔分布、地貌部位、坡度、坡型及坡向的不同而影响其他自然因素变化，综合反映在水、热条件及其农业布局上的变化。浙西北地区海拔分布 300～800m，浙中西（金衢地区）与浙南地区海拔分布 400～1000m 的丘陵山地，气候温和，为经济林、果、茶、药材适生区，也是稻、麦两熟或单季稻栽培区；浙西北地区海拔 800～1000m，浙中西（金衢地区）与浙南地区海拔分布 1000～1200m，气候温凉湿润，是农、林生态良性循环的层位，为蔬菜、小竹笋、林木适生区；海拔分布 1000～1200m 以上地区，由于气候寒冷，降水递减，风力增大，农、林生态环境脆弱，为山地生态保护层。

(3)土地自然类型组合结构及地域分异规律性

土地自然类型结构是各个土地自然类型在自然界中相互依存和相互组合关系的客观表现。不同等级的土地自然类型，在空间分布的不同部位，具有不同形态特征和不同水、热条件。充分认识土地自然类型的空间分布规律，对于分析土地类型结构的发生与演替（进化或退化），掌握它的自然性状，明确合理利用方向，优化配置产业结构，拟订改造利用措施，具有重要的理论意义和实用价值。浙江土地自然类型的空间分布组合结构形式在水平方向（纬度、经度地带性分布）和垂直方向上（非地带性分布）都表现出明显的地域分异规律性。

①土地自然类型水平组合结构。土地自然类型按空间水平排列形式，称为水平组合结构。浙江境域南北跨越 4 个纬度，分属北亚热带、中亚热带两个生物气候带，热量、气温、水文、土壤和植被分布都有明显的纬度地带性，反映了土地自然综合体在农、林作物布局、种植结构及熟制安排上有南北差异。浙江境域东西距离为 450 公里，跨越 5 个经度，浙东沿海与海洋丘陵岛屿地区，深受海洋季风气候影响，生物气候条件具有中、北亚热带过渡性特征；浙中东、浙中西（金衢）、浙西北和浙西南地区，由于距离东海远近的不同，土地自然综合体的纬度地带性（南、北生物气候带）及垂直地带分异性逐渐突出。省境内自东及西，由沿海向内陆呈层状分布，各类土地的水平排列组合表现为：滨海海积平原—冲、海积河口平原—湖沼积水网平原—洪、冲积盆（谷）地—残、坡积岗（台）地—丘陵地—山地（包括低山坡地、低中山坡地、中山坡地）的分布规律。土地类型的水平组合结构，自东向西呈阶梯状推进。根据各类土地对农林牧（草）的适宜性和限制性，将全省农用地优化配置归纳成：适宜农耕种植利用的平地、盆（谷）平坦坡（畈）地，适于农、林、果综合开发利用的岗（台）坡地与低丘坡地（或低丘地），以及宜于营林绿化、植树种草与生态环境保护的各类山地（或山坡地）。

②土地自然类型垂直组合结构。浙江土地自然类型在垂直方向上，以河谷盆地为基带，从河谷到分水岭，有规律地呈层状分布。每一层地貌类型框架结构上，分布着自然特

点相似的土地自然类型，在浙西南、浙西北、浙东南、浙中西（金衢）以及浙中东丘陵山地区，土地自然类型（自然综合体）的垂直地带分布，自下而上，由低而高组合结构为：常绿阔叶林红壤盆（谷）坡地，常绿阔叶林红壤低丘、岗台坡地，常绿阔叶林红黄壤高丘、低山坡地，常绿、落叶针阔混交林黄壤低中山坡地，灌丛草坡山地草甸土中山坡地。以浙江省土地自然类型垂直组合结构和原生态性状为依据，因地制宜布局农业，合理调整作物结构和品种结构。浙江省水稻分布上限大致与黄壤分布上限相当，在浙西南、浙东南和金衢丘陵山地区，海拔分布为800～1000m；浙西北丘陵山地区，海拔分布约900m。水稻品种结构与土地自然类型配置具有如下对应关系：常绿阔叶林红壤盆（谷）坡地、低丘岗（台）坡地，一般为双季稻种植带和喜暖经济作物栽培带；在山坡地的中上部或山顶平台地，因受光照、热量、气温、水分等自然条件的限制，不宜规划布局农林生产，应以经营植树种草、绿化山林环境和保护山地生态为主。

二、土地利用类型分类与分类系统

（一）土地利用与土地利用类型

1. 土地利用的含义

土地利用（land use）是人类社会的一种社会经济行为，也是土地作为主要生产资料和劳动对象，以及空间基地所具有的使用价值的真实体现。人类对土地的利用，按一定的经济、社会利用目的与需求，依据土地的自然性能特点，采取一系列生物、工程技术手段，对土地进行长期性或周期性的开发利用、治理保护和经营管理活动。它既是把土地这个自然综合体的生态系统演变为人工生态系统的过程，也是一个综合自然、经济和社会诸因素复杂作用的过程。这一过程是人类与土地进行物质、能量、价值、信息交流和转换的过程。人类对土地利用的方式、程度、结构及区域差异和效益，既受自然条件（光能、热量、水分及地貌类型特征和土壤质地等因素）的制约，更受社会、经济、技术条件（如土地开发利用历史、经济与交通区位、经济实力与投入水平、技术装备、土地经营管理水平以及经济社会发展需要等）的影响，但在影响土地利用的诸多因素中，社会生产方式则起着决定性作用，合理的土地利用必须与一定的社会生产方式相适应。土地利用的广度、深度和集约化程度等，是一个国家或地区国民经济产业部门建设规模、发展水平的集中反映。随着工业化、城镇化的快速发展和人口的日益增长，协调好人与土地和谐关系，践行环境友好型、土地资源节约型，实施土地可持续利用已成为当今的迫切问题。

2. 土地利用的种类与重点

人类为了自身的生存、生活和物质文化享受，以及生产发展的需要，向土地的索取也是多方面的，如粮食、棉花、油料、肉、禽、蛋、奶、茶、桑、果和住房、交通运行、文化娱乐等，而且随着经济社会的发展以及物质文化水平的提高，为满足与日俱增的各种需要，必然对土地进行多种形式的利用，从而产生多种多样的土地利用类型，诸如耕地、园地、林地、牧草地，以及城乡建设与工业交通用地等。

(1)土地利用的种类

目前,我国的土地利用大致可分为以下几种类型。

①用于直接生产满足人们的生活需要,如发展农业、畜牧业、林、果业等方面占用的土地;

②用于城乡建设,如工矿业、商业、餐饮服务业、科学试验、文化教育基地和文娱体育场所,以及街道和居民住宅等方面的土地;

③用于国土防护、环境治理保护的土地,如营造防护林、河川治理占用土地等;

④用于人民保健的土地,如为维护生态平衡、促使环境良性发展,种植绿化带,营建公园占用土地;

⑤用于其他公益建设的土地,如铁路、公路、机场、港口码头以及军事设施等占用土地。

(2)土地利用的重点与目标

土地利用的重点是要在与土地相结合的人类经济活动中,转变土地利用的方式,不断提升土地利用的质量与效益。土地利用的根本目标是实现土地的有效管理与可持续利用,这不仅是解决人口、土地与环境问题的根本立足点,也是经济增长、社会稳定和实施经济与社会可持续发展的重要前提。土地利用要在国家制定的政策方针和提供的各种条件的前提下,综合考虑本地的自然、经济、技术和社会条件,开展土地利用经济活动,以提高本地区的社会福利水平为目的。以是否在土地利用中取得的经济效益赢利,土地单位面积的产量和生产力稳定、持续有效增长,净产值、土地纯收益最大;是否在土地利用中获得的环境良性、环境质量、资源状况、生态效益最佳;是否在土地利用中生活质量、文化、心理、道德等获得的社会效益最好作为标准。以选择能给当地带来不断提高的以经济效益为核心的综合效益与生产效益、生态效益与社会效益构成不可分割的效益系统的土地利用种类为方向,以人为本,提高经济增长的包容性,惠及人民群众,推进社会和谐、生态文明化、价值观的先进化和多元化,践行土地的合理利用,切实保障土地可持续利用和协调区域经济的可持续发展。

(二)土地利用类型分类的方法与程序

1. 国外土地利用分类的研究

由于各国国情不同,土地面积大小不等,土地利用评价不一,土地利用分类也不尽相同。但分析各国的土地利用分类工作,也有一些共同之处,集中表现为:在土地利用调查基础上开展土地利用和分类,大多偏向农用地的调查,重点放在耕地、林地、牧草地等的调查和分类。

英国土地利用调查与制图工作开展最早,于1930年就成立了土地利用调查所;并于1931年,开始了第一次土地利用的调查,拟定了世界上最早的土地利用调查分类系统,并绘制1:10万的地图;1960年进行了第二次土地利用调查,重新制定了新的土地利用分类系统,并绘制1:25万的地图。第一次土地利用调查,土地利用分类有耕地(含可耕地、休耕地、菜地)、森林(含林地)、牧草地(含草场、永久草地)、荒地(含灌木、草地)、果园、苗

圃、庭院和特殊用地、水域(池塘、湖泊、水库)和非农业用地 9 大类。第二次土地利用调查,在原有土地利用分类的基础上,增加了非农用地的一些类型,如在土地利用一级分类系中,增加了居民点用地(含居民住宅用地和商业用地)、工业用地、交通运输用地以及难利用的裸露地等,即将 9 类增加为 13 类。

美国的土地利用调查工作也比较早,在 20 世纪 20 年代就开始了土地利用方面的研究,制定土地分类和土地等级的标准,在 1934 年以土壤侵蚀度为中心内容,并开展土壤保护工作。1937 又开展土地调查,制定了土地保护计划方案,按适宜性把土地分为八级。20 世纪 60 年代以后,政府为了保护自然资源和环境,防治自然灾害,开展地区规划,合理征收土地税,组织进行了全国 1∶20 万土地利用图编制工作。1972 年美国应用遥感影像资料解释,形成了土地覆盖分类方案,结束了美国土地调查长期以来没有统一分类系统的局面。对土地利用类型进行如下分类:城市建筑用地(含工业、商业与服务业、城市与建筑、运输与公用事业和居民住宅用地等)、农用地(耕地、果园地、菜园地)、草地(含灌丛草地等)、林地(含常绿、落叶、常绿落叶、混合林地)、水面(含河流、湖泊、水库、海湾与河口)、湿地、荒地、苔原、永久积雪与冰川。由于采用遥感影像进行地物判读,主要以土地利用的表现形式为依据,而非土地利用的实地调查与利用类型的划分,因此,并不能完全解决土地利用形式变化和土地覆被变化的区别问题。

亚洲国家土地调查最有成就的首推日本。日本基于国土面积狭小、土地资源短缺、耕地不足的国情,深入地开展了倾斜地(坡地)的调查与分类研究工作,确定了各类倾斜地(平坦地、缓倾斜地、急倾斜地)面积,以及倾斜地的区域分布,评估了倾斜地将来可供农业利用的面积分布,因地制宜,规划布局了倾斜地作为果园或草地的利用方案①,以满足农业发展的需要。1957 年,日本颁布了《地籍调查作业规程准则》,自 1958 年至 1963 年,组织有关部门进行了土地分类、土地分级和土地利用分类的系统研究。在此基础上,日本农林省组织有关学者在 1964 年编写了《日本土地利用分类的程序和方法》,分析比较了日本和英、美、德等国的土地分级、土地分类和评价的原则及方法,提出了日本土地分级和分类的原理、标准和程序;并详细介绍了土地利用分类(以耕地、草地、林地为重点,制定综合的土地利用分类标准)的方法。

日本制定综合土地利用分类标准的方法,重点研究对象是闲置地和粗放利用的土地,转变其利用方式,作为耕地、草地或林地加以利用;全面改善耕地、草地和林地的现行利用方式,不断提高集约经营水平。

日本关于综合土地利用分类标准的方法研究,特别强调土地作为哪一类地(耕地、草地或林地)最合理,必须从国民经济发展角度出发从事这项研究,土地分类取得的研究成果不仅需要有助于国民经济的分析判断,而且要有益于农民个体经济对土地利用的分析判断。尤其是工业化和城镇化发展过程带来了农用地转用、市镇建设、工厂、住宅等大量占用农地等问题,开展土地利用调查与分类研究时必须考虑到这一点。日本土地调查制图也走在世界前列,1974 年日本设置国土厅,制定了国土利用计划,日本国土地理院利用

① 伊藤健次.倾斜地农业.东京:地球出版株式会社,1944.

航空图片开始编制日本1∶2.5万土地利用图，将土地分为35种类型，建立在日本的传统分类上，城市土地利用根据城市机能进行分类，农业、林业用地根据植被分类。1∶2.5万土地利用图极具代表意义，是日本土地利用信息化的基础，为日本全国和地区土地利用规划提供了主要依据。这些有益经验，对于我国土地利用调查与土地利用现状分类研究具有一定参考价值和借鉴作用。

2. 我国土地利用分类调查研究与分类体系演变

土地利用类型分类（土地利用分类）是对土地利用空间地域组合单元划分的过程，是人们根据生活和社会发展的需要，以及土地的自然、经济特性和功能，对土地进行利用与改造的经济行为。土地利用分类调查研究工作具有重要的现实意义和深远的战略意义：它所提供的各类土地面积和土地利用变化信息，是制定国民经济发展规划和国土整治与环境保护规划，以及编制土地利用总体规划，并按照土地规划确定的土地用途使用土地，严格保护耕地（尤其是保护基本农田）的重要基础；是国家实行宏观决策，优化产业结构，调整土地利用结构，以及充分合理开发利用土地的科学依据。我国从合理利用土地的角度出发，土地全面调查与分类研究工作起步较慢，与国外一些发达国家相比，晚了二三十年。相应的土地机构与部门成立的时间也较晚。直到20世纪80年代，中央与省级的土地机构普遍建立，综合性的行政管理体系才开始出现。而且土地调查机制不完善，土地调查规程、标准不完整，法律地位不高。土地调查中高新技术的应用相对滞后，调查成果的应用也不深不广。

（1）我国土地利用调查及其分类研究的发展过程

我国土地的开发利用历史悠久，浙江余姚河姆渡文化有着7000多年的农耕史。20世纪30年代开始出现中国土地利用分类，但分类体系尚不完善而且倚重农业用地。我国土地利用调查与土地利用分类研究的真正发展，归溯于任美锷先生于20世纪40年代初在贵州遵义附近进行的土地利用研究，将土地利用综合分类为水田、旱地、森林、道路与房屋、荒地及其他用地6类。

新中国成立后特别是改革开放以来，党和政府十分重视土地利用调查与土地利用现状分类工作。全国系统部署先后开展过土地利用现状概查（1978—1983年）、土地利用现状调查（1984—1996年土地详查，或称第一次全国土地调查）、1997年以来持续进行的土地利用（年度）变更调查、2002—2007年的土地利用更新调查，以及2007—2009年开展的第二次全国土地调查。由于土地调查的思想、理念和技术方法不断创新，第二次全国土地调查制定了系统化、规范化的土地利用分类系统，能获取更高精度的土地利用现状数据，建立信息共享，采用了信息技术共用的数据库；形成了现势性强，条（件）、数（据）与实地相一致的土地利用现状调查成果，基于网络技术建立先进、高速、大容量的全国土地利用管理信息系统，并按照国家—省（市）—市（地）—县（市）四级构建，分级实施，满足各级互联、内外交换的信息服务的要求，从而为提高土地管理信息化、科学化提供了基础条件。

①改革开放初期的土地利用现状类型分类调查。1978年全国科技大会通过的科学技术规划确定的108项重点科研项目中，以土地资源调查为核心的“农业资源调查和农业区划”被列为第一项。国办发〔1979〕111号文件指出，为掌握全国土地总面积和主要土地

利用类型面积，满足国家制定经济发展计划、农业发展长远规划和指导日常农业生产的需要，与正在进行的全国第二次土壤普查(20世纪50年代进行了第一次土壤普查)相结合，开展土地利用调查。对此，1980年全国农业资源和农业区划委员会颁发国农区划字〔1980〕5号文件，指出“利用卫片在两年内初步查清主要土地资源面积和分布，编制成图，供中央和省一级使用”。并拟定了土地利用分类方案，采用二级制(一级:11个大类，二级:48个亚类)，将土地利用分为:农(耕)、林地、草地、水域、城镇居民点、工业交通用地、沙漠、永久性积雪和冰川、海涂、裸地及其他用地等11个大类型。这次土地调查(或称土地普查)在1983年基本完成，限于采用的基础图件比例尺小，而且不齐全、不配套，因此，调查比较粗放，精度不高，取得的地类数据对市(地)、县(市)都没有多大的使用价值。之后，1983年全国农业资源调查和农业区划委员会提出，“为了配合制定‘七五’规划，1985年要提交分县不同精度的土地利用现状面积数据”，按县、市(地)、省逐级调查统计，最后汇总成全国数据(或称为土地概查)。要求“调查工作以县为基本单位，查清全国各个土地利用类型面积、分布和利用状况，为制定国民经济计划和政策，为分类指导农业生产，建立土地统计、登记制度，全面管理土地提供服务”。

为保证全国的土地利用现状分类系统具有一定的权威性和一致性，1984年9月全国农业资源调查和农业区划委员会颁布了《土地利用现状调查技术规程》(以下简称《规程》)。全国土地利用现状分类，以土地用途、经营特点、利用方式和覆盖特征等标志性因素作为依据，将原一级11个大类调减为一级8个大类，二级48个亚类调减为46个亚类，并统一顺序编码。第一级类型主要根据国民经济、各部门用地构成或土地在国民经济中所起的作用来划分;第二级亚类主要根据土地利用过程中的经营方式来划分。在第二级分类以上不能任意修改。全国的统一分类不完全反映各地的特殊地类，各省(市、自治区)的土地利用现状分类，在保持统一性的前提下，可以对其分类进行增减，以反映本地区土地利用方面的特色。如本地区没有的地类，可不设此项，但要保留全国统一的代号。如需要增加的地类，根据它的从属关系可放在第三级，甚至作为第四级类型的划分，逐次更细更具体地进行利用现状分类。但无论是增是减，绝不能打乱全国统一的编码顺序及其代表的地类(见附录一)。《规程》还指明，在不影响一、二级全国宏观土地利用现状分类的前提下，为突出土地利用现状分类的区域土地特色，具体细分时，第三级土地类型的划分，可以按地貌形态类型特征;第四级划分可按微地貌、土壤类型特征，因为这些因素分别表示土地构成因素的相应级别的总体特征，强化了土地利用制图的基层单位的土地含义，利于土地利用现状的科学分析。按照《规程》制定的土地利用现状分类方案，属于我国土地利用分类体系中较早且较为完善的一种方案，该方案也是原国家土地管理局组织开展全国土地详查采用的分类方案。这次土地详查历时12年，于1996年结束，基本查清了城乡土地权属、面积分布情况，获得了近百万幅的土地利用现状图和地籍图，结束了我国长期以来土地利用数据不准、权属不清的局面，在中国历史上第一次摸清了全国(未含港、澳、台地区)的土地家底，为全国乃至各地经济社会的发展提供了丰富的土地基础数据和国家资料。这也是新中国成立以来的第一次土地调查，具有全国统一标准、采用大比例尺图件、调查方法和手段比较先进、成果资料比较齐全等特点。第一次全国土地调查结果于1999

年由国土资源部、国家统计局、全国农业普查办公室联合向社会公布,成为国家法定数据。第一次土地调查成果在国民经济各行业得到了广泛应用,成为我国五年计划纲要的重要背景资料,为制定国家资源安全战略和相关行业发展计划提供了依据,并为我国建立土地市场奠定了基石。

②新时期的土地利用现状变更调查与更新调查及其分类系统。为及时掌握土地利用现状变化情况,国家从1996年开始建立了土地利用变更调查制度。原国家土地管理局统一部署全国开展土地利用变更调查,并于1996年6月17日发出《关于完成全国土地详查数据变更到1996年10月31日同一时点的紧急通知》(国土(籍)字〔1996〕109号)。1997年以后每年的一次土地变更调查成为一项土地利用动态监测措施。土地变更调查以上年度的土地利用变更数据为基数,变更调查的主要内容是:土地利用类型即耕地、建设用地等地类的权属,行政界线变化;新增建设用地、土地开发复垦、生态退耕、园地补充为耕地,以及农用地变更为未利用地等。同时,原国家土地管理局于1989年发布的,又于1993年6月22日修订的《城镇地籍调查规程》,依据土地用途,将城镇用地分为商业金融业用地、工业仓储用地、市政用地以及农用地等10个一级地类和24个二级地类;1991年中华人民共和国建设部制定了《城市用地分类与规划建设用地标准》,城市用地大、中、小三级分类系统见附录二。原国家土地管理局及中华人民共和国建设部制定的这两个土地利用分类规程(标准),也为完成我国土地利用现状调查和城镇地籍调查、土地登记发挥了重要作用。1998年修订的《土地管理法》第四条规定:“国家实行土地用途管制制度。”将土地分为农用地、建设用地和未利用地。严格限制农用地转为建设用地,控制建设用地总量,对耕地实行特殊保护。第二十九条规定:“国家建立土地统计制度。”第三十条规定:“国家建立全国土地管理信息系统,对土地利用状况进行动态监测。”为做好新旧土地分类的平稳过渡工作,以及为了满足开展年度土地利用变更调查工作的需求,1999年国土资源部制定并颁发了适应全国城乡统一的《全国土地分类》(过渡期间使用),采用三级制分类,统一编码排列(其中,一级3类,二级10类,三级52类),自2000年1月1日起执行。土地利用现状分类体系的系统性、实用性得到了进一步的充实与完善。土地利用现状变更调查(简称土地变更调查)是在土地利用现状调查(或称土地详查,1984—1996年)成果的基础上,对土地利用现状和土地权属的变化状况进行的土地调查,是保持和促使土地利用现状调查成果的准确性、现势性的重要手段;土地变更调查是检验各地实行耕地特殊保护,实现耕地总量动平衡的重要依据;是制定国民经济发展规划、强化土地科学管理的重要基础工作。土地变更调查每年进行一次,以集体土地所有者、国有土地使用者为调查单位,以地类图斑为调查单元,结合建设用地等的勘测丈量的大比例尺图数资料,对土地利用类型、权属等,进行实地核查与变更调查,并规定以每年10月31日为统一时点,11月1日后的土地利用变化情况,列为下一年度的土地变更调查。接着,又新制定了《中国土地分类系统》(试行),于2002年1月1日起执行的《中国土地分类系统》(试行),与2000年1月1日起执行的《全国土地分类》(过渡期间使用)比较,仅在建设用地的二、三级分类有所区别。《中国土地分类系统》(试行)采用三级制划分,一级地类3个,依据1998年修订的《土地管理法》第四条,国家实行土地用途管制制度,按土地用途规定,将土地分为农用地、

建设用地和未利用地;二级地类相当于1984年土地利用现状分类中的一级地类,数量从8个增加为15个;三级地类相当于1984年土地利用现状分类中的二级地类,数量由46个增加为71个(见附录三)。地类归分为:农用地,含原土地利用现状分类中的耕地、园地、林地、牧草地及新设的其他使用地5个地类;建设用地,含原城市土地分类的商服、工矿仓储、公用设施、公共建筑、住宅5个一级分类及原来两个分类中都有的特殊用地、交通用地(除农村道路)和从土地利用现状分类的水域中分离出来的水利建设用地共8个地类;未利用地,含原土地利用现状分类的目前还未利用的土地(除田坎)和难利用的土地(未列入农用地、建设用地的其他土地)2个地类。三级地类是在原来的2个土地分类的二级地类基础上调整、归并、增设而来。土地利用更新调查采用《中国土地分类系统》(试行,2002年1月1日起执行)的新方案,按照国土资源部要求,从2003年至2006年,实现县级土地利用更新调查与土地利用详查和土地利用变更调查两套数据成果的并轨(统一时点为2006年10月31日),运用新的《中国土地分类系统》(试行),实现新旧土地分类的转换与平稳过渡。土地更新调查的主要内容是:地类面积、分布与利用状况;各级行政区域境界;国家与集体、集体与集体之间的土地所有权单位的界线(称权属界)、宗地(权属单位内部的权属单元,称界址线)和界址点(在权属界线上确权标设的点位);大陆和海岛的海岸线、河口线;等等。通过土地更新调查,使图形数据和土地属性数据统一到新分类中去,形成图(件)、数(据)与实地三者相一致的土地利用现状成果资料,以最小的投入成本,提供现势性更强的土地利用现状调查数据等成果资料,最大限度地满足城乡土地一体化管理和国家经济社会发展的需求,也为今后开展土地变更调查、建立完善土地利用现状数据库,以及有效提高土地管理的信息化管理水平提供基础条件。

③全国土地利用现状分类调查,为编制与修编土地规划提供了基础数据。国家在2004年系统开展了《土地利用总体规划》修编工作,开展土地利用现状分类调查,为规划的编制与修编工作提供基础数据,为实行我国最严格的土地管理制度,合理利用土地,按照《土地利用总体规划》确定的土地用途使用土地,切实有效保护耕地;控制建设用地总量,为耕地总量动态平衡提供科学依据。

根据2004年全国土地变更调查结果,按《全国土地分类》(过渡期间使用)汇总,截至2004年10月31日,全国土地总面积为142.60亿亩(未含港、澳、台地区),其中农用地98.55亿亩,占总土地面积的69.1%;建设用地4.73亿亩,占总土地面积的3.3%;未利用地39.32亿亩,占总土地面积的27.6%。在农用地中,耕地18.37亿亩、园地1.69亿亩、林地35.25亿亩、牧草地39.41亿亩、其他农用地3.83亿亩,分别占农用地的18.64%、1.71%、35.77%、39.99%、3.89%;在建设用地中,居民点及独立工矿用地3.86亿亩、交通运输用地0.33亿亩、水利设施用地0.54亿亩,分别占建设用地的81.60%、6.98%、11.42%;在未利用地中,未利用土地34.89亿亩、其他土地4.43亿亩,分别占未利用地的88.73%、11.27%(表3.4)。

(2)《土地利用现状分类》国家标准制定及出台的背景与重要意义

①《土地利用现状分类》国家标准制定及出台的背景。根据《土地管理法》(1998年修订)第一条、第四条和《土地管理法实施条例》第十条、第十四条的有关规定,为适应社会

表 3.4 全国土地利用现状面积构成 (单位:万亩)

行政辖区	土地调查面积		农用地					建设用地			未利用地	
	总面积	占全国面积(%)	耕地	园地	林地	牧草地	其他农用地	居民点及独立工矿用地	交通运输用地	水利设施用地	未利用土地	其他土地
全国总计	1426019.89	100.0	183666.38	16931.68	353570.46	394060.21	38299.06	38592.67	3349.85	5384.28	348908.99	44256.32

主义市场经济发展和实行土地用途管制制度的需要,有效实施城乡地政统一管理,在1984年制定的《土地利用现状调查技术规程》中的“土地利用现状分类及含义”和1989年制定的《城镇地籍调查规程》中的“城镇土地分类及含义”基础上,制定了城乡统一的《中国土地分类系统》(2002年1月1日起试行)。试行的《中国土地分类系统》的创新点在于完善了原有土地分类的不足,较好地解决了原来两套分类体系并存;过分强调农用地详细分类,而对工业用地、第三产业用地划分过于粗略;分类体系中含义不确切或发生交叉;土地管理部门与农、林、牧业和城建等部门分类系统标准不一致等问题,使土地利用分类更趋合理的方向推进了一步。但是,2002年1月1日起试行的《中国土地分类系统》,依然存在一些缺点或不足之处,主要反映在:倚重了农业用地的具体细分,如增设田坎、晒谷场等农用地类型,而对工业(第二产业)用地未予细分,这与第二产业用地及它在经济结构中的地位不协调;分类编号繁琐,不便记忆和理解;分类适用性(通用性与关联度)较差,容易造成土地管理部门与统计部门及其他经济产业部门的标准不一致,统计口径不一致,造成部门之间的同种用地面积出现较大的差异,给实际应用与政策带来困难等。上述缺点和不足有待综合考虑新时期产业结构与土地利用变化之间的关系和特点,以产业结构分类为基础,按服务产业部门用地的需求进一步充实、修改完善,制定一套准确、规范、标准统一的土地利用分类体系。实行统一的土地利用现状分类标准,在发达国家已成惯例。我国在1984年也印发了《土地利用现状分类及含义》,多年来一直以此为标准开展土地调查和管理工作。由于客观历史原因,长期以来,我国的土地利用分类标准不统一,土地、农业(种植业)、林业、建设、水利、交通等相关部门,按照部门各自的职能分工和管理需求,分别建立了各自的土地调查、统计分类体系。正因各部门的土地分类内涵、体系、口径不同,分类标准与分类指标不统一,分类体系不健全,专业调查难以做到全覆盖,对同一地类的认定、调查、统计结果往往相差很大,造成土地统计重复、数出多门、数据矛盾,严重制约了土地统一规范管理,导致国家难以全面、系统、准确掌握土地利用现状,给国家对土地宏观调控、信息化管理和科学决策带来不利影响。同时,土地分类标准这一基础性技术环节的欠缺,直接影响到宏观管理的成效和水平,给人民群众的土地维权和公共利益也带来不利影响。

②《土地利用现状分类》(国家标准)出台的深远影响。《关于深化改革严格土地管理的决定》(国发〔2004〕28号)要求:“国土资源部门要会同有关部门,抓紧建立和完善统一的土地分类、调查、登记和统计制度。”

2007 年 8 月 10 日，国家标准化管理委员会正式批准发布了《土地利用现状分类(国家标准)》并作为第二次全国土地调查土地分类规范(见附录四)，还发布了土地利用现状分类与三大类对照表(见附录五)、土地利用现状分类与全国土地分类(过渡期间适用)对应关系表(见附录六)、土地利用现状分类与中国土地分类系统(试行)对应关系表(见附录七)。由此，历史性地统一了全国土地利用分类标准，按照中华人民共和国土地管理行业标准，改变了土地统计数出多门、口径不一的局面；土地利用分类标准的国标时代对于科学、准确掌握土地利用现状，不断提高土地管理的科学性、权威性，积极建立全国统一的土地调查、统计和登记制度，创造了条件，奠定了基础，将对国家宏观管理和科学决策产生深远影响。

③第二次全国土地调查工作全面提升科技含量。第二次全国土地调查，是一次重大的国情国力调查，是加强和改善土地管理、转变管理方式和管理职能的重要措施；是严把土地“闸门”、合理利用和有效保护土地、落实土地调控目标、政府科学决策的重要依据；是保障国家粮食安全、维护农民权益、统筹城乡发展、构建和谐社会的重要内容。国务院下发国发〔2006〕38 号文件，决定开展第二次全国土地调查，用一年半的时间完成任务。从 2007 年 7 月 1 日起，至 2009 年 6 月完成调查工作，于 2009 年 10 月 31 日变更，然后汇总与统计调查成果数据，建立变化信息的及时监测与快速更新机制。

④第二次全国土地调查的目的与任务。第二次全国土地调查的目的是：全面查清土地利用状况，掌握真实的土地基础数据，建立和完善土地调查、统计和登记制度，实现土地调查信息的社会化服务，满足经济社会发展的各个领域及土地管理各项业务的需要。第二次全国土地调查的任务有以下三项。

第一，查清城乡各类用地状况。在农村，按照国家统一标准，利用统一提供的基础图件 1∶1 万比例尺为主，逐地块实地调查，摸清耕地、园地、林地、农村居民点用地和未利用地等各种地类的面积分布和利用状况，以及查明城乡国有土地的使用权和农民集体土地的所有权状况。

在城镇开展采用 1∶500 等大比例尺土地调查，查清城市、建制镇内部每宗建设用地的地类、面积、范围和用途；掌握基础设施用地、工业用地、商业用地、住宅地以及开发园区用地和房地产用地等用地的分布和利用状况，了解城镇闲置用地的数量和分布。确定每宗土地的位置界址和利用状况，以及所有权和使用权状况等信息，明确每宗土地的权属主体和界限。在土地权属调查基础上，推进土地登记发证工作。

第二，调查基本农田状况。首要任务是全面查清全国以及各地区耕地和基本农田的数量、质量、分布和保护等情况。依据基本农田划定和调整资料，将基本农田地块落实到土地利用现状图上，落实到村组，落实到地块，并登记造册。这是衡量第二次全国土地调查成功与否的重点指标。

第三，健全土地调查数据库及管理系统建设。第二次全国土地调查不同于以往的土地调查，偏重于对土地利用现状(地类、面积、数量、分布、利用状况和权属)的掌握，这一轮土地调查很重要的任务是：依据国家出台的土地利用现状分类标准，按照“边调查、边建库”的要求，遵循统一的技术标准，逐级建设土地数据库，并建立覆盖全国、城乡一体的网络化管理系统，实现土地数据互联互通、信息共享。并与每年的土地利用变更调查相结合，建立起土地调查统计、及时监测和快速更新的长效机制，建立国家、省、市(地)、县(市)四级集影像、图形、地类、面积和权属于一体的土地调查数据库及管理系统。从 2009 年下半年开始，继续进行每年一次的土地变更调查工作，保持数据的准确、客观，以确保数据的现势性。

⑤第二次全国土地调查的创新性。第二次全国土地调查与土地详查(第一次全国土地调查)相比较，其任务与内容更加丰富，技术手段更加先进，组织方式更加科学有效。本次调查在充分利用现有土地调查成果的基础上，制定了土地调查技术规程和标准，确定了技术路线、操作规范和技术方法的要求，进一步充实、完善土地调查工作的软硬环境，全面提升调查工作科技含量，充分运用航天航空遥感、卫星定位、地理信息系统和网络通信等现代技术手段，采用内外业相结合的调查方法，有效促进、有力保障土地调查工作的又好又快开展。无疑，第二次全国土地调查是继全国土地详查之后，我国地籍管理史上又一次里程碑式的创举。

三、土地资源类型分类与分类系统

(一)土地资源类型的概念

1. 土地资源与土地资源类型的概念

(1)土地资源的概念

资源的概念一般是针对人类利用而言的，是指在生产建设中为人类所利用的物质。所以土地资源是指在目前和可预见未来的技术经济水平下，能直接为人类用于生产和生活的土地。这就是说土地资源指的仅是已利用的或将来可以利用的那部分土地，在可预见的将来，人们不能利用的那部分土地，不属于土地资源。如赵松乔先生曾经所说“土地资源的研究就是对土地质量评述”，因此，土地资源不是土地的全部，从数量上说，土地与土地资源在时空上不都是一一对应关系。土地资源的属性既包括土地的自然属性，也包括土地的经济社会属性，是人类的生产资料和劳动对象。与气候、水、生物、矿产等单项资源相比，土地资源是人类生存和生活最基础、最重要的一种自然资源，是农、林、牧、渔业(种植业、养殖业)生产最重要的物质基础。土地资源与气候、水、生物资源并列为农业自然资源的主要组成内容，和其他资源一样，土地资源包括质量和数量两个基本内容。根据土地资源的概念，可采用对土地类型(土地自然类型或土地利用类型)及其划分的一些方法，对土地资源进行类型的划分。

(2)土地资源类型的概念

土地资源类型是指性质(质量)相对均一或利用现状、利用潜力、适宜性相对一致，并占有一定空间位置的单元土地资源。土地资源类型分类，是随制图比例和研究范围大小而变化，从高级到低级的土地资源类型划分系统，称为土地资源分类系统，也称土地资源评价系统。明确土地资源类型的概念，对于土地资源的制图或土地利用现状制图、土地资源质量评定,以及制定土地利用规划都具有重要的指导意义,这也是土地资源理论研究的基础。

2.土地自然类型与土地资源类型的关系

土地自然类型与土地资源类型的关系类似土地与土地资源的关系,也类似于气候与气候资源、生物与生物资源、水文与水资源的关系。

(1)土地自然类型以研究土地自然属性为主,而土地资源类型具有自然和经济的双重性。如果没有或不强调人的活动影响,土地自然类型可以认为是一个完全的自然综合体,它是由土壤、地貌、地质、水文、植被及气候等因素所构成的性质均一的自然综合体,并在平面上有一定的区域;如因受到或强调参与了人类活动的影响,土地自然综合体类型就转化为土地资源。土地资源类型在土地自然类型的基础上有了新的含义,它已经不是单纯的性质均一的单元土地这个自然综合客观实体,而是能为人类所利用,能为人类创造财富的性质相对均一的基础经济实体。土地资源类型是一个综合自然地理因素的概念,从性质上讲,它既具有自然综合体的特性,也具有可供人类发展生产的经济特性和人类活动的"印记",即土地资源类型总是具有自然和经济的双重性。而土地自然类型则可能只具有自然属性而没有经济社会属性。

(2)土地自然类型种类是土地资源类型分类的基础。当一个土地自然类型单元转化为土地资源类型时,一个单元的土地自然类型不一定有面积同样大小的土地资源类型与之对应。反过来,由于经济社会因素的影响,有时,几种土地自然类型同作为一种利用的条件下,共同成为一种土地资源类型。随着人类劳动与社会生产力的发展,这种可能性会更大,但是,无论经济社会因素如何影响,土地资源类型的形成必然受到土地自然类型本身性质的制约,因为土地自然类型分类是土地资源类型分类的基础。

(二)土地资源类型分类的方法与程序

1.土地资源类型分类的基本原则

土地资源类型分类(或称土地资源分类)的基本原则主要有以下四个。

(1)土地生产利用能力高低,以及反映土地生产性能的一致性;

(2)土地现实生产力与潜在生产力,以及劳动生产率与生产费用和经济价值的一致性;

(3)土地对农业利用(种植、林牧业)适宜方向的一致性;

(4)土地对农业利用的限制程度及其改造、保护和提高土地生产力对策措施的一致性。

2.土地资源类型分类的技术方法

土地资源类型划分种类较多,目前主要有土地资源形态成因划分、土地资源适宜性划分、土地资源生产潜力划分、土地资源出让价格划分和土地资源利用现状类型划分等几种划分类型。下面着重对土地资源形态成因划分、土地资源生产潜力划分及土地资源利用现状类型划分进行介绍。

(1)土地资源形态成因类型划分

土地资源类型和自然界各种各样的物质一样,都有其自身的发生发展过程。其发生发展的同一性,就是构成或影响土地性状的气候、地质、地貌、土壤、降水、水文、植被等自然因素以及人的活动结果的综合的相对均一性，也正是由于这些因素的综合均一性，使它们所制约的土地资源类型表现出来的特征，同其他类土地资源存在差异而区分开来。实际上在土地资源类型划分中，基于分析综合因素对土地资源影响的基础上，通常突出某一因素（主导因素）的地位，如直接采用地貌形态成因类型的名称作为土地资源类型的名称。用来体现土地资源类型划分的依据是：成因（洪积、洪冲积、冲积或湖积）和形态（平坦、倾斜），并将成因和形态的内容反映到土地资源类型的名称之中。由于土地资源类型的划分依据是地理因素的组合和特点，因此，有时也将这种土地资源类型的形态成因划分方法称为土地资源类型的地理学划分。

(2)土地资源生产潜力划分

土地资源生产潜力是土地资源在一定的利用条件下，某种用途所要求的全部条件均最佳时所能达到的生产力。同一土地资源在不同的利用条件下，其生产潜力是不同的。如作为工业、商业、农业、林业等用途时，其单位土地面积上的生产力（产值）差异相当大。由于土地资源作为工业利用或商业利用时，这些利用达到最大生产力时的最佳条件难以确定，因此，这些利用的土地资源生产潜力也就无法估计。通常所谈的土地资源生产潜力主要是指土地资源的第一性产业（种植或养殖业）的物质生产潜力，也就是土地资源的植物生产潜力。

由于在自然界，要找到满足某一利用的土地资源生产潜力要求的理想植物（栽培作物）的生长环境是不可能的，因而，只能是无限的逼近。一旦实际生产水平接近潜在的生产力，那么植物（栽培作物）生长的土地资源环境就接近于该植物（栽培作物）要求的理想状态（条件）。

我国关于土地资源生产潜力的划分在 1∶100 万全国土地资源制图时，根据水热条件的区域差异和熟制上的差别，全国土地资源分类系统分为：华南、四川盆地、长江中下游、云贵高原、华北、辽南、黄土高原、东北、内蒙古 9 个土地潜力区（编者注：拟作“区域”、地域类型或“类区”理解）。在同一类区内，则有相近的生产潜力，就农业（或种植业）而言包括适宜的作物种类、熟制和产量水平。

(3)土地资源利用现状分类

人类为了自身的生存和发展，为满足与日俱增的种种需要，必然对土地资源进行多种形式的利用与改造活动，从而形成了多种多样的土地资源利用类型，诸如耕地、牧（草）地、林地、城乡建设与居民点用地及工交用地等。各国都有相类似的划分。我国第一次全国土地调查（土地详查），以及 2007—2009 年开展的第二次全国土地调查，习惯上把土地利用现状调查称为土地资源调查（参见本章第二节第二部分“土地利用类型分类与分类系统”）。

综上分析，土地资源类型分类与土地类型分类（土地自然分类、土地利用现状分类）相比较，土地资源分类基于土地自然分类和土地利用现状分类，又高于土地自然分类和土地利用现状分类，土地资源类型（或土地资源单位）作为土地资源分类的基础和土地资源评价的基层单位，也是制图单位和评价对象。这与过去建立在单一的自然因素如土壤类型、土地自然类型或土地利用类型相比较，更具有理论性和实践性意义。《中国 1∶100 万土地资源图》的土地资源分类系统的建立标志着土地资源学科已经初步形成，但是土地资源分类与分类系统以及土地资源类型制图仅仅是开始，还需要处理好土地资源评价系统与土地资源类型系统的关系，以及土地资源图、土地利用现状图和土地自然类型图的主要区别。土地资源类型分类并没有像土地分类（土地自然分类和土地利用现状分类）那样比较系统化、规范化，因此，土地资源分类体系还有更多工作需要深化研究、不断完善。

3. 土地资源类型命名

在《中国1∶100万土地资源图土地资源分类工作方案要点》的说明一文中指出：土地资源单位是土地类型和土地利用类型的结合，也就是说土地资源单位既包含土地的自然属性，如地貌、土壤、植被、降水、水文等，又包含一部分土地利用现状，如耕地、草地、林地和园地等主要利用类型及其与土地利用类型相适应的土地利用方式等社会属性，可以表示为：

土地资源＝气候＋（基础地质＋地貌＋土壤＋水文＋植被）＋人类的经济社会活动

根据上述概念，土地资源是一个一定经纬度地域空间内土地构成因素的垂直空间的总体复合（不是复合体中的某一个因素），所以把它用数学方式表示为：$L=f(x,y,z)$。x,y,z 为三维空间的立体坐标。又因为土地资源是一个随单位时间变化的时空分布复合体，可以表示为：$L=f(x,y,z)t$。土地资源类型这个复合体的性质总是具有自然和经济的双重属性，而土地自然类型这个自然综合体的性质则可能只具有自然属性而没有经济属性，但是土地自然类型却是土地资源类型分类的基础。土地资源类型的形成及其分类，必然受到土地自然类型本身的制约。因为，土地自然类型分类是土地资源类型分类的基础。土地自然类型的名称是土地资源类型命名的基础。土地资源类型命名模式简化为：

[土地（自然）类型]＋[土地利用类型]＝土地资源类型

在其命名模式中，土地自然类型用有关自然因素来表示其特征，而进一步完整地表示其资源特性，一般用气候、地貌和土壤三个自然因素表示土地自然类型，但不一定像土地自然类型分类名称那样，还需加有关植被的名称。土壤在绝大多数情况下反映了一定的自然植被景观，如红壤阔叶林景观、山地黄红壤落叶阔叶林等，特别是我国的现行土壤分类更表示了这一点；另一方面，如果土地利用为林地、草（原）地等地类，它本身即表示了自然植被特征，按这一原则，土地资源类型命名表示如下：暖温带湿润平原褐土旱耕地、亚热带湿润丘陵红壤水田、暖温带湿润山地棕壤林地等，而且，在其下级的大比例尺土地资源类型划分及制图中，不必用气候特征，而仅用地貌、土壤和土地利用类型就可以，如低丘红壤缓坡旱地、滨海潮土旱地和盆（谷）水稻土耕地（水田）等。

（三）土地资源类型分类系统

1. 国内外土地资源分类系统研究的共性

国内外现有土地资源分类系统研究有如下几点共性。

（1）现有的土地资源分类系统，均是土地评价分类系统。在人们的印象中，似乎土地资源分类就是土地适宜性评价。土地资源类型及其分类系统是土地评价的基础又是评价的结果或产物。各国的土地资源分类所不同的仅仅是评价的着眼点存在差异。美国从土地的生产潜力去评价；苏联以土地的质量论高低；国际粮农组织（FAO）以土地适宜性分等级；我国则采用土地生产潜力区、土地适宜类、土地质量、土地限制型及土地资源单元进行综合评价。其实所谓的土地生产潜力、土地质量、土地适宜性等概念，均是土地生产率的反映。因此，就本质而言各种土地评价分类没有多大差别。

(2)现有的土地资源评价分类系统，主要是为农、林、牧(草)业(即大农业利用)服务的，仅有马来西亚考虑了农业以外的采矿业用地，但也不是面向社会的全方位土地利用。对其他如城镇、交通、工矿、旅游等建设用地的土地评价研究比较少。

(3)各国的土地资源评价系统，尚无一个明确统一的评价基础。如美国的土地生产潜力评价系统，以土壤制图单元为基础；苏联的土地质量评价，按各自然带中的土壤组(即土壤基层分类单位)作为土地评价单元。国内外的土地自然适宜性评价分类，采用土地自然类型或土地资源类型作为评价的单元。不管哪种类型的土地评价都需要有一个与制图比例尺相适应的评价单元，而各个评价单元都分别体现在各自的土地评价体系之中。因此没有一个单独的土地资源分类系统以适应不同级别的土地评价，显然不符合土地资源分类系统的评价原则。

(4)国内外的土地资源分类都非常注重实际应用，但由于对土地及土地资源概念的认识不一致，亟待加强研究，使反映在土地资源分类上的混乱现象逐步科学化。

2. 我国土地资源分类系统

《中国1∶100万土地资源图》的土地资源分类系统，是把1∶100万土地资源图的编制、土地生产潜力区与土地自然适宜性评价(土地自然适宜类、土地质量等和土地限制型)及其土地资源分类(土地资源单元或类型)综合在一个系统中。这种分类系统只能满足编制1∶100万土地资源图的要求，而不能适应其他比例尺的制图要求，特别是把土地资源分区、生产潜力区与土地资源分类合在一个分类系统中，更不符合建立土地资源分类系统的原则。但是，编制1∶100万土地资源图，提出了由地貌类型—土壤类型—土地利用类型(相当于土地自然类型和土地利用类型)共同构成的土地资源单元(或类型)的概念，这对土地资源分类却是一个重要的发展(表3.5)。

表3.5　土地资源类型分类系统

土地资源类型级别	适用比例尺和区域范围	地貌类别	土壤类别	土地利用类型级别
一级土地资源类型	小比例尺(国家、省级及大流域等)	大地貌类型(山地、丘陵、平原、川泽等)	土类(或亚类)	一级利用类型(或二级利用类型)
二级土地资源类型	中比例尺(市(地)级及中小流域等)	中地貌类型(高山、中山、低山、高丘、中丘、低丘、盆地、平原等)	土属	二级利用类型(或三级利用类型)
三级土地资源类型	大比例尺(县、乡镇、农场、林场等)	小地貌类型(河漫滩、一级阶地、二级阶地、洼地等)	土种(或变种)	三级利用类型(或具体作物种类)
四级土地资源类型	详细比例尺(村、试验区、苗圃、特殊用地等)	微地貌类型	变种	具体作物种类(近几年种的作物种类)

3. 浙江土地资源类型分类系统

浙江农业开发历史悠久，广大劳动人民对土地的开发利用、治理保护具有丰富的经验，但对浙江土地资源进行科学、系统地分类研究是从 20 世纪 70 年代才开始的。1979—1980 年，何绍箕等人参加了《中国 1∶100 万土地资源图》编制工作，承担了浙江省 1∶50 万土地资源图的调查研究和制图以及 1∶100 万上海幅、武汉幅、福州幅、台北幅等土地资源图的编制，对浙江省土地资源分类有了比较全面系统的研究。

1989—1992 年，张昭仁主持了浙江省亚热带坡地资源分类与农业开发利用评价研究，编著出版了《浙江省亚热带坡地资源调查与农业开发利用评价研究》专集等。张昭仁等人在浙江省 1∶5 万坡地分类制图综合研究基础上，进行坡地适宜性分类与质量等级划定，提出了浙江省 1∶50 万坡地四个适宜类型、八个质量等级的评价系统（表 3.6）；继而在 1989—1993 年，全国农业资源区划办公室组织浙江、江苏、江西、福建和安徽五省协作完成的我国《亚热带东部五省坡地资源调查与开发利用研究》，为坡地资源分类与开发利用评价提供了科学依据，也为全国开展同类研究积累了有益经验。

表 3.6　浙江省坡地农业适宜性分类与质量等级系统构成

<table>
<tr><th rowspan="2">坡地质量等级
适宜类型</th><th rowspan="2">一等地
（优）
1</th><th rowspan="2">二等地
（中等）
2</th><th rowspan="2">三等地
（差或劣）
3</th><th colspan="5">面积构成</th></tr>
<tr><th>质量等级</th><th>面积统计（km^2）</th><th>合计（km^2）</th><th colspan="2">占全省坡地总面积（%）</th></tr>
<tr><td rowspan="3">宜　农
Ⅰ</td><td rowspan="3">质量佳，耕性良好，保水保肥适种性广，经人类长期集约经营，无限制条件，一般能维持持久生产力</td><td rowspan="3">质量中等，它存在一种或两种因素的一般限制，易于改良，改良措施简单易行</td><td rowspan="3">质量差，临界适宜农用地，限制性因素多，程度也较严重，改造措施内容多，涉及的技术条件较为复杂</td><td>一等地</td><td>5625.97</td><td rowspan="3">14770.60</td><td>6.64</td><td rowspan="3">17.43</td></tr>
<tr><td>二等地</td><td>5685.23</td><td>6.71</td></tr>
<tr><td>三等地</td><td>3459.40</td><td>4.08</td></tr>
<tr><td rowspan="3">宜　林
Ⅱ</td><td rowspan="3">质量好，不加改造措施，在正常的营林和管理措施下，能维持持久生产力</td><td rowspan="3">质量中等，它存在一种或两种因素的一般限制，但改良措施简单易行</td><td rowspan="3">质量差，临界适宜林业用地，限制性因素多，改造措施内容多，牵涉到的技术条件比较复杂</td><td>一等地</td><td>47680.30</td><td rowspan="3">68996.58</td><td>56.28</td><td rowspan="3">81.44</td></tr>
<tr><td>二等地</td><td>21096.28</td><td>24.90</td></tr>
<tr><td>三等地</td><td>220</td><td>0.260</td></tr>
<tr><td>宜　草
（牧）Ⅲ</td><td colspan="3">适宜草（牧）用地，不加改造措施，一般能维持持久生产力，也不会导致周围生态环境质量的严重破坏</td><td>0</td><td colspan="2">205</td><td colspan="2">0.24</td></tr>
<tr><td>其他</td><td colspan="3">在目前条件下，坡地对农（耕）、林、草（牧）业开发利用都不适宜</td><td>0</td><td colspan="2">63.70</td><td colspan="2">0.08</td></tr>
<tr><td colspan="2">全省合计</td><td colspan="5">84035.88</td><td colspan="2">99.19</td></tr>
</table>

注：浙江省合计坡地面积 84725.58km^2，约占全省土地总面积 10.54km^2 的 80.36%。本项研究范围面积为 84035.88km^2，未含嘉兴市所属市（县、区）及东南沿海有关县（市）一些平原乡（镇）零星分布的孤丘坡地面积 689.70km^2，后者仅占全省坡地面积的 0.82%。

资料来源：张昭仁等. 浙江省亚热带坡地资源调查与农业开发利用评价. 北京：中国科学技术出版社，1993.

【思考题】

1. 土地类型研究在土地科学研究中占有什么地位?

2. 对土地类型分类体系的建设,你的构想是什么?

3. 试述土地自然类型分类和土地利用现状类型分类以及土地资源类型分类的关联性。

第四章　土地评价的方法与程序

土地的含义是很广泛的，不仅限于土地是能生长作物之地的狭隘的、陈旧的概念。土地作为一种物质资源，在现今或将来一定的技术、经济条件下，都具有开发利用的价值。而且，随着社会的进步、经济的发展，土地利用的概念也更加广泛。

土地评价(或称为土地质量分等划级)是为充分合理利用土地，通过系统分析与综合研究土地利用的适宜性及其潜力问题，对土地的自然经济特性进行的鉴定与估价，评价的基本特点是将土地利用的需求与这种土地所提供的资源相比较，进行生态、经济及社会效益等方面的考量。为了合理利用土地，首先应对土地质量进行评价。土地质量是由土地系统中各因素构成的综合属性。评价的方法一般是在土地调查及土地类型确定的基础上，进一步进行土地质量的评价与等级的划分。土地评价在世界各国均有悠久的历史，我国战国时期的《管子・地员篇》即为一例，它将当时所谓九州的土壤分为三等六类共 18 种，这可能是世界上最早的土地评价系统。但是，我国出现科学的土地评价则开始于 20 世纪 50 年代以后。

显然，基于不同利用目的的土地评价，其评价的原则、方法、指标及评价体系各不相同。

第一节　土地评价的基本理论与方法

一、土地评价的实质

土地这个自然综合体是自然本身的产物，当其被用于社会生产与经济发展之后，不仅具有自然属性所固有的自然生产力，而且具有人类活动所赋予的劳动生产力。同时，土地生产力的大小还受制于社会生产力的发展及人类经营活动的手段、方式与方法。人们既要充分利用土地的自然生产力，又要有目的补充土地的营养物质，或整治与改良土地的自然性状特征。因此，土地评价是对土地的自然属性和经济社会属性的综合鉴定，是对土地生物生产能力及其他生产能力的鉴定与质量等级的判别，是对土地功能的综合评价。它的实质是指土地用于特定目的时，对土地进行质量及其生产力高低的鉴定。它的基本特征是比较土地利用的要求与该类土地质量所提供的利用能力的满足程度。

二、土地评价的基本目的与任务

土地评价(land evaluation)的基本目的是预测土地变更后的结果,这种预测的内容包括土地对不同生产形式的适宜性,对土地所需要的物质、劳动输入与机械供给、管理实践、生产或其他效益以及这类变更对环境造成的后果。土地评价的详细目的根据自然、经济和社会背景而变化,同时根据土地调查的比例尺的不同而变化。

(一)土地评价的基本目的

土地评价的基本目的包括以下三个方面。

1. 土地评价作为土地调查的组成部分

土地评价与土地调查两者之间关系密切,土地评价以土地调查作为基础,同时土地评价也是土地调查的应用。土地调查是运用土地科学理论知识和相关的技术方法,查清各类土地的面积、数量、性状、构成因素的特性及时空分布规律;而土地评价是在特定的目的下,根据土地适宜性(限制性)及其适宜程度(限制或制约程度)所进行的质量鉴定,并估计其生产潜力,预测各种土地用途的后果,从而为合理调整用地结构、优化配置土地利用规划布局、土地科学管理及采取有效整治策略措施,提供土地调查和评价的可靠数据、图件依据和科学论据等方面的基础服务。

土地调查过程中的土地评价是从大区域宏观方面揭示土地的适宜性,这种评价相对快速和低廉地表明大区域开发的可能性及其最佳途径。土地评价的基础是综合调查目前土地的适宜性,一般是针对农、林、牧各业的土地适宜性提出定性分类。以此为目的的土地评价多在不发达国家或面积广阔的国家进行,它便于从宏观方面摸清土地的家底、数量和质量,为区域开发和国土规划提供依据。我国以前的土地评价工作多属此类。

2. 土地评价作为土地利用规划的依据

土地利用规划的作用在于对土地利用作出合理的决定,以便从环境资源的土地利用中得到最大的效益,同时又为将来保护好这些资源打下基础。这种规划必须以对自然环境和拟定的土地利用种类两者的了解为依据。土地评价就是要认识这种关系并向制定规划的人员提供最合理的土地利用种类的比较。因此,土地评价是编制土地利用规划的基础,它提供了有助于规划决策的最客观的依据。

3. 土地评价为土地管理服务

土地评价不仅揭示了土地的生产潜力和适宜性,而且指出了进行土地改良和变更土地利用的结果。凡拟定在土地管理实践中进行的土地改良或土地利用有较大变化的地方,很有必要进行土地评价,根据土地的适宜性和土地改良的经济效益分析,确定土地利用的变更和土地改良的决策以及投资水平。另外,土地评价为土地质量的动态监测提供了基础数据,便于掌握土地质量等级以及不同土地利用类型的动态变化和规律,在不同的时期对土地进行科学管理。土地评价是加强土地管理、合理利用和保护土地资源的科学依据,没有土地"评价"就无从"管理",而无"管理"则"评价"无用。通过土地评价能科学地为制定土地税收标准提供基础资料，为调整承包土地和征地补偿费提供依据，为土地交易及评估土地经营的生态、经济和社会综合效益提供服务。

（二）土地评价的主要任务

土地评价的主要任务有三个方面：一是从经营管理方面分析目前的土地利用情况，指出土地利用中存在的问题。二是综合分析土地的自然特性和社会经济，根据特定的土地利用类型，进行土地适宜性评价和每种利用形式的效益分析，并指出土地的潜在生产力。三是分析伴随每种用途会产生哪些自然的、经济的或社会的不良后果，提出土地管理和改良的途径与措施。

三、土地评价的类别

根据土地评价的目的和任务不同，土地评价可分为土地潜力评价、土地适宜性评价、土地经济评价、土地生态评价和土地利用可持续性评价。

（一）土地潜力评价

土地潜力评价（land capacity evaluation）是对土地固有生产力的评价，它是一般目的的土地评价，并不针对某种土地利用类型进行，主要从气候、土壤等主要环境因子和土地构成的各自然地理要素相互作用表现出来的综合特征方面，揭示土地生物生产力的高低和土地的潜在生产力。目前，土地潜力评价大多针对农业而言，即土地农业利用与农用地潜力评价，主要评价土地农业利用的可能性与生产潜力高低。

（二）土地适宜性评价

土地适宜性评价（land suitability evaluation）是土地对特定利用类型的适宜性的评价。通常把土地的适宜性程度和限制性强度作为土地适宜性评价的主要依据。土地适宜性是一定土地类型对一种指定用途的合适程度，可以按土地的现状或按改良后的状况进行考虑。土地适宜性评价过程就是按照对指定用途的适宜性，将特定地区的土地进行评价和归类。土地的限制性是指在一定条件下，构成土地质量的某种因素的优劣、多少，限制了土地的某些用途，或影响了用途的适宜程度，甚至影响了周围土地的进一步改造和利用。在诸限制因素中的主导限制因素是指它对土地生产力的抑制和障碍起着主导作用，且制约和支配着其他因素的限制强度。

土地适宜性评价是根据某一种具体目的和土地利用具体要求评价土地，如为指导农业生产或为农作物布局提供依据的耕地评价，小麦、水稻等农作物的土地适宜性评价等。因而，土地适宜性评价主要为单项土地评价，也称为单目标土地评价。根据土地适宜性评价分类中是否采用量化标准可区分为：一是定性土地适宜性分类，如高度适宜、中度适宜、临界适宜或不适宜；二是定量土地适宜性分类，如用量的指标，说明土地对一定利用是高度适宜、中度适宜、勉强适宜或不适宜。

(三)土地经济评价

土地经济评价(land economic evaluation)是用经济的可比指标,对土地的投入—产出的经济效果进行评定。假若土地适宜性评价是土地评价的第一阶段,那么,土地经济评价则是土地评价的结论阶段。如果只进行土地适宜性评价,而忽视土地利用过程的劳动耗费差异,就很难衡量它的经济效果,也就无法反映出土地的真实质量。这种评价强调土地的经济属性,从土地利用的经济学方面来评价土地的质量。它与土地适宜性评价的差别是,既考虑土地自然属性的差异,又着重考虑在等量劳动耗费条件下土地的产出效果。

(四)土地生态评价

土地生态评价(land ecological evaluation)是在一般土地评价的基础上,选择对生态环境最有意义的生态特性进行补充评价,尤以对土地利用生态价值和功能的评价,直接为土地利用生态设计和土地生态规划提供服务。

土地利用系统生态设计就是根据生态学原理(共生互利、时间上有序性)和土地类型结构特征,把土地利用方式和人工控制系统设计有机结合起来,从而提高土地生产力和保护生态环境,防治土壤侵蚀与土地退化,充分发挥土地的生产潜力。

(五)土地利用可持续性评价

土地利用可持续性评价(land use sustainable evaluation)源自土地适宜性评价,也是对土地适宜性在时间方面的延伸趋势进行的分析与判断,是可持续科学发展观在土地利用评价上的体现。土地利用可持续性的含义包括农业和农村可持续发展及经济社会可持续发展等内容。

四、土地评价的目标与原则

(一)土地评价的目标

土地利用的总目标是取得不断提高的综合效益,即以经济效益为前提的综合效益,包括:一是生产效益,包含产量和生产力的持续稳定增长;二是经济效益,即赢利;三是社会效益,即生活质量、文化、道德、心理水准不断提高;四是生态效益,即生态平衡、资源环境质量优化。

(二)土地评价的原则

土地评价的原则是完成土地评价任务,实现评价目的的准则,实现包容性增长,根本目的是经济发展成果惠及所有人群,在可持续发展中实现经济社会协调发展。

土地评价的基本原则主要有以下三个。

1. 比较原则

比较原则是土地评价最基本的和最重要的原则，评价过程中必须坚持“三比较”法则。

(1)比较土地利用的需求和土地质量

不同的土地利用有不同的最佳条件和不同的限制性。例如，多年生作物要求在根带内土壤水分终年不小于萎蔫点，而一年生作物则无此要求；高粱能忍耐较短的干旱期，而玉米则不能。因此，土地评价不仅要分析土地质量，而且还要考虑土地利用类型的特性，分析作物对土地的要求，比较土地利用的需求和土地质量，只有这样，才能准确地决定土地评价的依据和诊断指标，评价才是确切和有意义的。

(2)比较对土地的投入和产出的效益

对土地的输入包括物质输入，如种子、化肥、农药、燃料、劳动输入和机械供给等。土地的产出包括物质产品，如农作物、肉类、毛类、乳制品和木材等，以及社会和环境效益，如废物处理、旅游观光和野生动物保护的价值等。土地只有通过利用才能显示出它的生产潜力，这就意味着必须有物质、劳动和机械输入。因此，在土地评价过程中，应该进行投入和产出分析，成本与效益比较，以保证土地利用的生态良性、经济有利性和社会合理性。

(3)比较不同的土地利用，作出抉择

土地评价是一个比较的过程，除了进行上述两项比较外，还应该对不同土地利用的效益进行比较，这些效益包括经济效益、生态效益和社会效益。因此，土地评价应该进行多宜性评价，不能只限于单宜性评价，以便土地利用规划工作者根据土地的特征、国家计划的安排和人民生活的需要，决定优化的土地利用结构。

2. 针对性原则

土地评价以一定的利用为前提，不同的土地利用对土地条件要求是不同的，不针对土地用途的土地质量高与低的评价没有意义可言。土地评价要针对特定的土地利用方式来进行，每一种土地利用都有其特殊的要求，如农用地对土壤水分、土壤 pH 值及坡度等有要求。土地质量的判定是对每种用途的要求比较而言的，如排水困难的冲积泛滥平原是适宜稻田的一等地，但对其他农地利用类型来说就不适宜了，土地适宜的程度只有针对特定的土地利用种类时才有确切的意义。当然，在大区域小比例尺的土地评价工作中，只考虑主要的土地利用大类，如农业、林业、牧(草)业等，而随着土地评价目的的变化、评价精度的增大，则应考虑更加详细的土地利用类型，如作物种类和森林树种等。

3. 区域性和综合性原则

土地评价是一项综合性和区域性的研究工作，必须结合评价区域的自然、经济和社会条件。不同区域的土地评价应有不同的评价依据，选取不同的评价指标，建立不同的评价体系，这些都是建立在该区域土地特征与不同土地利用类型比较的基础上，只有全面地、综合地分析区域的自然、经济和社会条件，才能客观地对土地作出评价，增强评价结果的科学性和应用价值，以便更好地为土地利用规划服务。

五、土地评价的过程与程序

(一)土地评价的过程

土地评价的过程就是贯彻分析评价原则的过程:一是综合分析区域自然条件、人们需要和社会经济条件,提出土地利用的主要类型;二是分析土地利用或主要作物类型对土地和环境条件的要求;三是通过土地综合调查得出土地的质量与特征;四是比较土地利用的要求和土地的质量特征;五是进行经济效益和投入产出分析,决定土地的适宜性程度和等级,提出土地管理和改良的措施,进行优化土地利用分析。

(二)土地评价的程序

1. 土地评价对象的选择

如前所述,土壤区别于土地,它和地貌一样,都是构成土地的单个因素,因而不能以土壤评价、农业地貌或工程地貌评价来代替土地评价。只有土地类型才能作为土地评价的对象和基础。因此,应立足于当前自然属性下的土地,而不是过于强调土地改造程度的难易或改造后的土地条件。很显然,土地类型图是土地评价的基础图件。

2. 土地利用类型的确定

土地利用类型是根据评价的目的和评价区域的自然、社会和经济条件而确定的。评价的目的可概括为区域土地开发和区域土地利用结构的调整。在区域土地开发项目中,要综合分析区域的自然资源特征、社会经济条件(如人口、技术、教育水平、经济基础等)和国家计划安排,初步提出土地利用类型,在其后进行的土地评价单元的土地质量分析过程中逐步反馈和循环,最后确定土地利用类型。以区域土地利用结构调整为目的的土地评价,首先要综合分析目前土地利用现状,提出问题,然后根据区域土地的自然特征以及社会经济条件,针对土地利用存在的问题,确定土地利用类型。

3. 土地利用类型对土地和环境的要求分析

在确定土地利用类型后,就要分析土地利用方式对土地和环境条件的要求。土地利用类型不同,所需的条件也不同。这一分析从土地利用的本身出发,从作物生长、管理和保护等方面对土地和环境条件提出定量和定性的指标要求。若土地利用类型是农作物或林、草类,多从作物生长的生态、生理条件等分析,并提出要求,如水田的基本条件是:充足的水源或灌水条件,保水性良好的平坦土地。若土地利用类型是城镇建设用地,则从地质地貌条件、水资源条件和土体结构与构造、承压能力、交通、区位因素等分析,并提出要求。

4. 土地评价单元的选择和土地特征论述

土地评价单元是土地评价的基础,是具有专门特征的土地单位并用于进行制图的区域。土地评价单元的确定可以保证评价结果落实到一定的地域上,对地域进行鉴定、评价。土地评价单元通过土地调查加以确定和制图,并构成土地评价的基础。在自然特征上具有一定程度一致性的任何类型地区均可作为土地评价单元。目前,关于土地评价单元的选择一般采用如下三种确定方法。

(1)以土地类型作为土地评价单元

以土地资源类型或自然类型图为基础确定土地评价单元。由于土地资源类型或土地自然类型反映了土地的全部自然特征，也考虑了人类活动对土地的影响，它不仅能表现土壤和土地利用自然条件的差异性，而且还表现了全部自然因素及人的活动结果的相对均一性和差异性，因此，土地评价单元的确定应该以土地资源类型或土地自然类型图为基础。在我国，以土地自然类型作为土地评价单元存在的主要问题是，各级土地自然类型的划分不够细，许多地方现有的土地自然类型图仍不能满足土地评价的要求，特别是有些土地自然类型图对土壤的性质考虑不足。

(2)以土壤分类单位(如土属或土种等)作为土地评价单元

以土壤图斑为基础确定土地评价单元的方法，最早源于美国的土地生产潜力评价或分类，就是将对农业生产影响一致的土壤类型划归在一起，成为一个土地生产潜力的单元。这种以土壤图斑为基础确定土地评价单元的优点，主要是能充分反映土壤在土地这个自然经济综合体性质中的主要矛盾，同时也能充分利用土壤调查中土壤类型性状、土壤肥力等资料，具有较好的土壤生产力和土地利用基础，只要将土地评价地区的土壤图连同土壤调查文字报告收集起来，就可以确定土地评价单元的数量及其位置。这种确定土地评价单元的主要问题是，以土壤图斑作为土地评价单元，在地面上往往缺乏明显界线，在许多情况下，往往出现地面的地块界和行政界不一致。

(3)以土地利用现状的地块作为土地评价单元

在土地利用现状图中，直接用各土地利用现状类型图斑作为土地评价单元的最大优点，就是土地评价单元的界线与土地利用类型在地面上的分布完全一致，这样的土地评价单元用作对土地现有利用的适宜性评价，是最佳的选择，便于各种土地利用结构的调整和基层生产单位的应用。但是，从土地评价本身的过程来讲，要求将土地评价单元的土地性质与所考虑土地用途对土地条件的要求进行比较，难以得出该土地单元对所考虑土地用途的适宜性等级。例如，当一个土地利用类型含有多个土地自然类型，或一个土地自然类型分成多个土地利用类型，特别是土地评价单元的相关土壤类型的土地性质选取就很困难，必须采用土壤制图综合技术。

土地评价单元应根据评价项目的土地要求来决定，它是所有土地评价因素相互作用的产物，即所选取的评价因素(如土壤有机质、坡度、排水条件、土壤侵蚀及经济因素等)综合叠置而成的最基本单元。只有这样，才能保证从土地评价单元中提取供评价用地的土地特征信息，否则，会因评价单元划分得过粗，无法提取所需的信息，或因评价单元划分得过细，增大评价的工作量，而又不能增加评价精度。不同的评价目的和项目，有其不同的评价单元。在评价单元的确定方面，目前广泛应用的地理信息系统方法，就是将所选取的评价因素叠加来划分土地评价单元的。对土地评价单元的描述包括土地的自然特征和社会经济特征。评价的目的不同，土地利用的方式不同，描述土地特征的侧重点也不同，一般对应土地利用方式对土地要求的项目进行土地特征论述。若针对农、林、牧(草)进行土地评价时，则强调提取土地的自然特征；若针对城市土地利用进行土地评价时，除了描述土地的自然特征外，还要强调社会经济和区位特征。

5. 比较土地利用的要求和土地特征

土地评价包括某一特定利用方式对土地的要求和某一土地质量所能供给程度的分别评价，再将对土地的利用要求分级和土地的供给性分级相比较，这是土地评价的核心。它是以土地质量、土地改良的可能性和土地利用之间的关系为基础的，这一比较过程使土地利用方式同土地质量相互适应和调整，是一个循环往复的过程。以供给性表示某一土地质量的土地供给程度；利用要求反映某种利用方式对该土地质量的要求；充足性表示土地供给的该土地质量能够满足利用要求的程度。利用方式对土地提出的要求与土地供给性相对应，而充足性则表示了两者的匹配程度。这三方面组成了与土地质量有关的供给—要求—充足性模型，如图 4.1 所示。

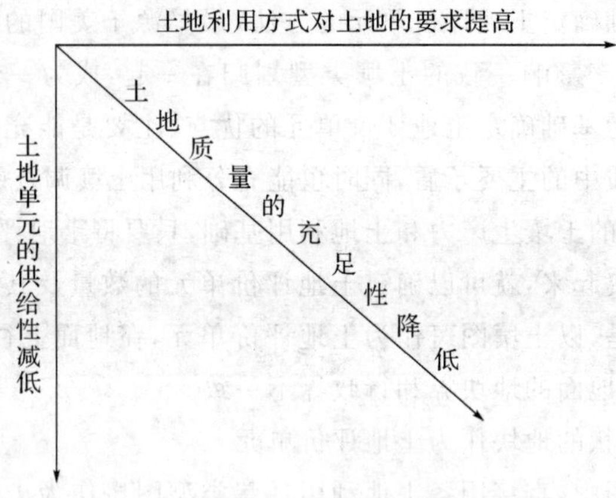

图 4.1　土地供给—要求—充足性模型

在土地供给—要求—充足性模型中，供给和要求不提供有关适宜性的信息。土地质量的充足性程度才专门用于表示土地的适宜性及其程度，它是评价土地适宜性等级的主要依据。在此模型中，土地单元先根据土地质量对一种利用方式进行充足性从高到低的排列，然后再对其他更多的利用方式进行这样的排列，就能指明土地质量供给性等级，每个等级由一至多个土地单元组成，并在垂直轴上以递降的次序排列。同样，能指明土地质量的利用要求，也能对土地利用进行分类，并将它们沿水平轴排列。在划分土地质量的供给等级和土地利用的要求分类时，考虑的分级要素要求对应和协调，以便对两者进行匹配，确定土地适宜性。

在分别以判别特性系统地描述土地评价单元和土地利用方式后，便以矩阵的形式置于充足性评价的行和列的每个等级中。所有的土地评价单元和土地利用方式都以这种方法插入充足性分级矩阵中，这就对土地单元与土地利用方式的所有可能组合进行了土地质量的充足性评价。

6. 土地的效益比较和社会经济分析

比较土地利用的要求和土地特征，多从土地的自然特性出发，在此之后，要进行土地的效益比较和社会经济分析。判断是否需要改变土地用途的主要方法之一是进行土地的投入产出分析，将成本和效益加以比较。效益包括经济效益、社会效益和环境效益，评价过程中还要考虑土地利用的改变对环境的影响。社会经济分析除了效益比较外，还要考虑国家计划安排和地方政府对该区域的发展目标、人口状况、技术水平等，通过一系列的分析和可行性研究，对比较土地利用要求和土地特征而得出的土地适宜性等级进行修改和调整，最后确定土地适宜性分类。在此基础上，针对目前土地利用存在的问题，提出土地管理和改良的途径与措施，进行优化土地利用分析，为土地利用规划提供翔实的资料和依据。

第二节　土地评价的技术方法与评价系统

如前所述，土地评价的基本特点是将土地利用的要求与该种土地所提供的资源（土地的质量或土地利用的可能程度）相比较。下面对土地潜力评价、土地适宜性评价和土地经济评价技术方法进行如下论述。

一、土地潜力评价技术方法

土地潜力(land capability)可以理解为土地用于一定方式或在使用一定管理实施方面的潜在能力（土地利用能力或土地利用可能性）。土地潜力评价是以土地利用的适宜性评价为基础，以土地退化的可能性为主要依据的一种分类；它根据土地限制性因子的严重程度来确定土地质量及其等级。

基于土地用途的多宜性进行土地潜力评价，首先必须明确其评价对象，不应将土地潜力评价笼统化、抽象化，否则适用性不高，实践价值不大。土地潜力评价应以某一级土地适宜利用类型作为评价对象，只有确定了土地适于某一利用类型之后评价土地在未利用类型条件下所具有的利用可能性（或利用能力）才有适用意义。因此，土地潜力评价应以土地适宜利用类型的划分作为前提和基础。潜力一词源于美国农业部土壤保持局的土地评价方案（20 世纪 30 年代为控制土壤侵蚀而提出来的），将土地划分成潜力级(class)、潜力亚级(sub class)和潜力单元(unit)三个等级。土地潜力评价通常采用两种方法：一种是以定性为主的分类法，另一种是以定量为主的参数法。

(一)分类法体系

分类法是土地潜力评价中应用最广泛的方法。这种分类是根据土地对作物生长的自然限制因素的多少和程度，把土地分成几个顺序的类别，级别高的土地，可以进行多方面的利用，并且允许相当多的行业进行集约利用(图 4.2)。

分类的一般原则是不管其条件如何适宜，只要一种限制因素不符合高一级的要求，这块土地就要降为另一级，其级别以限制程度最为严格的因素的制约而定。

分类体系中最高的类别是“级”。同一级的土地具有相对类同的限制或危害程度。级别用罗马数字Ⅰ,Ⅱ,Ⅲ,…表示。目前世界许多国家的潜力等级一般不超过八级。从Ⅰ

土地利用集约程度增大

用途的适应性和选择自由减小

限制因素和风险增加

土地生产能力等级	野生生物区	林业	放牧			耕作			
			勉强	中度	集约	勉强	中度	集约	高度集约
Ⅰ									
Ⅱ									
Ⅲ									
Ⅳ									
Ⅴ									
Ⅵ									
Ⅶ									
Ⅷ									

图 4.2　土地潜力评价分类法

资料来源：S．G．麦克雷，C．P．伯恩翰．土地评价．厉为民译．北京：中国展望出版社，1986．

级至Ⅷ级，土地的限制性增加，用途的适应性和选择性减小。在“级”下是“亚级”，说明影响土地的一个或几个主要限制因素，用小写字母加在罗马数字后面。目前公认的有四种：e—土壤侵蚀危害；w—水分过量；s—土壤限制因素；c—气候限制因素。如Ⅱs是土壤限制因素形成的Ⅱ级中的一个亚级，Ⅰ级土地没有亚级。最低的类别是“潜力单元”，每个单元是由利用的可能性和经营管理要求大致相同的土地构成，用阿伯数字表示，如Ⅱe—1、Ⅱe—2。

划分土地潜力等级是采用每种限制因素（制约性）进行分析判别：如坡度，一般来讲Ⅰ级土地的坡度不应超过1°；Ⅱ级土地不超过3°；Ⅲ级土地不超过6°；以此类推。同样的，Ⅰ级土地的土层厚度不应少于150cm；Ⅱ级不应少于100cm等。每一种限制因素对每一级土地的最差值是确定该级土地的数值。有些土地特性是定性的，如洪涝灾害被分成“没有”、“很少”、“不经常”、“经常”等。即使是近似的定量描述（如平均每年少于1次）也是很可贵的（表3.3）。

目前世界上许多国家的土地潜力分类体系，都是在美国农业部土地潜力分类体系的基础上，进行适当的修订而得到的。美国农业部土地潜力的分类共有八级：

Ⅰ级　土地在利用上几乎没有限制性。它适宜于许多种植物，可以种植作物，作为草场、天然牧场、林地或野生生物保护区。一般不需要土壤保护措施。

Ⅱ级　土壤有一定的限制因素，减少了种植植物的选择余地，或者要有中度的保护措施，但措施易于实行。可以栽培作物，作为草场、天然牧场、林地或野生生物保护区。

Ⅲ级　土壤有严重的限制因素，降低了对种植植物的选择余地或需要专门的保土措施，或者两者兼有，其保土措施通常更难于实施和管护。可用于栽培作物，作为草场、林地、天然草场和野生生物保护区。

Ⅳ级　土壤存在着十分严重的限制因素，它限制了对种植作物的选择，或要求十分精

细的管理，或者两者兼有。保护土壤的措施更难于实行，也更难于维持。可以种植农作物，作为草场、林场、天然牧场、野生生物保护区。

Ⅴ级 没有或少有侵蚀的危险，但有其他的限制因素，而且难以排除。并不适宜耕作农作物，只限于作为草场、天然牧场、林地和野生生物区。

Ⅵ级 土壤限制性严重，通常不宜于耕作，仅限于作为草场、天然牧场、林地和野生生物区。

Ⅶ级 有严重的限制性，不适于耕作，只作为放牧、林地或野生生物区。

Ⅷ级 土地不宜农、林、牧(草)，不能用于商业性的生产，只能用于娱乐、野生生物区、水源涵养或用于观赏。

总之，由于土地利用的限制性或危险性日益增大，因此适宜利用的范围日益减少。美国土地潜力评价的突出特点在于能揭示某一块土地可以被利用的范围及其在利用上的潜在能力，但潜力评价结果并不能确切地说明某块土地针对某一特定利用方式是否适宜和适宜程度。美国土地潜力评价方案的另一显著特点是，在评价之前确立了土地利用方式的优先次序，即土地优先安排的用途。该方案体现了耕作优先，其土地利用的次序是：耕作利用(任何作物，不需土壤保持)→耕作利用(作物选择有限制，或需土壤保持)→改良牧草放牧→天然牧草放牧→天然牧草放牧或林地→娱乐、野生动物保护、水源涵养。也就是把最好的土地安排给耕作业，其次是牧草、林地和其他用地。如果确定的土地利用方式优先不同，即使同一块土地其评价结果也会全然不同。如马来西亚的经济在很大程度上依赖于锡矿业，因此，Ⅰ级土地是具有采矿潜力的土地，Ⅱ级及其以下等级的土地才考虑农业利用和其他类似的用途。这与美国农业部分类体系中假设的分级顺序是不同的。再如罗马尼亚，在土地潜力评价中采用：农业耕作→果园→葡萄园→牧草→干草地→林地→不宜利用的先后次序。在我国，出于国情特点，特别强调农业的基础地位，凸显耕地为生命线和耕作优先。在土地适宜性(土地潜力)评价与土地利用安排上通常采用：耕地(种植业)→园地→林地→牧(草)地→难利用土地的先后次序(表 3.6)。为了适应各种不同的自然条件和需要，许多国家在美国农业部土地分类的基础上，对分级的数目、限制因素以及一些基本假设，进行了适当的修订。例如加拿大土地潜力评价共分七个等级，除了有一个用于农业的土壤潜力分级外，还分别有林业、娱乐和野生动物的土地潜力评价方案。日本 1965 年对限制因素的数量有所增加，采用的亚级限制因素的数目采用了多达 14 个。

由于分类法是定性描述，在当前关于土地、环境、作物的知识比较有限的情况下，这种方法是比较实用的。分类法的通用性广，易于掌握，结果较合乎情理。它强调不合理的土地利用可能产生的不良后果，有助于使用者采取切合实际的土壤保护措施。但分类法受评价者的实践经验、知识水平、判断能力影响大，如指标的设计主观性较大，难以考虑不同限制因素之间的相互关系，有时会忽略社会经济因素。另外它强调土地的限制性，而忽视土地的内在潜力，在土壤资料欠缺的地方，难以进行土地潜力评价。

(二)参数体系

为了弥补分类法的不足，使土地税的征收有统一的标准，人们又研究制定了土地评价的参数体系。参数体系是对影响产量的各种土壤和立地性状用公式定量表示的方法，目前主要的计算方法有三种：

累加型：如 $P=A+B+C$

乘积型：如 $P=A\times B\times C$

复合型：如 $P=A\sqrt{(B\times C\times D)}$

式中，P 是参数等级、分数或指数；A、B、C、D 是土壤和立地性状，这些是可以直接测定的数值，如土层厚度(cm)是相当于 0～100 分中的某个评判分数，如总厚度为 30cm 时评分为 10 分，40cm 时评为 15 分等。

由于目前这些参数体系都很不完善，且只能在个别地区适用，下面简单介绍一种莫斯 1972 年提出的萨斯喀彻温非灌溉土地的累加体系，体系表示为：

最终等级＝土壤等级－景观因素

$$=(C+T+P)-L \tag{4.1}$$

式中，气候因素(C)最高为 40 分，土壤质地和有机质含量(T)为 40 分，土壤发生学剖面和有关特性(P)为 20 分。具体内容如表 4.1～4.4 所示：

表 4.1 气候因素

土壤带	评分
灰色森林土(灰化土)带	40～35
黑灰土(过渡)带	40～35
黑土带	40～25
暗棕钙土带	22～17
棕钙土带	15～5
质地和有机质(T)	
土壤质地	**评分**
重黏土	40[①]
粉砂黏土	35
黏土	32
粉砂黏壤土	27～30[②]
黏壤土	25～28
砂黏壤土	20～25
粉砂壤土	20～24
壤土	17～20
极细砂壤土	13～17
细砂壤土	10～13
砂壤土	5～7
壤砂土	3
砂土	1

注：①在较湿润的地区可能要降低等级，特别是黑色—灰色黏土；

②质地较重的土壤类型要提高等级，如重粉砂黏壤土为 30。

表 4.2　土壤有机质

土壤有机质	评分
气候因素评级在 30 分以上的黑土(黏土除外)	10
气候因素评级在 25 以下的黑土	5
黑黏土和粉砂黏土	5
黑土—暗棕钙土过渡带	5
暗灰色土	10～5
暗灰色森林土	5～2
灰色森林土、退化棕壤、灰壤	0
暗棕钙土和棕钙土	0
所有的重黏土、侵蚀土、岩成土、潜育土带	0

注:只有土壤质地评分本身不能与作物产量很好相符时,才加上土壤有机质的评分。二者相加的评分不得超过 40。

在底土质地与表土质地相差两个或两个以上等级时,土壤质地原来的评分用其平均数。

表 4.3　土壤质地

等级	土壤质地
1	砂土
2	壤砂土
3	砂壤土和细砂壤土
4	极细砂壤土、壤土、粉砂壤土
5	砂黏壤土、黏壤土、粉砂黏壤土
6	黏土、粉砂黏土
7	重黏土

表 4.4　土壤种类

土壤种类	评分
1. 黑钙土(深色草甸草原土)	
(1)典型旱成土(磚柱状或棱柱状):	
石灰性(钙质土或柱状钙质土)及岩钙质(富石灰)剖面——坡度中或低,排水好至中。	
钙积层<30cm	20
钙积层在 30～175cm	19～10
土层薄,分布在干旱的山顶、山脊与园丘的上坡	5～1
(2)岩成黏质黑钙土:	
块状团粒黏土	20～18
块状硬黏土(包括“上层松散”的黏土)	
中等发育,硬的	15～10
高度发育,极硬的	5

续 表

土壤种类	评分
(3)淋溶黑钙土、脱碱黑钙土(退化和脱碱的)	17～14
2. 草原和森林的碱土(硬质、结构差的)	
脱碱土	15～10
碱土和脱碱化碱土	10～5
侵蚀脱碱化碱土	3～1
碱性碱土	1
3. 淋溶、退化棕壤和灰化土(退化黑土、灰色森林土、灰化土)	
暗灰色黑钙土(轻度退化黑土)	18
暗灰色森林土(中度—重度退化黑土)	16～10
灰色森林土(灰壤土)和退化棕壤(灰化砂土)	7～5
低腐殖质潜育土	5～2
灰壤	1
4. 其他剖面	
岩成土(弱发育的、未成熟的)	5～1
侵蚀土,整个 A 层侵蚀,有时侵蚀到 B 层	5～1
潜育土(主要是草甸、沼泽淤泥和浅泥炭)①	1
有机质土(深泥炭或酸沼)②	1
松散单个颗粒无结构的土壤	1

注:①②这些土壤在排干以后可按其剖面特性进行分类。

在景观特征(地形变化、排水状况、盐化度、含石量、侵蚀和森林覆盖)较好的地方,不必从土壤评分中扣分值。景观特征较差的地方,要按临时规程把最终评分降低到 30;如果条件特别差时,要低于 30;如果问题不十分严重或土壤评分已经低于 30,扣除可酌情减少;如果景观特征使土地完全不适于农业,景观评分就等于基础评分,得出最终评分为 0。

参数体系最主要的优点是,容易被非专家应用和在税收或相关目的上受到欢迎。其主要的缺点是,易使人产生错觉,合理性较差,最多只能在一个有限的地区内有效。在许多情况下,参数体系只是主观意见的数学表达式。

总之,无论是分类体系还是参数体系的制定,都要求工作人员有丰富的实践经验,都必须经过当地实际生产的检验,并不断修改,才能较为合理和完善。

二、土地适宜性评价的方法与程序

(一)土地适宜性评价的概念与含义

土地适宜性是指一定土地类型对一种指定用途的适宜程度,土地适宜性评价是对土地在特定的利用方式下其适宜性程度的估价过程。它的含义包括两方面:一是针对土地特定的利用方式或种类,而不只是简单地把土地分为“优”(好)、“中”(良)、“劣”(差)几个等级;二是这种土地利用必须是可持续的。在评价适宜性时,要考虑到环境退化问题,如有些土地利用方式在短期内似乎有利,但可能引起水土流失、生态环境恶化、社会效果不良等弊端,这些后果会超过短期内的利益,对这类土地仍应列为不适宜这种用途。

(二)土地适宜性评价分类

1. 土地适宜性评价与土地潜力评价的关联性与差别性

适宜性一词在我国土地评价文献中早已出现,但系统的叙述始自联合国粮农组织(FAO)1976 年发表的《土地评价纲要》。

土地适宜性(suitability)评价必须针对特定的土地利用方式,离开这个前提根本无从谈论某块土地的适宜性。道理很简单,不同土地利用方式对土地有不同的要求,因此即使同一块土地对于不同利用方式可评价出完全不同的适宜性。正因为如此,《土地评价纲要》十分强调在开展土地评价之前必须明确作为评价对象的具体土地利用方式,要求对此土地利用方式的土地利用要求进行详细的研究和描述,以土地类型制图单元为基础,确定土地评价单元,并与所评价土地的特性(characteristics)或土地质量(quality)进行“比配”,所指的土地质量,实质是构成土地各因素性状的可供比较的土地特性。土地质量是由土地性质组成的,如地面坡度、水分有效性、土壤养分有效性、气候灾害性等组成土地质量的种类综合影响。若采用其中影响土地质量的某一种类,就难以反映土地性质的客观情况,也得不到土地质量正确的结果,而要综合各种土地性质去估计土地质量。这里所指的比配,就是土地评价单元的土地质量与一定的土地用途要求满足的程度相比较,综合给出该土地评价单元对一定土地用途的总体适宜程度的过程,从而评出其适宜性等级。由此可见,在开展土地适宜性评价之前,不必像土地潜力评价那样事先规定土地利用方式的先后次序,每一块土地均可针对不同利用方式作出适宜性等级评定,这是土地适宜性评价与土地潜力评价之间的最本质的区别。从另外一个方面来说,同一块土地针对不同利用方式进行土地适宜性评价,也有利于土地利用规划决策者作出土地利用的合理选择,这是制定与发表《土地评价纲要》的本意之一。

当然,在土地适宜性评价与土地潜力评价之间也无不可逾越的鸿沟。换言之,在一定条件下可将土地适宜性评价结果转换成土地潜力等级。这表明,土地适宜性评价与潜力评价之间具有一定的联系,但不能因此认为两者之间没有区别。

2. 土地适宜性分类

土地适宜性分类就是根据一定的标准,分析评价土地对一定用途的适宜与否,以及适宜程度高低(限制程度强弱)。并根据土地适宜性评价中是否采用量化的标准,将土地适宜性区分为以下两类。

(1)定性土地适宜性分类

定性土地适宜性分类根据土地评价单元的土地质量(土地潜力等级或土地利用可能)与土地用途要求相配比的吻合状况(适宜性或限制程度),对一定的土地利用采用综合判别,概括定性表示为:适宜(高度)、比较适宜(中度)、一般适宜(临界适宜或勉强适宜)、不适宜(或目前条件下暂不适宜)。

(2)定量土地适宜性分类

定量土地适宜性分类采用量化指标，定量地说明土地对一定的利用，属于高度适宜、中度适宜、勉强(或临界)适宜、不适宜(或暂不适宜)。

例如，张昭仁等在《浙江省亚热带坡地调查与农业开发利用评价》(1∶5万坡地类型制图)，以及《我国亚热带东部苏浙皖赣闽等五省坡地调查与农业开发利用评价》(1∶20万坡地类型制图)研究中，提出了耕地(种植业)、林地(林业)、草地(牧业)等利用类型，作为对象分别进行坡地适宜性评价；采取以定性分析为主，定性与定量分析相结合方法，联系本地实际，综合分析参评因素指标，分别评出宜农、宜林、宜牧(草)、不宜(或暂不宜)农林牧(草)四个适宜类型，进而将坡地分成八个质量(潜力)等级。

(三)土地适宜性分类系统的结构

如前所述，土地适宜性分类是按照对指定用途的适宜性，对特定地区的土地进行评价和归类，它是土地评价的基础，是土地利用决策的依据。土地适宜性分类有不同的体系，目前在世界上广泛应用的联合国粮农组织1976年的分类体系，有四种类型或等级：土地适宜性纲(land suitability orders)、土地适宜性级(类)(classes)、土地适宜性亚级(类)(subclasses)、土地适宜性单元(units)。土地适宜性纲是指适宜性的种类；土地适宜性级(类)是指在纲内的适宜性程度；土地适宜性亚级(类)是指级内限制性的种类；土地适宜性单元是指亚级内因生产特性或管理措施不同，适宜性的进一步划分。

1. 土地适宜性纲

把土地分成适宜(S)和不适宜(N)两个纲。S纲是土地能持续满足某种利用方式，并在经济上是有益的，对土地性状没有破坏的危险；N纲是某种利用方式技术上不可行，环境条件不适宜或经济效益差，也就是说土地质量不能按考虑的利用方式持续利用。

2. 土地适宜性级

在适宜(S)纲中，按土地适宜性程度的递减顺序又分为很(高度)适宜级(S_1)、中度适宜级(S_2)、勉强适宜级(S_3)三级，也可根据调查的需要分为S_1、S_2两级或更多的级，一般最多分为五级。确定土地适宜性级的界限有定性和定量(也有包括当前和潜在)方法。

在定性分类中主要是根据以下依据划分：S_1级，是指土地对某种用途持续利用没有重大的限制，或只有较小的限制，以致不显著地降低产量或收益，并且不会将投入提高到超出可接受的程度；S_2级，是指土地对指定用途的持续利用有中等严重程度的限制性，这些限制将减少产量和收益，并增加所需的投入，但仍有利可图，只是明显低于S_1级的土地；S_3级，是指土地对指定用途的持续利用有严重的限制，因此将降低产量和收益或增加必要的投入，收支仅仅勉强平衡。S_1级与S_2级之间的界限，即在很适宜级土地的下限，条件明显变得欠佳，作物产量或其他生产形式稍微但确实有所下降，或者开始有抵消限制性影响的投入；S_2与S_3之间的界限，也应分为以下两种土地：一种是存在某些限制性但是明显适宜于这种利用的土地；另一种是仍然视为适宜于这种利用但是在技术、经济或环境上只有很小的"安全系数"的土地。

在定量分类中，投入与收益是划分土地适宜性级的指标，其具体数量指标根据调查地区的情况而定，例如1981年A. Young在《土地调查及土地评价》中用实际产量占理论产量的百分比，及产量要达到理论产量80%以上的投入情况来确定土地适宜性级（表4.5）；另一种是以土地特性及土地质量指标为依据，根据每种作物对土地特性及质量指标的要求，划分土地适宜性级[①]。

表4.5　按产量及投入情况确定土地适宜性级

适宜性级	产　量 实际产量占 理论产量百分比	投　入 产量要达到理论产量 的80%以上的投入情况
很适宜(S_1)	>80%	无
中度适宜(S_2)	40%～80%	需要投入，投入是可行的，并且有效益
勉强适宜(S_3)	20%～40%	需要投入，投入可行，并在有利条件下产生效益
不适宜(N)	<20%	限制性不能通过投入克服，投入无效益

不适宜纲分为两级：N_1指目前不适宜，《土地评价纲要》[②]中的定义是指土地具有短期能克服的限制性，但在目前技术和现行合算的成本下，不能改变这种限制性；限制性的严重程度达到在既定方法下，不能保持土地有效地持续利用。*Soil Survey and Land Evaluation*一书中，N_1是指土地利用在当前条件下技术上可行，但经济上不可行，在现行价格下用于克服限制性因素投入的成本超过生产的效益。N_2是指永久性不适宜，指任何预见得到的技术或经济条件的变化都不会使某种利用方式成为可行的土地。这两级土地的划分一般不用定量方法，因为对指定用途都是不经济的。

适宜(S)和不适宜(N)两个纲之间的界限经过一段时间，会随着技术进步和社会经济条件的改变而变化。如新的高产抗旱品种的发现，有可能使N_1级土地上升为S_3级土地。20世纪70年代中期，咖啡价格大幅度上涨，导致以前作为N_1划分的土地上升为S_3。化肥等生产资料价格上涨而作物市场价格无相应的提高，可能导致S_3级土地降为N_1或S_2降为S_3。S_3和N_1之间的界限是按经济术语确定的，是依据相对成本和价格的变化随时间而变化的。N_1和N_2之间的界限是自然界限，并且是相对永久的。

3. 土地适宜性亚级

土地适宜性亚级是根据级内限制性种类划分的，通常在表示级的符号之后加小写字母表示，如S_2m、S_2e、S_3me、N_1m等。在级内划分级的数目不受限制，可根据需要而定，但亚级的数目应以足够区别同一级土地为最低限度，并且对任何亚级应采取尽可能少的限制性，通常以一个主要的限制因素为依据(S_2m)。如两个限制性因素同等严重，则以这两个因素为依据，在表示该亚级时，用这两个因素表示(S_3me)。S_1级内不能划分出亚级，也就是说S_1级的土地没有很明显的限制性，当然这是针对指定的利用类型而言。不适宜纲

① S.G.麦克雷，C.P.伯恩翰.土地评价.厉为民译.北京：中国展望出版社，1986.

② FAO.土地评价纲要.土壤丛书.罗马，1976.

内的土地也可以按照限制性的种类划分亚级。如 N_1m、N_1me 等，但这是不必要的，因为这种土地都不经营利用，不需要再划分。在选用表示亚级的符号时，应尽量用有助于记忆的字母，像 FAO 以 m 表示土壤水分缺乏、e 表示侵蚀危害等，用的是该种限制因素英文单词的第一个字母。

4. 土地适宜性单元

土地适宜性单元的划分是亚级中根据生产特性及管理措施的不同而划分的，用亚级后的数字表示，如 S_2d－1、S_2d－2 等。在亚级内划分单位的数目不受限制。同一适宜性单位中的土地具有相同的生产潜力，需要相同的管理措施，单元与单元之间则不一样。如 S_2d－1 表示需要明沟排水措施进行排水改良的土地，S_2d－2 表示需要暗沟排水措施进行排水改良的土地(表 4.6)。

表 4.6　土地适宜性分类结构

纲	级(类)	亚级(类)	单元
纲(orders)：表示适宜种类	级(classes)：表示在纲内的适宜适度	亚级(subclasses)：表示级内的限制性因素种类	单元(units)：表示级内限制性因素的微小差异
适宜(S)	S_1：高度适宜	以 S_2(中等适宜)为例可能有： S_2m：表示水的限制； S_2o：表示通气性差； S_2n：表示养分状况差； S_2e：表示抗侵蚀性差	以 S_2(中等适宜)的 S_2e 亚级为例： S_2e－1，S_2e－2； 表示：S_2e 这一亚级内所区分为 S_2e－1、S_2e－2 两种抗侵蚀性能力不同的单元，但这两个单元是在中等适宜的范围内
	S_2：中等适宜		
	S_3：勉强适宜	S_2w：表示土壤耕性差； S_2v：表示扎根条件差等； S_2d：表示排水措施以改良土地	S_2d 这一亚级内可以区分为： S_2d－1、S_2d－2 两种排水条件； S_2d－1 表示明沟排水改良土地； S_2d－2 表示暗沟排水改良土地
不适宜(N)	N_1：暂不适宜 N_2：永久不适宜	N_1m N_1me 等	

土地适宜性分类中的适宜性符号可表示为如图 4.3 所示。

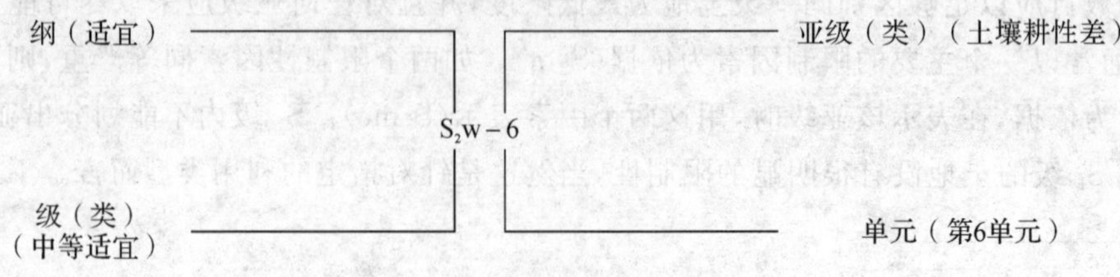

图 4.3　土地适性分类的适宜性符号

(四)土地适宜性评价的步骤与程序

编制一个地区的发展规划,选择开发项目和方案的最终依据是该地区的土地适宜性评价结果。由于适宜性评价是针对某一地区土地特定的利用种类而进行的,在评价过程中必然要考虑土地利用的目的、土地质量、限制性因素和社会经济条件等,因此土地适宜性评价是综合性较强的工作。

1. 土地适宜性评价的步骤

(1)委托人和调查人的最初协商

评价开始于委托人和调查人之间的最初协商,这是非常重要的第一步。主要是确定评价的目的,审评得到的资料,对准备作出的假设加以讨论,决定评价地区的范围界限、采用的方法(两阶段或平行法)、要求调查的深度和比例尺,最后制定评价工作的计划。

(2)调查人实施评价工作计划

最初协商完成后,由调查人实施评价工作计划。首先是确定和描述土地利用种类,开始时土地利用只是笼统地描述一下,随着评价的进行,描述渐趋细化。例如种植什么作物、采取的耕作制度、需要的水土保持措施和种植规模等。在描述土地利用种类之后,要确定土地利用要求和限制性。这包括一系列土地质量及特性指标,如气候、水分、土壤、坡度等。

在描述土地利用种类的同时,要进行土地调查,形成作为适宜性评价的基础图件和资源资料。它包括土地系统或土壤类型、地貌类型图、气候类型[①]、植被类型和其他适合于适宜性评价的资料。调查的目的是为了确定土地制图单元的界限并决定其土地质量,然后考虑如何进行土地改良措施,使其更适宜于该种利用的要求。

(3)土地利用与土地质量的比较

土地利用与土地质量的比较是把土地利用要求和限制性,同土地质量进行比较,并将两者结合起来的过程,可分为以下三步。

①比配。是使土地利用方式的描述同土地质量互相适应和调整的过程。其目的包括:检验土地利用方式是否恰当,改进或转变土地利用方式的描述;每种土地利用方式所适宜的土地制图单元上,经营管理和土地改良措施的技术要求及所需要的投入;估算每种土地利用方式在所适宜的各个土地制图单元上收益的大小。

②比配后的环境影响估价。主要是看这种土地利用种类能否持续下去,造成环境退化的可能性有多大,同时必须考虑区域外围的环境效应,即对研究地区周边外缘的环境影响,如砍伐森林对河流径流状况的影响等。

③社会经济分析。是对不同的土地利用种类可能造成的社会经济后果进行分析,如劳动力状况、产品运输条件、市场情况、是否有利于土地使用者、对整个国家及区域发展是否有利、经济效益如何等。

---

① 在气候类型的区域划分中,有大、中、小气候这样的术语被沿用下来。其含义为:大气候区域是世界规模的,如热带、亚热带、寒带、季风带等;中气候区域,如将浙江省亚热带区域分成北亚热带、中亚热带和南亚热带等;所谓小气候类型,即根据地貌条件差异带来的局部地区气候差异(或称局地气候区),进一步对中气候区加以划分。

(4)进行实地检验

如对于农用地,则把比较得出的适宜性,由农民、农业专家、土地调查人员到实地听取意见,讨论是否符合实际,不断修正适宜性等级。通过反复验证,将土地适宜性分类最后确定下来。

(5)提出成果

最终提出的成果包括表示适宜性等级的图和表,以及补充文件。为表示几种不同土地利用种类的适宜性,绘制一套分别表示每种用途适宜性的图;或绘制一幅标明各土地制图单元界线的图,并用表格说明每个土地利用种类的适宜性。

2. 土地适宜性评价的工作程序

不同种类的土地评价,评价工作程序有一定的差异,土地自然适宜性评价,按照土地评价时间的先后,其评价程序分为准备阶段、中间阶段和最后阶段三个阶段(图 4.4)。

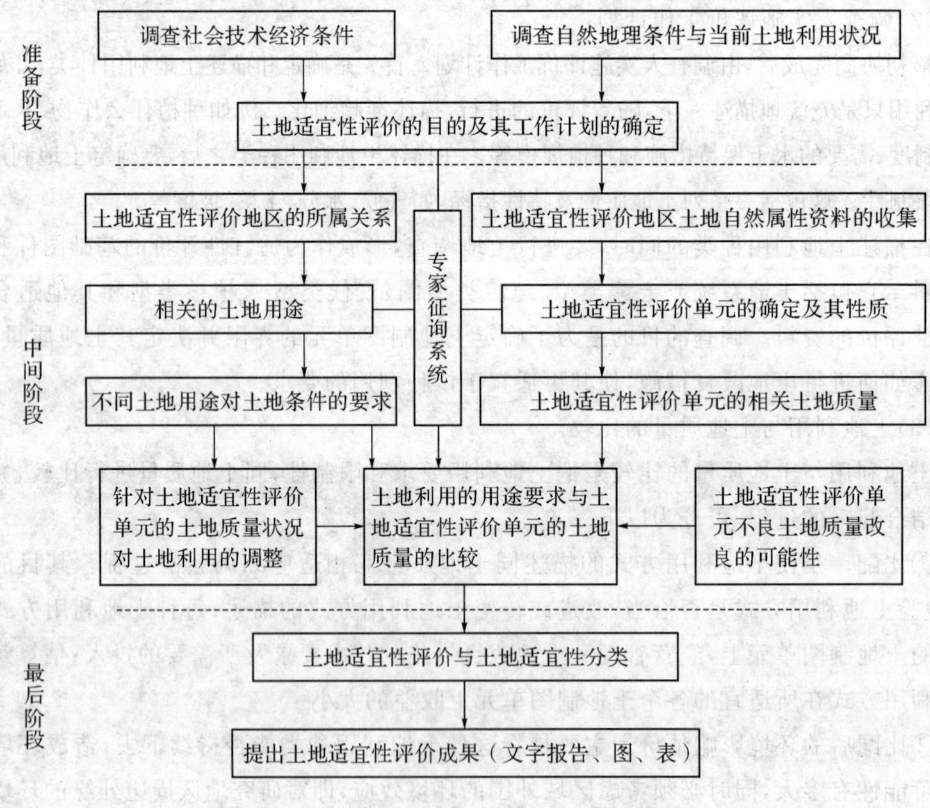

图 4.4　土地适宜性评价程序流程示意图

三、土地经济评价及其方法

(一)土地经济与土地经济评价的概念

1. 土地经济与土地质量的关联性

土地经济是指土地在利用过程中的收益和经济效果,即以最少的劳动投入,取得最大的劳动收益，以及土地作为一种使用价值的客观体现。一般情况下，土地质量越好，土地集约度越高，土地收益就越高，而个别情况下，投入生产耗费量越低，土地利用的效果越好。正如马克思所说："由于自然条件的生产率不同，同量劳动会体现为较多或较少的产品或使用价值。"土地质量的好坏和集约度的高低，并不一定与土地收益和经济效果成正比。因为，土地收益的高低和经济效果的好坏，还与土地利用的方向、经营活动、管理水平、各种物化投入的配合比例，以及使用方式等多方面的技术和社会经济诸因素有关。所以，土地自然质量较差的土地，增加投入也可能得到较高的收益和较好的经济效果。相反，土地质量好的土地，由于掠夺经营或不合理投入，也可能得到较低的收益和一般的经济效果。因此，土地经济是产出和投入的比值，即土地利用的劳动生产率（包括物化劳动和活劳动），而不仅仅是土地生产率。它与土地质量是两个不同的概念，前者是指土地利用的经济效果，而后者是指土地生产力的高低，两者相互关联，相互制约，不可分割。

2. 土地经济评价的原理与意义

土地经济评价的原理是把对土地的利用与节约劳动支出联系起来，从节约生产费用的角度评价土地的利用，因为土地利用的核心问题就是以较少的劳动消耗获得较多的劳动收益。所以要使土地利用的效果好，要把产出与投入相比较，必须体现在相同情况下实现产出多或投入少。如果投入产出率高，则土地利用的经济效益就好；如果投入产出率低，则经济效益就差。但是土地利用的劳动收益不仅与土地利用的集约度有关，而且与土地本身的质量差异有关。所以土地经济以土地质量为基础，土地经济评价也应以土地质量评价为基础，使土地质量评价进一步发展和提高。因此在进行土地经济评价时必须首先进行土地质量评价。

土地经济评价的意义在于计划土地的合理投入，为提高土地利用的经济效益提供依据；为土地有效利用、有偿转让、计算合理补偿费用提供依据；为征用农用地计算土地补偿标准提供依据。

（二）土地经济评价的方法

在土地质量（土地适宜性或土地生产潜力）综合评价的单元上进行土地经济评价，是运用经济指标对土地质量进行评定，即对土地进行投入和产出分析，并由此来决定土地的适宜性类型及其适宜程度。其实质在于反映不同的自然、经济条件下，不同质量土地生产耗费量与提供产出量的对比关系或在相同投入量下取得不同产出量的经济指标。这种评价强调土地的经济属性，它与土地适宜评价的差别是，既考虑土地自然属性的差异，更着重研究在等量劳动耗费下，土地的产出效果。在进行土地经济评价时，可选用一系列的社会经济指标，以反映土地利用的经济效果。

1. 土地经济评价指标选择的原则

（1）满足需要的可比性：土地利用的经济效果应在满足社会需要的前提下，尽可能降低劳动耗费，而不应单纯追求高收益。

（2）投入费用的可比性：即在同等投入的情况下加以比较。为了排除土地利用的不等量费用消耗，同时还要采用净产值。

（3）价格指标的可比性：即在计算物化费用时采用国家统一牌价，不同年份之间采用不变价格或平均价格。

(4)时间序列的可比性:即要以同时期为基础。土地经济指标的衡量应随社会生产力的发展和在不同时期而有所区别。在以自给生产为主的条件下,主要以土地的产量为标准。随着生产力的发展,土地的综合利用不仅应考虑产量,还应考虑产值。在商品经济条件下,土地的经济评价以地租(级差收益)为尺度。

2. 土地经济评价的指标体系

土地经济评价是用经济指标来表示土地的质量。通常以基数产量和基数费用的比较来反映土地质量的高低,是一种简单的投入产出分析法。土地经济受多方面因素的制约,因而衡量土地利用经济效果的指标不是一个,而应是一组相互关联的指标体系。

(1)反映土地生产率,说明土地收益的指标有:

"亩产量"——即用产品的实物量与土地面积相比能综合说明某种土地利用方式下的利用水平和技术水平,这也是分析评价土地利用经济效益的重要指标之一,但不能反映土地的综合利用水平。

"亩产值"——即用货币表示土地生产率,能反映土地利用的综合发展水平。

(2)用排除土地利用中不等量的投入来反映土地利用的经济效果,说明为满足社会需要水平的指标有:

"净产值"——说明土地利用的经济效益,公式表示:经济效益=产出-投入(实物量或价值量),即说明单位土地利用中为社会创造的使用价值水平。

"劳动生产率"——说明土地利用的经济效益,即单位劳动(消耗的活劳动换算成统一的货币形式)为社会创造的价值。

(3)反映土地经济效果的综合指标有:

"边际产量"——是在其他生产条件不变的情况下,生产中每增加一个单位的投入量所引起的产量增量。通过这个值可以找到经济效果升降的原因和投入的最佳效果。

"级差收益"——是等量投入在不同肥力的土地上的不同生产率。它既反映了不同质量土地和区位因素的不同收益,也反映了连续追加土地投入的生产率的差别。

3. 土地经济评价的方法

(1)土地自然评价与土地经济评价的关系。联合国粮农组织(FAO)在1976年的《土地评价纲要》中,制定了两个评价系列:即平行法和两段法。平行法,即土地经济评价与土地自然评价同时进行;两段法,即土地经济评价紧接于土地自然评价后而进行。平行法的不足是在没有完成土地自然评价之前,进行土地经济评价,不失有点无的放矢。而在两段法中,时间又会拖得很长。

(2)土地经济评价的综合方法。土地自然评价是土地经济评价的基础,土地自然评价的评价结果,可以用土地潜力(land capability)、土地适宜性和土地生产力(land productivity)来表示。其中土地生产力是最直观的和具有可比性的指标,也是土地综合评价的热点。采取土地自然评价与土地经济评价的综合方法(图4.5),既能节约时间,完成土地自然评价,又能增强土地经济评价的基础,确保土地评价的质量。

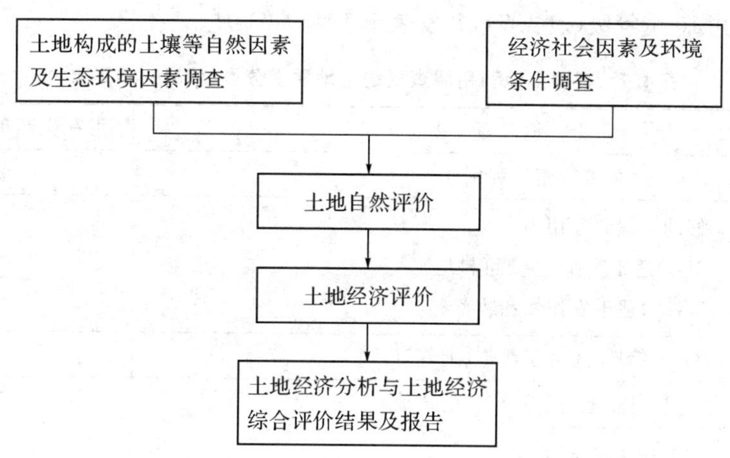

图 4.5　土地自然评价与土地经济评价的综合方法

第三节　土地评价的演变与发展趋势

一、土地评价的演变

(一)土地评价的早期阶段

早期的土地评价用于以赋税为主要目的的土地肥力等级评价，依据土地产量的高低对土地进行定性的等级划分，这种土地评价体系促进了经济社会特别是农业生产的快速发展。如德国财政部 1934 年提出了《农地评价条例》。而美国在 20 世纪 30 年代早期，由于中西部严重的土壤侵蚀和大量的水土流失，提出了合理的土地利用和土地管理。基于土地利用不导致土地环境退化的原则，以土壤分类为基础，按土壤、坡度、侵蚀类型和侵蚀强度，进行土地潜力评价，划分为 8 个土地利用潜力级，目的为水土保持提供服务。美国自 1945 年编制了系列土壤图，为完善土地评价系统奠定了基础。1961 年，美国农业部土壤保持局正式颁布了以服务农业生产为目的土地生产潜力评价(land capability classification)评价系统，分为潜力级、潜力亚级和潜力单元三级，其中潜力级是土地评价中的最高级，全美土地划分为 8 个潜力级，故一般称之为八级土地生产潜力评价，也是世界上第一个较为全面的土地评价系统。继美国之后，加拿大参照美国的分类系统与方法，1963 年有了土地清查中的土地潜力分类系统。

英国的土地评价为服务于本国实际一直保持自己的特色。英国土地利用调查局于 1931—1938 年开展了土地质量分类调查，继而于 1941 年年底进行土地适宜性评价分类。当时英国工程和建筑部所属的土地利用委员会关注各类土地的界线和土地保护，根据该委员会的要求，土地利用调查局把土地的适宜性类型按其质量差异划分为优良、中等和贫瘠三个大类,共10个等级(表4.7),并发表于1943年1月。

表4.7 英国土地利用调查局的土地质量分类(1931—1938年)

<table>
<tr><th colspan="2">土 地 等 级</th><th>潜在生产单位(相对值)</th></tr>
<tr><td rowspan="4">第一大类
Ⅰ
优良土地</td><td>1. 上等地,可进行密集利用</td><td>2.0</td></tr>
<tr><td>2. 好的一般农业用地
2(A)适于耕作(主要可耕地)
2(AG)适于农作物和牧草</td><td>1.0</td></tr>
<tr><td>3.(G)上等地,还适于耕作(上等草地)</td><td>1.0</td></tr>
<tr><td>4.(G)优良土地,但黏重(好的草地)</td><td>1.0</td></tr>
<tr><td rowspan="2">第二大类
Ⅱ
中等土地</td><td>5. 中等质量轻壤地
5(A)可以耕作
5(G)不可耕作(低地和很薄土层的基本草地(牧场))</td><td>0.5</td></tr>
<tr><td>6. 中等质量的普通农业用地
6(AG)草地,其中有一些可耕种
6(G)主要为草地</td><td>0.5</td></tr>
<tr><td rowspan="4">第三大类
Ⅲ
贫瘠土地</td><td>7.(G)质量差的黏重土地(牧场或落叶林地)</td><td>0.1</td></tr>
<tr><td>8.(H)质量差的山地和沼泽地</td><td>0.1</td></tr>
<tr><td>9.(H)质量差的轻质土地(低地石楠灌木草地和沼泽)</td><td>0.1</td></tr>
<tr><td>10.(H)最差的土地(盐化、粗放沼泽牧地、滨海沙砾地等)</td><td>0</td></tr>
</table>

注:A为农耕地;G为草地;H为石楠灌木草地,类似粗放牧地。

美国农业部的八级分类制在20世纪60年代被介绍到英国。英国土壤调查局仿照美国的评价系统,提出了英国土地利用潜力七级分类制系统,也是英国土地评价有重要影响的工作之一。

这一时期,土地评价以美国的土地潜力分类系统为代表,考虑到广泛的土地利用和土地自然属性的变化,而未涉及经济技术社会条件的变化,适合于任何自然环境的土地潜力分类。其评价成果具有相对稳定性,适用性广。但该系统没有针对特定的土地利用类型进行适宜性分析与潜力评价,定性描述多,定量分析少;在评价过程中,只将经济作为一种背景来考虑,忽视土地的区位因素和社会因素,无法进行投资核算和生态、经济、社会效益的综合分析与对比,也未能分析研究土地的最佳与最有利的利用方式。

(二)土地评价的发展与现状

1. 国外土地评价的发展

20世纪70年代,为满足土地利用规划的需求,土地评价研究进一步深化,从一般目的土地评价过渡到有针对性的专门评价,世界各地广泛开展评价工作,许多国家发展了自己的土地评价系统,采用了不同的分类和评价体系。同时,针对美国农业部土地潜力分类系统的不足,联合国粮农组织(FAO)力求建立一个举世公认的土地评价系统,应用于任何环境条件下的土地评价。1972 年 10 月在荷兰瓦格宁举行了国际专家会议，对土地的概念、土地利用类型、土地评价的方法与诊断指标展开了讨论，之后对土地评价原则达成了协议；联合国粮农组织(FAO)起草了《土地评价纲要》，经过几年的实践和经验总结，于 1976 年颁布了《土地评价纲要》。该《纲要》从土地的适宜性角度出发，分为纲、类(级)、亚类(亚级)和单元四级评价体系。首先分为适宜纲和不适宜纲，然后，根据土地适宜性程度(高度、中等、临界适宜)，在适宜纲内划分适宜类；在适宜类内，根据限制性因子(如水分、侵蚀等)种类划分适宜性亚类；最后，土地适宜性单元则表示土地的生产特征和管理要求，同一土地适宜性单元具有相似的土地生产潜力和相似的管理措施。《土地评价纲要》评价系统弥补了美国土地潜力分类系统的不足，比较恰当地反映了土地的适宜性程度和土地的限制性因素及其改良管理措施。《土地评价纲要》评价系统的发布，有力地促进了国际土地评价研究，在世界各国广泛应用。

苏联农业部在 1955 年以来大规模的土地研究基础上，于 1976 年颁布了应用于地籍管理、土地利用规划工作，体现土地质量综合评价体系的《全苏土地评价方法》，包括土地评价区划、土壤质量评价和土地经济评价三个主要部分。《评价方法》根据苏联统一的土地自然—农业区划方案，以区划单位为背景，采用土壤特征确定土地评价单元，然后按照经济指标评价土地质量，将土地的自然性状特征和土地的利用特征(产量和生产费用)相结合，按自然带、土壤性质与土地利用方式划分为四级：土地类(土地利用方式的一致性)、土地级(相类似限制性因素)、亚级(土壤性质相近)、土地种(耕作方式的一致性)；是一种较为综合的土地评价方法。

2. 我国土地评价研究的深入发展

我国的土地评价始于 20 世纪 50 年代的荒地调查，60 年代初开展的农业区划(主要是种植业)及在部分区域进行的农业用地评价。20 世纪 70 年代末 80 年代初，全国系统开展农业资源区划工作，期间，中国 1：100 万土地资源图编制委员会参照联合国粮农组织的《土地评价纲要》，结合我国实际，拟定了中国土地资源图分类系统，分为：土地潜力区(水热条件)、土地适宜类(耕地、林地、牧草地适宜类)、土地质量等(适宜程度)、土地限制型(限制因素或障碍因子)和土地资源单位(土地类型制图单位)五个等级。

(1)土地潜力区。以气候因素中的水热条件为依据，全国划分为 9 个土地潜力区，反映区域间土地生产潜力的对比差异。

(2)土地适宜类。在土地潜力区内，依据农林牧(草)业生产的适宜性，将全国分为 8 个土地适宜类型。

(3)土地质量等。在土地适宜类内，按照土地对农林牧(草)业的适宜程度(利用可能性)及生产潜力的高低，划分为 3 个质量等，它是土地评价的核心。

(4)土地限制型。在土地质量等内，按限制因素或障碍因子及其强度划分为 10 个限制型，同一限制型具有相同的主要限制(制约)因素和改造措施。依据适宜程度与限制因素及其制约的强度，分为：无限制、土地壤质化、水文与排水条件、土壤盐碱化、有效土层厚度、基岩裸露、地面坡度、土壤侵蚀、水分和温度限制。

(5)土地资源单位。这是土地资源分类系统的基层单位，也是土地制图单位和土地评价对象。它是土地(自然)类型与土地利用类型的复合体(即土地资源类型)。

中国1∶100万土地资源图的土地质量综合评价系统的提出,使我国土地研究从20世纪50年代至60年代的荒地调查迈向了土地分类与土地评价的研究,从单项资源调查走向全面的综合评价研究。评价结果揭示了土地生产潜力,反映了土地的最佳利用方式及改良利用的可能,并进行经济效益分析比较。但该系统尚需在进行单项土地评价工作时进一步完善和充实。

20世纪80年代后期以来,人口、资源、环境、粮食与能源问题突出;以生态环境恶化、土地资源退化、淡水资源短缺为主要研究内容的全球变化研究成果表明,人类对生态环境影响的主要方式就是土地利用,土地利用与土地覆盖变化及其生态环境影响研究已成为全球变化的核心内容之一。因此,在可持续发展理论指导下,为实施农业和农村可持续发展,经济社会可持续发展,创建以土地有效利用与生态环境保护相互协调的土地评价质量体系,已经成为土地评价发展的新趋势。在上述土地评价发展的背景下,当前我国社会经济发展中出现了有关农用地需要解决的新问题:国家需要在制定统一标准、程序和方法进行土地等级评定的基础上,进行土地整理和规划土地用途;为保障13亿人口继续增长对粮食等农产品的需求量的增长,国家需要对耕地总量和质量及其动态平衡实行调控,对优质耕地实施"基本农田保护"的政策,对非农业建设占用的耕地实行"占补平衡",按照"占多少,垦多少"的原则,占用耕地的单位负责开垦与占用数量和质量相当的耕地,或者交纳相应的耕地开垦费,专款用于开垦新耕地;在我国土地后备资源相对紧缺的地区,需要对现在利用相对粗放的土地实施土地整理;把废弃地复垦为农用地;为了实施可持续发展战略,保护和改善农业生态环境以及防治土地退化,需要对农用地和非农用地的数量与空间结构适时进行调整;为了适应市场经济的发展,强化城镇建设征地管理,为农用地使用权流转和农业税率调整提供依据。因此,需要研究和分别制定全国统一的、按土地质量高低、定量化、综合性和具有全国可比性的土地质量分等规程;适应地区性标准,为农用地估价提供依据的区域性土地质量定级规程;为规范农用地估价提供统一的程序和方法,以形成客观、公正、合理的农用地估价结果等。

二、土地评价的发展趋势

根据国内外土地评价发展的情况,本书编著者通过较长时间从事土地科学研究的实践,认为土地评价研究的内容不断拓宽,评价研究领域不断深化,评价技术方法不断创新。土地评价研究的发展趋势主要有如下几个方面。

(一)土地评价向着综合化、精确化、定量化方向发展

20世纪80年代以来,土地评价的理论与方法也不断改进和完善。纵观土地评价的演变历史与现状,土地评价向着综合化、精确化、定量化的方向发展。

1.综合化

土地评价是一项综合的研究工作,它不仅涉及土地的自然属性、自然综合体的性状特

征，还必须考虑土地利用经济背景、土地的立地条件、经济效益和社会效益。要进行一定的经济分析和计算，例如成本、产值、毛利、收入水平等，使评价成果既反映土地的自然性状特征，又反映不同土地利用的收益水平。近年来，土地评价已从初期的自然土地评价逐步走向综合土地评价，在土地评价过程中，强调社会经济特征和经济效益的分析，或者进行土地经济评价，为土地利用规划和国土规划提供全面的综合的资料。另外，综合化亦表现在针对人口、资源、环境和发展问题开展土地承载力研究的过程中，确定人口增长对土地资源的需求和土地资源系统可支持或必须支持的程度。

2. 精确化

随着土地评价研究的深化，人们越来越注重它的科学性和应用价值。20 世纪 70 年代，各国尤其是发展中国家主要结合土地清查进行土地评价，评价的目的是为国家或大区域性的规划服务，评价成果比较粗略。随着土地调查工作的结束，各种因素图件和数据资料的完备，土地评价工作越来越细，土地适宜性评价进一步深化，针对某种土地利用类型或某种农作物而进行专项评价，成果实用性强。主要表现在小区域、典型地段详细的土地评价工作越来越多，除了分析土地的特征外，特别强调作物对土地要求的分析，提高了土地评价的精确性和应用价值，并将土地评价成果以图件和文字的形式直接提供给农民和土地规划工作者。

3. 定量化

土地评价的发展不仅表现在评价系统和理论的不断完善，而且还表现在评价方法和技术手段的创新性。近年来，模型方法在土地评价中的应用，以及土地信息系统的建立与发展，使土地评价更加科学化。国际土壤学会土地评价工作组 1986 年在美国华盛顿和 1988 年在荷兰瓦格宁根召开的学术讨论会都是围绕这个议题展开的。会议分析讨论了定量土地评价的现状和土地信息系统的结构、管理和应用，指出了目前的方向是将信息系统和模型方法相结合，建立土地信息系统中的数据库、模型库和知识库，使土地评价的成果既能反映土地质量的时间变异，又能表现土地质量的空间分布。土地信息系统将土地评价和规划过程相结合，并适用于土地管理，具有综合性和实用性，为土地评价和土地规划与管理开辟了广阔的前景。

目前，我国的土地评价研究，首先应随着大规模以土地为核心的农业资源调查和土壤普查以及全国第一次土地调查(1984—1996 年，也称土地详查)和全国第二次土地调查(2007—2009 年)工作的结束，建立起国家、省(市、自治区)、市(地、州)、县(市、区)四级土地信息系统，对这些图件和数据资料进行归纳、分析、综合，用于土地规划和管理。其次，在自然土地评价的基础上，进行土地改良和土地利用变更后的投入产出效益的经济分析，作出综合评价。再次，评价工作重点放在大比例尺的县(市、区)域或更小区域的土地评价上，增强评价成果的应用价值，评价方面从农用地评价扩展到采矿、交通、旅游、自然保护、城镇建设用地等方面。然后，以土地评价为基础开展土地人口承载能力研究，为国家长远的综合发展规划提供依据。最后，加强土地评价理论和方法的研究，不断完善理论，丰富实践。

(二)深入开展农用地分等定级估价研究

农用地,顾名思义是人们从事农业自然再生产和经济再生产结合的土地,1998年修订的《土地管理法》第四条,关于农业用地规定:“农用地是指直接用于农业生产的土地,包括耕地、林地、草地、农田水利用地、养殖水面等。”这一概念的外延,实质上涵盖着部分经土地整理后能够开发利用或者可复垦为农用地的非农用地(或土地后备资源)。从而指出了农用地评价的范围及其法律法规依据。

农用地和非农用地(包括城镇、农村居民点及工矿建设用地、交通用地、未利用地等)这两大土地利用类型之间经常发生相互转化或流转的动态变化。农用地(尤其是优质耕地)是关系到人类社会生产和经济社会发展的重要物质基础,是地球表面生产和提供粮食、农副产品的无可替代的载体,古今中外均对查清其面积、评价质量并分等划级给予高度重视。

1.研究的目的与意义

随着我国工业化、城镇化的快速发展,人地矛盾日益尖锐,“三农”(农业、农村、农民)问题日益突出,实行最严格的土地管理制度,切实保护耕地,提高粮食综合生产能力,保证国家粮食安全、经济安全,保障“一要吃饭,二要建设,三要生态”,是摆在我们面前的重大课题。因此,进行农用地质量评价,开展农用地分等定级估价工作,是全面掌握和科学量化农用地(实际上指耕地)的质量状况及其分布,为我国制定土地管理政策及对农用地潜力分析、耕地占补平衡、土地开发、整理、征地制度改革、基本农田保护等众多领域提供科学依据,是实现土地管理由数量管理为主转向数量、质量、生态管护相协调的一项重要基础工作,是发挥市场配置土地的基础性作用、促进土地集约合理利用、提高土地生产能力和效率的基础性工程。农用地分等、定级与估价是土地调查与土地评价工作的一项重要内容,新《土地管理法》第二十八条规定:“县级以上人民政府土地行政主管部门会同有关部门根据土地调查成果、规划土地用途和国家制定的统一标准,评定土地等级。”土地质量指的是土地的性状或环境条件及其满足人类需求(包括农、林、草等生物生产能力、自然保护及环境管理)的程度。土地的生产能力主要指的是粮食、经济作物等农产品产量和木材、牧草等林牧产品生产量。农用地不仅具有经济功能、社会保障功能,而且还具有生态环境功能,农用地所具有的经济、社会及生态价值,是农用地与其他地类的最大区别。量大面广的农用地既是一种资源,又是一种资产。作为一种资源,农用地具有经济、社会、生态属性和功能作用;作为一种资产,它具有经济、社会和生态价值。因此,“等”、“级”是从资源角度定量表述农用地质量的划分;“价”则是从资产角度用货币表述农用地质量和供求状况。今后农用地分等定级与估价工作中势必要强调农用地的生态质量“等”、“级”和生态价格,谋取生态、经济、社会综合效益最佳。农用地分等定级估价工作又是法律赋予国土资源管理部门的一项重要任务,也是一项具有基础性、战略性和公益性意义的工作。

(1)基础性主要体现在:凡涉及农用地问题的土地管理工作,都需要利用农用地分等定级与估价成果;

(2)公益性主要体现在:农用地分等定级与估价成果像土地详查成果一样,可以为国家、社会提供服务；

(3)战略性主要体现在：农用地分等定级与估价成果是实现土地管理改革与发展多项目目标的重要技术依据，目标远大，支撑很强。

农用地(重点是耕地)质量评价及其分等定级是我国土地调查工作从数量管理向质量管理过渡的重要桥梁。土地利用现状调查是为了要摸清土地利用类型、面积数量、利用现状和分布；农用地分等定级与估价是对土地上生长作物而言，是对土地保障作物生长程度的评定，可以揭示土地质量、土地利用价值或土地经济价值的高低。土地利用现状调查与土地质量评价前后衔接，前者是后者的基础，后者是前者的继续。农用地分等定级与估价的应用目标，是为土地生产力核算、制定和调整土地利用规划、保护基本农田、农用地开发整理设计、耕地占补平衡、补偿标准和税费征收提供科学依据。

此外，开展农用地质量评价，进行农用地分等定级与估价工作，对推进农、林用地制度改革，促进农用地合理流转以及调整农业税赋均有很强的实际应用价值。随着我国农用地分等定级与估价工作的深化开展，在土地评价研究领域和土地管理领域将产生深远的影响。

2.农用地分等定级与估价的技术方法

世界多数国家一般根据农用地所处地理位置、自然地理环境特征、社会经济制度、农业生产水平等因素，制定了相应的农用地评价与管理的法规。我国幅员广阔，自然地理环境复杂，纬度地带变化自北向南由寒温带、中温带、暖温带、亚热带(北、中、南亚热带之分)，过渡到热带；经度地带性变化自东向西由湿润、半湿润、半干旱，过渡到干旱地带；垂直地带性变化(海拔分布变化)，例如青藏高原由底部的干热过渡到高原上的干旱寒冷；由于生物气候条件的变化，植被则以森林、森林草原、干草原、半荒漠到荒漠变化；土壤是反映自然环境条件的一面镜子，生态环境的变化，引起土壤类型、物质组成及其理化特性也随之发生相应的规律性变化。同时，我国社会经济发展不平衡，西部内陆地区和现代化与城镇化程度较高的东部沿海地区，在劳动投入与农业生产水平和土地利用结构等方面存在很大的差异。因此，总结并汲取世界各国农用地评价的经验，结合国情构建具有中国特色的农用地评价方法体系，对于实施我国农用地可持续利用，农业和农村可持续发展，加快农民致富奔小康和全面建设小康社会的步伐，以及促进生态环境不断改善，人与自然和谐相处，具有重要的现实指导意义和深远的战略意义。

1998年国土资源部成立以后，将农用地分等定级与估价工作作为国土资源管理的一项重要基础工作，列入了新一轮国土资源大调查计划，这一项工作步入了一个新的发展阶段：编制完成了《农用地分等规程》、《农用地定级规程》、《农用地估价规程》三个行业标准(2004年4月发布，同年8月实施)，构建了我国农用地等、级、价的技术体系框架，为全国在统一的技术规范下开展工作奠定了基础。这次国土资源大调查中的农用地质量评价工作，主要包括农用地分等、定级和估价三个方面，是一项相互联系的整体工作。

(1)农用地“等”、“级”、“价”体系的内涵

农用地分等定级估价的实质是对农用地质量的综合评价。农用地“等”、“级”、“价”体系的构建是基于对农用地质量自然的、经济的综合评价。农用地“等”、“级”、“价”从不同

角度反映农用地质量，既有相互间的密切关联性和相同点，但因各自用途不同，相互间又有区别与相对独立性。

- **农用地"等"**：反映全国范围内构成农用地自然质量的长期稳定的光（能）、温度（热量）、水（水分、空气）、土壤质地、养分等参评因素，所决定的生产潜力大小的差异，马克思称这些因素为自然肥力。土地自然肥力是土地质量的重要内涵，也是农用地等别划分的主要依据。土地肥力即土地自然肥力（由稳定的自然条件作用的结果，实际是土壤和气候肥力的有机结合）和通过人类的生产活动直接或间接给予的土地肥力（被亚当·斯密命名为"人工肥力"）。长期的人工肥力已经融化渗透在自然肥力中，具有相对稳定性，因而自然肥力和人工肥力这两者成为农用地划分"等"的重要依据；短期的人工肥力反映一个地区的投入与经济水平，通常是易变的，可以此反映农用地级别的相对差异性。农用地质量"等"、"级"、"估价"体系及其相互关系是：相对独立、密切关联、相互之间为正相关关系。

- **农用地质量"等"**：属于农用地质量评价的最高单元。采用农用地自然生产潜力为主要依据，并以气候生产潜力（climatic potential productivity）作为农用地生产潜力的最高值，进行农用地"等"别划分，从而形成农用地质量"等"别序列评价体系，与农用地适宜性评价、社会经济评价相结合，形成的是一个反映宏观地带性分布规律、在全国具有可比性、农用地"等"别划分的综合评价理论体系。农用地"等"的科学内涵是：农用地质量"等"别是农用地生产潜力高低的理论值，它的参评因素具有稳定性及偏自然质量。凡农用地质量"等"别越高者，则农用地的生产潜力、适宜性程度、土地利用程度和投入水平与劳动生产率越高，从而形成农用地的土壤经济肥力越高，其限制性或障碍性因素则越少（或无），制约性强度越弱；反之，农用质量"等"别越低者，则生产潜力、适宜性程度、土地利用程度和投入水平与劳动生产率以及土壤经济肥力也越低，其限制性或障碍性因素则越多，制约性程度越强。农用地"等"反映全国范围内构成农用地自然质量的长期稳定的光、温、水、土所决定的生产潜力大小的差异，农用地"等"序列划分要求在全国有可比性，其目的主要是为农用地赋税、耕地占补平衡提供服务。

- **农用地"级"**：农用地"级"是用"级别"来反映农用地质量，反映出农用地利用水平的相对差异。形成这样差异的因素主要有区位条件及社会经济条件，涉及较多的土地参评因素，具有易变性偏社会经济性、较强的时效性、显著的地域性和中观控制性等特点。农用地"级"通常在县（市）域或更小范围内统一排序，其序列多少主要依据县域农用地利用成果的差异程度，农用地定级及其"级"序，在县域内可比，县域间则无可比性。农用地定"级"成果主要为县域内耕地质量的异地占补平衡、农用地基准地价评估、农用地直接交换及集中规模经营等不需要体现货币的农用地流转工作服务。

农用地"等"与农用地"级"既相似又相异。农用地"等"别与农用地"级"别具有各自的特性及相互独立的分等与定级体系。根据农用地定级目的，"级"的评定以自然条件因素的优劣为主，尽量减少人为因素；在农用地质量评价中，农用地定级的参评因素包含分等因素，因此，农用地"等"和"级"之间又有着密切的关联，农用地"等"与"级"呈正相关关系。在成果更新方面，农用地定"级"成果的更新速度快于农用地分"等"成果更新的速度。

- **农用地"价"（估价）**：农用地"价"是反映农用地价格的高低，用货币反映农用地质量及供求关系。是农用地生态价值、经济价值以及社会保障与稳定价值的货币表现，不同的价值形态有着不同的价格内涵。

农用地“等”、农用地“级”以及农用地“价”之间是从不同角度反映农用地质量和使用价值的。农用地“等”与“级”是农用地估价的合理内涵。农用地“等”、“级”是从资源角度定量化表示农用地的质量及功能作用；农用地“价”则从资产角度用货币表述农用地质量和供求状况。而且，农用地“估价”成果更新速度比农用地“定级”成果，更比农用地“等别”成果更新速度快。

农用地“级”与农用地“价”之间的关系：如前所述，农用地定“级”是用“级别”定量反映农用地质量、使用价值和资源功能作用；而农用地“价”则是从资产角度用货币形式反映农用地质量与使用价值，而且还反映供求关系。农用地“价”的成果主要用于农用地租赁、买卖、征地补偿等需要体现货币的农用地流转工作服务。同时，农用地质量定级与农用地市场交易价格虽然不能完全一致，但农用地的质量“级别”与农用地市场交易价格，两者却呈正相关。农用地“价”的评估，需要农用地质量定“级”的基础。尤其在当前缺乏农用地市场交易资料的情况下，农用地估价与农用地基准地价评估以及农用地直接交换和集中规模经营等农用地流转工作，都需要体现货币价值，农用地“价”更离不开农用地“定级”这一基础工作的支撑，与提供数据信息的服务。

农用地“等”与农用地“价”之间的关系十分密切，农用地“等”在宏观上、较大区域范围内，应对农用地“价”有一定的控制作用，农用地“等”与农用地“价”两者虽不可能完全一致，但两者是正相关的。农用地“价”的高低，能反映出农用地质量的优劣和农用地等别与级别的高低。但因农用地“价”的时效性强与参评因素的易变性，由于制度、市场或人为等诸多因素的原因，致使“等”、“级”较高、质量较优的农用地不一定能实现高地价，反之亦然。在国家对县域或跨县域建设项目征地补偿中，为避免出现占用好耕地、价格却低，占用差耕地、价格却高的错位问题，为真正实现耕地占补平衡管理，必须同时考虑农用地分等成果与农用地估价成果的应用。通过农用地估价合理确定农用地的资源价格、资产价格和社会稳定保障价格，使农用地征用补偿的标准更加细化，为农用地估价成果用于农用地租赁、买卖、征地补偿等需要体现货币的农用地流转工作提供更可靠、更充分、更科学的数据、信息和依据。因此，搞好农用地质量评价分“等”定“级”特别是农用地价格评估，对征地制度改革工作有巨大的推动作用。

(2)农用地分等定级与估价的方法与程序

根据 1998 年修订的《土地管理法》的规定，为土地管理工作服务的土地质量评价，目前由土地行政主管部门，统一技术规范，系统组织开展国土资源大调查中的农用地分等与定级估价工作。并根据农用地质量评价为土地管理服务的不同用途和目标，分别以国家、地方两个层次进行。

在国家层次上，主要为异地(县域间)耕地占补平衡、农用地生产力核算等服务，开展具有宏观的全国可比性的农用地分等工作，基本方法与程序是：在全国范围内进行农业气候、生态分区，分区确定标准耕作制度(能满足农作物种植的适宜管理培肥措施下的种植制度)→计算各县域的光温生产潜力(photosynthetic-temperature potential productivity)

→通过区域划分，分区建立影响光温生产潜力发挥的因素指标体系，确定农用地评价（分等、定级）因素的相对一致性的单元，并计算各评价单元的影响作用分值→通过作用分值对光温生产潜力的修正，得到指定作物的理论产量，进而通过各指定作物理论产量向标准粮的折算，得到各评价单元的农用地自然质量指数，并划分农用地自然质量等别（反映某一区域在一定的自然条件下的土地生产潜在能力）→计算土地利用系数，采用土地利用系数对农用地自然质量指数进行修正，得到土地利用质量指数并进行农用地利用等别划分→计算土地经济系数（实质是反映单位生产成本的作物实际产量，衡量农业生产效益的指标），采用土地经济系数对农用地利用指数进行修正，得到农用地综合质量指数并进行农用地综合“等别”划分。

在地方层次上，开展农用地质量评价与分等定级估价工作，主要为征地补偿、农用地流转工作等服务，在县域（县、市、区行政范围）内进行具有可比的农用地定级估价工作，基本方法与程序是：建立农用地定级指标体系→划分农用地定级单元→计算农用地定级指数，并划分农用地“级”别→以农用地“级”别为基础，评估农用地基准地价→以农用地基准地价为基础，根据农用地用途和服务目标的需要进行农用地宗地地价评估。

（三）开展城市（镇）土地分等、定级与土地估价研究

1. 研究目的与意义

城镇是一定地域的中心。城镇与区域相互依存，城镇借区域而立，区域依城镇而兴。特别是大中城市基本上都是区域内不同层次的政治、经济、文化、科技、交通、商贸等中心，对区域发展有举足轻重的作用。

城市土地不仅是国家土地资源的重要组成部分，而且也是国家的一笔巨额财富。如何发挥土地资产在社会主义建设中的积极作用，并逐步将其纳入国民经济的运行系统，是我国经济建设发展和经济改革需要认真研究的一个重要课题。对城市土地分等定级与估价的研究，正是这一课题的重要组成部分。

随着改革开放的深入，工业化、城镇化的快速发展，以土地为资本，实行土地使用权有偿出让，由企业投资、成片开发、合资经营的经营开发模式得到贯彻实施。但是，目前在土地有偿使用的过程中，由于缺乏科学依据和完善的方法体系，出让土地的费用不是偏高就是偏低，其结果导致：土地费过低，使得土地经济效益不能发挥；而土地费过高，又难以吸引投资。针对这些问题，亟需制定出一套切实可行的城镇土地有偿使用标准。同时，随着土地使用制度改革的逐步深化，以及地产市场的出现与发展，土地分等定级已不仅限于征收土地使用税服务，还为地产市场管理的地价评估提供了可靠的依据。地产是土地所有制的体现；地产是财产，为满足地产市场发展，“土地产权”和“土地资本”流转的需要，从我国的国情出发，土地分等定级必须与土地估价相结合，在土地分等定级的基础上，进行土地估价。这就是开展城镇土地分等定级和土地估价的目的与意义，并把开展这一工作看做是土地研究发展的趋势之一。

2. 土地分等定级与估价的方法

城市土地是人类社会、经济活动的载体，是自然、社会、经济等各种要素综合影响的产

物。城市土地质量是各种影响要素在城市间或城市内的不同组合形式所表现出的综合效应。为了区分影响城市土地质量各种要素在城市间和城市内的不同组合形式所表现出的综合效应，城市土地评价可分为对城市土地质量总体水平和对城市内部各地段间的土地使用价值的评定。前者用“等”，后者用“级”，分别表示其差异水平的高低次序。由此，城镇土地评价内容主要包括土地分等定级与土地估价两个部分。

(1)城市(镇)土地分等的基本方法

城市土地分等是根据城市土地利用的地域差异，分析影响城市间土地利用效益的各种因素，评定各城市土地的整体效益，划分全国各城市的土地等次。目前由于还没有制定出城市土地分等的统一标准和技术规范，因此，城市土地分等工作还处于理论和方法的试点和探索研究阶段，主要的方法有：①根据现阶段研究的成果与定性相结合的方法；②以城市现状水平为测算依据进行初步分等；③选定调整参数逐步修正、完善分等方案。

多因素综合评定是通过选择影响城市整体效益的因素和因子，并赋予相应参数，然后用一定的数学公式进行加权求和，得到多项指标的综合评分值(总分值)，最后依据各城市的总分值进行排队，确定城市土地分等的初步方案。由于现有基础资料的统计口径不一、不全，各城市的总分值与实际情况不一定完全一致。所以要对定量化取得的各城市土地等位进行定性分析和调整，使初步方案逐步接近于客观实际的可行方案。同时，各城市土地分等的定量化资料，主要反映被选因素、因子的现状水平，未考虑各城市的未来发展和变化的速度，在调整土地分等方案时，要通过调查和纵横的对比、分析，取得一定参数或系数，对初始方案进行修正。

根据现有的研究成果表明，我国城市土地等位(别)呈以下规律分布：沿海城市的土地等位(别)普遍高于内地城市，内地城市的土地等位(别)又高于边远地区的城市，特大城市的土地等位(别)高于大城市，大城市的土地等位(别)高于中小城市。这充分反映了城市土地等别同城市的地理环境、城市区位、交通通达度、区域经济发展水平和城市规模等都有着密切的联系。因此城市土地分等应着重选择城市区位、集聚规模、城市土地的投入、产出水平等方面的因素和因子。通过对被选因素、因子的指标和赋值及多项指标的分析和计算，从定量和定性两个方面综合确定各城市的土地等位(别)。

(2)城市(镇)土地定级方法

城市(镇)土地定级是根据城市内部的区位条件、环境条件等因素的差异，利用常规的评价方法和新的技术手段，以土地单元为土地定级的基本单位，分析城镇土地定级因素在各个土地单元的特征，即对如下定级因素及其因子进行综合分析研究。

①繁华程度。分析商服的繁华影响度。

②交通条件。分析道路通达度、公交便捷度、对外交通便利度、路网密度。

③基本设施状况。分析生活设施完善度、公用设施完备度。

④环境状况。分析环境质量优劣度、文体设施影响度、绿地覆盖度、自然条件优越度。

⑤人口状况。分析人口密度。

针对各个城镇的特点，确定必选因素和备选因素，给予其重要性的顺序及权重值的范围，并用级别高低次序表现其差异程度。我国城市的土地定级有着悠久的历史，早期是为税收和地价管理的需要，土地定级与确定地价结合进行。20世纪80年代以来，为适应土地使用制度改革和征收土地作用费(税)的需要，采用经验和级差收益测算相结合的方法，后来又逐步摸索和推广了多因素综合评定法，进行城市土地定级。随着土地使用制度改革的不断深化，地产市场的发育和发展，城市土地定级在综合定级的基础上，开始了土地分类定级的研究，把土地定级与地价评估结合起来，并根据土地收益或地价划分土地级别。1990年原国家土地管理局颁布了《城镇土地定级规程》，统一了土地定级的标准和技术规范。现就综合定级与分类定级简述如下。

①土地综合定级方法。土地综合定级是运用多因素综合评定法，揭示城市土地的使用价值或价值及其在空间分布的差异性，划分土地级别。其具体做法是：以土地评价单元为样本，选择对单元发生作用的因素和因子，并赋予相应指标和参数，然后用一定的数学公式进行计算、聚类和划分土地级别。城市土地质量影响因素包括土地区位条件、城市基本设施和环境优劣等。土地区位条件主要指繁华程度和交通条件，基本设施指生活设施完备度和公用设施完备度，环境优劣度指自然环境和社会环境的优劣状况。土地定级因素选定后，采用特尔菲测定法、层次分析法、因素穷尽成对比较法等确定各因素对土地级别的影响程度，即权重。城市内各地段质量的优劣必须用该地段的诸因素、因子的不同组合形式所反映的综合效应来表示。

②土地分类定级方法。城市土地按其实际的经济利用方式分为不同用地类型。不同用地类型有其相应的用地要求、选择条件，表现出不同的土地利用特点与效益。一般城市土地分类定级分为商业用地、居住用地和工业用地等主要用地类型。不同用地类型由于各自用地条件的特点不同，会形成不同的最适宜用途的中心，并形成相应的随距离增加适宜性变化的规律。如商业用地会随着距繁华中心距离的增加，经济效益急剧下降，适宜性也会发生极大的变化，而工业用地和居住用地的这种变化就比较平缓。因此，按城市主要用地类型，分别评价其区位特点，可以揭示各自级别的变化规律，进而可以更准确地评估各类用地地价。

土地分类定级方法主要采用全域覆盖法。土地的固定性和永久性决定了土地的可持续使用，土地用途之间可以相互转换，随着城市的发展和各种经济活动的加剧，土地用途的合理性只是相对的，土地用途的转换将更加频繁。因此，土地分类定级必须对每一类用地采用全域覆盖法，即假设全部土地作为某一类用地时，对其区位优劣的差异性进行评定，使成果适应动态变化的土地用途转换需要。城市是一个相互影响、相互作用的系统，各类用地不是单独存在，而是相互依存的。如商业活动需要市场，居住用地存在是商业用地存在的内在要求和前提。因此，土地分类定级要分析各项活动之间的联系与作用，客观地反映各类土地级别的分布规律。

根据杭州市土地分类定级的实践，土地分类定级与土地综合定级可以分别进行，也可以结合进行，两者互为印证，其成果可以运用于不同的方面。土地分类定级便于更正确地评估各类用地的地价，有利于管理和应用；土地综合定级可以为确定土地使用税税率起到控制和指导作用，为测算城市土地基准地价提供依据。但是，单独进行土地分类定级，其成果不能完全满足现实需要，还必须在分类定级的基础上进行综合定级。其方法有两种：

一种是采用土地分类定级与土地综合定级并行或结合进行；另一种是在土地分类定级基础上进行土地估价，运用地价区划分土地综合级别。

(3)土地估价方法

我国的地价评估工作正处在试点和探索阶段，亟需研究适合我国国情需要的地价体系及其评估方法。我国需要建立以基准地价和标定地价为核心的地价体系。基准地价是按不同土地级别、区域分别评估和测算的商业、工业、住宅等各类用地的平均价格；标定地价是在基准地价的基础上，按土地使用年期、地块大小、形状、容积率、微观区位和市场行情条件，修正评估出的具体地块在某一时日的价格。基准地价和标定地价构成地价体系中两个相互对应的地价层次。基准地价主要反映城市内部地价总体变化的趋势，是国家对地价进行宏观控制、管理和引导土地市场中地价变化的依据。标定地价是地方政府对地价实行微观管理，防止地价暴涨、暴跌，维护合理地价水平的标准，也是政府部门确定土地交易底价和实施地价管理政策的依据。

根据我国一些城市地价评估的实践，基准地价评估目前国内外普遍采用的方法可以归纳为：剩余法（含租金剥离法、契价剥离法）、级差收益测算法和因素比较法。不同用地类型，其适用的估价方法也不同。如商业用地适用租金剥离法、级差收益测算法；住宅用地适用契价剥离法、租金剥离和因素比较法；工业用地适用级差测算法、因素比较法和成本法（如成片开发的工业用地）。按照土地利用类型和土地内在的自然经济属性，测定土地基准地价。同时，研究地价随时间变化的规律，以及估测地价的可行性方案，建立起较完整的估测—实施管理系统，从土地使用制度、发展政策、经济水平和时空关系出发，制定土地有偿使用的实施方案，起到决策指导作用。就我国大多数城市而言，目前土地估价还是要以土地分等定级为基础，即用土地等级控制地价区域的差异，然后通过调查取得的地价信息点，推算各等级的平均价——基准地价。随着我国土地市场的不断发展和完善，土地交易信息量充足且分布均匀时，可以逐步过渡到直接用市场地价信息评估地价，进而按地价水平划分地价区级，为征收土地使用税（费）和地产经营者服务。下面对基准地价评估法进行如下简要介绍。

①级差收益测算法：级差收益测算法是通过建立土地级别与企业利润、资金、劳动投入量的函数关系式，剔除土地因素影响，推算级差收益，进而还原为地价。其函数关系式可描述为：

$$Y=F[X_1,X_2,f(X_3)]$$

其中：Y 表示企业利润；X_1 表示资金投入量；X_2 表示劳动投入量；$f(X_3)$ 是单位土地面积的级差收益；X_3 表示企业所在的土地级别。这里最重要的是选用合理的数学模型及其系数。

②剩余法。包括租金剥离法、契价剥离法。

● **租金剥离法**：租金剥离法是把铺面租金或房屋租金中的地租剥离出，再还原为地价，基本测算公式如下。

地租＝房租－（折旧费＋修缮费＋管理费＋保险费＋利息＋税金）

地价＝地租/利息率

● **契价剥离法**:契价剥离法是把房屋交易契价中的地价剥离出来的一种测算方法。其基本测算公式如下。

地价=房屋交易契价-房屋现价-税金-管理费-利息

其中:房屋现价指房屋买卖时的现存价值,房屋现价=房屋重置价×房屋成色(成新度)。

③比较法。比较法包括市场比较法、因素比较法等。由于我国地产市场还不发达,地产交易信息量少,直接采用市场比较法评估地价目前还有困难。南京、杭州等城市采用因素比较法评估基准地价取得了较好的效果。因素比较法是指地产市场信息空白区域与市场信息比较多且分布较均匀的区域之间进行定级估价因素指标的比较,综合判定土地级别与地价的一种方法。因素比较法可以用于市区或土地开发区的地价评估。如杭州市下沙开发区采用因素比较法评估地价,将开发区内各种条件一评价因素和市区逐一比较,得出开发区内各影响工业用地级别的因素、因子的作用分值,进而计算开发区各因素总分值,用经过修正后的分值在全市工业用地总分数轴上的位置确定下沙工业区的土地级别,然后以市区相同土地级别的工业用地价作为开发区的基准地价。

城市土地分等定级和估价是对城市土地利用的适宜性的评定和对城市土地资产价值进行科学评估的一项工作。它们都表现了城市不同区位条件下土地价值的差异规律。不同的是,土地分等定级是用等级高低次序表现其差异程度,地价评估是用货币量表现这种差异的大小。

我国城市土地分等定级最初是为了适应征收土地使用税的需要,运用经验和级差收益测算相结合的方法来划分土地等级,后来又发展到采用多因素综合评定法,并结合级差收益测算等方法划分土地等级。随着土地使用制度改革的逐步深化,以及地产市场的出现和发展,土地分等定级已不仅限于为征收土地使用税服务,还为地产市场管理的地价评估提供可靠的依据。

从原理上分析,土地分等定级是地价评估的基础,土地分等定级的成果实质上反映了决定地价的区域因素的等级分布,也反映了各类用地地价分布的差异规律和基准地价的差异界限。所以,土地分等定级成果从量上为确定不同的基准地价提供了区域范围。尤其对于土地交易资料贫乏的地区,地价评估可以在土地分等定级成果的基础上,采用个别因素和微观因素差异比较的方法,给定适应的地价水平。这一方法已在南京、杭州及石狮等城市进行了实践,并取得了较好的效果。

(四)开展城郊型土地评价研究

1.研究目的与意义

当前,世界各国城市发展的实际情况表明,城市规模不断扩大已成为国内外城市发展的主要趋势,特别是大中城市在历史发展过程中,一般在地域网络上呈圈层状结构的特点,反映出城市是一种由不同功能圈层构成的向心环带,即市区、近郊区、远郊区及其腹地(或被称为吸引区)四个空间层次,虽然受自然条件、社会经济因素影响,会扰乱向心环节状某些格局的规律性,但无法从根本上改变城市发展中出现的圈层状结构模式。它们各自构成整个城市和以城市为中心的经济区大系统的子系统，既是以大中城市为中心的经济辐射区的有机组成部分，又各自承担着独特的职能与作用，它们相互联系、协调、制约，使城市的经济及社会生活得以运转。

城郊型土地的发展属于一个历史范畴，它的出现由社会经济基础所决定，是社会发展到一定阶段的必然产物，它和城市发展的关系极为密切，只有建立发达的，集约化程度较高的，以蔬菜、鲜奶、肉、蛋、禽、水果生产为主的城郊型农业，才能满足城市的需要。但是，对城乡结合带范畴的研究还是很薄弱，亟待引起重视并对它进行深入研究。

2.研究内容与特点

城郊型农业具有以下三个特点。

(1)过渡性。城郊区是城市与农村的接壤带，它既要承受城市文化波的冲击，又要接纳和输送从农村涌向城市的人口流，特别是随着市区的向外延伸，城郊型农业向远郊型农业退化，导致城市型与城郊型土地利用类型的交织，呈现出过渡性色彩。

(2)渐变与突变性。随着改革开放和城镇化、现代化建设的发展，大中城市都在扩大范围，提高城市的功能。当城市表现为局部开发时，城郊型农业以不明显的渐变方式长期而又缓慢地向外扩张，而在城市大规模的建设时期，因受到城市区域扩大的影响，城郊型农业用地利用突发地向城市型土地利用转变，迫使它在原有的位置上向远郊型农业的位置扩展。因此，城郊型农业的区位变化过程呈现渐变与突变性色彩。

(3)集约高效性。城郊型农业对于灌水、施肥、防虫技术等条件要求高，集约经营水平高，特别是能较大地挖掘土地生产力。由于蔬菜等生产周期短，多种多收，城郊型农业单位面积产量的经济效益和社会效益远远超过远郊农业的几倍、几十倍。因此，与远郊型农业相比，城郊型农业表现出集约高效性的特点。

由于城郊型农业具有以上特点，在研究内容上，除远郊型农业和城市型土地研究的有关内容以外，既要从性质的过渡性、空间动态的渐变性与突变性、经营的集约性与高效性等方面进行深入研究；同时，在土地资源类型划分指标、评价因素的选择和研究的目的性等方面也不一样。

3.城郊型农用地评价内容和方法

城郊型农用地评价同样要有明确的目的性，随着目的的不同，评价的内容和方法也各异。

(1)交通区位。城郊区由于距离城市近，这种区位关系是作为一种特殊的空间资源而存在和加以利用的。如果作为一种空间资源来理解，“位置”的因素显然就成为影响城郊型土地使用价值的最主要因素，而位置的重要与否往往又与交通线联系着，即接近交通线、点，土地使用价值就比远离交通线、点要高，反之则低。所以，位置和相联系的交通线就成为评价城郊型土地质量的主要因素。

(2)经济效益大小。在相同的位置、交通条件下，城郊农业构成的不同，特别是种类、粗精程度、超前或延长上市日期等的差别，会造成经济效益的不同，必须通过专门的经济效益分析，对投入、产出、产量、市场价格、资本(种子、动力、机械、肥料、工具等)、劳力和技术等做深入研究，按照经济效益的大小，评价土地质量的等级。

(3)土地利用是否有竞争性的可能。城郊型农业应以市场为导向,受信息和市场动态的影响,利用目的和方式应该经常改变。因此,要根据不同的利用目的和方式考虑目前有无改变土地利用目的和方式的最大可能,城郊型农用地评价等级的确定必须适应这个转变,从预测的角度动态地评价才能适应较长时间的应用。

(4)耕作技术措施条件。主要包括机械化程度、技术水平、良种等,与社会经济密切相关,它们直接影响单位面积的产量,制约着经济效益的大小。因此,相同等级的土地,因耕作技术措施不同,往往可以改变土地的质量等级。

(五)开展农业用地适宜性评价研究

1.研究目的与意义

农业用地的适宜性,就是在一定的社会、经济条件下,土地的内在自然经济属性为发展农业生产提供的生态环境的适宜程度。其适宜程度的大小要以具体农作物、树木和牧草的生态条件特征来衡量,而与某种农作物、树种和牧草生长适应之间的关系协调与否,既决定土地对某种利用目的的适宜程度水平,又决定农作物、树木和牧草的特点。对农用地的适宜性评价,按照对某种利用目的适宜的程度,划分为最佳适宜、中等适宜和临界适宜。

本书编著者在1993年完成的浙江省坡地农业利用适宜性综合评价,则以坡地类型分别对应大农业(农、林、草牧业)构成中各种利用目的的适宜程度来评价的。并选取评价指标体系,划分为最佳适宜、中等适宜、临界适宜和不适宜四类级。

2.研究的方法

联合国粮农组织(FAO)1976年公布的《土地评价纲要》,对土地适宜性评价的步骤和方法作了较详细的规定,但它基本上属于定性评价,而且评价成果也未与土地利用规划决策联系起来。虽然提出了用计算机实现土地适宜性评价的自动化,但也仅限于评价数据的计算机处理。因此,对于土地评价方法应该采用定性与定量相结合的手段,改善土地评价的精确度与效率,并将农用地适宜性评价与土地利用规划决策相联系起来。

(1)划分土地资源类型并作为评价的对象。按照农业生产需要,确定土地适宜性。

(2)选取评价的种类。耕作业选取水稻、玉米、棉花、冬小麦、油菜、春小麦、糜谷、薯芋等主要作物种类。

(3)针对评价种类选取评价因素及其分级值。通过典型的地段实践,并参阅有关资料,分别确定出各评价种类的评价因素,即每一个评价种类都对应着一组评价因素,然后再对每一个评价因素划分出相应于不同土地等级的评价指标值,即对已定的评价种类从优到劣的全序集。

(4)针对土地类型的适宜性评价种类,运用已确定的评价因素及其评价指标值,通过专家咨询,进行因素权重和赋予指标值,确定各类土地对评价种类的适宜性及其程度。

评价因素指标值都是根据因素评价指标,按照对土地等级影响程度的大小,由专家评定的量化值。评价因素权重反映评价因素对于该土地等级及适宜性的重要程度,应用因素成对比较法来确定因素权重。以浙江省亚热带坡地农业利用适宜性评价为例:浙江坡地类型作为适宜性评价对象，根据农耕、园(茶、桑、鲜果(柑橘)为主)、林、草各种作物的生态条件要求，结合各类坡地的特征，比较坡地所提供的条件与耕作业、园、林、草种植业中各种类的生态条件要求的适宜程度，划分为四个适宜类型(类)、八个质量等(级)[①]。

【思考题】

1. 什么是土地评价？土地评价的实质是什么？土地评价的意义是什么？
2. 土地评价有哪些类别？土地评价的目标与基本原则是什么？
3. 土地适宜性评价与土地经济评价及土地潜力评价的关联性和差别性是什么？

---

① 张昭仁.浙江省亚热带坡地资源调查与农业开发利用评价研究.北京:中国科学技术出版社,1993.

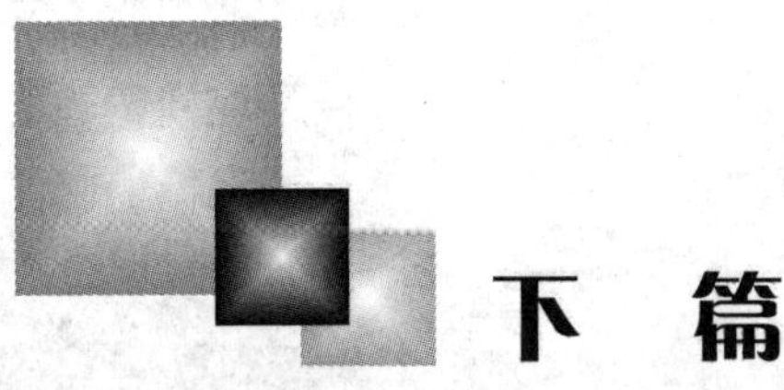

下　篇

土地管理及其法律法规

第五章　土地管理与土地管理法律制度

第一节　土地管理的意义与作用

由于土地是重要的国家资源和宝贵的物质财富，土地管理历来受到社会各界的普遍关注。尤其是我国目前正处于工业化、城镇化快速发展时期，国家对土地的管理更是投入了极大的关注。我国的土地管理虽有着悠久的历史，但将它作为一门独立的学科来研究，始于20世纪50年代中期，源自苏联的“ЗеМЛеустрйСМВО”（土地整理），后改为“土地规划”(land planning)。1982年，我国根据国情和土地管理工作的实践需要，正式定名为“土地管理学”(land administration)。

学习土地管理科学知识，提高土地管理基础业务技能，增强土地管理法制观念，对于根据国家意志维护国家的土地所有制，保护土地所有者和使用者的合法权益，以及合理组织土地利用、切实保护耕地等管理实践活动，确保粮食生产安全，将有限的土地进行优化配置和使用，最大限度地形成有效的社会生产力，都具有重要意义和指导作用。

一、管理与土地管理的概念与含义

（一）中国传统管理的宝贵经验与管理的实质属性

1. 中国古代传统管理的宝贵经验

管理是由心智所驱使的唯一无处不在的人类活动。把管理作为一门学科进行系统的研究，虽然是近一二百年的事，但是管理实践活动却和人类的历史一样悠久。我国古代有极为丰富而成功的管理经验，西周时代，周公用封建制（分封制）来管理天下（分地封国），对土地采用分片包干的办法分封给功臣和亲属去管理(《诗经·小雅·谷风之什·北山》：“普天之下，莫非王土；率土之滨，莫非王臣”)，周王室把自己直接掌控的核心区域以外更大片的土地，进行精心分割，一块一块地委托给自己亲近和信赖的人及功臣去进行管理，这种管理办法维持了数百年的周朝统治。秦始皇把天下分为36郡，郡下分若干县治，这种郡县制管理方法沿用了2000多年。西汉时期不仅实行政治、军事管理，还通过控制金融来调节市场，形成了关系国计民生的经济命脉和粮、盐、酒等行业的经济社会调控系统。

我国古代既有丰富而成功的管理经验，又有富有哲理的管理思想。从先秦到汉代的孔子、孟子、庄子、墨子、管子等诸子百家都有自己的一套管理思想，反复论述的基本主题就是人的本性以及人们之间的社会关系。揭示出管理理论的一个本质，即把人当做人，高度重视人的价值、人的尊严，在其管理理念中"人"始终占据至高无上的位置，发挥着支配作用。当然在实际管理工作中要真正做到"以人为中心"又有不小距离。儒家，其创始人孔子(公元前551—前479年)推崇修身为本，如《论语》讲的人论问题，特别重视管理者的个人素质，包括道德与能力；特别强调正心诚意、治国平天下。从自身的道德修养做起，最高目标是治理天下。道家，讲"无为而治"，强调顺其自然。法家，以法治国与现代法治国家的管理颇为相似。墨家，造诣最高的墨翟(墨子)(约公元前480—前420年)倡导"尚贤"，曾说过，"夫尚贤者，政之本也"，重用贤人是政治的根本，得人才是得人根本，我国素有"求贤若渴"一说，表示对人才的重视，要得人才，先得民心，反映了基层人民的愿望和要求。商家，其管理思想对现代经营也有参考价值。兵家，孙子是我国古代著名的军事学家。据司马迁《史记·孙子吴起列传》记载，先秦有两位精通兵法的孙子，一位是春秋末年，齐国人孙武(后来做了吴国的将军)；一位是战国时期的孙膑(约公元前380—前320年)。《世传其兵法》成书年代约在战国时期，其中保存了孙武和孙膑的军事战略思想及其军事管理原则。《孙子兵法》认为："知己知彼，百战不殆；不知彼而知己，一胜一负；不知彼，不知己，每战必殆。"所阐述的"为将之道"、"用人之道"、"用兵之道"，以及在各种错综复杂环境中为了取胜所采用的战略、策略，堪称人类智慧的结晶，对现今的多项管理工作，都有着重要的参考价值。《管子》的内容包含了道家、法家、兵家以及儒家的思想，是春秋时期管仲及从战国到汉初各学派的零散著作的总集，其代表性作品《任法篇》，阐述了法制的重要性，认为"法"是巩固国家政权和掌管人民的重要工具。《管子·牧民篇》认为："凡有地牧民者，务在四时，守在仓廪。国多财，则远者来；地辟举，则民留处；仓廪实，则知礼节；衣食足，则知荣辱；上服度，则六亲固；四维张，则君令行。"就是强调指出，凡是据有土地、治理人民的人，要注意四时，守护仓库。国家财富多，远处的人民就会迁移进来；土地开发得好，本国的人民就能留住，不会出走；仓库充实，人民就懂得遵守礼节；衣食丰足，人民就知道争取光荣，避开耻辱。地位高的人衣服器物都有法度，则各等亲属都和亲团结；礼、义、廉、耻四种重要道德准则能起作用，君主号令就会通行无阻。由此可以看出，他们重视发展农业生产的管理，而且强调道德准则、荣辱观、精神文明的教化，不能离开物质生活的富足。

综上所述，中国传统的管理思想的显著特点就是全局性、宏观性、"主体道德性"，中国古代传统管理思想的"普遍通用性"与现代管理学有相通之处；中国古代没有专门的"管理学"著作，都是在论述人生观、社会观、兵法之类大问题中，带有浓厚的伦理型哲学，涉及管理学的重要原则，给管理者以启迪，管理者要提高自身修养和顾全大局。中国古代传统管理思想对于现代管理都有借鉴作用，可以丰富现代管理学。特别富有现实实践意义的是，我国古代社会的土地国有制度在西周时盛行。周朝施行著名的"井田制"即是中国协调型的管理思想有一个崇高目标的体现。据《孟子·滕文公上》"滕文公为国问"(怎样治理国家)，孟子(公元前390—前305年，战国中期出现的儒家大师)回答说："民事不可缓也。"人民的生产事务，是不可以松懈的啊。滕文公派毕战到孟子那里问井田制度，孟子("论井田制”)说:“方里而井,井九百亩,其中为公田,八家皆私百亩,同养公田,公事毕,然后敢治私事,所以别野人也。”所谓“井田”,就是具有一定规划、面积和界址的方块田。长、宽各百步的方田叫一“田”,一田面积为百亩,作为一“夫”,即一个劳动力耕种的土地,九块方田为一“井”(九块方田摆在一起呈“井”字形)。有的地方则以每井有田九百亩。当中一百亩是公田,外边的八百亩分给八家各百亩为私田,八家共同耕种公田。“野人”(指农民)必先把公田农事做完了,然后才干私家的事,这就是把“野人”(指农民)和君子区别开来的办法。中国历代都有统治大国的管理经验,对管理的需要也是普遍存在的。我国管理实践的历史虽然悠久,但在过去几千年中管理始终只是一种零散的传统经验。日本是当今世界所公认的企业管理的成功者,即便在西方,有的国家也请日本人帮他们提高管理水平。而日本企业界深深懂得《论语》讲的人论问题,可以用其来治理天下。在日本一会儿兴起《孙子兵法》热,一会儿又兴起《三国演义》热,这些都是中国传统的管理经验。西方人来东方,到日本取经,取走的多是中国“产品”。我国也有人到日本取经,得到的也是出口转内销的中国“产品”。20 世纪 70 年代末,由于我国改革开放政策的实施,在全国掀起了加强管理的热潮,并在经济社会的发展工作中取得了不同程度的成效。通过 30 多年的改单实践,人们切身体会到了管理的必要性和重要性。毫无疑问,具有中国特色的社会主义制度具有无比的优越性,但实践中往往不能得到充分有效发挥,究其原因,在于各项具体的管理制度和方法不成熟、不完善。所以,我们要贯彻科学发展观的指导思想、以人为中心的管理思想和服务于人的管理的根本目的,为了实现人与自然的和谐发展,不断创新、完善具体的管理制度与方法。

2. 管理的实质与属性

(1)管理的实质

第一次世界大战初期,有些人开始意识到管理的存在。美国的弗雷德里克·泰罗 1903 年开始把自己的实践经验和研究成果上升到理论高度,著书立说。他的代表作是 1911 年出版的《科学管理原理》,美国和英国的很多公司应用了泰罗在 1885—1910 年发展起来的科学管理方法。20 世纪下半叶出现的经济大国日本并不是技术领域的先驱,但在管理上处于领先地位。日本比较早地意识到管理与技术的结合将改变经济前途。管理是一种非常复杂的事物和过程,是一定社会关系的反映。众多的学者根据自己的研究,从各个不同的角度,对管理实质进行界定;对管理的含义、管理职能与属性进行表述。

具有代表性的观点如:①现代管理理论的创始人法国实业家亨利·法约尔(H. Fayol)于 1916 年提出:管理是由计划、组织、指挥、协调及控制五项管理职能要素组成的活动过程。法约尔还提出了管理人员解决问题时应遵循:分工、权力与责任、纪律、统一命令、统一领导、员工个人服从整体、人员报酬要公平、集权、权力等级全连、平等公正、人员保持稳定、主动性、创新精神以及集体精神 14 条原则。实践证明,法约尔提出的论点除在管理职能的提法上有所增减外,不失为管理定义的理念基础。他在管理的范围、管理的职能、管理的原则方面提出了崭新的观点,为以后管理理论的发展奠定了基础。②20 世纪 70 年代以后,管理理论有了新的发展,有人提出决策、组织、领导、控制、创新这五种职能是一切管理活动最基本的职能。管理即通过决策、组织、领导、控制、创新所组成的诸过程来协调所有的资源,以便达到既定目标。并认为,管理是协调资源,这个资源包括资金(money)、物质(matter)和人员(man)三方面,被概称为"3M";人类活动的显著特征之一就是活动的目的性。管理本身不是目的,它只是人们用来实现目标的一种手段,管理的实质就是人们为了实现一定的目标所采用的一种手段;管理是目的过程,协调资源的目的是为了达到既定的目标。管理作为一种手段、一种工具,它的作用在于有效性,用得好便有助于目标的实现,各种管理职能是协调手段。

(2)管理的职能及其表现特征

继法约尔之后,随着管理理论的不断发展,管理学家们把管理职能概括为决策、组织、领导、控制、创新五项基本职能,如图 5.1 所示。各项管理职能之间互相关联,循序推进,下面分别进行介绍。

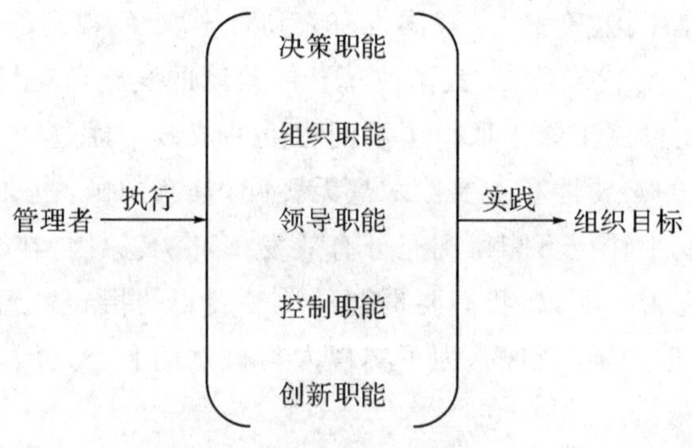

图 5.1　管理基本职能

①"决策"职能。过去很多学者把"决策"(decision-making)看做"计划"职能的一部分。"计划"(planning)表现为确立目标和明确达到目标的必要步骤的过程。计划是实现管理决策的手段,没有决策,就不可能有明确的目的性行动,就会陷入盲动。科学决策和正确执行决策是一个完整的过程。而离开了正确的执行,再好的决策也只是一纸空文。"决策"是一个复杂的过程,是一定历史阶段的产物。为了把决策付诸实施,预先进行的行动安排就是"计划",它是"决策"过程中的一部分,"计划"是为实施"决策"制定的,它是项基本的管理活动。决策是针对未来的行动目标制定的,任何计划都是实施决策目标的工具。决策职能通过方案和计划的形成表现出来,是管理活动中第一位的基本职能。

②"组织"职能。决策的实施要靠与其他人的合作,管理过程存在于一切组织中。组织(organizing)管理正是从人们对合作的需要产生的。管理的核心是协调人际关系,管理工作是一切有组织的协作所不可缺少的,管理的任务就是要使人们相互沟通和理解,为完成共同目标而努力。通过组织管理,要求达到有效的决策、合理的分工和完善的协调,并把这三个要求渗透到组织管理的全部过程中。组织职能是管理活动的根本职能,是其他管理活动的保证和依托。

③"领导"职能。"领导"(leading)是一种活动或行为,是领导者、被领导者和他们共同的作用对象相互结合、相互作用的活动过程。组织管理和领导有着内在的必然联系,领

导是通过组织实现的，组织是实现领导的工具，是领导系统运行的载体。领导是组织管理的神经中枢，组织管理是领导者的重要职能，一切正确的决策都必须通过组织管理才能付诸实施，两者相互依靠，相互作用。正如钱学森教授指出的："领导工作本身是一项系统工程，它有严密的组织和结构，是一个领导和组织管理的体系。"[①]"领导"职能不仅是领导者的个人行为，而且是一种组织活动，是组织中一种特殊的人与人之间的关系。它产生于组织，又服务于组织；组织管理是领导的重要职能，而领导职能则是组织管理的灵魂。领导职能通过领导者和被领导者的关系表现出来。领导不仅能够引发、制约和改变一个人的意志和行动，而且也能够影响和改变一个组织的意志和行动。现代领导工作，犹如一台机器，其成效不但取决于组成机器的零件质量，而且还取决于整机的装配质量、组合性质和管理水平。

④"控制"职能。为了保证管理目标及为此而制定的决策和计划得以实施，就需要有控制职能。"控制"(controlling)的实质就是使实践活动符合计划(或控制的标准)，没有控制就没有管理。控制职能最重要的含义是维持趋向目标的方向，"控制"是领导的固有职能之一，领导的过程，是实现确立的目标所进行的计划、组织、控制的过程。

⑤"创新"职能。各项管理职能都有自己独特的表现形式。例如，"决策"职能通过方案和计划的形式表现出来。"组织"职能通过组织结构设计和人员配合表现出来。"领导"职能通过领导者和被领导者的关系表现出来。"控制"职能通过对决策、对计划执行情况的信息反馈和实施措施表现出来。"创新"(innovating)职能却与上述各种管理职能不同，它本身并没有特定的表现形式，总是在其他管理职能的所有活动中表现自身的存在与价值。事事皆可创新，无处不在创新。管理内容的核心包含维持与创新，有效的管理在于适度维持与适度创新的组合。组织、领导与控制是保证计划目标和决策任务的实现所不可缺少的，从某种意义上说，它们同属于管理的"维持职能"，其任务是保证组织系统按预定的方向和规则进行。但因管理仅有维持是不够的，必须顺势求变，突出以人为本，核心思想是人与自然和谐发展。以学为要，着眼于促进管理理念、管理技术方法、管理机制的开拓创新，不断调整组织系统活动的内容和目标，使组织系统不断呈现新的状态、新的起点，并获得生机。创新是在维持基础上的发展，而维持是创新的逻辑延续，也是为了实现创新的成果。卓越的管理是实现维持与创新最优化组合的管理。科学技术与经济社会迅猛发展，市场需求瞬息万变，尤其我国正处在黄金发展期和人口、资源、环境的矛盾凸显期，管理者时时处处都会遇到新问题，面临新考验，如因循守旧、墨守成规，就难以应付新形势的挑战，不敢开辟新的天地，也就无法完成管理目标及肩负的任务，无法谋取生存与实施可持续发展。实践证明，成功的管理者获得成功的诀窍就在于与时俱进、改革创新。

每一项管理职能一般都是从决策开始，经过组织、领导，到控制结束。各职能之间同时相互交叉渗透，控制的结果可能又导致新的决策，开始又一轮新的管理，如此循环不息、持续创造、不断创新。"创新"职能在管理循环中处于轴心的地位，成为推动管理职能循环的驱动力，如图5.2所示。

---

① 钱学森.关于现代领导科学与艺术的几个问题.北京：军事译文出版社，1985.

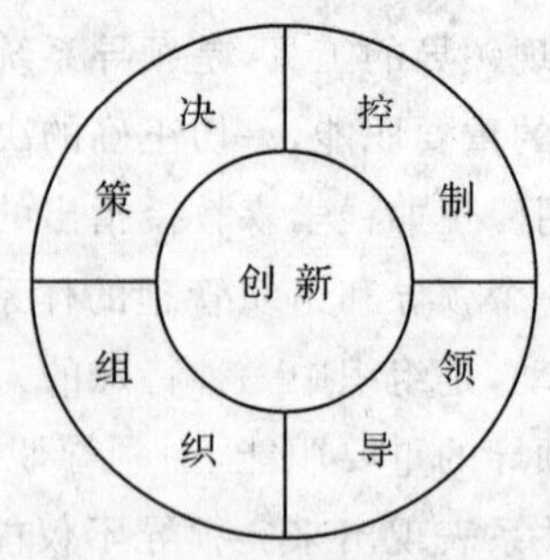

图 5.2　管理职能循环图

资料来源：周三多.管理学——原理与方法.上海：复旦大学出版社，1993.

(3)管理的属性

管理由人类活动所产生，人类的任何社会活动都必定具有各种管理职能。如果没有管理，人类社会的一切生产、交换、分配活动就不能正常有序和协调持续。管理是人类社会活动的客观需要，管理职能具有自然属性和社会属性。

①管理职能的自然属性。管理是由于社会分工所产生的社会劳动过程中的一种特殊职能。管理是神奇的生产力，任何社会的生产力是否发达，都取决于它所拥有的各种经济资源、各种生产要素是否得到有效的利用，取决于从事社会劳动的人的积极性是否得到充分的发挥。而这两者都有赖于管理，采用不同的管理思想、管理制度和管理方法，会产生完全不同的效果。知识，尤其是先进知识，通常是高度专业化的。知识本身并不能生产什么。不同知识领域的各类知识分子、技术专家，他们为了共同的事业而一起工作，没有管理谁也发挥不了作用。重要的在于实现知识管理和从根本上增强创新能力和增长动力。科学技术是生产力，但科学技术的发展本身需要有效的管理，并且也只有通过管理，科学技术才能转化为生产力。管理的上述性质并不以人的意志为转移，也不因社会制度意识形态的不同而有所改变，这是一种客观存在，因此，称之为管理的自然属性。

②管理的社会属性。管理是为了达到预期目的所进行的具有特殊职能的活动，实质上是"为谁管理"的问题。管理是一定社会生产关系的反映，在人类历史长河中，管理从来就是为生产资料占有者服务的。现实世界所发生的新变化，深刻地影响着管理的社会属性。在社会主义社会中，生产关系发生了根本变化，社会主义国家及其他社会组织团体的管理都是为人民服务的，管理的预期目的都是为了使人与人之间的关系及国家、集体和个人的关系更加和谐协调。在社会主义条件下，管理的社会属性体现为任何组织任何个人在实行管理时，都要从全社会、全体人民的利益出发，自觉地让局部利益服从全局利益、个人利益服从集体利益。任何层次的管理者都应当成为人民的公仆，服务人民，注重改善民生，使人民过上更好的生活，而人民则应当成为各种社会组织的主人。

(二)土地管理的概念与含义

1. 土地管理的概念

"土能生万物，地可发千祥"，土地的价值，先民早有认知。土地管理历来备受社会各界的普遍关注。今天，土地作为非常重要的国家资源和发展基础，社会问题焦点的地位更显突出。尤其是目前，我国正处于工业化、城镇化快速发展时期，国家对土地管理更是投入了极大的关注。

土地管理是根据国家的意志，维护国家的土地所有制度，调整土地关系，合理组织和监督土地利用及土地开发、整治和保护等方面的决策而采取的行政、经济、法律和科学的综合性管理手段或措施。中国土地管理的根本任务是维护社会主义公有制，保护土地所有者和使用者的合法权益，合理组织土地利用，切实保护耕地。新时期土地管理的中心内容是认真贯彻新《土地管理法》第三条确定的“十分珍惜、合理利用土地和切实保护耕地”的基本国策。

土地管理作为一项复杂的综合措施，是一门实用性、实践性和技术性都比较强的学科。土地管理可以从不同的角度并按不同的需要进行分类。例如，按照功能来分，可分为规划管理、交易管理、利用管理和科技信息化管理；按照属性来分，可分为资源管理和资产管理；按照产权来分，可分为集体土地管理和国有土地管理等。总之，不仅可以按照土地的某一属性和特点形成相应的管理体系，而且还可以设立几种机构，采用不同的管理模式。

2. 土地管理的含义与具体要求

土地管理是各级政府及其土地管理机构依法对社会组织、团体和个人利用土地的过程和行为进行的一系列组织和管理活动。对实施土地可持续利用，建设环境友好型、资源节约型社会，促进人与自然和谐发展都具有重要意义。

1998 年修订的《土地管理法》对加强土地管理提出了总的要求，即：各级人民政府必须贯彻执行“十分珍惜、合理利用土地和切实保护耕地”的基本国策，各级人民政府应当采取措施，全面规划，严格管理，保护、开发土地资源，制止非法占用土地的行为。同时，土地资源短缺是一种长期的经济社会现象。如何将有限的资源进行优化配置和合理利用，使其最大可能地形成有效的现实生力，是宏观经济与微观经济应解决的问题。没有管理，土地生产、交换、分配活动都不能正常进行，管理就是以人为中心进行资源协调活动。因此要坚持维护土地的社会主义公有制，合理利用土地，切实保护耕地，适应社会主义现代化建设的需要。土地管理包含如下具体要求。

(1)维护土地所有制

在任何社会制度下，国家实行土地管理制度的目的，都在于维护土地所有制，它也是土地管理制度的根本准则。马克思说：“土地所有权乃是一切财富之最初源泉。”土地不仅是生产资料，而且是构成社会土地关系的物质客体。

我国社会主义土地管理是建立在社会主义土地公有制(全民、集体)的基础上，是国家用来维护土地公有制的一项国家措施。目前，全国土地侵占买卖、出租及其他非法转让土地的现象仍然普遍存在，严重地违反了社会主义土地公有制，损害了土地使用者的合法权益。土地管理是国家用来制止或约束违反社会主义土地公有制的各种行为，保护社会主义土地所有者、使用者的合法权益，稳定社会主义土地利用方式的一项重要措施或手段。

(2)调整土地关系

所谓调整，就是协调、理顺，寻求正确的解决办法。所以调整土地关系是指对土地所有权、使用权等权利的确立与变更关系的调整，也就是在国民经济各部门间，理顺和协调用地的分配与再分配的关系。调整土地的分配与再分配，一方面必须依照国家有关的规定，遵循土地利用的客观规律完成法律组织程序；另一方面还要运用一定的技术措施，在土地空间上确定其数量、质量及相关位置，为合理利用土地建立良好的土地组织条件。所以，调整土地关系，不仅是一项法律措施，还是一项技术措施。例如，一个单位需要征占集体所有土地，不仅要通过土地管理部门向人民政府申请征地，办理征地的审批手续，而且还要通过土地管理部门到现场进行放线、落实权属地界等。

(3)合理组织土地利用

合理组织土地利用是土地管理的核心内容。组织土地利用指按自然和经济的客观规律，科学地确定各项用地结构及其空间位置。它不仅要研究社会生产对组织土地利用的客观要求及社会生产方式对组织土地的支配作用，还要研究土地自然与经济属性和生态系统对组织土地利用的制约规律。只有正确认识和掌握自然和经济的客观规律，才能达到充分合理利用土地的目的。从宏观看，组织土地利用的研究范围，不但是一个企业、部门，一个地区，而且是一个大区域、大流域，甚至是研究整个土地生态系统合理组织和利用的问题。

组织土地利用还包括对地上建筑物、居民点、林带、道路工程、沟渠及水利工程等合理配置与规划。地上各类建筑物的配置与规划，不但与工程技术有关，而且同组织土地利用的经济效益及生态效益紧密地联系着。

(4)贯彻和执行国家在土地开发、利用、整理、改造等方面的决策

国家及各级人民政府在土地开发、利用、整理和改造等方面的决策或政策，要通过组织土地利用、土地立法等土地管理措施来实现，包括采用经济、法律、行政、技术等手段。

综上所述，土地管理是政策性、综合性、专业性、技术性和实践性都很强的一项国家措施，是用来实现土地法规，维护社会主义土地所有制，贯彻国家在土地利用和保护方面的决策的一项经济、法律、行政和技术的综合性措施。

二、土地管理体制与土地管理的内容体系

(一)土地管理体制

管理体制是指职、责、权、利的结构形式，是由生产力的发展水平所决定的，同时，必须与被管理对象的发展水平相适应。

土地管理体制主要是指土地管理机构设置和管理职权权限划分所形成的体系和管理制度。其中，土地管理机构设置的模式是土地管理体制的核心。

在历史上，我国土地管理体制有统管、分管及统管与分管相结合三种形式。

- 统管：指全国土地依法实行统一归口管理。
- 分管：指分部门、分系统建立土地管理机构，归口管理本部门、本系统所使用的土地，从中央到地方，没有一个统一的土地管理机构。

● **统管与分管相结合**：指国家实行统一管理与归口分管相结合的体制，即国家设置土地管理职能机构，负责协调各部门用地，制定统一政策、法规，并与部门归口管理相结合。

我国现行的土地管理体制，是依照新《土地管理法》有关规定，实行全国土地、城乡地政统一管理，按照土地资源与资产并重、土地市场与国家宏观调控相结合的原则，使土地得到优化配置，合理利用。从上到下建立责任制，由国务院国土行政主管部门统一负责全国土地的管理监督工作。县（市）级以上地方人民政府国土管理部门主管本行政区域内的土地管理工作。乡（镇）人民政府（通过建立国土管理所）负责本行政区域内的土地管理工作及基本农田保护工作。现在，全国已经形成从国家到乡（镇）的土地管理网络。

但我国现行的土地管理体制还存在一些弊端，如职能分散、国家土地管理权力弱化、宏观调控能力不强；地方土地管理部门机构、编制不足，部分基层土地管理机构不健全、职能不到位，尤其是乡（镇）土地管理缺编缺人等。为切实加强土地管理，需要拓宽思路，加强体制改革的研究和实践，实行最严格的适合我国国情的土地管理制度，相应制定严格的检查制度，并依据考核结果实行奖惩制度，建立不断健全和完善，与土地所有权的国家属性、实现耕地总量动态平衡，以及与全国保有18亿耕地底线的目标相适应的，体现土地部门统一性、权威性管理原则的，适应社会主义市场经济体制的土地管理体制。

（二）土地管理的内容体系

我国土地管理的内容体系如图5.3所示。

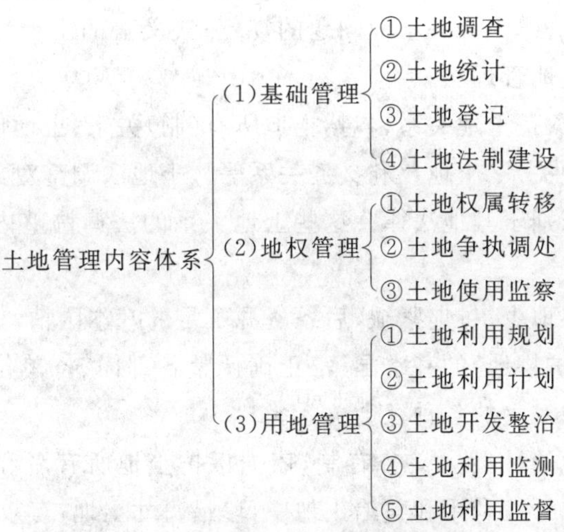

图5.3　我国土地管理的内容体系

在土地管理的三大部分内容中，基础管理是基础，用地管理是核心，地权管理是手段。基础管理的中心任务是摸清土地家底和确认土地权属，为土地管理各项工作提供基础资料和科学依据。用地管理的根本任务是合理组织土地利用，实现土地的宏观控制和计划管理，它是土地管理工作的核心内容和目标。过去由于土地管理机构和制度的不健全，有人错误地认为，土地管理就是办理征用土地，就是权属管理和颁发土地证，收取土地使用费（税）等。新《土地管理法》明确提出，各级人民政府必须贯彻“十分珍惜、合理利用土地和切实保护耕地”的基本国策，还特别强调指出，要“严格控制农用地转为建设用地，控制建设用地总量，对耕地实行特殊保护”。所以，充分合理利用土地、保护耕地是我国新时期土地管理的一项重要任务和中心内容。地权管理是为贯彻、执行国策，合理组织土地利用所采取的一系列法律的、行政的、经济的、信息的和技术的手段和措施。土地管理三大部分内容组成了一个互为联系、密不可分的完整的科学体系，其内容将随着科学技术的进步、经济社会的发展和土地关系的变更不断充实和完善。

第二节　土地管理法律制度

一、土地法的概念、指导思想与基本原则

(一)土地法的概念与含义

土地法是整个国家立法体系中一个重要的组成部分，是国家通过制定法律，运用法律手段，调整人们在土地开发、利用、整治和保护过程中发生的各种社会关系的法律规范的总称。

土地法有广义和狭义之分。广义上的土地法，包括调整所有土地关系的法律、法规、行政规章和相关部门法律中有关土地问题的规定；狭义上的土地法，指某一个土地法规，如《中华人民共和国土地管理法》。

土地法调整的对象是土地关系，包括土地所有(制)关系、土地使用关系、土地征用、划拨关系、土地收益分配关系、土地权利义务关系等。土地法调整对象及土地法律关系的特殊性，使土地法明显区别于其他法律。这些土地关系的法律调整内容主要反映为以下几个方面。

(1)针对我国人多地少、耕地紧缺、后备资源不足的基本国情，贯彻落实“十分珍惜、合理利用土地和切实保护耕地”的基本国策，正确调整各部门、各单位及个人在管理、保护、开发、利用土地过程中发生的各种社会关系。

(2)维护我国土地的社会主义公有制，依据保护土地所有者和土地使用者的合法权益，鼓励土地使用者在开发利用和整治土地中，珍惜每寸土地，有效保护土地资源。

(3)通过土地利用规划与计划，加强对全国土地的宏观调控和城乡土地的统一管理，严格建设用地的审批制度，进一步强化对建设用地的微观管理制度。

(4)在调查土地数量、质量、分布、利用状况和综合评价的基础上，调整土地利用结构，优化土地布局，提高土地利用率和生产率，充分发挥土地的经济效益、生态效益和社会效益三效益。

(5)在土地开发利用和整治保护中，处理好各种社会关系以及水、土资源、矿产资源的利用关系，协调农用地以外各种土地，保护草原，发挥森林蓄水、保土作用，使我国土地纳

入科学管理和法制管理的轨道。

(二)我国土地立法的指导思想

我国土地立法的指导思想是以建设具有中国特色社会主义和谐社会为基本指导方针,从我国土地的基本国情、基本国策和基本任务出发而确定的。

(1)“合理利用土地和切实保护耕地”是基本指导思想,这是由我国土地的基本国情决定的。我国土地的基本国情是:人多地少,耕地后备资源不足;土地生产力水平相对落后,利用率低;土地浪费现象严重,土地节约集约利用的潜力很大。目前我国人均土地面积约13.5亩,只相当于世界平均数的13%;人均耕地1.38亩,不足世界平均数的1/3。粮食与土地有直接关系,根据有关部门的研究,人均占有粮食370公斤,是一个生命保障线,达到这个水平,才能基本满足食品消费的需要。目前,全国粮食平均亩产320公斤,按此推算,人均所需耕地1.15亩以上,才能确保粮食安全,为此,国家坚守18亿亩耕地红线。随着经济的发展和人口的迅猛增长,土地的供需矛盾、人均矛盾将进一步加大。根据我国土地的基本国情和经济社会可持续发展战略的需要,必须贯彻科学发展观,落实好“一要吃饭,二要建设,三要生态”的基本方针,必须长期坚持“十分珍惜、合理利用土地和切实保护耕地”的基本国策。立法的目的是为人民的生活、国家的经济建设和社会发展提供法律依据和保障,因此,我国土地立法必须贯彻执行“合理利用土地和切实保护耕地”的指导思想。

(2)土地资源和资产管理并重的指导思想。在计划经济体制下,土地主要表现为资源属性,以往的立法只注重土地的资源管理,使得土地的巨大资产效益得不到发挥。鉴于我国土地的基本国情和土地的特殊商品属性,国家对土地的资产管理与资源管理同等重要,这是社会主义市场经济发展的要求。

(3)创新土地管理改革,促进经济发展方式转变,深化经济体制变革,是与60多年前新中国成立,及30多年前改革开放相提并论,决定我国现代化命运的又一次重要抉择。土地管理改革,是整个经济体制改革的重要组成部分。创新土地管理改革包括两个方面内容:一是土地管理方式的转变,主要表现为由分散管理体制向集中、统一的管理体制转变;由单一的行政管理手段向行政、经济、法律、技术的综合管理手段转变;由以土地资源管理为主向土地资源和资产并重转变。二是土地利用方式的转变,主要表现为由无偿、无流动、无期的土地利用方式向有偿、有流动、有限期的土地使用方式转变;由土地的粗放利用向土地的节约集约利用转变。因此,土地立法必须有利于土地管理改革,有利于服务深化经济体制及促进经济发展方式转变。

(三)土地立法的基本原则

1. 中外土地立法的基本原则

据有关研究表明,土地立法的某些基本原则,不论是土地公有制,还是土地私有制为主,中外土地立法都共同遵守的通常有如下三条。

(1)编制土地规划,协调经济、社会、生态三效益的原则。在土地开发利用中,中外各国都对土地规划赋予法律形式，以确保实施土地可持续利用，发挥土地最大、最优的经济、社会和生态效益。

(2)土地的合理利用和整治保护相结合的原则。反映在土地合理利用和土地效力提高，防止土壤侵蚀，以及改良土壤，提高土壤肥力，加强土地保护，使土地能综合利用和可持续利用。

(3)切实保证农业用地，严格控制非农业用地原则。通过各种措施来保证农用地，禁止减少农用地面积；要把非农用地改成可耕地，禁止把可耕地改用于其他农业方面；对建设用地进行严格控制，工程项目安排在非生产用地或不适宜农业生产的土地上，凡在农用地上兴建项目，不要破坏地表的肥力层(或耕层)，可把它运到指定的土地上堆放起来，以达到土地整理复垦及利用和改良土壤的目的。

2. 我国土地立法的基本原则

(1)维护社会主义公有制的基本原则。我国新《土地管理法》第二条规定："中华人民共和国实行土地的社会主义公有制，即全民所有制和劳动群众集体所有制。"第八条规定："城市市区的土地属于国家所有，农村和城市郊区的土地，除法律规定属于国家所有外，属于农民集体所有；宅基地和自留地、自留山，属于农民集体所有。"维护土地公有制代表全国人民的根本利益，任何单位或个人都不得侵占集体或全民的土地。土地公有制是我国土地制度的基础和核心，土地立法都必须遵循这一基本原则。

(2)实行土地所有权和使用权分离的原则。国家依法实行国有土地有偿使用制度及土地使用权流转的法律制度，建立规范的土地市场，有利于理顺土地所有者和土地使用者的经济关系，保护土地所有者和使用者的合法权利；有利于合理利用土地，促进土地资源的优化配置，提高土地利用率，有利于发挥土地的资产效益，因此，无论是集体所有还是全民所有，特别是征用建设用地的补偿费和安置费时，更应正确处理国家、集体和个人三者的关系，必须把"两权"分离作为土地立法的一项基本原则。

(3)合理利用土地、切实保护耕地的原则。合理利用土地，要求国家、集体单位和个人，选择最佳的土地利用方式，对各类用地作出科学布局和计划安排，因地制宜，综合利用，以便充分发挥土地的最佳综合效益。切实保护耕地，从质和量两个方面加以保护，保护好现有耕地面积(特别是基本农田的永久保护)，开发复垦与整治土地，增强地力，提高土地质量；对耕地实行严格的用途管制，依法查处乱占滥用耕地，节约集约用地，严把用地审批关。

(4)全国土地、城乡地政实行统一管理的原则。统一管理的主体，即各级人民政府的国土行政管理部门代表国家统一行使国家土地管理权；管理对象的统一，既包括对国家所有的土地的管理，也包括对国家所有的土地和集体所有的土地的管理；既包括对农村土地也包括对城市土地的管理。在土地立法中坚持这一原则，是强化国家土地管理，有效组织土地利用和保护，协调各种土地关系的需要。

二、土地法律体系与基本构成

(一)土地法律体系的概念与含义

1. 土地法律体系的概念

法律体系是指国家各个法律部门所构成的有机统一整体,即以国家根本法《宪法》为核心基础,由各个法律部门所组成的一个内容和谐一致、结构完整统一的法律规范的有机整体。根据法律体系的规范性定义,土地法律体系是调整各种土地关系的、效力等级不同的,由各类有关土地的法律规范组成的相互协调、相互统一的有机整体(系统)。

2. 土地法律体系的含义

土地法律体系与土地法不同。土地法是指调整土地关系的法律规范的总称,而土地法律体系则指这些法律规范如何有机组合并协调运行,以发挥最佳的整体功能。土地法律体系的概念包括以下三层含义。

(1)土地法律体系由调整土地关系的各种法律规范组成。它主要由《宪法》有关规定、土地管理基本法律、一般土地管理配套法规、地方性法规、相关部门法律有关土地的法律规定等组成。

(2)土地法律体系中的各类法律规范由于立法机关的不同而级别不同,所具有的法律效力不同,低一级的法律规范必须服从高一级的法律规范。中央和地方两级中有四个层次:第一个层次是全国人民代表大会全体会议通过的法规,其效力最高;第二个层次是全国人民代表大会常务委员会制定的法规,其效力其次;第三个层次是国务院制定的法规,其效力再次;第四个层次是省(市、自治区)人代大会及其常委会制定的法规,属地方性法规。全国人民代表大会制定的《宪法》中有关土地的条文其效力高于全国人代大会常务委员会制定的《土地管理法》,而《土地管理法》的效力又高于国务院制定的《土地管理法实施条例》,《土地管理法实施条例》的效力又高于各省(市、自治区)制定的地方性土地法规。下一层次土地管理法规的制定要以上一层次的土地法规为依据,不得违反和抵触。

(3)法律体系中的各类法律规范是相互协调、相互制约、相互统一的。变更其中一个的内容,势必影响其他法律规范。

(二)土地法律体系构成及其层次性

1. 土地法律体系形成的前提

完善的土地立法是土地法律体系形成的前提。到目前为止,我国还没有完整的、全面统一的调整土地经济关系和管理关系的基本法。在现实生活和法律实践中,我国《土地管理法》充当着土地管理基本法的地位和作用。《土地管理法》的立法目的主要是为了加强土地管理,合理利用土地,切实保护耕地,解决乱占滥用的问题,而对土地权属的流转、土地市场机制、土地评估、税收,以及对国土规划、国土整治及国土开发等有关内容均未作规定,甚至根本未曾涉及。所以,《土地管理法》作为土地管理的准基本法,远不适应现实和发展的要求。早日出台国家土地基本法,进一步健全和完善土地管理法律体系是当务之急。

2. 现行土地法律体系的层次结构

土地法也不止一个法,而是一个法群,一个法的体系。它是为土地的合理利用、治理、保护和管理而制定的各种法律规范的总称。我国现行法律规范已构成了土地法律体系的基本框架,但还不够完备,为了适应我国经济与社会发展的需要,加强土地法制的建设,使土地法律体系不断完备,是一项重要而艰巨的任务。从现行法律规范的效力分析,现行的土地法律体系可以区分为如下层次。

(1)《宪法》的有关规定。《宪法》是母法,是国家的根本大法,其效力位于我国社会主义法律体系和各部门法律体系之首。它的有关规定是各法律部门各法规的立法依据。《宪法》关于土地公有制、土地所有权、土地使用权等的规定,是制定各项土地法律规范的根本依据。《宪法》的这些规定属于土地法律体系的最高层次,土地基本法及任何土地法律规范的制定都不得与《宪法》的规定相抵触,否则就是无效的。

(2)土地基本法。基本法在每个独立的法律部门从内容和效力上都起到基础作用。国家土地基本法,是根据《宪法》制定的土地母法,是土地法的一级法。它规定国家关于土地开发利用和治理保护的基本方针、政策、任务、目标、基本原则、基本制度、措施等,是其他土地法规的依据。内容应包括土地产权的确立、取得、流转、收益,土地市场的建立、规范,土地利用规划、管理、开发、整治,法律责任及行政执法等土地管理系统的、全面的、基本的内容。土地基本法的效力,从立法形式上讲,是全国人大及其常委会制定颁布的。如我国的《土地管理法》是1986年6月25日第六届全国人民代表大会常务委员会第十六次会议通过;根据1988年12月29日第七届全国人民代表大会常委会第五次会议《关于修改〈中华人民共和国土地管理法〉的决定》第一次修正;1998年8月29日第九届全国人大常委会第四次会议修订;根据2004年8月28日第十届全国人大常委会第十一次会议《关于修改〈中华人民共和国土地管理法〉的决定》第二次修正。

(3)一般土地法律规定。其内容没有基本法全面,调整土地关系某一方面的内容,所调整的对象和范围都是有限的,其法律规范和效力都要服从于土地基本法。

(4)相关法律部门有关土地管理的法律规定。指调整土地管理的专门法律法规以外的其他法律部门中有关土地方面的条款。如《农业法》、《森林法》、《草原法》、《渔业法》、《城市规划法》、《矿产资源法》等有关土地权属、土地开发利用、土地管理的规定,均属于土地管理法体系的内容。

(5)土地管理行政配套法规。这是土地管理基本法的配套法规,是国家最高行政机关国务院,根据基本法规定的基本原则而制定的,它对全国有一律遵行的效力。其内容是对土地基本法和一般法规的某些方面作进一步详细的规定,以便于法律的实施和操作。

(6)地方性法规。是指省(市、区)人大及其常委会,省、自治区所在地的市和国务院批准较大城市的人大及其常委会制定的有关土地管理方面的法规。地方性法规的效力只限于所辖区域,在本行政区范围内适用。地方性法规不得与国家法律相抵触;与国务院行政法规相抵触时,要提请国务院及全国人大加以协调。

以上六大层次，构成我国狭义上的土地管理法律体系。而广义上的土地管理法律体系的内容，还包括除法律、法规以外的其他规范性文件，如部门规章、地方性规章等。只要根据法律授权制定的规章，与法律、法规相一致，且与其他规章相冲突，规章的效力受法律保障；当地方政府规章与部门规章不一致时，要提请国务院法制局解决。

三、地籍管理的任务

我国历代早已用法规形式制定了一套相当严密的土地法律制度。我国现在的土地所有制已发生了根本性变化，但是其管理方式仍可借鉴，古为今用。对于土地管理，现在已建立了土地调查、登记、统计、信息建库、注册、定权发证等一整套科学的地籍管理制度。目的是通过地籍管理，维护社会主义土地公有制，保护土地所有者和使用者的合法权益；同时，通过地籍管理，掌握土地的新近动态，为合理利用土地和切实保护耕地，提供行政、经济、法律措施的基础资料。

地籍管理包括如下方面的任务。

(1)土地调查。包括土地利用现状调查(概查和详查及其变更调查和土地专项调查)、城镇地籍调查、土地条件调查。对土地的地类、位置、面积、分布等自然属性和土地权属等社会属性及其变化情况，以及基本农田状况进行的调查、监测、统计、分析的活动。

(2)土地登记。健全地籍管理制度，对使用国有土地的单位和个人将发给国有土地使用证，对使用集体土地搞非农业建设的单位和个人发放集体土地建设用地使用证，给集体土地所有者发放集体土地所有证。

(3)土地统计。土地调查使土地统计有了科学、准确的基础。土地统计调查分普查、全面调查、典型调查和重点调查等多种。为了掌握土地变化动态，全国自下而上建立了土地统计信息网络，健全自己的统计系统。

(4)土地分等定级。土地分等定级对于合理利用土地，特别对于土地的有偿使用更具现实意义和应用价值。现正分别制定农用地和城镇土地的分等定级技术规程。

(5)地籍档案。主要内容包括在地籍管理工作过程中形成的大量文字、数据和图件资料的整理、存档以及档案的应用、更新和开发利用等。管理地籍档案和管理户籍一样，都有一定的规范要求和科学程序，以有利于调档查阅，开发利用，为土地管理提供基础服务。

第三节 我国土地管理事业在法律制度上的完善

1986 年 6 月 25 日，第六届全国人民代表大会常务委员会第十六次会议通过并颁布《中华人民共和国土地管理法》(1987 年 1 月 1 日起正式施行)，结束了长期以来我国土地管理无法可依的局面，翻开了土地管理史上崭新的一页。每年 6 月 25 日后来也成为值得特别纪念的日子——全国“土地日”。

《土地管理法》的颁布，结束了城乡土地分管的局面，实现了我国土地由多头分散管理向集中统一管理、无法可依到有法可依的转变。20多年来,伴随着党中央、国务院的重大决策以及国家政治制度的改革,《土地管理法》先后进行了三次修改,1988年《土地管理法》的第一次修正,成功地实现了土地作为生产要素进入市场的一系列法律创新;1998年《土地管理法》的修订,确立了新型的土地用途管制制度;2004年《土地管理法》的第二次修正,区分土地征收和征用,将《土地管理法》中的"土地征用"全部修改为"土地征收",从诸多方面开创了我国自然资源立法的先河,成为我国自然资源立法典范,确立了最严格的土地管理的法律制度框架体系。《土地管理法》倡导的"十分珍惜和合理利用每一寸土地、切实保护耕地"的观念得到了全社会的认可,其配套法规建设不断完善,按照土地利用规划用地管地的新制度基本建立,土地执法力度进一步加强。这一切充分说明,《土地管理法》所确立的基本原则和制度在我国土地管理工作中发挥着越来越显著的作用,显现出强大的生命力。

在经济社会发展对土地资源的需求日趋强烈、土地成为国家重要的宏观调控手段、全社会日益关注城镇化进程中被征地农民合法权益的大背景下,回顾《土地管理法》颁布20多年的历程,对在全社会进一步树立人与自然和谐相处,"合理利用土地,切实保护耕地,促进经济社会的可持续发展"意识,切实保证《土地管理法》的贯彻实施,以及全面建设小康社会,都具有十分重要的意义。

一、《土地管理法》是我国土地管理的新型法律

(一)新时代催生了土地管理的新型法律

1978年以来,我国进入了一个改革开放的新时代,经济建设快速发展,生产力释放,乡镇企业发展,农村建房,城市扩张,大量耕地被占。据统计,"六五"期间(1980—1985年),全国耕地净减3680多万亩,年均减少700多万亩,尤以1985年超过了1500万亩,人多地少的矛盾日益突显。1986年3月21日,中共中央国务院发布《关于加强土地管理、制止乱占耕地的通知》(即1986年中央7号文件),明确提出:"许多地方耕地大量减少,有的省一年减少一个中等县的耕地面积,有的城镇郊区农民几乎已无地可种。这种情况如果继续发展下去,将会给国家建设和人民生活造成严重后果,贻害子孙后代。"中央7号文件明确宣示了两个对我国的土地管理具有深远影响的决定:一是要抓紧制定《中华人民共和国土地法》。各省(市、区)政府在《土地法》公布后,要结合自己的实际情况,制定本地区的土地管理实施办法。并要求"做到有法必依,违法必究"。二是为了加强对全国土地的统一管理,决定成立国家土地管理局,作为国务院的直属机构。于是,《土地法》(国务院提交全国人大后改为《土地管理法》)的立法步入了快车道。从中央7号文件到1986年6月25日《中华人民共和国土地管理法》的颁布,以及1986年8月1日原国家土地管理局正式挂牌,依法对全范围的城乡土地实行统一管理,这真是一个速成的立法过程。《土地管理法》是新中国成立后,我国颁布的第一部关于土地管理、全面调整土地关系的法律。它的颁布是我国土地管理工作的重大转折和管理体制的根本改革,标志着我国土地管理工

作从没有统一完整的土地管理体系、行政管理城乡分立、多头行使、政出多门、职责不清、土地资源家底不清、土地权属混乱、纠纷频繁发生，开始纳入依法管理和全国城乡土地统一管理的轨道，从而从根本上开创了我国土地管理事业的新纪元。直到今天，《土地管理法》作为我国土地管理的基本法，仍然对我国土地法律制度的完善和土地市场的发育成长起着具有根本意义的保障作用。

（二）与时俱进，《土地管理法》的修订与修正

1986 年《土地管理法》的颁布，结束了长期以来城乡土地分管、土地管理无法可依的局面，使我国的土地管理实现了过去由建设部门管理城市土地、农业部门管理农村土地、土地的多头分散管理向成立国家土地管理机构，以法律、行政、经济、科技手段对城乡土地实行集中统一管理的转变。

1. 1988 年《土地管理法》的第一次修正，使土地作为生产要素进入市场

土地是最基本的自然资源。中国的自然资源法律制度虽然不是从土地法律制度开始的，却是从土地法律制度开始向市场经济进行创新的。

1986 年《土地管理法》颁布实施，随着土地统一管理体制的建立和土地管理队伍的组建，乱占滥用土地的势头开始得到一定程度的遏制，土地调查、统计、登记等各项基础工作不断加强。“土地是财富之母”，但在强调公有公用的计划经济时代，失去了土地应有的资产特性。《土地管理法》确立的无偿、无期限的划拨使用土地制度，土地使用权不得转让无流转的规定，越来越难以适应市场经济条件下土地作为生产要素进入市场的要求。鉴于土地使用制度改革是适应经济体制改革和土地管理事业发展的需要，按照马克思主义地租理论和国外土地管理的经验，原国家土地管理局于 1987 年率先在深圳试行土地使用权有偿出让制度。

1987 年 9 月至 12 月，深圳市选择了三个地块，分别以协议、招标、拍卖三种方式出让了三宗国有土地使用权，从而拉开了国有土地使用权出让改革的序幕。深圳市的土地使用制度改革，在全国引起了广泛关注。原国家土地管理局向国务院提出了《关于尽快在深圳、上海、天津、广州、厦门、福州试行城市土地使用权有偿转让的报告》。这个报告很快得到了国务院的批准。深圳、上海、天津、广州、厦门、福州 6 个经济发展较快的城市成为我国土地有偿使用制度改革的试点城市。

在试点取得成功的基础上，国家立法机关开始对《宪法》进行修改。1988 年 4 月，第七届全国人民代表大会第一次会议通过了《宪法修正案》，决定将《宪法》中“任何组织或者个人不得侵占、买卖、出租或者以其他形式非法转让土地”，修改为“任何组织或者个人不得侵占、买卖或者以其他形式非法转让土地。土地的使用权可以依照法律的规定转让”。《宪法修正案》不仅删去了不得出租土地的规定，而且明确了土地的使用权可以依照法律的规定转让。1988 年 12 月 29 日，第七届全国人大常委会第五次会议通过了《关于修改〈中华人民共和国土地管理法〉的决定》，对《土地管理法》进行了修改。这次修改主要解决土地作为生产要素进入市场的问题，修改的主要内容是将原来“任何单位和个人不得侵占、买卖、出租或者以其他形式非法转让土地”的规定，修改为“任何单位和个人不得侵占、

买卖或者以其他形式非法转让土地”;同时,规定“国有土地和集体所有的土地的使用权可以依法转让。土地使用权转让的具体办法,由国务院另行规定”;还规定了“国家依法实行国有土地有偿使用制度,国有土地有偿使用的具体办法,由国务院另行规定”。为了进一步加大对土地违法行为的制止力度,规定“受到限期拆除新建建筑物和其他设施处罚的单位和个人,必须立即停止施工。对继续施工的,作出处罚决定的机关有权制止。拒绝、阻碍土地管理工作人员依法执行职务的,依照治安管理处罚条例的有关规定处罚”。此外,修改后的《土地管理法》还明确了乡(镇)村公共设施、公益事业建设需要使用土地的,由县级以上地方人民政府批准。

1988 年《土地管理法》的修正,为中国土地使用制度改革扫清了法律障碍,成功实现了土地作为生产要素进入市场的法律创新,也把中国计划经济的最后壁垒——自然资源的政府供给推到了市场供给的边缘。以 1988 年修正的《土地管理法》确立的土地使用权转让制度创新为契机,矿业权转让制度,森林、林木、林地使用权转让制度,海域使用权转让制度相继建立。可以说,《土地管理法》的修正为中国自然资源法律制度提供了自然资源市场供给的制度路径,极大地推动了我国自然资源立法和法律制度创新的步伐。

2.1998 年《土地管理法》的修订,确立了土地用途管制制度

20 世纪 90 年代后期,随着改革的深化、形势的发展和市场经济体制的建立,我国耕地保护再次面临十分严峻的形势,耕地面积锐减,耕地质量差,且后备资源不足,人地矛盾日趋尖锐。1988 年修正的《土地管理法》已经明显不能适应市场经济条件下加强土地管理、切实保护耕地的需要。

针对土地管理特别是耕地保护这个事关全国大局和中华民族子孙后代的大问题,党中央、国务院经过反复研究和深入分析,于 1997 年 4 月 15 日下发了《关于进一步加强土地管理切实保护耕地的通知》,明确了市场经济条件下改革和完善土地管理制度的一系列重大决策,包括:土地管理要以保证耕地总量只能增加,不能减少为主要目标;要发挥土地利用总体规划的整体控制作用,以土地用途管制制度代替分级限额审批制度,建设占用耕地“占一补一”;要调整土地收益分配办法;土地管理权力应适当集中;要强化执法监察等。中央还决定,要在冻结非农业建设占用耕地一年的时间里,完成《土地管理法》的修订工作。

原国家土地管理局于 1997 年 5 月成立了《土地管理法》修改小组,于 1997 年 8 月 18 日形成了《土地管理法》(修订草案)上报国务院审议。

1998 年 4 月 26 日,第九届全国人大常委会第二次会议对国务院上报的《土地管理法》(修订草案)进行了第一次审议。会后,全国人大常委会作出两项重要决定:一是考虑到《土地管理法》(修订草案)关系农业基础地位、9 亿农民切身利益和中华民族子孙后代,因此决定将《土地管理法》(修订草案)向全社会公布,广泛征求人民群众的意见。二是《土地管理法》(修订草案)需经全国人大常委会三次会议审议后方能通过。1998 年 6 月 22 日,第九届全国人大常委会第二次会议对《土地管理法》(修订草案)进行了第二次审议。1998 年 8 月 29 日第九届全国人大常委会第四次会议通过了《土地管理法》(修订草案)并于 1999 年 1 月 1 日起开始实施。

为适应新变化，充实新内容，《土地管理法》经历多次修订与修正。1998 年修订的《土地管理法》，在总结过去土地管理改革经验和教训的基础上，对以分级限额审批为主要内容的土地管理制度进行了根本性的变革，确立了新型的土地用途管制的法律制度，规定“国家实行土地用途管制制度。国家编制土地利用总体规划，规定土地用途，将土地分为农用地、建设用地和未利用地。严格限制农用地转为建设用地，控制建设用地总量，对耕地实行特殊保护”。同时，对进一步推进土地管理改革作了方向性规定：对过去已证明成功的经验，及时上升为法律；对过去法律中阻碍改革的条款，进行了修正；对已在实践中初显生机、有待发展完善的做法进行了原则性规定，为下一步深化改革留下广阔的法律空间；对世界上通行的成功做法，予以大胆地吸收借鉴。

1998 年修订的《土地管理法》，首次以立法形式确定了土地基本国策，明确强调“十分珍惜、合理利用土地和切实保护耕地是我国的基本国策”。

1998 年修订的《土地管理法》，从诸多方面开创了我国自然资源立法的先河，成为我国自然资源立法的典范。它是第一部提交全民讨论的自然资源法律；是第一部经全国人大常委会三次审议通过的自然资源法律；是第一部从法律上确立土地基本国策的自然资源法律；是第一部按照市场经济原则的立法思想、基本原则和主要内容等方面，对原来的法律进行全面修订的自然资源法律；是第一部将改革决策与立法决策相结合、用立法推动改革的自然资源法律；是第一部法与实施条例同步实施的自然资源法律（1998 年 12 月 27 日国务院令第 256 号发布《中华人民共和国土地管理法实施条例》）。

3. 2004 年《土地管理法》的第二次修正，区分了征收和征用

1998 年修订的《土地管理法》，针对土地征用中存在的突出问题，对土地征用制度进行了修改和完善，包括上调了征地的审批权限，提高了征用土地的补偿标准，增加了征地批准后“两公告一登记”制度，加强了对征地补偿费用使用情况的监督检查等。但是，近年来土地信访数量不断攀升，其中绝大多数涉及征地问题。由于大量征占耕地，使很多农民失去土地，部分农民成为种田无地、就业无岗、社保无份的“三无”农民，生活水平下降。乱征滥用耕地，失地失业的农民大量增加，因征地补偿引发的矛盾和纠纷成为人民群众日益关注的社会热点问题之一。

2004 年 3 月 14 日，第十届全国人民代表大会第二次会议通过了《宪法修正案》，决定将《宪法》中“国家为了公共利益的需要，可以依照法律规定对土地实行征用”，修改为“国家为了公共利益的需要，可以依照法律规定对土地实行征收或者征用并给予补偿”。《宪法》这一条款的修正，将原来的土地征用区分为土地征收或者征用都要给予补偿，体现国家对公民合法权益的保障。

为适应《宪法修正案》，2004 年 8 月 28 日，第十届全国人大常委会第十一次会议通过了《关于修改〈中华人民共和国土地管理法〉的决定》，对《土地管理法》的部分条款进行了修正，主要是将总则第二条第四款的“国家为了公共利益的需要，可以依法对集体所有的土地实行征用”修改为“国家为了公共利益的需要，可以依法对集体所有土地实行征收或者征用并给予补偿”。同时，将《土地管理法》中的“土地征用”全部修改为“土地征收”。2004 年 10 月 21 日，针对一些地方耕地被大量占用、在征地中农民利益受到损害等问题，

国务院发布了28号文件《关于深化改革严格土地管理的决定》，明确规定各省(市、区)要制定并公布各市(县)征地的统一年产值标准或区片综合地价，征地补偿要做到同地同价。

4. 统筹城乡经济社会发展，推进土地管理制度改革

当前，我国土地有偿使用制度改革，正在继续向纵深推进，市场机制在配置土地资源中的基础性作用不断扩大和深化。但客观现实是，我国国有土地供应仍然存在"双轨制"，即政府划拨和有偿出让两种方式并存，划拨用地仍占较大比重；协议出让制度与招拍挂出让制度并行。用地量非常大的交通、能源、水利等基础设施，城市基础设施以及各类公共社会事业用地，仍然采取划拨方式供地。实际上，其中不少用地已难以严格界定为公益性用地。这部分土地不实行有偿使用，既不符合市场配置资源的要求，也不利于节约集约用地。需要不断缩小划拨用地范围，改变建设用地划拨和协议出让比例过高的局面，协议出让与招拍挂出让并行，客观上影响了招拍挂出让制度的作用。

扩大国有土地有偿使用制度的覆盖面势在必行。2008年1月，《国务院关于促进节约集约用地的通知》(国发〔2008〕3号文件)，明确要求深入推进土地有偿使用制度改革，严格落实工业和经营性用地招拍挂出让制度，充分发挥市场机制在配置土地资源中的基础性作用，积极构建保护耕地、健全节约集约用地的长效机制。

2008年7月，国土地资源部明确提出，力争用5年时间，对国家机关办公和交通、能源、水利等基础设施(产业)，城市基础设施以及各类公共社会事业用地，一律实现有偿使用。

市场的统一是商品和生产要素自由流动的重要条件。在统一的大市场内，先进的技术和资本流向相对落后的地区，落后地区的劳动力、资源等要素流向发达地区，这是不断缩小地区之间发展差距的根本途径。但事实上，城乡二元经济结构下的土地使用制度，导致国有建设用地和集体建设用地同地不同价。统筹城乡发展，到2020年城乡经济社会发展一体化体制基本建立，构建城乡统一的建设用地市场呼之欲出。党的十七届三中全会审议通过的《中共中央关于推进农村改革发展若干重大问题的决定》中提出，一方面，要"改革征地制度，严格界定公益性和经营性建设用地，逐步缩小征地范围，完善征地补偿机制。依法征收农村集体土地，按照同地同价原则及时足额给农村集体组织和农民合理补偿，解决好被征地农民就业、住房、社会保障"；另一方面，要"逐步建立城乡统一的建设用地市场，对依法取得的农村集体经营性建设用地，必须通过统一有形的土地市场、经公开规范的方式转让土地使用权，在符合规划的前提下与国有土地享有平等权益"。

无论是扩大国有土地的市场配置力度，还是建立城乡统一的建设用地市场，都是下一步土地有偿使用制度改革的重要目标和主攻方向，都对国土资源管理工作提出了新的任务和要求。新的形势迫切需要我们不断解放思想、改革创新，加快构建市场配置土地资源的新机制。我国土地有偿使用制度改革，正在攀登新的高度，谱写新的辉煌！

(三)改革创新，不断完善土地管理制度

1. 进一步完善征地制度

近年来，随着工业化、城市(镇)化进程的加快，征地规模不断扩大，因征地补偿安置引发的矛盾和纠纷日益突出。社会各界对改革和完善征地制度的呼声十分强烈。2004年，

国务院发布了《关于深化改革严格土地管理的决定》(国发〔2004〕28号文件),明确了现阶段征地制度改革的主要措施,具体包括:征地补偿要以保证被征地农民生活水平不降低、长远生计有保障为原则;征地补偿要切实做到同地同价;增加征地报批前的告知程序,征地依法报批前,要将拟征土地的用途、位置、补偿标准、安置途径告知被征地农民;被征地农民申请听证的,国土资源管理部门要组织听证;尽快建立被征地农民的就业培训和社会保障制度;大力推行征地补偿安置争议的协调和裁决制度,保护被征地农民和用地者的合法权益。这些规定是在现有法律框架下改革和完善征地制度的具体措施,实施以来已经在规范征地管理、保护被征地农民合法权益等方面发挥了重要作用。征地制度改革是一个复杂的系统工程,涉及方方面面的利益关系,涉及国家宏观调控目标的实现,涉及整个国家工业化、城镇化的进程,必须审慎稳妥地推进。当前,改革和完善征地制度的核心,一是切实做好国务院28号文件的贯彻实施工作,把国务院确立的完善征地制度的一系列措施真正落到实处;二是大力推行征地补偿,安置争议协调裁决制度的建立,引导当事人用法定渠道解决征地补偿安置纠纷,切实维护社会稳定。

2. 积极推进土地审批制度改革

《土地管理法》按照实施土地用途管制的要求,确立了政府审批土地的基本制度,包括建设项目用地预审、农用地转用审批、征地审批和供地环节的审批等。其中,农用地转用审批是1998年修订的《土地管理法》增设的审批环节,目的是在农用地转为建设用地时,由政府依据土地利用总体规划和土地利用年度计划进行审查和实施土地用途管制的重要手段。但在具体实施中,农用地转用审批往往依附于征地审批,其控制农用地转为建设用地的作用未能很好地发挥。其实,农用地转用审批与征地审批的功能不同。农用地转用审批作为实施土地用途管制的关键,其核心是控制农用地转为建设用地,而征地审批的功能则主要是审查征地项目是否符合公共利益,征地补偿安置是否合理、到位等。因此,推进土地审批制度改革,关键是要按照管住管好土地资源的要求,进一步理顺各种审批的关系,准确把握各种审批的功能定位,合理划分各级政府的审批职能。

3. 创新农村集体建设用地使用权流转制度

近年来,随着农村城镇化、工业化的推进,农村集体建设用地流转趋于活跃,特别是在沿海和大城市郊区,需求尤为明显。虽然《土地管理法》为适应乡镇企业融资、兼并等需要,允许依法取得符合规划的集体建设用地使用权,在企业破产兼并时可以依法入市流转,但这一规定已难以适应形势发展的需要。目前,我国现有的农村集体建设用地是城镇建设用地的5倍,既分散又低效。允许集体建设用地进入市场,直接参与小城镇和工业化小区建设,可以有效解决农村城镇化、工业化进程中的土地供需矛盾,大大降低农民进入小城镇和工业化小区所支付的成本,从而加速农村城镇化、工业化的进程。国务院28号文件明确提出,在符合规划的前提下,村庄、集镇、建制镇中农民集体所有建设用地使用权可以依法流转。创新农村集体建设用地使用权流转制度,核心是在严格控制建设用地总量的前提下,允许符合规划的原有建设用地经过批准后,以转让、租赁、抵押等方式进入市场流转。

4. 规范推进农村土地管理制度改革,完善农村集体土地管理政策法规

党的十七届三中全会审议通过的《中共中央关于推进农村改革发展若干重大问题的决定》,指明了新形势下农村土地管理制度改革的方向。《决定》明确指出,要抓紧完善相关法律和配套政策,规范推进农村土地管理制度改革。

(1)赋予农民完整的土地使用权,让农民获得财产性收入

财产性收入包括动产和不动产所获得的收入。现在农民基本没有财产性收入,其收入的主要来源还是耕作和打工。除了将钱存入银行或极少数人炒股、借贷、放高利贷,没有其他任何投资方式。不动产如房屋则不能流转,不能为农民带来任何收益。

土地本来是农民最重要和最主要的财产,但是由于产权主体不明确,产权内容不清楚,土地市场化功能不能充分发挥。在现行制度中,土地流转的方式只有国家征地一种方式可以增值,但此种增值收益的60%~70%被国家拿走,25%~30%被村集体拿走,到农民手里只有5%~10%,甚至是更小的一部分。中国(海南)改革研究院一份农村基本公共服务现状与问题入户调查显示,被征地的农户中,约70%的农户每亩领到1万~2万元的补偿款,27.4%的农民领到的土地补偿款不足1万,这样的补偿费是远远低于市场价格的。

要让农民拥有更多的财产性收入,首先要使农民的土地使用权完整,让农民拥有赋予物权性质的土地使用权,可以抵押、转让,这也是新农村建设的根本性问题。

农民拥有完整的土地使用权如此重要,为什么改革迟迟不能推行?这涉及粮食安全的问题。国家担忧的是赋予农民完整的土地使用权之后,农民只顾短期利益贸然出卖土地,造成土地撂荒。而我国必须保证18亿亩耕地以养活13亿人口,保证国家的粮食安全。虽然现在有一部分农民不种地,但只是局部现象,国家担心土地使用权完全放开之后,这种局部现象会变成整体现象。尤其是现在猪肉价格上涨,其原因之一就是因为有1.3亿农民进城打工,原来养猪的人变成吃肉的人,造成猪肉供不应求,价格上涨。如果土地流转之后,大量农民涌入城市,种粮的人变成吃粮的人,粮食供不应求,价格上涨,引起社会的不安定,国家将更难以调控。

要解决这个问题,就必须按照市场经济规律,让种地的农民有利可图,至少种地的比较效益不能低于进城务工的效益,这样,农民就会留在农村种地。如果不相信经济规律,把农产品的价格调得很低,农民赚不到钱,种地积极性就不高。中央的政策鼓励农民种粮,对种粮农民进行补贴,真正到位的补贴。补贴虽然是项有效的措施,可是也只能治标而不能治本,靠救济是杯水车薪,并不能解决根本问题。

要从根本上解决土地问题,就必须让农民拥有土地,赋予农民具有物权性质的土地产权。让农民拥有具有物权性质、可转让的土地使用权是农业适度规模经营,增加农民收入的重要条件之一。

对农村集体土地的征地过程实际上是政府买农村集体土地所有权的过程,是一种交易行为,只有在双方自愿的基础上形成的交易价格才是合理的。目前农民土地产权不完整,在土地价格形成中没有发言权,从而造成了土地财产没有得到应有的保护,也没有获得相应的增值收益。

要改变这种情况，就必须在符合规划的前提下允许农村集体所有制的建设用地直接进入市场，这样可以形成农用地转为建设用地的真实市场价格，农民也有了更多的土地价格制定的发言权，同时也有了更多的参与土地增值收入分配的机会。

这样，就不必过分担心农民因为短期利益而贸然出卖土地了，因为我国现在社保体系还很不完善，有理性的农民会很珍惜自己的土地财产的。

(2)按照城乡一体化发展的要求，改革完善现行的农村土地管理制度

现行的土地管理制度，虽然解决了13亿人的吃饭问题，促进了各项基础设施建设和城市建设的突飞猛进，但是城乡二元结构制度存在所造成的问题和弊端越来越明显。核心的原因是，现行的土地市场、土地法律体系的二元格局，在过去改革开放的30多年里，不仅没有破除，反而更加强化了，已经成为城乡统筹发展的制度性障碍。

正是因为这种城乡二元的土地管理模式，形成了两种不同的土地管理机制，造成了土地管理中存在“重城市、轻农村”，“重国有、轻集体”的现象；导致国有建设用地和集体建设用地，同为建设用地却不同权不同价，这种状况，使规模5倍于城镇建设用地的农村集体建设用地，难以实现节约集约利用。出现了城镇土地节约集约利用程度高，农村土地闲置浪费现象严重；形成了城市建设用地规模扩大速度偏快，农村占地不退，城乡建设用地扩大的局面，保护耕地的任务艰巨；导致了城市建设用地资源紧张稀缺，大量农村建设用地得不到充分利用等弊端。因此，应按照城乡一体化发展的要求，尽快改革和完善现行的农村土地管理制度。

(3)改革完善农村集体土地产权制度，明晰集体建设用地使用权的具体权能

集体建设用地使用权流转的大前提是将集体用地的使用权与所有权相分离，但目前广大农村地区集体土地产权制度仍不完善，集体土地的各项权能仍不明确。如果要将集体建设用地使用权全面推入市场，则首先应明确其权能。

①建立广大农村地区农民社会保障体系，妥善解决失地农民再就业问题。失地农民向非农产业转移过程中，只有少数人能利用发展带来的机遇再次创业，大多数失地农民由于文化素质较低、劳动技能较差，在土地以外的其他就业岗位竞争中没有比较优势，难以找到新的就业机会。因此，为了社会整体的稳定，在流转过程中应建立农民的社会保障制度，妥善解决被征地农民就业、住房、社会保障等民生问题。

②合理分配集体建设用地使用权流转的收益。为实现农村集体作为集体土地所有权人以及农民作为集体经济组织成员的收益，对集体建设用地使用权流转中的收益，应归集体建设用地的所有权人和使用权人所有，国家可以通过营业税、增值税、所得税等法定的方式，对流转收益进行合理的调整，保证土地流转的利益分配最终主要落实到农民手中，而不能以各种名义转为国家各级地方财政或单位所得。目前我国相关法律法规制度不健全，税、租、费等经济手段不完善，土地市场存在的问题很多，应加强相关的配套制度改革。目前的城乡规划编制状况难以起到对集体建设用地使用权流转的控制和引导作用。为保证集体建设用地使用权的顺利流转，必须进行土地利用规划制度改革，细化农村土地利用规划，打破城乡分割的管理体制，协调城乡空间布局和各项建设的综合部署。

二、新《土地管理法》的立法精神

新《土地管理法》始终秉承“合理利用土地、切实保护耕地”的立法精神，具体表现在以下方面。

(一)切实保护耕地，实行基本农田保护制度

新《土地管理法》以保护耕地为目标，确立了一系列重要的法律制度。

1. 确立了我国土地管理的首要政策目标

确立了我国土地管理的首要政策目标是切实保护耕地，实现耕地总量动态平衡，并明确了省级政府保护耕地的责任。新《土地管理法》第三十三条规定：“省、自治区、直辖市人民政府应当严格执行土地利用总体规划和土地利用年度计划，采取措施，确保本行政区域内耕地总量不减少；耕地总量减少的，由国务院责令在规定期限内组织开垦与所减少耕地的数量和质量相当的耕地，并由国务院国土行政主管部门会同农业行政主管部门验收。个别省、直辖市确因土地后备资源匮乏，新增建设用地后，新开垦耕地的数量不足以补偿所占用耕地的数量的，必须报经国务院批准减免本行政区域内开垦耕地的数量，进行易地开垦。”

2. 国家试行耕地补偿制度

规定非农业建设经批准占用耕地的，按照“占多少，垦多少”的原则，由占用耕地的单位负责开垦与所占用耕地的数量和质量相当的耕地；没有条件开垦或者开垦的耕地不符合要求的，应当按照省、自治区、直辖市的规定缴纳耕地开垦费，专款用于开垦新的耕地。省、自治区、直辖市人民政府应当制定开垦耕地计划，监督占用耕地的单位依照计划开垦耕地或者按照计划组织开垦耕地，并进行验收。

3. 强化了基本农田保护制度

新《土地管理法》第三十四条规定：“国家实行基本农田保护制度。”明确必须划入基本农田保护区严格管理的耕地包括：粮棉油生产基地内的耕地，有良好的水利和水土保持设施的耕地，正在实施改造计划以及可以改造的中低产田，蔬菜生产基地，农业科研、教学试验田等，要求“各省、自治区、直辖市划定的基本农田应当占本行政区域内耕地的80%以上”。对基本农田保护区内的耕地实行特殊保护，建设项目用地确需占用基本农田的，必须报国务院批准。

按照耕地保有量在1.2亿公顷(18亿亩)和粮食综合生产能力达到5亿吨左右的目标，严格保护耕地和基本农田。确保基本农田总量不减少、用途不改变、质量不降低。全面落实《省级政府耕地保护责任目标考核办法》，土地利用总体规划确定的地方各级人民政府对耕地、基本农田保护面积和质量，纳入领导干部考核内容进行考核。重点保护国家粮食主产区和商品粮基地的基本农田，建立基本农田保护示范区和监管体系。以建设促保护，加大投入，逐步实现基本农田标准化，基础工作规范化，保护责任社会化，监督管理信息化，全面提高基本农田管理和建设水平。

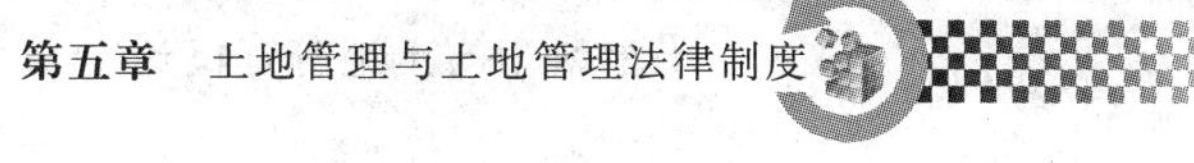

4. 强化对建设用地总量和城市建设用地规模的控制

新《土地管理法》第十八条规定："地方各级人民政府编制的土地利用总体规划中的建设用地总量不得超过上一级土地利用总体规划确定的控制指标，耕地保有量不得低于上一级土地利用总体规划确定的控制指标。省（市、自治区）人民政府编制土地利用总体规划，应当确保本行政区域内耕地总量不减少。"其目的在于控制城市规模的扩张对耕地的大量占用。

严格控制各类建设占用耕地，按照"循序渐进、节约土地、集约发展合理布局、积极稳妥地推进城镇化"的要求，统筹城乡协调发展，确定各级、各类城市的规模和布局，切实防止城市无序扩张。加强建设用地审批管理，严格核定各类建设占用耕地的数量，有效控制耕地减少过多的状况。坚持按建设项目考核，补充耕地的数量，质量实行按等级折算，确保与占用耕地数量质量相当。加快建设耕地保护国家监管系统，提高耕地保护的信息化水平和国家监管能力。

5. 搞好土地整理复垦，增加有效耕地面积

积极推进以田、水、路、林、村综合整治为主要内容的土地整理复垦。制定土地整理复垦工程建设标准，进一步提高土地整理复垦质量。土地整理复垦要向粮食主产区、基本农田保护区和规划确定的重大工程区倾斜，以土地整理促进基本农田和农田水利等基础设施建设。按照建设社会主义新农村、推进现代农业建设、保障国家粮食安全的要求，搞好基本农田和村庄土地整理。加强国家投资土地整理复垦项目的实施管理，用好、管好资金，发挥其最大效益。加大工矿废弃土地整理复垦力度，减少水土流失，改善生态环境，增加有效耕地面积。

6. 处理好生态建设、农业结构调整与耕地保护的关系

坚持保护优先、开发有序的原则，保障国家生态脆弱地区治理和重点生态建设工程的用地需求。严格执行退耕还林政策，科学确定不同区域、不同类型的生态退耕标准和指标，并纳入土地利用总体规划和年度计划。重点做好陡坡耕地、严重沙化地区等的退耕工作，严禁将土壤条件和耕作条件良好的平坝缓坡地退耕。生态退耕地区要确保每个农村人口保有一定数量的基本口粮田，禁止占用基本农田绿色通道和城市绿化隔离带。搞好土地评价，支持农业产业结构优化。农业结构调整中要稳定耕地特别是基本农田的数量、质量和布局。通过监测和有效防治，减少自然灾害损毁耕地。

（二）新《土地管理法》以保护农民的土地财产权为宗旨

1. 土地确权维护农民权益

土地制度是最基本的财产制度之一。农村土地产权改革的首先内容就是确权。不但确保农村土地集体所有制归属，而且还要确保农户的产权。以保护农民的土地财产权为宗旨，新《土地管理法》第十四条规定"农民的土地承包经营权受法律保护"，"承包经营期限为三十年"，第一次将党的政策上升为法律；明确农民集体所有土地产权代表是村集体经济组织或者村民委员会、村内农村集体经济组织或村民小组、乡（镇）农村集体经济组织，为建立新型的农民集体所有土地的财产组织形式提供了法律依据；解决了农村集体建

设用地使用权的法律保护问题，新《土地管理法》第十一条规定“农民集体所有的土地依法用于非农业建设的由县级人民政府登记造册，核发证书，确认建设用地使用权”，赋予了公民知情权和监督权。第二十条规定：“乡(镇)土地利用总体规划应当划分土地利用区，根据土地使用条件，确定每一块土地的用途，并予以公告。”第四十六条规定“国家征用土地的，依照法定程序批准后，由县级以上地方人民政府予以公告并组织实施。被征用土地的所有权人、使用权人应当在公告规定期限内，持土地权属证书到当地人民政府土地行政主管部门办理征地补偿登记”，改变了过去在土地管理实践中行政机关的违法批地行为由用地者同时承担法律责任的做法。第七十八条规定：“非法批准征用、使用土地，对当事人造成损失的，依法应当承担赔偿责任。”

2. 强化土地产权管理

强化土地产权管理需要认真做好如下工作。

(1)完善土地权利体系。改革完善土地产权制度，明确国家土地所有权、农民集体土地所有权和土地使用权，以及各类他项权利的主体、客体、权利、义务、取得和消灭条件等，建立严格保护和合理利用土地资源的产权机制。

(2)实现土地登记全覆盖。基本完成农民集体土地所有权、使用权和农村宅基地登记发证任务，及时做好国有土地产权和国有土地使用权的变更登记，实现土地登记全覆盖，实行城乡地政统一管理。做好土地开发整理、土地置换中的权属管理工作。

(3)建立完善的土地权属争议调处机制。研究基层土地权属争议调处经费的解决途径，建立调处人员的持证上岗制度，形成一支高素质、有较高法律政策水平的专业队伍，依法调处各类土地权属争议。

(4)推进土地统一登记体系建设。按照统一规范的原则，开发应用统一标准软件，以县级为基础，建立自上而下的全国土地统一登记体系，实现土地产权信息、土地登记资料的异地查询和土地登记相关信息的逐级汇总与分析。建立完善土地登记代理人制度、土地登记自我举证制度，全面推进土地产权信息公开查询服务。

3. 改革征地范围和补偿标准

党的十七届三中全会提出的征地制度改革，不是改革现行的征地程序，而是从维护农民土地财产权益的角度，对征地的范围和补偿标准进行改革，使被征地农民原有生活水平不降低，长远生计有保障。

(1)建立征收土地范围制度。建设项目需要占用城市建设用地范围内的土地应当实行征收，集镇、建制镇内的公益性项目用地可以实行征收，除此之外，不得征收。要按照集体建设用地流转的方式使用集体土地。

(2)建立非公益性项目目录。确定公益性建设项目，可以有两种做法：一是确定经营性项目，如房地产、旅游、娱乐等商业项目；二是参照划拨用地目录的规定，凡是目录中确定的划拨用地项目，可以暂定为公益性项目用地。凡是经营性项目用地，不属于征收范围的一律不实行征收，通过集体建设用地使用权流转的形式，解决生产建设用地问题，进一步缩小征地范围。

(3)建立公益项目征收和经营性项目征购制度。为充分保障集体土地财产权和农民

的合法权益，可按照公益性建设项目和经营性建设项目征地差别化原则，建立公益性项目征收与经营性项目征购并存制度。凡是经营性项目征收土地的，无论在城市规划区内，还是在城市规划区外，都实行征购制度，体现土地产权平等原则。为此，必须制定符合征收与征购制度的程序，以规范征收、征购行为。

(4)建立统一的补偿原则。征收农村集体土地，一是按照同地同价原则予以征收；二是建立统一的补偿标准，不再与农业年产值挂钩，而是与保持当地的生活水平和农民的长远生计挂钩；三是确定集体经济组织与农民之间的土地补偿费分配形式及分配比例；四是制定附着物等房屋拆迁补偿标准，进行货币或者实物补偿；五是制定被征地农民社会保障制度；六是调整征收建设用地补偿标准。

(三)实行严格的土地用途管制

1. 土地用途管制的含义及对主要环节的规定

土地用途管制制度是市场经济发达国家普遍采用的政府有效管理土地的基本制度。它的基本内涵是国家通过土地利用规划规定土地用途，使用土地的单位和个人必须严格按照土地利用规划确定的用途使用土地。土地用途管制的法理基础是土地的发展权属于国家。在土地利用上，无论何种土地所有制，土地利用都必须符合社会利益。土地用途管制制度最早是在民法地权限制的基础上发展而来的。地权限制的基本内涵是：土地所有权和使用权的行使不能给他人利益造成损害。法律规定地权限制的主要目的是维护其他权利人的利益，而土地用途管制则是在地权限制难以达到合理利用土地的效果时而采取的一种法律手段。当地多人少、土地十分廉价的时候，国家对私人的土地利用行为管制很少，或者根本不予管制。但是，随着形势的变化，人地矛盾的日益突出，人们逐渐认识到广泛的公共管制的必要性。这种公共管制就是土地用途管制，即国家通过规划管制私人土地。现代意义上的土地用途管制就是在此基础上发展而来的。

1998年以前，我国一直实行的是分级限额审批制度，不注重规划的作用，对农用地向建设用地流转缺乏严格的法律限制，这是造成耕地大量减少、土地粗放利用的重要原因之一。新《土地管理法》按照与国际惯例接轨的要求，适应市场经济发展的需要，从法律上确立了土地用途管制这一土地管理的根本制度。新《土地管理法》对土地用途管制的主要环节作出了明确规定。

(1)土地分类是实施用途管制的基础。新《土地管理法》第四条规定："国家实行土地用途管制制度。"国家编制土地利用总体规划，规定土地用途，将土地分为农用地、建设用地和未利用地三类，使用土地的单位和个人必须严格按照土地利用总体规划确定的用途使用土地。突出了土地用途管制的核心是严格限制农用地转为建设用地，控制建设用地总量，对耕地实行特殊保护，解决了监督土地利用规划实施的最基本问题。

(2)土地利用总体规划是实施用途管制的依据。新《土地管理法》突出了土地利用总体规划的地位和作用，第三章"土地利用总体规划"自第十七条至第三十条对土地利用总体规划的编制原则和审批、土地利用总体规划与相关规划的关系、土地利用计划等作了详细规定，为实施土地用途管制提供了依据。

(3)农用地转用审批是实施用途管制的关键。新《土地管理法》增设了农用地转用审批手续，规定任何单位和个人进行建设占用土地，涉及农用地转为建设用地的，应当办理农用地转用手续；国务院、省(市、自治区)批准的建设项目占用土地，涉及农用地转为建设用地的，都必须报国务院或者省级人民政府批准，从而为土地利用总体规划的有效实施提供了保证。

(4)执法监督是实施用途管制的保障。新《土地管理法》强化了土地执法监督，加大了对土地违法行为的处罚力度，规定了对违反土地利用总体规定的用途批准用地的，以非法占用土地论处。

2. 土地用途管制的实质

土地用途管制的实质是土地的利用必须符合社会利益。在国外及我国港、台地区，虽然土地用途管制的名称各不相同，但都体现出两个基本特点：一是土地利用规划是实行用途管制的基础，土地未经规划不得开发是基本的法律原则；二是土地利用规划具有法律效力，任何单位和个人必须按照规划确定的用途使用土地。土地用途管制的实质是无论土地所有权如何，土地的利用必须符合社会利益。

我国现行《土地管理法》对国外通行的土地用途管制制度进行了法律移植，将土地用途管制确立为我国土地管理的基本制度。新《土地管理法》在总则第四条明确规定："国家实行土地用途管制制度。国家编制土地利用总体规划，规定土地用途，将土地分为农用地、建设用地和未利用地。严格控制农用地转为建设用地，控制建设用地总量，对耕地实行特殊保护。"同时，新《土地管理法》还明确了土地用途管制实施的主要环节：即将土地分类作为实施土地用途管制的基础；将土地利用总体规划作为实施土地用途管制的依据；将农用地转用审批作为实施土地用途管制的关键；将执法监督作为实施土地用途管制的保障。土地用途管制制度的建立和实施，带来了土地管理方式和土地利用方式的深刻变化，对于加强土地管理，维护土地的社会主义公有制，合理利用土地，切实保护耕地，严格控制农用地转为建设用地，控制建设用地总量，保证国家宏观调控目标的实现，促进经济社会的可持续发展，都发挥了十分重要的作用。

(四)合理划分中央和地方的土地管理职权

新《土地管理法》依据《宪法》关于合理划分中央与地方国家机构职权的原则，按照市场经济和土地用途管制的要求，依照管理职权的性质对各级人民政府的土地管理职权进行了明确划分，即将涉及土地管理宏观决策性的权利，包括土地利用总体规划的审批权、农用地转用和土地征用的审批权、耕地开垦的监督权、土地供应总量的控制权集中在中央、省两级政府。同时，将土地管理执行性的权力下放到市(地)、县(市)政府，如：土地登记权、土地利用规划和土地利用计划的执行权、在已经批准的建设用地区域内具体项目用地的审批权、土地违法案件的查处权等。这种职权的划分有利于引导建设用地的集约利用，有利于实现国家土地管理的政策性目标。

20多年来，在各级国土资源管理部门的共同努力下，《土地管理法》所确立的土地管理的基本原则和制度在我国土地管理的各个方面发挥了越来越显著的作用，显示出强大的生命力。“十分珍惜和合理利用每一寸土地、保护耕地”的观念得到了全社会的广泛认同,各级政府和国土资源管理部门依法行政的意识和水平明显提高。《土地管理法》的配套法规建设不断完善。为了保证《土地管理法》的顺利实施,国土资源部颁布了《土地利用年度计划管理办法》、《建设用地预审管理办法》、《建设用地审查报批管理办法》、《闲置土地处置办法》、《招标拍卖挂牌出让国有土地使用权规定》、《协议出让国有土地使用权规定》等部门规章,有力地推动了《土地管理法》的顺利实施。按照规划用地管地的新制度已基本建立,各级国土资源管理部门按照《土地管理法》的要求积极做好土地利用总体规划的编制和修订工作。土地利用总体规划和土地利用年度计划开始在用地管地中发挥总揽全局的作用,土地用途管制的实施有了科学依据。集约用地、保护耕地的新机制已初步形成。土地供应总量得到了有效控制,土地市场更加规范,土地供应机制更加合理,地价管理体系逐步健全,极大地促进了土地利用方式由外延粗放向内涵集约的转变。土地执法力度进一步加大,重大土地违法案件的公开调查制度与有关部门联合办案制度已初步建立,卫星遥感技术开始在发现重大土地违法案件方面发挥重要作用。这一切充分说明,《土地管理法》所确立的以耕地保护为核心的土地用途管制制度是切实可行的,《土地管理法》的实施已经取得了明显成效。

(五)加强新农村建设用地管理

按照新农村建设的战略部署和总体要求,以严格保护耕地为前提、以控制新增建设用地为重点、以节约集约用地为核心,统筹安排城乡各项用地。土地利用年度计划要合理安排新农村建设用地,支持农民急需的生产生活设施建设,重点对农村饮水安全工程、农村公路、农村电网改造等新农村建设工程,提供用地服务。县(市)和乡(镇)土地利用规划要在摸清农村建设用地现状的基础上,严格划定基本农田保护区、村镇建设用地区、土地整理复垦区和生态保护区,并落实到地块。

按照乡(镇)土地利用总体规划、乡村建设规划和节约用地、设施配套、节能环保的原则,加强对村庄、集镇和农民住宅建设的引导,因地制宜实施农村基础设施和村庄改造。新农村建设要充分利用村内空闲地、废弃宅基地、空心村等存量建设用地,尽量不占或少占耕地。坚持建新拆旧,积极推进废弃地和宅基地复垦整理。在农用地转用、土地征收过程中,要维护被征地农民的合法权益。要大力加强农村地质灾害防治,保护农民群众生命财产安全。

【思考题】

1. 土地管理的实质及内容是什么?

2. 我国土地立法的指导思想及基本原则是什么?

3. 贯彻《中华人民共和国土地管理法》,实行严格的土地用途管制法律制度,其意义是什么?

第六章　土地管理的基础业务及相关法律规定

第一节　土地利用规划与规划管理

土地利用规划(亦称土地规划)是土地利用和土地利用管理工作的“龙头”,决定着土地利用和土地利用管理在时间与空间范围的布局。所以,我国在完善改革土地管理制度和土地使用制度方面,以及为适应我国经济与社会发展对土地宏观调控的需要角度出发,都十分重视土地利用规划。从1986年国家土地管理局一成立,就开始了土地规划的研究工作,到以2004年为基期,开展新一轮土地利用规划的修编,为满足科学发展观对土地协调和可持续利用的需要,实现全面建设小康社会宏伟目标,以及建设和谐社会提供了基础服务。

一、土地利用规划的理论

(一)土地利用规划的概念与本质

1. 土地利用规划的概念

土地利用规划(land use planning)是根据土地利用的自然、经济和社会条件,历史基础和现状特点,以及经济社会发展对土地的需求等,对一定地区范围内的土地进行统筹安排,组织合理利用和经营管理的一项综合性的技术经济措施;土地利用规划是确定和分析问题,以土地合理利用为核心,以确定最佳综合效益为目标和具体的规划指标,制定和评价供选方案的行为。土地利用规划方案是土地用途的空间及其利用过程的长期的、全面的安排,以及一套使其实现的行动建议。土地利用规划是土地利用结构和布局的优化配置。土地利用规划是土地科学管理的重要组成部分。

按照联合国粮农组织(FAO)1993年的定义,土地利用规划综合评价土地和水资源,可选择的土地利用经济和社会条件,以选择最佳的土地利用方案。土地利用规划是指基于不同土地使用者之间进行反复对话的过程,决定农村地区持续土地利用的方式以及结果的实施和监测,目的在于更好地适应人们的需求,同时保证土地(资源)在未来能够利用。

土地利用规划还是一个历史性的概念，受到一定历史时期经济与社会发展的局限和影响。对已经和正在实施的土地利用规划的认识和把握，不能采用一种简单的全盘肯定或否定；对于未来的土地利用规划，必须以科学发展的观点和态度，正确认识和把握未来土地利用的系统结构，科学预测其变化规律以及相应的土地利用管理，进行科学的安排。努力保证土地利用规划符合经济与社会发展的需要和要求，使土地利用规划具有生命力和权威性。土地利用规划的对象是全部的土地利用（土地利用总体规划）或者土地利用某一个方面（土地利用专项规划、土地利用专题规划）。

2. 土地利用规划的本质

土地利用规划本质上具有鲜明的社会目标导引和众多参与者的社会特征。它既是对未来土地利用预期的推测，也是对实现这项目标的行动安排，并且在行动过程中不断趋近预期目标。土地利用规划的最重要的特征是其未来导向性，它的实质是一种对未来不确定的缓解和抵消。土地利用规划最本质的功能，是有限的土地在部门间、产业间的合理分配和土地利用的时空组织。从目的意义上看，土地利用规划是各级政府贯彻执行国家的土地利用政策，为国民经济各部门、各行业间分配与调整土地利用结构和布局，而编制的战略方案，也是为贯彻国家在土地开发利用和治理保护的政策而采取的综合的宏观管理手段，以达到土地合理开发、利用、治理、保护的目的。从权利上看，土地利用规划已在有关法律中获得了法律地位，土地“三权”（所有权、使用权、经营权）及其权益，具有较强的法定性。从政府行政上看，在市场经济框架内，规划是一种政府行为，土地利用规划是对市场配置土地失灵的一种有效纠正行为，强化规划的土地用途管制，抑制市场对合理用地的冲击。从宗旨上看，土地利用规划是对未来土地利用的调控，也是一个不断逼近预期目标的过程。从手段上看，土地利用规划是决策支持系统的一部分。所以，土地利用规划要对未来土地利用进行时空分配和组织协调、控制和监督检查，达到资源约束条件下获取的综合效益最大化，以保证土地利用的充分性、公平性和可持续性(sustainability).

(二)土地利用规划的特性与新形势下土地规划具有的特点

我国的土地利用规划，除了具有土地利用规划所含传统的地域差异性、战略性、宏观性及时序性等特性之外，还反映新形势下我国土地利用规划所具有的特点。

1. 综合性

综合性不仅仅是指传统意义上的自然、社会、经济和生态的综合，部门的综合，多学科的综合，更强调作为政治、历史、经济、社会环境与土地利用空间相互作用基础上的综合。我国的土地利用规划在编制过程中经过大量的社会经济调查和预测，规划的内容中也有社会经济的内容（人口、国民生产总值、国内生产总值等），但是这些社会经济的分析、预测及结论均未很好地转化为规划的组成部分，或者并没有有机地结合进规划内容中，两部分是脱离的。而实际上，土地利用规划是将社会经济和环境发展的内容转化为空间层次的内容，这种转化之所以实现的原因是土地利用关系蕴涵着社会经济和和环境关系，土地利用规划通过协调和调节土地使用关系，建立社会经济和环境要素在土地使用上的关系，为社会经济和环境发展提供空间支持。因此，土地利用规划的综合性或整体性，体现在土地利用系统和社会经济与环境系统的相互作用之中。

(1)规划的对象是规划区域内的全部土地，其内容是土地的开发、利用、整治和保护，而不是某一部分土地或某一项内容。

(2)规划的作用是综合各部门对土地的需求，组织与协调各部门、各产业用地矛盾，而不是规划某部门或某行业的用地。因此，在土地利用总体规划的编制过程中，必须由各级土地行政管理部门牵头，各用地部门共同参与，实行跨部门、多学科的综合研究。

2. 长期性

土地利用的好坏及其变化是同人口增长、技术进步、工业化、城镇化和农业现代化等经济发展过程有规律地互相联系的。这些经济过程的变化是长期的、渐进的，按照预定的目标来调整土地利用的结构和土地利用方式的，所以不是在短期内所能实现的。为了使土地利用的变化能同长期的经济发展过程相协调，减少矛盾，这就需要有一个长期的规划。一般土地利用总体规划的规划期限在10年以上(1999年1月1日起施行的新《土地管理法实施条例》第九条规定：土地利用总体规划的规划期限一般为15年)。

由于长期规划只能预测土地利用结构和土地利用方式变化的大致过程，而不可能预见其变化的具体形式和详细内容。所以土地利用总体规划只能是战略性、宏观性的规划，所提的规划指标只能是几个主要用地部门概略的、方向性、指导性的指标，以提高规划的稳定性。

土地利用总体规划是土地利用中期、近期和年度计划的依据，它决定中期、近期和年度计划的方向、任务和基本内容，并保证土地利用计划的科学性、实践性与连续性。

3. 可变性

由于影响土地利用的人口、技术进步、经济发展等因素是不断变化的，不存在一个永恒的理想的土地利用模式，土地利用总体规划只是在一个时期内，把现在的土地利用状态改变为更适合经济发展要求的利用状态的措施之一。还由于在长期的经济发展过程中不可避免地存在某种难以预料的不确定因素，所以，不仅总体规划所提出的远景规划指标应当是概略的、有弹性的、指导性的，而且规划的着重点也不放在详细描述预期要达到的最终状态，而应放在研究规划方案所要完成任务和实现规划的政策、措施和步骤，描述各种政策、措施所造成的后果，并从中选择一个较好的规划方案。规划完成后，要定期监测规划实施的结果，要根据实践的变化定期修订规划，并在土地利用的中期、年度计划中加以调整。因此，土地利用规划是一个处于“规划编制—实施—修编—再实施”的动态演变、不断逼近规划目标的过程。土地利用规划中的指导性指标和时序是弹性的，随着客观情况的变化，需要适时组织，按法定程序进行修编、修改与修正。

由于经济体制改革和可持续发展的要求，作为一个地域辽阔而各方面差异显著的大国，新时期的新型土地利用规划具有以下特点。

(1)与政治相关

土地利用规划虽然主要起源于经济和环境的问题，但是与政治密切相关。尤其是随着土地利用规划对经济与社会发展的作用日益显著，其政治特点逐渐增加。比如，欧洲具有较高的集权程度，公共部门对国民生产总值(Gross National Product, GNP)和国内生产总值(Gross Domestic Product, GDP)的支付比例占40%以上。使得中央政府便于实施全国性的规划工作,因为地方政府的规划必须与中央保持一致。当规划工作出现争议时,一般更多依赖于管理部门的决定。而美国的宪法为各个州保留了大量的权利,公共部门对国民生产总值的支付比例占35%以下,规划的争议也多半依赖于法庭的裁决。美国的土地利用总体规划,作为"土地宪法"使用,正如John. M. Levy所说,"规划往往在高度政治化的背景下出台"。我国正处于工业化、城镇化快速发展,全面建设小康社会的关键时期,土地利用规划执行的是法定的土地用途管制制度和一些指令性用地指标,土地利用规划管制将成为政府调控经济社会建设发展的基本手段,土地利用计划和土地市场分别是实施土地利用规划的有形的手和无形的手,用好这两只手,实现以"合理利用土地,切实保护耕地"为核心的土地利用规划战略性目标,对于构建社会主义和谐社会、全面建设小康社会,具有重要的意义。土地利用规划与政治相关的特点影响了规划的方法。

(2)基于经济体制的构架

作为对经济社会发展提供用地保障和调控功能的土地利用规划,从开始产生时就与经济体制以及经济社会发展的阶段密切相关。如美国俄亥俄州土地利用规划在20世纪70年代主要集中在资源保护和发展管理上,而80年代则体现在发展经济和城市基础设施建设上,与其时代的发展密不可分。中国走过了建立有计划的社会主义商品经济、建立社会主义市场经济、完善社会主义市场经济的不同发展阶段,每个阶段所体现的土地利用规划理念、模式和方法都有所不同。

(3)注重土地利用的持续性

1992年联合国环境与发展大会使可持续发展的思想广泛应用于各个领域。《21世纪议程》中的第十章为"土地利用管理的综合方法",应用这一方法的途径在于实现土地的可持续利用、加强制度建设及提高权益人(stakeholders)在土地利用决策中的参与度。1997年,FAO出版了《持续土地利用规划——走向新的综合》报告和《21世纪土地(资源)管理的结构和制度指南——为持续性的土地未来而协调》,1999年又出版了《土地的未来——面向持续土地利用管理的综合规划指南》。可见,当代的土地利用规划不但考虑经济和社会的效益,而且考虑可持续性。

(4)作为政策调控的工具

土地利用规划是基于经济社会发展的需求而产生的,具有与经济社会同步演化的特点。总结归纳国际上土地利用相关规划的特点,土地利用规划发展演化可分为:科学和理性为特点的"蓝图规划"阶段、系统综合为特点的"过程规划"阶段以及倡导人的社会价值理念为特点的"参与式规划"阶段。"蓝图规划"基于经济社会发展的确定性假设,其目标在于编制规划方案,即画出在一定年代内希望实现的某些最终状态的详细图景;"过程规划"基于社会经济发展的不确定性假设,重点放在研究规划方案所要完成的任务和实现这些任务的各种途径;"参与式规划"基于经济社会发展的以人为本的假设,重点放在不同利害关系人的文化理念、政治观点和经济利益等的综合协调。我国处于经济社会的快速发展阶段,规划更应该采用"过程规划"模式,土地利用规划不仅要描绘未来变化的图景,还要通过行动纲领和政策的制定,调整经济社会关系的变化。引导经济社会和环境的发展方向、行动步骤，促进经济社会在客观规律和规划的综合作用下，符合未来发展的要求。在某种程度上，土地利用规划成为政府的公共政策的工具或者一部分，是一项政府行为，是为一定的土地制度和土地政策服务的，政府作为公共利益的代表，借助于土地利用规划对土地利用进行干预，更多的是体现政府手中的权力。我国在计划经济体制下的土地利用规划更多地以调查为手段，作为一种技术的支撑，为土地利用的计划安排服务。而在市场经济体制下，被赋予公共管理职能的政府部门，需要更多具有宏观调控的功能，即通过土地供应的控制、土地用途管制区域的划分以及土地利用分区管制规划的制定等方式既服务于经济社会发展，又对经济社会的发展起到调控的作用，土地利用规划的功能定位于弥补“市场失灵”，因此，更多地体现了一种经济政策调控工具的特点。

(5)体现为空间规划的区间层级性

我国经济体制的改革使中央和地方政府在财权、事权等方面有了不同的划分。具有鲜明政治经济特点的土地利用规划也相应有所不同。土地利用规划的空间层次性体现在不同层级的土地利用规划有不同的目标、内容、实施方法和保障手段等。按国家惯例，可以把现在的五级规划体系概括为国家级、区域级（省、市级）和地方（县、市、乡镇级）三种。国家级规划确定方向，省（市、区）、市（地）区域级规划通过统筹协调区域关系的角度确定土地利用政策，县（市）、乡（镇）地方级规划是落实性的。首先，国家和省（市、区）、市（地）级规划都属于管理型的规划，而县（市）、乡（镇）地方级规划更具有具体的操作性，属于实施型的规划。其次，前两层次规划由于宏观性和原则性比较强，不具有完备的可操作性，只能依据规划许可等手段来实施。而县（市）、乡（镇）规划比较具体，可以建立一套可执行的措施，能保证立法和司法的技术要求更具有约束力。在计划经济体制下的土地利用规划具有决策集中化的特点，不同层次规划的存在大多处于控制和便于执行的考虑，本质上的差别不大，难以反映出不同层级政府间的范围和矛盾。在市场经济体制下，不同层级的政府有各自的职能范围、各自的利益，由此决定了规划的重点内容和作用，以及实施的方法等都有所不同。国家级规划具有宏观性、全局性、战略性的特点，省、市级规划具有指导性、承上启下的特点，县（市）、乡（镇）级规划通过土地用途管制区的划分，具有实施性的特点。

（三）土地利用规划的依据和基本原则

1. 土地利用规划的依据

新《土地管理法》第十七条规定：“各级人民政府应当依据国民经济和社会发展规划、国土地整治和资源环境保护的要求、土地供给能力及各项建设对土地的需求，组织编制土地利用总体规划。”这就明确地提出了编制土地利用规划的依据。

(1)以国民经济和社会发展规划为依据

以五年为周期（原称“五年计划”）编制的国民经济和社会发展规划（现在正值“十二五”规划编制实施），是由政府提出，经过人民代表大会批准的国家或地方省、市、县（市）级最高层次的规划。是国家或地方各级未来五年经济社会发展的宏伟蓝图，是全国人民共同的行动纲领，是政府履行经济调节、市场监督、社会管理和公共服务职责的重要依据。

土地利用规划以经济与社会发展规划为依据，进行土地优化配置，发挥土地供应对经济与社会发展的调控作用，实现国民经济与社会的协调和可持续发展。因为只有这样，土地利用规划才能符合国民经济和社会发展的需要和要求，才能使土地利用规划具有生命力和权威性。

(2)以国土整治和资源环境保护的要求为依据

土地资源是国土资源的核心资源，只有充分有效地利用国土资源，才能满足人民群众的物质文化需求。保护人民的生存、生产环境，提高人民的生活质量，遏制土地生态与环境退化(如荒漠化、水土流失、环境污染等)，对未来土地的利用与保护提出了要求。土地利用规划要从当今的资源国情出发，根据国土资源环境整治与保护的要求，优化配置土地资源，维护生态平衡，促进环境良性发展，努力保证土地利用与经济社会可持续发展及人口、资源、环境相协调。

(3)以经济建设对土地的需求及土地供给能力为依据

新《土地管理法》第四条明确规定："国家实行土地用途控制制度。""使用土地单位和个人必须严格按照土地利用总体规划确定的用途使用土地。"这地的用途是什么？这建设项目用什么地？土地利用规划将成为政府调控建设发展的基本手段，虽然土地利用规划并不知道什么时候出现什么具体用地项目，但必须知道有了具体用地项目应安排在什么地方，并依项目性质和建设项目确定用地数量，还要注意严格限制农用地转为建设用地，控制建设用地总量，对耕地实行特殊保护。

因此，土地利用规划的功能定位重点在合理确定土地在各种用途中的配置，特别是切实保护耕地和合理确定经济建设发展用地的定位和定量。基于土地面积的有限性和经济的发展，多项建设对土地需求的"无限"性，不可能"有求必应"，必须合理确定建设规模和时序，优化用地结构和科学布局，使各项建设在土地资源约束条件下，得到有序的科学的安排。如何在集约节约的前提下，不断满足经济与社会建设发展的需求，是土地利用规划的一项基本任务。

2. 土地利用规划编制的基本原则

新《土地管理法》第十九条指明，土地利用总体规划是按照下列原则编制的。

(1)严格保护基本农田，控制非农业建设占用农用地

进行土地利用规划时，坚持统筹兼顾、全面安排，并非不分主次。全国或各个地区在不同时期和不同条件下，对土地的利用应有其各自的重点。就全国而言，人多耕地少，耕地后备资源不多，而我国这样一个人口众多的大国又不能依赖进口农产品为生，这就决定了中国的土地利用必须要贯彻保护基本农业用地的原则。遵循的方针是"一要吃饭、二要建设"。为此，则要做到：在一定的土地生产率条件下，全国用于农业生产的土地面积应保证满足社会对农副产品的需求而且布局要合理；扩展非农业建设用地时，要尽可能不占或少占耕地；严禁占用优质农业用地保护区、基本农田保护区和菜地保护区内的优质耕地；要尽可能地扩大农业利用的土地面积。耕地是土地的精华，基本农田是人们的命根子。土地利用规划要坚持严格耕地保护这个基本原则。建立的基本立足点是：确保耕地总量基本稳定，基本农田面积不减少，确保优质耕地划入基本农田，并通过加大投入不断提高

质量，控制非农建设占用耕地，保证基本农田真正得到保护，保障粮食安全。

(2)提高土地利用率

从我国人多地少、耕地短缺、后备资源不足的国情出发，提高土地集约利用水平，按照节约用地的要求安排土地利用，实行从严从紧供地，节约和集约利用土地，充分有效利用土地。通过内涵挖潜和合理利用，全面提高土地利用率，不断满足经济社会发展对土地的需求。

(3)统筹安排各类、各区域用地

由于土地具有多种功能和用途，人们对土地也有多方面的需求，因而在利用土地时要坚持统筹兼顾的原则，以便协调各部门、各区域、各方面对土地的需求，做到“地尽其用”，避免顾此失彼。这样才能保证国民经济可持续、协调发展。

统筹兼顾不仅指协调城镇、工交建设用地与农业用地之间的矛盾；在用地内部，也要注意统筹兼顾、全面安排，使农、林、牧、副、渔各业能够得到全面发展，各得其所。

统筹兼顾也包含土地的综合利用，即指同一土地在各方面的利用。例如，疏林草地，既可以利用空间发展林业，又可以利用平面草地发展牧业，能有效地提高土地的利用率。

在土地利用规划中统筹兼顾，还要正确处理局部利益与整体利益、当前利益与长远利益的关系。一般来说，当前利益应该服从长远利益。为了实现土地利用规划的目标，需要把局部问题纳入整体目标中综合考虑。

因此，制定和实施土地利用规划最重要的是要按照以人为本，全面、协调、可持续发展的科学发展观的指导思想，对各部门、各专业门类土地利用的空间布局作出综合性、战略性的统筹安排，因地制宜落实区域规划布局。

(4)保护和改善生态环境，促障土地的可持续利用

土地利用规划应贯彻执行“一要吃饭，二要建设，三要生态环境，四要经济社会可持续发展”的用地方针和策略，要在一定区域的土地上统筹安排土地利用，合理分配各部门各业用地，使土地利用综合效益最大化。如果分配不妥，安排不当，造成生态环境恶化，将会贻害子孙后代。

利用土地要考虑宏观经济效益是不言自明的道理，但是人们利用土地不仅限于生产，还要满足生活以及其他方面的需求，所以合理利用土地不仅要考虑物质生产的经济效益，还要考虑各种非物质生产部门的一时无法用经济效益衡量的社会效益。而且，土地是自然生态系统的一个组成部分，人们利用土地的同时，必然会引起整个自然生态系统的变化，促使生态系统向良性循环或恶性循环方面发展。因此，土地利用还必须考虑它的生态效益。注重经济效益、社会效益与生态效益的综合统一，按照持续、协调、科学发展理念，保护和改善土地生态环境，促进人与土地、人与环境和谐发展，协调好人与自然的关系，用地与“养地”结合促进土地可持续利用，应是土地利用规划的重要原则。

(5)实现占用耕地与开发复垦耕地相平衡

民以食为天，食以粮为本，粮以地为源，保护耕地就是保护生命线。在工业化、城镇化的快速发展中，为了保障建设用地、保障粮食安全、保障经济社会安全，在土地数量有限的国情下，国家实行占用耕地补偿制度。非农业建设经批准占用耕地的，按照“占多少，垦多

少”的原则，由占用耕地单位负责开垦与所占用耕地的数量和质量相当的耕地。在一定时期和一定区域（全国或省级行政区域）内，实现耕地的占、补平衡，务求耕地生产力平衡。这是土地利用规划的一个基本原则，也是具有中国特色的规划原则。

(6)因地制宜，分类指导土地利用

土地位置的固定性及其自然性状决定了土地自然类型的地域差异性，不同地区的土地具有不同的劳动地域分工、特点和用途。因此，各地区、各部门的土地利用规划应该从实际出发，坚持因地制宜分类指导的原则。例如，平原地区的优质耕地，用做永久保护的基本农田，确保粮食安全。在丘陵山区的土地利用规划必须以防止水土流失、合理利用坡地，进行山、水、田、林、路综合治理和充分发挥当地优势，发展丘陵山区经济为指导思想进行。

(四)土地利用规划的理念与规划的目标

土地利用规划是国家改革传统土地管理制度，加强土地宏观调控和统一管理，实行土地用途管制的重要举措。新《土地管理法》对组织编制土地利用总体规划、国家保护耕地、控制耕地转为非耕地、实行占用耕地补偿制度等作出明确规定，土地利用规划编制和实施的法律地位和社会影响程度有了很大提高，表现在全社会按土地规划用地、管地的意识，有效地保护耕地，推进土地整理和村庄改造，提高土地质量，促进土地集约节约利用，改善土地生态环境等方面，都有长足的进步，土地规划的实施，收到了较为显著的成效。第二轮规划（2004—2010年）是在经济过热、用地膨胀、耕地锐减，中央采取宏观调控措施，严格控制建设用地的背景下编制的，规划实施后，出现了许多新情况，遇到了一些新问题，党的十六大又提出全面建设小康社会的奋斗目标，国内生产总值到2020年力争比2000年翻两番，有条件的地方要率先实现现代化的目标。面对经济社会的快速发展和宏观政策的调整，这轮规划也显现出与客观条件变化不相适应的地方，特别是对经济与社会发展战略研究论证不充分，规划基础数据不实（不是指2007—2009年全国第二次土地调查的统计数据），规划指标平均分配或层层截留，严重制约了土地利用规划的科学性和实践应用的可操作性。目前，地方各级土地利用总体规划（2006—2020年）修编正处在关键阶段，为贯彻落实最严格的耕地保护制度和最严格的节约用地制度，要准确把握《全国土地利用总体规划纲要（2006—2020年）》的精神实质，提高土地规划编制与实施的科学性和可操作性，确保新一轮土地规划成果质量。新时期、新形势下土地利用规划的基本思路与设想主要有以下几点。

1. 土地利用规划的理念

土地利用规划的理念是指对规划的认识和规划编制的指导思想。规划首先要有问题的理念，要认真研究土地利用中存在的问题，针对问题编制规划；要有市场的理念和资产的理念。随着市场经济的发展、改革开放的深入，在土地的资源属性渐渐深入人心时，其资产属性也越来越显化。这一客观现实迫使当时的土地管理部门不得不改革创新，转变观念，改革土地使用制度。要以资产的观念管好土地市场，当前需要解决以下问题。

(1)改革完善征地制度

首先要解决征地费用低的问题。农用地转为建设用地,"身价"提高了数十倍甚至数百倍,这里面产生了巨大的利益,因此完善征地制度必须要考虑各方的利益分配。尽可能减少利益驱动,抑制征地冲动。

(2)研究制定农村集体建设用地市场的法律法规

目前规范城市用地市场的法律法规不少,但是农村集体土地市场的法律却比较少,研究制定集体建设用地市场的法律法规已迫在眉睫。规划是弥补"市场失灵"的有效手段,而土地不仅是资源,还是资产,要进行市场分析和资产规划的研究;要有全球化的理念,充分考虑全球化对我国经济社会发展的影响及对土地利用的影响;要有弹性的理念,市场经济的灵活性、变化的诸多不确定性要求规划具有一定的弹性;要有动态的理念,规划的时空多维特征决定了其必然是一个连续进行的工作,是一个过程系统,等等。

2. 土地利用规划的目标

(1)土地利用规划是多目标综合规划

土地利用规划应当是保障经济社会可持续发展的多目标综合规划,而不是单一目标的土地利用规划,由于规划中对保护耕地问题的强调特别多,以至于一些人把土地利用规划仅仅看成是耕地保护规划,这种认识束缚了土地利用规划的发展,限制了土地利用规划作用的发挥,不符合国际上通行的观念和做法。土地不仅是自然资源,还是社会、经济活动不可或缺的空间,是环境的主体。土地利用规划应当是以可持续发展为目的,以资源和环境保护为重点,以协调人口资源环境与发展为基本内容的综合性空间规划。这是全面建设小康社会,构建社会主义和谐社会,实现社会"长治久安"、经济与社会可持续发展的长远的战略考虑。中国人多地少,耕地更少,管理全国土地,必须进行全盘考虑,只有把战略问题考虑清楚了,才能防止出现难以挽回的错误。这也是规划的指导思想。

(2)坚守18亿亩耕地红线

根据我国的国情,今后相当长一个时期内要把保护耕地作为规划的重点和主线,但耕地保护要由原来单一的面积保护,转为数量、质量和生态的全面管护,转为保护和提高粮食的综合生产能力。在现有农业科技发展水平的制约下,只有保证一定面积的耕地,才能保住我们赖以生存和发展的基础。现在中央明确提出要"坚守18亿亩耕地红线",下面对18亿亩耕地数据进行如下的分析与估算。

①耕地数。美国卫片测出中国耕地有21亿多亩,我国调查测算后得出,净耕地的数量是19.7亿亩。

②人口数。根据权威部门预测,2030—2040年或2040—2050年,我国人口高峰为15亿～16亿人。届时城镇人口数有10亿多人,农村人口5亿人左右。

③城乡建设用地数。城乡建设用地有3.8亿亩,据2007年统计,城乡建设用地已达到4.9亿亩,还不包括农业生产建设中的建设用地。参照当时美、日等发达国家的实际占用水平,根据前几年城乡建设新占用地中耕地与非耕地的比例,预计到2040年,城乡建设用地占用耕地2亿多亩,还有退耕、灾毁等减少耕地1亿多亩。

④耕地后备资源数。全国适宜开发耕地的资源,包括农田整理、废弃地整治,约有2

亿多亩。③与④两项的数据增减相抵，到2040年，能保有耕地18亿亩。

⑤粮食需求数。按世界中等发达国家人均消费水平，参照世界粮农组织提出的每人每日需要的食物热量（中等需要量），每年人均需要粮食约500公斤，15亿人需要7500亿公斤，我国粮食总产量多年徘徊在5000亿公斤。考虑提高土地质量和农业科技水平，50多年时间，增加2500亿公斤粮食量是可能的，18亿亩耕地保15亿或16亿人吃饭还是可以的。

守住18亿亩耕地既要有数量，又要有质量，要守住的是18亿亩高质量的耕地。现在距离18亿亩红线越来越近（据统计，2008年年底，全国耕地面积为18.26亿亩），需要各级地方政府和国土资源管理部门高度重视，并积极地采取相应措施。这不仅需要制定长远规划，还要将规划分解成年度耕地保护和整治计划，同时完善保护基本农田等相关的法律法规。

(3)坚持科学发展观，制定长远的土地整治规划

采取的措施与要求主要有以下三点。

①需要在土地利用总体规划的框架下，制定专门的保护18亿亩耕地的十年规划。土地利用总体规划制定的目的，是要保吃饭、保建设、保生态环境、保土地持续利用。其中吃饭用地问题是核心和前提，这就要制定保护18亿亩耕地的规划。其中既要有保耕地数量的规划，又要有保耕地质量的规划。在耕地保护规划所规定的十年周期内，耕地数量、位置不能变，耕地质量不能下降。

②坚持定质、定量、定点的“三定”原则作为检验规划质量的标准。十年之后，根据当时的国民经济发展水平、土地质量提高状况以及农业科技发展情况，再作调整，然后确定下一个十年耕地保护和建设利用规划。届时如果相关因素没有重大变化，保护18亿亩耕地总量不应当改变。

③稳步实现18亿亩高质量耕地目标，建成稳产高产农田。为便于实施耕地保护规划，制定年度耕地保护和整治计划。在一年里，耕地开发多少、整理多少、建设多少，按照标准建设，废弃地如何整理，村庄如何整治，每年都要制定相应的计划，把十年规划分解开来，“分而治之”，便于具体实施。

要把15亿～16亿亩基本农田（“保命田”）列为世代工程，建立保护机制，用年度用地计划进行宏观调控，推动贯彻落实基本农田保护制度，不但要确保基本农田总量不减少，用途不改变，而且要确保质量有提高，建成稳产高产农田。要坚持科学发展观，制定长远的国土整治规划，包括农用地保护、开发、治理规划，城乡建设发展布局规划，环境保护建设规划。只要科学规划，坚持实施，保吃饭、保建设和保生态环境是可以做到的。

二、土地利用规划体系建设

(一)土地利用规划体系的构成

1. 规划体系的含义及包含的内容

任何规划，并不是个别、单一或孤立存在的，而是由不同类别、不同层级、不同时序的规划簇群，构成互为联系、纵横交织的网状系统。每一个规划处于一个规划体系中，扮演

着一定的角色,显现其地位和作用,因此,规划体系建设是一项系统工程。完整的规划体系一般包括规划法规体系、规划管理体系、规划编制体系三部分内容。这三部分内容的关系为:①规划法规体系是由国家、地方和部门制定的与规划编制管理及实施相关的法律、法规、规章、规程、规则、办法等的集合,是进行规划管理和规划编制的依据;②规划管理体系是各级政府根据规划法规体系的授权所建立起来的规划管理机制,包括管理目标、机构设置、人员组成、管理程序等;③规划编制体系是依据规划法规体系,针对不同的规划目的和任务所建立起来的由若干层次规划所组成的有机整体,各层次规划之间相互联系,上一层次规划是下一层次规划的依据和指导,下一层次规划是对上一层次规划的细化和具体落实。

2. 我国土地规划体系在国家规划体系中的地位与功能作用

(1)我国土地规划体系在国家规划体系中的地位(层次)

从我国规划体系上讲,最高层次是国民经济和社会发展规划,它规定全国(国家级)和区域(省级行政区域或跨区域)及自然区域(或流域)整体发展战略;第二层次是国土规划,它将国家发展战略在空间上进行落实;第三层次就是土地利用规划,它在国民经济与社会发展规划,以及国土规划下安排各类、各业、各区域用地;最后一个层次是交通、水利、能源、生态建设和环境保护等专项(或专业)规划,它在国民经济与社会发展规划、国土规划、土地利用规划下安排具体的建设和保护事项。土地利用规划是承前启后的重要规划。

(2)土地利用规划的功能作用

土地利用规划最本质的功能,是有限土地在部门之间的合理分配和土地利用的时空组织。土地利用规划最核心的问题是在土地利用综合效益最大化的政策下,实施有限的土地部门间、产业间的合理分配和再分配。坚持土地用途管制制度、基本农田保护制度、农用地转用审批制度、占用耕地补偿制度等,从我国国情、国策来讲,土地利用规划成为保护耕地的法律保障。

(二)我国土地利用规划体系建设的内容与特点

我国土地利用规划体系建设的内容主要由土地利用法规体系、管理体系和编制体系三部分组成。

1. 土地利用规划法规体系

我国的法规体系由宪法、法律、行政法规、部门规章以及地方法规和规章组成。土地利用规划法规体系是土地利用规划体系的核心,为土地规划管理和土地利用规划编制提供法定依据。按照层次划分,土地利用规划法规包括国家和地方两个层次:国家层面的法规是国家从全国的角度对土地利用规划所作出的规定,具有普遍适用性和宏观性的特点;地方层面的法规是在国家法规的指导下,结合地方实际情况制定的法规,具有较强的操作性。按照与土地利用规划的密切程度,可以划分为主干法和相关法:主干法如《土地管理法》、《土地管理条例》及《土地利用规划法》等,对土地利用规划进行了明确的规定;相关法如《环境保护法》、《城市规划法》等,其中有些内容涉及土地利用规划,也是规划所要遵循的依据。按照内容可以划分为程序法和技术规范:程序法如《土地利用规划编制审批办法》等，对土地利用规划的管理和编制审批程序进行了详细的规定；技术规范如《土地利用规划编制法》，对土地利用规划的编制内容、技术标准等进行了详细的规定。

2. 土地利用规划管理体系

管理是人类为了达到一定目的所进行的有组织的社会活动，通过计划、组织、领导和控制，协调以人为中心的组织资源与职能活动，以有效实现目标。管理广泛适用于社会的各个领域，一个完善的管理体系（系统）由管理目标、管理主体、管理对象、管理机制与方法、管理环境五个要素组成。

土地利用规划管理体系是指政府为了保障土地利用规划工作的开展，依照法律建立的一套行政管理体制，包括管理目标、机构设置、人员配备、运转程序、经费保障等多方面的内容。土地利用规划管理体系是保障整个规划体系良性运转的关键环节。

3. 土地利用规划编制体系

(1)土地利用规划编制体系包含的内容与层次

学术上关于土地利用规划编制体系有各种观点。一种观点认为：根据规划范围和任务的不同，土地利用规划可分为土地利用总体规划和内部规划。土地利用总体规划包括全国、省（自治区）、跨区域（包括经济区、自然区域、流域、地貌类型区域及行政地区域）、县（市）基层四个级别。内部规划一般是指在总体规划控制下，对某种用地或某一部分土地进行的合理组织和安排，包括农业生产用地内部规划和居民点内部规划。根据规划范围和规模的大小，将土地利用规划分为宏观规划和微观规划。根据规划的性质和目的不同，将土地利用规划分为三种类型：经营型土地利用规划、研究型土地利用规划和管理型土地利用规划。另一种观点认为：土地利用规划编制体系包括总体规划、专项规划、土地利用设计三个层次，其中土地利用总体规划包括全国规划、省（市、自治区）规划、市（地）规划、县（市）规划、乡（镇）规划五个层级。还有一种观点认为：中国土地利用规划体系按等级层次分为土地利用总体规划、土地利用详细规划和土地利用专项规划；按区域性质分为行政区域、自然区域和经济区域甚至跨区域土地利用规划；按规划深度分为土地利用规划、土地利用设计、土地利用施工。

综合各方面的观点认为，为加强土地利用规划的管理和技术规范的统一，拟按照规划的内容和深度划分并建立土地利用规划编制体系，一般分为总体规划、专项规划、控制性详细规划（法定图则）、项目规划（详细规划）四个不同系列或不同层次。其功能与作用，既相关又各有侧重。

● 第一层次：土地利用总体规划属于战略性规划。我国新《土地管理法》规定：“各级人民政府应当依据国民经济和社会发展规划，国土整治和资源环境保护的要求，土地供给能力以及各项建设对土地的需求，组织编制土地利用总体规划。”“土地利用规划的规划期限由国务院规定。”“省、自治区、直辖市人民政府编制的土地利用总体规划，应当确保本行政区域内耕地总量不减少。”“地方各级人民政府编制的土地利用总体规划中的建设用地总量不得超过上一级土地利用总体规划确定的控制指标，耕地保有量不得低于上一级土地利用总体规划确定的控制指标。”土地利用总体规划是土地管理工作的“龙头”，是各级政府对土地利用进行协调和指导以及行政控制的重要手段。它的核心任务是通过对规划期内土地供求关系的各因素分析，协调人与土地关系，确定规划期内各种用地的数量指标，优化土地利用结构和空间布局，是指导编制其他规划层次的依据。根据规划范围的不同，土地利用总体规划一般分为不同的级别，比如国家级（覆盖全国土地）、省（市、区）级（覆盖省级行政辖区）、市（地）级（覆盖市（地）级行政辖区）。鉴于土地利用系统的复杂性和区域性，还可以根据需要编制跨行政区的区域土地利用总体规划（经济区域或自然区域或流域）等。

● 第二层次：土地利用专项规划。是针对土地利用的某一方面制定的规划，如以保护基本农田、保障粮食生产能力为目的的基本农田保护规划，以节约集约利用土地为目的的土地开发规划、土地复垦规划，以提高土地生产能力为目的的土地整理规划，等等，同时也包括各部门根据行业发展需要编制的行业土地利用规划。土地利用专项规划是对土地利用总体规划的深化和补充，在规划深度上与土地利用总体规划相似，属于宏观层面的规划，在规划层次上可以和土地利用总体规划相对应。

● 第三层次：土地利用控制性详细规划。是以土地利用总体规划和专项规划为依据，实施用途管制为目标的控制性规划。控制性详细规划比总体规划具体，具有较强的操作性，有利于促进总体规划的实施，同时，比详细规划宏观，具有较强的灵活性，能够更好适应经济社会活动的需要。控制性详细规划是在 20 世纪 80 年代引入中国的，并首先在深圳城市规划中得以应用，逐渐演变为法定规则。1990 年颁布施行了《中华人民共和国城市规划法》，控制性详细规划在城市规划体系确立了法律地位，在城市规划中得到广泛地推广和应用。

● 第四层次：土地利用项目规划（详细规划）。是以土地利用控制性详细规划为依据，针对某一类、某一块土地所进行的详细设计，属于项目规划。与其他规划层次不同，它突出强调土地利用的平面设计和技术经济分析，是具体实施土地开发、使用、整治、保护项目的依据。

（三）土地利用规划与其他规划的关系

1. 与国土规划的关系

国土规划是为了处理好经济发展与人口、自然经济、环境之间的关系而进行的规划。它的主要对象是土地、水、气候、矿产、生物、海洋、旅游和劳动力等自然、社会和经济资源。国土规划的主要任务是勾画出我国国土开发整治的基本蓝图，进行生产力与人口、城镇的总体布局，明确重点开发地区的发展方向，提出重大国土整治任务的要求，制定实施规划的重大政策、措施。国土规划也涉及土地利用问题，但是它只指出土地开发利用的方向和某些主要任务指标，并不具体研究土地利用的结构、布局以及土地开发、利用、保护、整治的措施。而土地利用总体规划的对象是土地，它的基本任务是根据土地的自然、经济条件和国民经济及社会发展的需要，进行土地利用结构和土地利用方式、合理分配用地、保护耕地、开垦宜农荒地等的统一规划。它是落实国土规划的专项规划之一，并对国土规划起反馈作用。根据近年的实践经验，编制土地利用专题规划最好同国土规划同时进行。

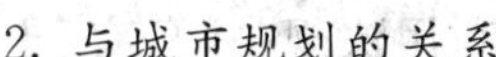

2. 与城市规划的关系

城市规划是一定时期内城市发展的计划和各项建设的综合部署，是城市各项建设工程设计和管理的依据。它的任务是根据国民经济和社会发展的长远计划和区域规划中城市发展和建设的方针，以及城市所在地区的自然社会经济和建设条件，确定城市的性质、规模和城市各部分的组成，选择这些组成部分的用地，并进行全面组织和合理安排，以保证城市有序地发展，为生产和生活创造最有利的环境。城市规划不仅要完成各项城市用地安排，还要对各项城市建设进行组织和安排。

土地利用总体规划的范围比城市规划的范围大，它要对包括城市用地在内的全部土地的利用结构及其空间布局(包括城镇体系的用地布局)进行合理安排。所以，在土地利用上，城市规划和土地利用总体规划的关系是点和面的关系、局部和整体的关系。因此，城市规划中有关城市用地的总规模和用地选择，以及城市的发展方向应当和土地利用总体规划相协调。同时土地利用总体规划还应当考虑城市的发展和建设的要求。

(四)我国土地利用规划体系建设历史与现状及存在的问题

1. 土地利用规划法规体系建设的历史与现状及存在的问题

(1)土地利用规划法规体系建设的历史与现状

新中国土地利用规划法规体系建设起步比较晚。新中国成立初期至1985年，我国始终没有关于土地利用规划的法律法规。在《宪法》、《民法》等大法中只是对土地利用提出一定的要求，例如《宪法》第十条第五款规定："一切使用土地的组织和个人必须合理地利用土地。"在1986年颁布的《土地管理法》中第一次明确了土地利用总体规划的法律地位，从此土地利用规划开始步入法制化管理的轨道。1988年11月8日，国务院发布了《土地复垦规定》，要求土地复垦应当按照行业制定规划，土地复垦规划应当与土地利用总体规划协调一致。1991年《中华人民共和国土地管理法实施条例》颁布，并于1991年2月1日开始施行。1993年，原国家土地管理局制定并颁布了《土地利用总体规划编制审批暂行办法》。这些法律法规的出台，对促进和保障土地利用总体规划和土地复垦专项规划工作的开展发挥了重要作用。1994年8月18日《基本农田保护条例》颁布并于1994年10月1日开始施行。1998年8月29日九届全国人大常委会修订并于1999年1月1日开始施行的《土地管理法》，首次将土地利用总体规划列为专章，将土地利用总体规划的法律地位提高到一个新的高度。颁布实施的还有《土地管理法实施条例》(1998年12月27日国务院令第256号发布，1999年1月1日起施行)、《基本农田保护条例》(1998年12月27日国务院令第257号发布，1991年1月1日起施行)等法规，以及《土地开发整理规划编制规程》、《土地开发整理项目规划设计规范》、《县级土地利用总体规划编制规程(试行)》等技术规范。

(2)土地利用规划法规体系建设存在的问题

我国土地利用规划法规建设的速度比较快，成效也较为显著。但从实践看，现有的法规还远远不能适应土地利用规划工作的需要，与依法行政和按规划用地的实际需要有相当大的差距。存在的主要问题有以下几点。

①法规的层次还不够高，权威性还不够强。在现有的土地利用法规中，只有《土地管理法》是由国家权力机关制定的，其他的法规均属于部门规章，法律效力不强，影响了法规的约束力。

②法规的类型还不够全面。现有法规多是针对土地利用总体规划制定的，缺乏关于其他层次规划的法规，使得有些规划“无法可依”。在技术规范方面，除了县级土地利用总体规划、开发整理规划之外，缺乏其他层次规划的技术规范。

③法规的内容还需要进一步强化。目前的法规内容过粗，法律责任、管理手段不明确，技术规定不具体，操作性不强。

2. 土地利用规划管理体系建设的历史与现状及存在的问题

(1)土地利用规划管理体系建设的历史与现状

新中国成立初期，土地管理工作的重点在于实施土地改革，明确土地所有权和使用权，建立新型的土地关系。随着土地改革任务的完成，土地管理工作的重点开始转向土地利用管理，在农业部下设了土地利用总局。1986 年，成立了国家土地管理局，其他部门中有关土地管理的机构一律撤销，新成立的国家土地管理局直属国务院管理，是统管全国土地的主管部门，是监督和执法的部门。1986 年 6 月 25 日全国人大常委会颁布了《土地管理法》，其中第五条明确规定，国务院土地行政主管部门统一负责全国土地的管理和监督工作，县级以上地方人民政府土地行政主管部门的设置及其职责，由省、自治区、直辖市人民政府根据国务院有关规定确定，从法律上为土地管理机构的建设提供了保障。1987 年，原劳动人事部、原国家土地管理局联合发出了《关于建立健全土地管理机构若干问题的通知》，要求各级人民政府建立健全直属政府的土地管理机构，加强土地管理。并确定了各级土地管理机构的人员编制，其中包括土地利用规划管理部门。现今，各级土地行政主管部门都明确了土地利用规划管理职能，设立了专门的土地利用规划管理机构，负责土地利用规划管理工作。在规划管理方面，根据《土地管理法》，实行国家集中统一管理与分级管理相结合的管理体制。各级人民政府组织编制土地利用总体规划，下级土地利用总体规划应当依据上一级土地利用总体规划编制；土地利用总体规划实行分级审批，省、自治区、直辖市的土地利用总体规划，报国务院审批；省、自治区人民政府所在地的城市、人口在 100 万人以上的城市以及国务院指定的城市，经省、自治区人民政府审查同意后报国务院批准；上述规定以外的土地利用总体规划，逐级上报省、自治区、直辖市人民政府批准，其中，乡镇土地利用总体规划可以由省级人民政府授权设置的市、自治州人民政府批准。土地利用专项规划一般由土地行政主管部门组织编制，报上一级土地行政主管部门审批。土地利用规划设计一般由项目提出单位组织编制，报有批准权限的行政主管部门审批。

土地利用规划管理机构自设立以后，积极开展土地利用规划工作。1987 年，逐步组织开展了全国、省、市(地)、县、乡(镇)五级土地利用总体规划(1986—2000 年)的编制和实施工作，习惯上把这轮规划称为第一轮土地利用总体规划。1997 年，中共中央、国务院发出《关于进一步加强土地管理切实保护耕地的通知》(中发〔1997〕11 号文)，提出了严格管理土地、保护耕地的治本之策。原国家土地管理局部署开展了各级土地利用总体规划的编制和修订工作。1998 年 8 月 29 日，全国人大修订通过的新《土地管理法》提高了土地利用总体规划的法律地位，建立了土地用途管制制度，进一步加强国家对土地利用的宏观调控和集中统一管理。同时，各地组织开展了各级土地利用总体规划（1996—2010 年）的编制、修订（2004—2010 年）和实施工作，这可以看做是第二轮规划，这轮规划也被业内人士称为“真正立起来的规划”。期间，基本农田保护区体系逐步形成，31 个省（区、市）的 2000 多个县划定基本农田保护区，有效稳定了耕地面积。1999 年 4 月，《全国土地利用总体规划纲要（1997—2010 年）》经国务院批准实施。2001 年，需国务院审批的 31 个省、自治区、直辖市和 81 个城市的土地利用总体规划全部批准实施。根据规划实施具体情况和国外经验（一般五年修编一次）于 2004 年前后组织新一轮规划修编。为全面建设小康社会，构建社会主义和谐社会，加强政府对土地利用的宏观调控和规划管理，保障经济社会持续、稳定、协调发展和生态环境建设的用地需要，实现土地集约利用和优化配置，提高土地利用率和利用效益，在第二次全国土地调查（2007—2009 年）基础上，以 2005 年为基期，进行新一轮的土地利用总体规划（2006—2020 年）的编制。其他地方各级土地利用总体规划，也由省级人民政府或授权的市（自治州）人民政府陆续批准实施。2003 年，《全国土地开发整理规划》批准实施，各级土地开发整理专项规划的编制和审批工作也相继抓紧进行。

（2）土地利用规划管理体系建设存在的问题

土地利用规划管理体系建设存在的问题主要有以下几点。

①规划编制和实施的透明度不高，专家咨询和公众参与程度低，规划变成了领导意图，规划科学性不强，政策连贯性、整体性差，规划跟着领导转，一任领导一个规划。

②执法不严，实施过程中行政干预严重，领导带头违反规划，根据需要随意调整规划。

③规划管理人员缺乏，业务水平还比较低。

④规划管理手段落后，新技术没有得到广泛应用，无法对土地利用规划执行情况实行实时动态监控，客观上给随意调整规划创造了条件，有的地方存在图件、数据不一致的现象。

⑤保障规划实施的手段单一，缺乏有效的法律措施、经济措施。

3. 土地利用规划编制体系建设的历史与现状及存在的问题

（1）土地利用规划编制体系建设的历史与现状

新中国成立以来，土地利用规划编制工作大致可分为两个阶段。改革开放以前，土地利用规划开展的是项目规划（详细规划），主要是针对提高农用地的生产能力和扩大可利用耕地进行大量的农田基本建设；改革开放以后，土地利用规划开展的主要是总体规划和专项规划，以总体规划为主，详细规划没有纳入土地利用规划体系，基本处于停滞状态。在实际工作中基本上以五级土地利用总体规划代替了土地利用规划编制体系。就土地利用总体规划而言，从 20 世纪 80 年代第一轮土地利用总体规划开始至今，我国基本上建立起了国家、省（自治区、直辖市）、市（自治州）、县（旗）、乡（镇）五级规划序列，在规划内容和深度上各级规划基本一致，不同点主要是制图的比例尺。

(2)土地利用规划编制体系建设存在的问题

土地利用规划编制体系建设存在的主要问题有以下几点。

①编制体系不健全，重总体规划，轻专项规划和详细规划。战略层面的问题研究不透，操作层面的规划操作性不强。自20世纪80年代以来的三次土地利用总体规划编制(修编)工作(包括现在进行的第三轮规划编制工作)都是在土地利用矛盾异常尖锐的背景下开始的。现实需要固然是编制规划的重要前提，但是从另一个侧面反映出中国土地利用规划体系建设的滞后，仅仅依靠一个好的规划而没有严密的法规和管理运行机制的支撑，要想搞好土地利用工作非常困难。随着土地利用规划工作的逐渐深入，迫切需要进一步建立和完善中国土地利用规划体系。

②总体规划层次过多，内容基本雷同，作用没有得到充分发挥。县级以上总体规划受制图比例尺的影响，无法从空间上详细反映土地利用规划意图，变成了指标控制规划，使得土地用途管制制度被虚置，许多地方出现了随意更改调整规划、图(件)数(据)不一致、弄虚作假等诸多问题。乡(镇)级土地利用总体规划作为最具管理操作性的规划层次，深度不够，仅停留在地类划分上，缺乏对土地质量、开发强度、管制措施的引导和控制。

③规划编制缺乏弹性，适应性不强，与市场经济条件下土地利用需求的不确定性和土地利用方向的多变性不相适应，这也是导致土地利用总体规划频繁调整的原因之一。

④规划理论和方法研究滞后，理论基础薄弱，规划目标和规划方法单一。

⑤规划编制机构和技术人员队伍建设滞后，管理不规范。

(四)建立和完善我国土地利用规划体系的对策思路

我国的规划体系散而多，不像德国、日本等发达国家已经形成了一套涵盖各个层次、各种类型的完整的空间规划体系，因此，土地利用规划体系的建设要在抓紧完善自身的同时，做好与其他规划体系的衔接工作。针对土地利用规划体系建设存在的问题，进行如下分析与设想。

1. 建立以《土地利用规划法》为核心的土地利用规划法规体系

未来的土地利用规划法规体系由《土地管理法》、《土地利用规划法》、《土地利用规划编制办法》、技术规范、地方法规等不同层次构成。

(1)《土地利用规划法》：以《土地管理法》为依据，整合现有的土地利用规划法规，制定包括各层次规划在内的《土地利用规划法》，明确各层次规划的目的、任务、内容、深度以及编制和审批程序，明确相关法律责任和规划实施保障措施。

(2)《土地利用规划编制办法》：以《土地利用规划法》为依据，从技术层面对各层次规划编制的目的、任务、内容、深度进一步细化，作为编制规划的依据。

(3)技术规范：根据工作需要，拟在《土地利用规划编制办法》的基础上进一步深化，针对不同层次的规划、不同地类的开发利用制定相应的技术规范。

(4)地方法规：以国家的土地利用规划法规为基础，由地方政府结合当地实际情况制定。

与此同时，要做好与其他相关法规的衔接工作，避免相互冲突和矛盾。

2. 建立完善透明的土地利用规划管理体系

规划的全部意义在于实施。规划编制的过程是短暂的、一次性的，规划实施的过程是长期的，规划能否从纸上落实到空间，关键在于能否真正建立起一套行之有效的实施保障体系。

(1)进一步加强机构和队伍建设，完善各级土地利用规划管理机构，充实管理队伍，加强对管理人员的法制教育，提高管理人员业务水平，增强管理人员依法行政、科学管理的能力。

(2)提高规划编制和实施管理的透明度，增强民主意识，建立专家咨询和公众参与机制，提高规划管理决策水平；建立长效的规划公示制度，对规划的编制过程、规划内容以及规划调整及时向社会公众进行充分的展示和说明，认真吸纳公众意见。

(3)加大土地利用规划宣传力度，将规划成果和管理制度转化为简明、通俗易懂的宣传材料，通过各种媒介广泛宣传，强化社会公众特别是各级领导依法用地的法律意识。

(4)严格执法，建立规划实施监察制度和责任追究制度，监督规划实施。

(5)建立规划实施评估制度，根据规划实施情况制定促进规划实施的相应措施；适时调整规划以满足经济社会发展需要。

(6)建立规划实施激励机制，制定引导用地者依法、依规划合理用地的奖励机制，建立各种基金，用经济手段保障规划实施。

(7)应用信息技术，建立土地利用规划管理信息系统，实现土地利用规划实施的实时动态监控。

(8)建立与政府其他部门的协调机制，规划成为综合协调各方利益的决策依据。

3. 建立科学的土地利用规划编制体系

土地利用规划编制体系主要包括总体规划、专项规划、控制性详细规划、项目规划(详细规划)四级。总体规划重点研究土地利用规划的战略性问题。根据经济社会发展战略确定规划期内土地利用的主要指标，优化土地利用结构和空间布局，确定城镇体系和重大基础设施布局，划分土地利用区，提出分区管制措施。根据规划范围的不同，可以分别编制全国、省级、市(地)级、县(市)级以及跨区域的土地利用总体规划。跨区域的土地利用总体规划可以不作为规划编制的法定层次。总体规划主要控制土地利用指标和空间布局，作为城市、独立工矿区、基础设施等重大建设项目土地用途管制的依据。土地规划体系的划分有不同的标准。按行政区域，可分为全国(国家级)、省级(市、自治区)、市级(地、州)、县级(市、区)和乡(镇)级五个层级；按规划时限，可分为长期规划(十年以上)、短期规划(五年或五年以下)、中期规划(介于长、短期规划之间)；按规划性质和作用，可分为土地利用总体规划、土地利用专项规划、土地利用控制性详细规划和土地利用项目规划(详细规划与规划设计)等类型。同时，由于对土地实行分级管理，各级规划自上而下逐级控制，组成一个完整的多系列、多层次的土地利用总体规划体系。

(1)构建多层次的土地利用总体规划体系

①国家、省级和市(地)级这三级土地利用总体规划属于高层次的政策性规划。全国土地利用总体规划根据国民经济和社会发展的长期计划以及国家土地规划的要求，确定

全国土地利用基本方针、各省(市、自治区)的土地利用方向以及土地利用结构的规划指标,确定跨省的和省内重要基础设施工程的用地规模,提出实现规划的政策和措施,作为省级规划的依据。我国长期实行的土地分级限额审批制度,绝大部分土地管理权力在地方,并主要集中在市、县,国家对国有土地的所有权和集体土地的管理权无从体现。市、县作为相对独立的利益主体,主要考虑的是本地经济的快速发展,这是导致土地利用长期失控、耕地大量减少的根本原因。强化全国和省级规划的地位和作用,是在全面总结我国土地管理的历史经验和教训的基础上,根据我国基本国情和社会制度所作出的重大决策,是改革土地管理制度、加强土地集中统一管理、体现国家对土地管理的权力的重要举措。加强全国和省级规划有利于强化土地管理依法行政,改革后的土地利用总体规划体系是自上而下、逐级控制的,规划的审批权均集中在国务院和省级人民政府,用地审批权则与规划审批权相一致。调整完善全国和省级规划,主要是根据新时期经济社会发展和土地管理的特点与要求,强化规划的战略性、政策性,突出土地利用与经济、社会、环境之间以及地区之间的协调发展,发挥规划的宏观调控作用。

②省级土地利用总体规划。根据全国土地利用总体规划纲要的要求,结合土地的省情特点,确定本省各市(地)、县(市、区)的土地利用目标和方向,各种基地布局和跨县(市、区)的基础设施工程用地规模,省内各市(地)、县(市、区)的土地利用结构的规划指标和实施规划的措施,并作为县(市、区)级规划的依据。省(市、区)与国家、市(地)级土地利用总体规划的主要任务都是从区域资源配置、人口增长、经济布局和环境整治的要求出发,综合研究各类用地供需总量平衡指标,协调全局性的重大用地关系,提出不同类型地区土地利用的方向、目标和政策,确定土地开发、整治和保护的重点地区,并将耕地等重要用地控制指标分解到下一级政府,为国家或省级土地(资源)利用的宏观调控和社会经济政策的制定提供依据。

③市(地)级、县级和乡(镇)土地利用总体规划是全国和省级土地利用总体规划的延伸和具体化,是审批用地、实施土地用途管制的法定依据,是管理性、实施性规划。根据我国规划体制改革的发展方向,应当进一步加强市级及县(市、区)级和乡镇土地利用的总体规划工作,强化规划的空间性、可操作性,弱化原则性过强、针对性较差、雷同或交叉重叠的内容,提高规划的权威性,切实发挥规划对城乡建设、土地开发等各项土地利用的控制作用。

④县(市、区)级规划属于管理型规划,是土地利用管理的重要依据。县(市、区)级规划的主要任务是在市(地)级规划的控制和指导下,研究确定各类用地的规模和布局;重点确定耕地、土地开发整理和城镇建设用地的控制指标和布局,划定各类土地用途区,为利用土地和审批各类土地利用项目提供依据。县(市、区)级规划要体现定性、定量、定位、定序的要求,其总量控制指标应落到实处,尤其对于城镇用地,不仅要有全县(市、区)的城镇用地总规模控制,还要有每一个城镇的控制指标。在土地的开发、整治、保护等方面,县(市、区)级规划要具体确定重点项目的类型、时序、规模和范围。同时,县(市、区)级土地利用总体规划要根据省级土地利用总体规划的要求,结合当时的土地利用特点进行具体的编制。在县(市、区)级土地利用总体规划中,除确定本县(市、区)不同地区的土地利用方向、骨干工程项目的布局和用地范围、各部门用地规模和土地利用结构的规划指标外,

还要划分土地利用区域，如城镇区域（下可分城镇区、工矿区等）、农业区域（下可分菜地保护区、优质农田区、农业开发区等）、森林区域（下可分保护林区、用材林区、经济林区等）、特殊区域（风景名胜区、自然保护区、文物保护区、军事用地区等），同时提出各种区域土地利用的原则和限制条件，作为采取行政审批和经济手段管理土地的依据。

国内外的经验证明，县（市、区）级规划是土地利用总体规划的基础。它通过划分不同功能的土地利用区域，直接控制和具体实现土地利用规划的各项要求，是保证省级和全国土地利用总体规划实现的关键。

有时根据建设的需要，还可以按经济区或流域进行跨省（自治区）或跨县（市、区）编制的区域性的土地利用总体规划。

⑤乡（镇）级规划。它处于土地利用总体规划体系的最底层，属实施型规划。乡（镇）级规划的主要任务是，根据县（市、区）级规划的要求和本乡（镇）的自然社会经济条件，综合研究和确定土地利用的目标、发展方向和各类用地指标，进行土地用途管制分区。重点安排好耕地、生态环境用地及其他基础产业、基础设施用地，确定村镇建设用地和土地整理、复垦、开发的规模范围。乡（镇）级规划重在定位落实，要以规划图为主，提高规划的可操作性。

(2)有机组成多系列的专项规划

根据需要可以组织开展各类土地利用专项规划和项目（详细）规划。在市场经济条件下，土地利用专项规划是政府组织土地利用的依据和重要形式，是土地利用总体规划的深化和补充。我国现阶段的土地利用专项规划主要包括为充分合理利用土地而制定的土地整理规划、土地复垦规划、土地开发规划以及为保护特殊的土地资源制定的基本农田保护规划、湿地保护规划等。全国和省级土地利用专项规划根据需要着重提出土地开发利用保护整治的重点区域、重点工程和投资方向、行动计划；市（地）级以下土地利用专项规划要具体确定土地开发利用保护整治的土地范围、项目和实施方案。

专项规划重点研究土地利用中的某一类问题。就土地行政管理部门而言，重点组织编制基本农田保护规划、土地开发规划、土地整理规划、土地复垦规划等，同时协助各部门编制好行业土地利用规划。

组织开展控制性规划（详细规划）的重点是研究如何落实土地用途管制制度，从用途、数量、质量三方面强化用途管制。土地利用控制性规划在乡（镇）级土地利用总体规划的基础上进一步加深加细，作为实施土地用途管制的法定依据。

土地利用项目规划（详细规划）是在一个较小的区域或地段内，为了合理利用土地，对土地用途及其配套设施的具体配置和详细安排。土地利用详细规划在土地利用总体规划和专项规划的控制和指导下进行。

土地利用项目规划（详细规划）重点研究如何根据土地控制性详细规划改造和改善土地利用条件，提高土地的可用性和生产能力，为项目建设提供技术和经济支持。

4. 加强土地利用规划的理论和技术方法研究的创新

(1)创新土地利用规划的理论

①关于规划本身。如有关土地利用规划的内涵、性质和过程的认识，指导规划编制和

实施的思想、观念、原理等。包括规划过程理论、土地用途管制理论、分区理论、战略规划理论、总体规划理论、土地可持续利用理论、土地生态系统理论、地租和地价理论、农用地保护理论、耕地保护综合平衡理论等。

②关于土地利用的理论。如有关土地利用规模、结构、空间布局及其发展规律等方面的理论。它包括人口土地承载理论、规模门槛理论、区位论、不平衡发展理论、区域经济空间结构理论等。积极探讨在体制转型的背景下，如何贯彻落实科学发展观，提高土地利用的科学性，促进土地可持续利用，实现新形势下土地利用的多元目标，发挥多种功能。突出土地利用总体规划工作的三大目标：保护耕地、发展经济和改善环境。食品安全问题始终是构建国家安全体系中必须首要考虑的问题。保持一定面积的耕地，提高耕地持续生产能力，是维系我国食物安全的关键。始终坚持以保护耕地作为规划的重点和主线。

根据社会经济发展的要求，对耕地保护的内涵、目标、重点、措施等加以适当调整。把耕地保护的内涵加以扩大，使之既包括现有耕地，又包括具有粮食综合生产能力、随市场变化可调整为耕地的其他农用地，耕地保护目标也由原来单一的面积要求，相应调整为保护和提高粮食综合生产能力，重点加强对基本农田的保护，推进耕地保护由单纯数量保护转向数量、质量和生态全面保护。

③关于规划的功能与调整的思路。要根据市场经济发展和行政管理体制改革的要求，对规划的功能加以调整。随着市场经济的发展，土地利用规划的功能应逐步转向土地利用的调控、引导和监督，减少直接干预。总的思路是：对于关系粮食安全、生态安全和社会公共利益的土地资源，如耕地、林地、湿地、自然和人文遗迹所在地、环境敏感地区土地等，要进一步加强保护；对用途难逆转的土地，如城镇、工业园区、农村居民点用地，要对用地总规模和布局进行严格控制；对用途可逆转、易随市场情况变化的土地，如农业内部结构调整用地等，主要由市场调节，同时做好政策引导；对于主要由政府投资实施的项目用地，如政府投资的土地开发整理复垦和基础设施项目用地等，则要搞好用地的配置和组织。

对土地利用规划功能的调整，涉及对土地利用总体规划的调控对象和作用的再认识。过去偏向于把土地利用总体规划仅仅看做一种资源规划，在实践中往往将注意力集中在耕地面积的保护上。这种认识束缚了土地利用规划的发展，限制了土地利用规划作用的发挥，也不符合国际上通行的观念和做法。土地不仅是自然资源，更是社会、经济活动不可或缺的空间，是环境的主体。土地利用规划不仅是自然资源规划，更是社会规划、经济规划、环境规划。土地利用规划既要贯彻落实经济社会生态的发展战略和规划，又要发挥对社会经济环境的能动的调节作用。土地利用总体规划以可持续发展为目的，以资源和环境保护特别是耕地保护为重点，以协调 PRED（人口、资源、环境、发展）为基本内容的综合性空间规划。

(2)创新土地利用规划的技术方法

①规划采用指标和土地用途分区相结合的方法。我国目前正处于经济社会快速发展阶段，还处于向市场经济体制转轨的特殊时期，采取少量的强制性指标是必要的，尤其是建设用地具有不可逆转性，必须采取适度从紧的指标控制，关键在于完善指标确定的方

法。指标的确定和分解要充分论证，要有上下反馈协商机制。建设用地强制性指标应有一定的浮动幅度，使规划具有一定弹性；要进一步完善县(市)级和乡(镇)级规划的土地用途分区，并通过管制规则，给管理留下一定的调节空间。

②推进规划理论与制度创新。规划的生命力在于要与时俱进，不断创新。要积极推进规划的理论创新。建立科学的土地利用规划理论体系，健全规划的咨询审议制度、公众参与制度、规划人员与机构资质认证制度等。

③加快规划科技创新。科学技术是土地规划的灵魂，加快科技创新包括规划方法和手段的创新，推进新技术、新手段在规划中的应用。在应用遥感(RS)监测手段对规划实施情况进行监测得到较好效果的基础上，进一步扩大遥感监测的覆盖面，实现对规划实施情况的快速监测与跟踪管理。运用地理信息系统技术(GIS)，建设土地利用规划管理信息系统，对辅助规划编制和实施管理具有重要作用，要在试点的基础上全面推进系统建设，建立健全国家级、省级、市级和县(市)级的规划管理信息系统网络体系。全球定位系统技术(GPS)在规划核查上也有广阔的应用前景。“3S”(RS、GIS、GPS)手段的推广应用，不仅可以提高规划管理水平和管理效率，而且可以拓宽土地利用规划的功能和作用，适应经济社会可持续发展的客观需要。

④建立健全土地利用规划管理信息系统。在全国第二次土地调查的基础上，各地开展了土地利用现状数据的建库工作，利用基期数据和开发的相关配套软件，通过计算机编制规划图，并与指标体系中的数据进行对比调整，确保图形(像)和数据一致，实现土地资源定点、定位、定量的全部数字化。同时，建立了土地利用总体规划的动态管理信息系统，将规划实施过程中每个地块土地利用变化的信息录入计算机信息系统，从而加强对规划实施的动态监测管理和分析评估，提高土地利用规划管理的现代化水平，实现“数字国土”。

(3)规范土地利用规划的编制机构

进行规划资质评定，强化行业管理；加快土地利用规划人才培养，建立土地规划师执业资格制度，实现土地利用规划编制的规范化、法制化管理。

三、土地利用规划的方法、程序步骤与工作方式

土地利用规划不同于其他工作，既有规划层次开展和衔接的问题，又有每一个层次的具体方法问题，需要有科学的方法论、规范的工作程序和严密的工作方式。

(一)土地利用规划的方法与基本程序

土地利用规划是一个具有多目标、多层次、多个子系统的系统工程。它包括土地利用调查(统计与登记)、土地利用评价、土地利用分区以及土地利用规划方案编制(修编)等方面内容，需要运用各种技术方法，将其组成一个方法系统，如采用静态和动态分析相结合、客观和微观分析相结合，以及定性和定量分析相结合等方法，恰当地运用这一系统来完成土地利用规划的目标和任务。编制(或修编)一个高质量规划还需要规划的思路创新、制度创新、方法创新和技术创新。我国经济社会在快速发展，规划的思路、方法和技术也要

适应其发展。规划不是一成不变的，需要不断调整修编（或修改），因此，更需要形成一套科学有效和相对稳定的规划方法体系。

1. 土地利用规划的方法

土地利用规划的方法主要有如下几种。

(1)土地利用评价的方法

从土地利用规划的空间性出发，土地利用的空间配置需要以评价为基础。FAO土地利用规划指南强调，土地利用规划作为最佳土地利用的选择，是以土地评价为基础的，而且不仅包括自然适宜性评价，还包括经济效益的评价和环境效应的检验。这是编制规划方案和方案选择的科学基础。因此，要建立包括为宏观规划服务的土地生产潜力评价①、为基层规划服务的土地评价和不同层次上的土地生态经济评价、环境影响评价等在内的土地评价系列方法，为规划的协调和决策提供科学支撑。

(2)建立土地利用变化与社会、经济发展关系的模型

工业化、城镇化步伐的加快与农用地尤其是耕地的减少的双向过程是一个客观规律。但由于土地面积的有限性、资源的短缺性，这种双向的过程不会是线性的，经济社会发展到一定阶段，土地利用结构会出现相对平衡的状态，即土地利用变化和经济社会的发展具有耦合的关系，在不同的国家和地区具有不同的表现形式，尤其是市场经济体制的建立，使这一过程变得更为复杂。因此，必须借鉴“土地利用变化的驱动力模型”，引入投入产出的宏观经济学模型，度量区域产业结构和经济发展状态，考察地区人口变化和城镇化的速率，通过典型地区的案例，提取所需参数，建立动态的经济发展和土地利用变化的耦合关系模型，通过分析这一复杂过程找到解决问题的办法。

(3)建立土地利用变化与生态环境演变的模型

土地生态环境的演变与土地利用规划导致的土地利用结构的布局变化，以及土地利用方式的选择密不可分。基于可持续发展的要求，土地利用规划应以不导致土地生态环境的退化或不超过土地开发利用的生态安全阈值为基础。因此，需要建立土地利用变化与生态环境演变关系的模型，合理确定土地生态安全标准下的土地利用模式。国际土地利用与土地覆盖变化的研究，把土地利用引起的环境效应研究作为重要内容，并主要在微观和小流域尺度上建立了相应的模型。借鉴这一方法，建立不同尺度的土地利用变化和生态环境演变关系模型及生态安全评价指标体系，为寻找土地开发利用生态安全下的土地利用方案提供有效途径。

(4)土地用途管制分区的管制规则和法规

随着经济社会的发展，土地利用规划表现出从技术领域为重点转向非技术领域为重点的趋势。基于土地利用规划作为政策工具的特点，土地用途管制分区作为基层土地利用规划的主要方法和核心内容，其本质是制定一种土地用途管制的规则，或者说是一种法规。土地用途分区管制法在国外比较成熟，其特点与一个国家的基本政体、法律传统、历

① 比如，农业生态区(AEZ)方法的原理来源于FAO在1976年出版的《土地评价大纲》。针对一定土地利用方式，评价一定农业生态条件下的土地生产潜力的一套应用模型。

史基础、经济体制、社会发展阶段、自然资源和条件的禀赋以及文化前景都密切相关。基于中国社会主义市场经济体制不断完善的发展阶段特点，分析中国进行土地用途分区的背景，在探讨不同地区土地用途分区法令化的可能构架基础之上，制定土地用途分区的法则，使之真正成为土地利用规划的重要方法之一。

(5)地理信息系统(GIS)技术在土地利用规划管理中的应用

地理信息系统(GIS)的发展为土地利用规划管理提供了良好的技术支撑。以满足政府管理和社会需要为目的，以管理规划成果、支持日常办公、提供辅助决策为目标的土地利用规划管理信息系统获得了发展。首先建立了土地利用规划管理信息系统标准化体系，目前已经制定了《全国土地利用规划管理信息系统建设总体方案》和《县(市)级土地利用规划管理信息系统建设指南(试行)》等。并在此基础上，建立国家、省、市(地)、县(市)四级土地利用规划数据库，根据规划管理权限对数据进行管理、更新和维护工作。

2. 土地利用规划的基本程序与步骤

土地利用规划要求科学性、实践性和程序性的统一。概括而言，土地利用规划由规划编制(修编)、规划批准和规划实施三部分组成。土地规划程序的科学设计，不但保证规划依法编制和实施，而且保证规划的透明和公开。土地利用总体规划的编制采取上下结合，两下一上(有时也可以两下两上)的程序。先自上而下，由国土行政主管部门会同有关部门编制全国土地利用总体规划纲要，经国务院批准后，下达给省(自治区、直辖市)；省(自治区、直辖市)据此编制省级土地利用总体规划纲要，经同级人民政府批准后，下达给县(市、区)；由县(市)据此编制县(市)级土地利用总体规划草案，上报省土地行政主管部门综合平衡后，编制省级土地利用总体规划草案，再上报国家综合平衡，并制定全国土地利用总体规划草案。全国规划草案经国务院批准后成为正式规划，再逐级下达到县(市)贯彻执行。

有时为了使上一级规划纲要的编制更符合实际，也可以增加一个自下而上，向上级提供基本情况和规划建议的过程，成为“两上两下”。编制(修编)土地利用规划的步骤如图6.1所示。

(二)土地利用规划程序与步骤的具体内容

1. 确定规划目标任务

土地利用规划是依据国民经济和社会发展以及国土整治规划而进行编制或修编的。由于经济与社会发展情况的变化，按法定程序需要对正在实施的规划(现行规划)进行土地规划实施评价。实施评价完成以后，向规划批准机关提出是否编制(或修编)规划的请示。在经规划批准机关研究确定编制(或修编)规划时，提出或确定了规划编制(或修编)的目标和任务，包括：规划项目的数量、内容和规划深度，编制(或修编)的基本原则、主要方式、基本程序和完成时间。

2. 规划编制(或修编)组织

确定规划目标与任务以后，进行规划编制(或修编)的组织落实工作。成立一个主管行政领导和决策人员组成的领导小组；领导小组下设办公室，处理领导小组的日常工作；成立一个由行政人员与专业人员参加的规划编制(或修编)班子，承办规划编制(或修编)

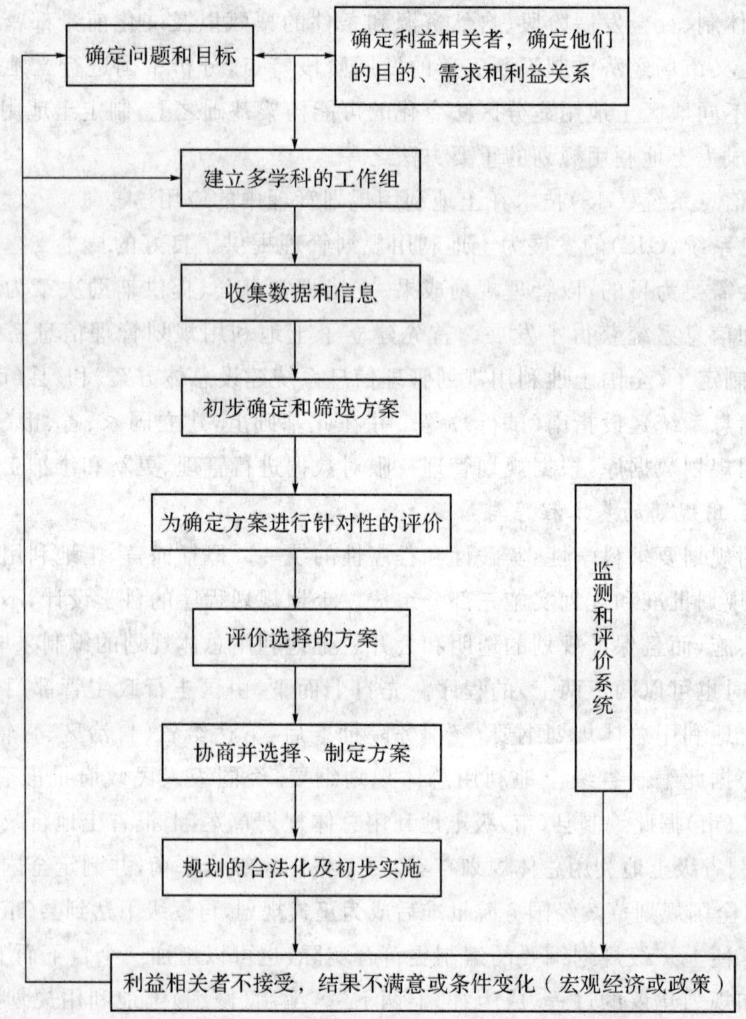

图 6.1　土地利用规划步骤

的各项工作任务；以及由资深专家和相关专家组成一个咨询顾问班子，为编制或修编规划提供咨询和指导。

3. 土地利用规划编制前期工作

前期工作是规划编制的基础，主要是对有关土地利用的重大问题，进行专题研究以及对现行规划的评价。并指出需要调整的任务等，作为修编规划的主要支撑。

4. 拟定土地利用规划大纲

对规划的指导思想、原则、规划目标与任务、重大(重点)工程、保障措施等提出系统的设想，征得领导小组、上级主管部门和咨询顾问人员的意见，进一步修改和完善以得到领导小组和上级主管部门的批准，然后正式进入规划编制或修编阶段。

5. 评价土地的适宜性

由于土地具有成因类型的多样性，利用上的多重适宜性，在有了土地的自然适宜性和生态经济的可行性的分析评价之后，就可根据土地规划大纲确定的未来可能的土地利用方式“需求”，对比分析土地利用方式的“需求”与土地供给的“可能”，求得土地的适宜性和适宜程度，借以确定土地利用供选方案。

6. 优选土地利用规划方案

土地利用规划方案，可以有“高方案”、“中方案”、“低方案”等供选方案。征求和吸纳各部门和公众的有益建言，并形成土地规划领导小组的倾向性意见，进行土地利用规划方案的优化。

7. 选择最佳土地利用规划方案（“优化方案”）

在经过土地利用规划领导小组基本认可，与土地利用相关部门、地方、企业和公众进行协调，达成了“基本一致”，并通过专家咨询、顾问班子的论证，使方案进一步完善。

8. 形成土地利用规划成果

经过与相关部门的充分协调和专家的论证，规划的主要成果基本完成，其他成果则需形成正式的规划文件，包括：规划文本、规划文本说明、规划图件和规划数据库四部分成果内容。

（1）规划文本包括基础状况、指导思想和遵循原则、土地利用目标（强制性、指导性两类指标）、重点任务、重大（或重点）工程和项目、策略和措施等“规划六要素”。规划文本的前言中，还要说明规划的依据（法律法规文件及技术规范等）和规划期限。

（2）规划文本说明。包括规划编制的必要性，规划编制的依据、指导思想、原则和主要方法，规划编制的组织、协调、论证、公众参与等过程，规划的重点内容的解释和说明，与规划有关的规划基数、指标及其在协调、论证等过程中尚待审批部门决策的重大问题等。

（3）规划图件。包括规划成果图（含土地利用总体规划布局图及若干专题规划图）。总体规划布局图，荷载土地利用结构布局调整，重大（重点）工程、城乡用地范围等内容；专题规划图，则对耕地和基本农田永久保护、生态建设和环境保护，以及各类各业用地布局等进行详细图示。

（4）规划数据库。包括成果信息、基础地理信息、经济社会信息等，要在要求的平台上，按照一定规范格式进行存储。还应构建规划管理信息系统，包括数据库和决策支持子系统，以便于规划实施管理。

9. 规划的审批和实施

有权批准土地利用规划的机关，对完成的规划，按法定程序进行审批（含评审和审批两个环节）。我国新《土地管理法》规定：“省、自治区、直辖市的土地利用总体规划，报国务院批准。”“省、自治区人民政府所在地的市、人口在一百万以上的城市及国务院指定的城市的土地利用总体规划，经省、自治区人民政府审查同意后，报国务院批准。”

土地利用规划与编制完成后，应由与具有审批权限的政府同级的国土资源主管部门组织专家和有关部门进行评审，并将审查意见作为审批的依据之一。土地利用规划主要评审以下方面内容。

（1）规划的指导思想和原则是否符合国家现行的法律、法规、方针、政策要求；

（2）规划的程序是否合法和符合有关要求；

（3）规划的前期工作是否按要求进行，调查研究是否深入；

(4)规划的目标是否切实可行,是否落实了上级规划的要求;

(5)土地利用结构和布局调整依据是否充分,各类各业用地规模安排是否合理;

(6)土地利用(用途)分区方法、分区方案是否正确;

(7)规划方案是否论证充分,协调到位,有广泛的公众参与;

(8)近期规划和实施措施是否可行;

(9)规划成果内容是否全面,表达清晰;

(10)采用的基础资料是否翔实可靠,等等。

在完成评审后,土地利用规划经有审批权的政府审批。审批时应提交的文件与资料是:规划文本、规划说明、其他材料(如评审意见、规划论证报告等)。报经审批机关按照审批程序进行审批。土地利用规划经批准后就进入实施阶段。在规划实施过程中,通过年度用地计划按照规划安排各类、各业用地,并进行空间布局。年度用地计划包括土地总量、建设占用耕地的数量、建设占用农用地数量、开发复垦补充耕地数量等,并进行空间安排。

10. 土地利用规划的实施监测和修编

土地利用规划的实施监测(监督)和修编(修改)主要包括如下方面。

(1)规划实施监测

规划实施监测采用遥感动态监测及地面调查和统计等相结合的方法进行。遥感监测主要查明土地利用、土地覆被数量和空间布局变化,把这些新变化与规划的编制进行叠加,进行分析判别,说明这些变化与规划是否符合。地面调查主要通过年度土地利用变更调查,具体查明各类用地的变化,并且对比分析说明各种用地是否符合土地利用规划的规定。统计的方法是按照统一制定的表格,对用地审批、土地登记等资料进行分项统计。规划实施监督还涉及执法部门,执法部门要根据规划依法查处违法用地。

(2)规划修编(或修改)

由于土地利用规划的主观性和实际情况的多变性,需要进行规划的修编(或修改),一个基本的前提就是要对规划实施情况进行评估,编制修改方案,并在深入调查、充分论证做好部门协调,征求公众意见的基础上进行,形成报告,并报原审批机关审批。调整或修改规划如果过于频繁,既给用地报批管理等增加了困难,影响工作效率,又不利于维护规划的严肃性和权威性。根据规划实施情况和国外经验(一般五年修编一次),以及经济社会快速发展的客观需要,适时组织规划修编。

11. 高度重视土地利用规划修编

土地利用规划修编须予以高度重视,主要体现在以下方面。

(1)确立规划编制(修编)以科学发展观为指导

①要准确认识土地利用与管理面临的形势。改革开放以来,在经济社会发展用地需求快速增长、土地供给约束日益加大的形势下,按照党中央、国务院的要求,坚持最严格的土地管理制度,加强土地管理和调控,发挥土地利用规划的引导和控制作用,妥善处理保障发展和保护资源的关系,耕地特别是基本农田保护得到强化,非农建设大量占用耕地的势头得到了有效遏制,土地整理复垦开发力度加大,总体上实现了建设占用耕地的占补平衡,为维护国家粮食安全奠定了基础,保障了经济社会各项事业发展必要的建设用地,节

约集约用地水平不断提高，为促进国民经济的平稳较快发展提供了保障。

但是我国人多地少，特别是人均耕地少、耕地后备资源不足的基本国情没有改变，而且我国正处于经济快速发展阶段，21 世纪的前 20 年既是我国经济社会发展的重要战略机遇期，也是资源和环境约束不断加大的矛盾凸显期，土地利用和管理中存在的各种问题还将进一步显现。

第一，人口增加耕地减少的趋势难以在短期内从根本上得到扭转，耕地保护形势更加严峻。全国耕地总量已经从 1996 年的 19.51 亿亩减至 2006 年的 18.27 亿亩(10 年减少 1.24 亿亩)。而人口还将继续增加，到 2020 年，我国人口总规模将达到 14.5 亿人，逼近人口高峰(2030—2040 年或 2050 年为 15 亿～16 亿人)。随着人口总量的持续增加和食物消费结构的变化，保障粮食安全的耕地需求量进一步加大；随着经济社会持续快速发展，各项建设也将不可避免地占用相当大一部分耕地；建设生态文明、保障国家生态安全还需要部分耕地用于退耕还林还湖等生态建设。

第二，实现全面建设小康社会目标和处于工业化、城镇化快速发展阶段对建设用地的需要不断增长，建设用地供给压力日益突出。党的十七大报告明确提出要实现人均 GDP 到 2020 年比 2000 年翻两番，还提出城镇人口比重要明显增加等目标。2006 年我国城镇化水平达到了 43.9%，人均 GDP 超过 2000 美元，按照国际上的一般规律，城镇化水平处于 30%～70%，以及人均 GDP 在 1000～3000 美元的时期，是经济加速发展阶段，我国今后一个时期正处于这个阶段，这一时期也是我国“世界工厂”地位逐步形成和工业化加速发展的时期。一般来讲，经济发展与建设用地的关系呈倒“U”型曲线，城镇化水平达到 65%左右才到拐点，目前我国还处于倒“U”型曲线的左边，预计拐点在 2030 年到 2040 年之间才可能出现。

第三，行业间、城乡间、区域间用地矛盾加剧，加强对各业和城乡区域土地利用统筹协调的任务更为艰巨。一些行业和地方从局部利益出发，盲目扩大用地规模，无序竞争，重复建设，进一步加剧了这种矛盾。目前全国高速公路、农村公路、铁路、民航、水利等中长期规划已经编制并审批，新一轮的城市总体规划修编正在推进。据一些地方和部门已经或正在编制的相关规划，规划建设用地需求量已经远远超过现阶段的建设用地供应量，甚至超出我国土地资源的总体保障能力，亟须从总体上加强统筹和综合协调。

第四，局部地区人地矛盾激化和土地利用不合理，保护和改善土地生态环境的需求更加强烈。长期以来，由于土地利用不合理，再加上气候变化等因素，土地退化、破坏严重，目前，全国水土流失面积已达 356 万平方公里，退化、沙化、碱化草地面积达 135 万平方公里。一些地方不顾区域承载能力，盲目推进人口和产业集聚，造成能源、水资源供应紧张，区域环境恶化。截至 2005 年年底，全国直接或间接受工业化“三废”影响的土地已超过 400 万平方公里，特别是经济发达地区、城市周边、交通主干道和部分江河湖泊沿岸耕地的重金属和有机污染物严重超标，对食品安全和人居环境产生了严重影响。

第五，土地利用低效、粗放和浪费的现象依然比较突出，转变土地利用和管理方式的要求更加迫切。目前，一方面建设用地供需矛盾十分突出，另一方面现有建设用地低效、闲置、粗放利用和浪费现象相当普遍。在城镇建设中不顾我国国情，贪大求洋、盲目扩张，工业区、开发区土地粗放利用的现象比较普遍，大广场、大马路、大校园等用地过度超前的现象仍然较为严重。农村居民点布局总体散乱，“空心村”、闲散地还大量存在。基础设施建设中的重复建设、过度超前也相当突出，一些地方出现了“港口码头大战”、“机场大战”，造成大量土地闲置浪费和资金沉淀。迫切要求通过规划引导，建立科学合理的土地利用体系，提高土地利用效率。

②要创新编制历史性、危机性、战略性的土地利用规划。在市场经济国家，规划是对“市场失效”的弥补，土地利用规划是国家出于保护资源、保护环境等公共利益需要对土地利用进行的干预，是有限目标的规划，是政府的政策宣示，具有准法律的特点，属于公共政策范畴。西方发达国家都不同程度地开展了土地规划。我国从1987年以来先后编制和实施了两轮土地利用总体规划，形成了全国、省(市、区)、市(地)、县(市)和乡(镇)五级规划体系，覆盖全部国土，在保护耕地、促进土地节约集约利用、保障经济社会可持续发展等方面发挥了重要作用，也基本奠定了土地利用规划在我国经济生活中的地位和作用。

目前，我国社会主义市场经济体制已经初步建立并不断完善，应当充分发挥市场在资源配置中的基础性作用。但是市场经济体制的完善还要有一个较长的时间过程。土地是最基本的资源，也是经济社会发展基本的物质载体，在我国也是重要的、可用于调控的资源，土地供应已经成为我国宏观调控最基本的手段之一，在当前和今后一个相当长的时期内，土地利用规划只能加强，不能削弱。要对土地利用规划进行准确定位，主要针对应当管、能够管、管得好的方面，在当前形势下主要体现在建立有利于科学发展的宏观调控体系的要求上。不能片面强调市场机制的作用，忽视我国国情和所处的发展阶段，削弱土地利用规划的作用，甚至认为规划无用；更不能本末倒置，片面夸大规划的作用，把土地管理中的所有问题，包括整个土地利用与管理的战略问题、土地管理制度的改革问题等都通过土地利用规划来解决，使规划承受其不能承受之重，并认为规划编制是一劳永逸的事，甚至陷入“计划过度”的误区，重回到计划经济的老路上去。

要按照确保国家粮食安全的要求，切实落实18亿亩耕地红线。重点保护优质耕地特别是优质水田和水浇地，我国现有优质耕地占耕地总量不足40%，却生产了70%以上的粮食，这部分耕地对确保我国的粮食安全至关重要，必须保持优质耕地数量的基本稳定，并通过中低产田改造，进一步提高农业综合生产力。

要按照促进国民经济又好又快发展的要求，推进节约集约利用土地，预计我国人口到2025年前后达到峰值，城镇化水平到2020年达到55%～58%，2030年左右超过65%，进入稳定发展阶段。要在对人口增长、工业化、城镇化发展与土地利用变化趋势和规律的准确判断和把握的基础上，按照产业结构优化升级和经济发展方式实质性转变的时代需求，以及供给制约和需求引导的原则，通过18亿亩耕地红线控制，对人口、工业化、城镇化发展的“极限”(或稳定态)及生态环境承载力等因素的客观分析，合理确定建设用地总规模和各类建设用地规模。要通过控制建设用地规模特别是建设占用耕地规模，促进土地利用模式创新；以土地供应的硬约束，促进土地利用方式根本转变；逐步扭转建设用地低效扩张的惯性趋势，进而促进经济发展方式实质性转变。通过借鉴西方国家“精明增长”等理论和实践，严格划定城乡建设扩展边界，强化建设用地的空间管制，控制建设用地的无序扩张。通过积极盘活存量建设用地，实行城镇建设用地增加与农村建设用地减少相挂钩等政策，推行节地技术和优先利用适宜的未利用地来拓展建设新空间，不断优化城乡建设用地结构，改善城乡人居环境。

按照推动区域协调发展和优化国土开发格局的要求，统筹协调区域土地利用。首先，要按照国家区域发展的总体战略要求，对全国东、中、西和东北等地区，以统筹协调城乡区域发展为目标，明确区域土地利用方向，从耕地保护、建设用地安排、节约集约用地以及土地利用模式创新等方面，对各地区土地利用进行引导和调控。其次，要按照推进形成主体功能区的要求，实施差别化土地利用和管理政策。对优化开发区域，实行更严格的建设用地增量控制；对重点开发区域，在保护耕地、节约集约用地的前提下，适当加大建设用地的供给；对限制开发区域，严格限制不符合主体功能定位、可能破坏生态系统稳定的各类土地利用方式和资源开发活动；对禁止开发区域，实行强制性保护，严禁有悖于保护的各项土地建设活动。

(2)选择准确的技术路线和工作方法

①确定规划基数。准确的规划基数是科学编制规划的基础，对一些地方反映的规划基数问题，要客观分析。全国和省级行政区域统计汇总的土地变更调查数据，总体上反映出土地利用现状情况是比较准确、可靠的，但局部地区可能存在上报数据与实际不符的问题。规划基数应当采用经核实的土地变更调整数据，并要与上轮规划相衔接。省级以下个别地方因特殊原因需调查更新数据的，要拟定科学的调整方案，并按程序报批，调查成果必须经严格核查验收。对于违反法律和规划的用地，要依法严肃处理。国家明确规定，新一轮(2006—2020年)规划编制，采用第二次全国土地调查数据(2007—2009年)。

②确定耕地保有量和基本农田保护面积。要充分考虑未来经济社会发展和已经确定的(如退耕还林、农业结构调整等)重大政策及已经批准的相关规划，按照保障粮食生产能力的要求，实事求是、科学地测算耕地保有量和基本农田保护面积目标，并与上一轮规划相衔接。

③确定城镇建设用地规模。要体现从严控制、集约利用的原则。要在科学测算城镇化发展水平和人口规模的基础上，按照国家确定的人均用地指标，从实际出发，合理确定城镇建设用地规模。

④补充耕地规模。要兼顾耕地补充的需要和潜力两方面，注重生态建设和环境保护，充分利用耕地后备资源的调查成果。要依靠本地的集约节约用地、土地整治与土地复垦，落实耕地数量质量相当、占补平衡的法定责任。

(三)土地利用规划的工作方式

编制(修编)土地利用规划，严密的工作方式应当是：政府组织、专家领衔、部门协同合作、公众参与、科学决策。

1. 政府组织

新《土地管理法》有明文规定，制定土地利用规划，是各级人民政府的法定责任。组织编制(修编)和实施土地利用规划，是各级政府切实依法管理土地的基本措施。在编制(修编)土地利用总体规划的过程中，政府组织集中体现在：建立领导小组，组织专门工作班子和咨询顾问班子，政府组织工作贯穿规划编制工作全过程（为编制规划，提供人力、物力、财力方面的保障）；组织不同部门之间的协调，不同规划之间的衔接；协助承办具体编制任务；推动公众参与，组织实施规划，监测（监督）规划的实施情况，以及组织适时修编（修改）规划；等等。

2. 专家领衔

主要体现在规划编制阶段。土地利用规划是一项专业性、政策性和综合性很强的技术性工作。需要多学科的专门知识，需要发挥专家的作用。在规划前期工作阶段及提出规划大纲阶段、规划方案制定及筛选优化方案阶段，以及规划方案批准实施以后，在遥感监测等方面，都需要专家的领衔，以确保土地利用规划的科学性、实践性。

3. 部门合作

土地利用规划是各部门、各产业对土地利用进行长期的、全面的分配与安排，需要部门之间全力合作，任何一个部门都不可能单独编制和组织实施规划。从规划编制阶段到规划实施阶段，都需要各部门的协同配合，只有部门充分协调、全力合作，才能保障规划的科学性、可操作性和严肃性。

4. 公众参与

这是土地利用规划特有的工作方式之一。公众参与的目的是保障人民大众对规划工作的知情权、参与权和决策权，增加规划的公正性、透明度，也是统一思想、凝聚人心、民主决策的主要方式。土地利用规划的公众参与主要体现在以下几方面。

(1)在决定规划编制（修编）时，充分听取各利益相关者的意见，取得大众的同意、愿意与支持，否则不能进行；

(2)在规划编制过程中，充分征求群众对土地利用战略、目标、重点任务与项目、布局等方面意见，利于统筹安排，合理分配土地；

(3)在规划成果形成后，充分听取群众意见，以求达成共识，规划审批后，要进行公示；

(4)在规划实施过程中，公众有权进行监督、申诉、复议等。

5. 科学决策

规划的过程是贯彻落实科学发展观，践行科学决策的过程。科学是规划的灵魂，政府组织决策的科学化、民主化，以及专家领衔保证了决策的科学化。同时，土地信息管理是决策必不可少的工具，利用决策支持系统可以进行科学决策，保障土地利用规划具有生命力。

四、土地利用规划管理

(一)土地利用规划管理的目的与任务

土地利用规划管理是为了合理利用和有效保护土地，维护土地利用，惠及大众的社会整体利益，组织编制和审批土地利用规划，并依据规划对城乡各项土地利用进行控制、引导和监督的行政管理活动。

土地利用规划管理的任务是：依法组织制定（编制和审批）土地利用总体规划，按照经批准的土地利用规划控制和引导各项土地利用，即依据土地利用规划对土地利用进行监督检查和动态监测。

(二)土地利用规划管理的内容与要求

土地利用规划管理包括土地利用规划编制、土地利用规划审批管理和土地利用规划实施管理等方面内容。

1. 土地利用规划编制管理

(1)明确规划组织编制主体，保证规划依法编制

土地利用规划编制管理，是依据相关的法律、法规和方针政策，明确土地利用规划编制(或修编)的主体，规定土地利用规划编制的内容(如新《土地管理法》、《土地利用总体规划编制审查办法》等)，设定土地利用规划编制和上报的程序，从而保证土地利用规划依法编制。土地利用规划编制管理一般包括以下程序。

①编制规划的准备工作，提出规划编制(或修编)任务；

②编制规划方案，制定规划编制计划；

③确定规划编制单位；

④协调论证规划编制中的重大问题，及组织征求意见；

⑤评审规划编制中间成果；

⑥验收规划编制成果以及规划成果的报批。

(2)科学编制土地利用总体规划

按照新《土地管理法》第十七条的规定，“各级人民政府应当依据国民经济和社会发展规划、国土整治和资源环境保护的要求、土地供给能力以及各项建设对土地的需求，组织编制土地利用总体规划”，以科学发展观为统领，以节约集约用地、严格保护耕地作为根本指导方针，科学编制(或修编)全国、省、市(地)、县(市)和乡(镇)五级土地利用总体规划，完善土地利用总体规划体系，强化全国和省级土地利用总体规划的战略性、综合性和政策性，提高市(地)级、县(市)级、乡(镇)级土地利用总体规划的空间性、结构性和可操作性。建立健全规划咨询审议制度、民主决策制度、公众参与制度、争议仲裁机制，实施规划定期评估报告制度和土地规划机构资质认证管理制度，完善规划编制审批办法和编制规程，提高规划编制的科学水平。

2. 土地利用规划审批管理

新《土地管理法》明确规定：“土地利用总体规划实行分级审批。”“土地利用总体规划一经批准，必须严格执行。”“经批准的土地利用总体规划的修改，须经原批准机关批准。”土地利用规划审批管理的主要任务是将规划送审方案报请政府审核、修改和通过。依照法定程序逐级申报，由法定审批机关审核并批准规划。如《省级土地利用总体规划编制审批规定》(国家土地管理局令第 7 号，1997 年 10 月 28 日)、国土资源部办公厅《关于做好土地利用总体规划审批工作的通知》(国土资厅发〔1998〕9 号)都相继作过规定。

3. 土地利用规划实施管理

“三分规划，七分管理”，其中的“管理”就是指土地利用规划实施管理。土地利用规划

能否达到预期目的，关键在于规划的实施管理。依据土地利用规划，实行土地用途管制，控制农用地转为建设用地，切实保护耕地，提高土地利用率和增加土地产出率，是土地利用规划管理的主要任务。

根据新《土地管理法》的规定，土地利用规划管理一般可包括下列内容：土地用途管制制度的实施、土地利用年度计划管理、农用地规划管理、建设用地规划管理、土地开发整理管理、土地复垦管理和土地利用动态监测等。严格实施土地用途管制，强化农用地转用及其他土地利用项目的规划审查，对不符合土地利用总体规划、未取得计划指标、未通过预审的项目不得批准。对违反规划、突破计划批准用地和供应土地的，依法严肃处理。

(1)土地用途管制

土地用途管制制度的实施需要注意以下几点。

①提出的背景与由来。如何充分合理利用土地，保护耕地成为我国经济社会发展面临的重大问题。我国政府多次提出要下大力气保护耕地，但是由于"分级限额审批制"难以依法执行，难以制止"化整为零"和随意"下放土地审批权"所造成的非法批地用地行为，事实上造成建设用地审批权主要集中于县(市)政府，甚至旁落于乡(镇)政府，中央和省级审批权基本空置的局面，致使土地利用不能按照土地利用总体规划确定的用途进行管制，农用地特别是耕地大量转化为建设用地。鉴于此，中共中央、国务院《关于进一步加强土地管理、切实保护耕地的通知》提出了对农地和非农地实行严格的用途管制，即土地用途管制，并将"土地用途管制制度"写入了1998年修订的《土地管理法》的第四条规定，"国家实行土地用途管制制度"，"使用土地的单位和个人必须严格按照土地利用总体规划确定的用途使用土地"。

②国内外启示。土地用途管制(land use regulation)是国家政府依法对土地占用、使用的管制，主要是对土地占有者、使用者使用土地的权利和义务及使用条件的管制。综观世界各地土地管理立法，对土地的利用实行土地用途管理制度是当今土地管理立法的趋势。由国家通过规划对土地利用进行严格的管制，也是世界大多数国家土地管理立法所遵循的共同法律原则。

一些发达资本主义国家和地区对城市土地使用的限制主要通过城市规划、建筑条例和市场法则等来实行。英国土地开发许可制是土地利用管制中较具有弹性的一种方式。早在1947年英国就采用该项制度对土地利用进行管理，并将其纳入城乡规划法中予以实施。在美国，土地使用分区是一种城市法令，其中除因修正和申诉允许例外用途外，对每个市区的土地都规定具体的允许用途。法国在土地分区中对工业设施、工业区内的建筑都进行了严格的规定。我国台湾地区的《都市计划法》中，根据具体情况将土地划分为住宅、商业、工业及其他使用区或特定专用区，并对各类区的使用进行了具体的限制。由此可知，不同国家和地区都通过土地用途管制来提高土地的利用效益。

③土地用途管制的内涵。对土地用途控制的概念，各人有各自独特的理解。有的专家学者认为，土地用途管制与土地使用管制和耕地保护是土地管理实践、土地科学和土地经济学中通用的专业用语，是一组相关的在某种角度上可以相互替代的用词。也有的专家学者认为土地用途管制属于土地利用管制的一种类型，主要依据土地利用规划，在一定

区域内划分土地用途区，确定用途限制内容，实行用途变更许可。

所谓的土地用途管制制度，实质指的是国家通过立法确立对土地用途进行管制的规定，作为一项法律制度，由国家强制力来保证实施。也就是说，任何组织和个人都必须严格按照土地利用（总体）规划确定的用途使用土地。其具体要求是国家编制土地利用（总体）规划，对耕地实行特殊保护，严格限制农用地转为建设用地，控制建设用地总量。

在理论上，土地用途管制必须包括三方面的内容：一是科学的土地利用（总体）规划；二是将土地分为农用地、建设用地和未利用地三类；三是严格按照土地利用（总体）规划使用土地，限制农用地转为建设土地。因此，土地用途管制包含三个基本含义：土地用途的法律认可制度、土地用途改变的申请许可制度以及擅自改变土地用途的法律惩罚制度。严格控制农用地转为建设用地是土地用途管制的直接目的，控制建设用地的总量是间接目的，对耕地实行特殊保护是最终目的。

土地用途管制可以分为市地（城市用地）管制和农地（农用地）管制。市地管制中常常采用建筑密度和建筑容积率两项指标来控制，农地管制中主要实施农地农用、农地非农用制度。

在现实社会中，土地用途管制又包括两方面内容：一是按照土地集约利用、实现耕地总量动态平衡的要求修编土地利用总体规划，把未来时期全国耕地保有的数量分级落实，对城市用地规模提出控制性意见，县（市）、乡（镇）级规划按土地用途要落实到地块；二是各业用地都要符合土地利用总体规划，对农地和非农地实行严格的用途管制。农用地转为非用农地要经中央和省级政府批准；农村村庄用地实行规划管理和面积管制；小城镇和乡镇企业用地实行与农村居民点缩并和复垦成耕地挂钩的办法；中央批准的建设项目，由中央直接下达占地指标；地方建设项目用地以补充相应的耕地为前提，实行占用耕地与开发复垦挂钩。国家控制发展的项目原则上不供地。

④土地用途管制的意义。土地用途管制是国家为了保护土地特别是耕地，确立土地利用的约束机制，防止土地滥用、土地投机、土地垄断和在土地上谋取非法利益，而对土地利用进行严格控制的一项具有财产所有性质的法律制度，是国家政府依法对土地占有者、使用者的管制，主要是对土地占有者、使用者使用土地的权利和义务及使用条件的管制，包括占有、使用期限、交付使用土地的租金、赋税、劳务等，以及对土地使用类别的用途和使用方式与方法的限制。

(2)土地利用计划管理

土地利用计划是指国家和地方根据土地利用总体规划及国民经济和社会发展的要求，编制中期和短期（即年度）用地计划，对国民经济各部门的用地进行具体的部署和安排，并且确定调整土地利用结构的规模和速度，研究制定实施用地计划的政策措施，保证计划的顺利进行，土地利用计划是土地利用总体规划的具体实施。其中土地利用中期计划一般为五年计划，它是土地利用总体规划的阶段性实施计划。短期计划是以一年为期的计划，是中期计划的细化，是具体的执行计划。因此，土地利用计划管理实质是土地利用年度计划管理。

土地利用计划管理是指国家或地方通过编制计划和下达控制指标，对土地的开发、利用、整治和保护进行统筹安排，宏观地指导和约束人们有计划地合理组织土地利用的一项行政调控措施。土地利用计划管理主要包括计划编制、指标下达和计划实施三部分内容。

我国土地利用计划分为四级：最高的为全国级；省、自治区、直辖市（含计划省辖市、区）为第二级；省辖市、自治州、盟为第三级；县（市、区）为第四级。土地利用计划按管理方式可分为国家计划和地方计划，国家计划是全国土地利用计划，地方计划是国家计划的具体细化，地方计划必须服从国家计划。新《土地管理法》第二十四条规定："各级人民政府应当加强土地利用计划管理，实行建设用地总量控制。"土地利用计划的编制审批程序与土地利用总体规划的编制审批程序相同，一经审批下达，必须严格执行。1998 年国土资源部成立后，于 1999 年发布了《土地利用年度计划管理办法》。土地利用年度计划的主要内容包括农用地转用计划、耕地保有量计划、土地开发整理计划等，体现在农用地转建设用地的指标、耕地保有量指标和土地开发整理增加耕地指标。2003 年根据《深入土地管理体制改革严格土地管理》，发布了新的《土地利用年度计划管理办法》，主要体现在严格农用地转用指令性管理、实行城乡用地挂钩等。

编制土地利用计划要以"一要吃饭，二要建设，三要保护生态环境"为指导方针，遵循以下原则要求：一是严格依据土地利用（总体）规划，控制建设用地规划规模，保护耕地（特别是基本农田）；二是以土地供给制约引导需求，合理利用土地；三是优先保证国家重点建设项目的基础设施项目用地；四是占用耕地与补充耕地平衡；五是保护和改善生态环境，保障土地的可持续利用。

（3）土地利用动态监测

土地利用规划的实施是适时、动态和不断反馈的过程，通过土地动态监测可以发现问题，找出规律，得以改善。现代遥感（RS）技术和地理信息系统技术（GIS）的发展为动态监测提供了新技术手段，其所得的图像和数据，已成为开展土地利用动态监测的一种最为迅速便捷和理想有效的手段。

①土地利用动态监测的方法。指运用遥感、土地调查等技术手段和监测仪器，以土地详查（或土地利用更新调查）的数据和图件作为本底资料，对国家或一个地区土地利用状况的动态变化进行定期或不定期的监视和测定，并对土地利用的动态变化进行全面系统的反映和分析的科学方法。

②土地利用动态监测的目的。在于为国家和地区有关部门提供准确的土地利用变化情况，及时进行土地利用数据更新与对比分析，以及编制土地利用变化图件等。它是开展土地利用动态变化预测、农作物产量预测、自然灾害防治及合理组织土地利用、加强土地管理与保护的一项不可或缺的基础性工作。

③土地利用动态监测的内容。包括对耕地、林地、草地、水面及交通和城市用地等各类生产建设用地面积的变化和各种自然灾害对土地利用造成的破坏和影响等的分析。其中，尤其关注土地利用变化的动态信息、耕地总量的动态平衡情况、农业用地内部的结构调整情况、基本农田保护区情况和土地资源的开发利用的监测等。所需进行的监测分析包括地类变更分析、权属变更分析、耕地变更分析、土地利用结构变更分析。

另外，土地质量动态监测也是主要内容，是指用一定的标准方法，以一定的时间间隔，测量土地的微观特性，以观测和分析在不同土地利用情况下土地质量的变化情况。监测内容包括：土壤特性状况（养分、结构等）、气候情况（光照、降水、气温）、环境及污染情况，通过建立基准点的方法来进行监测。

（4）土地利用分区管理

①土地利用分区管理的概念和含义。土地利用分区管理是强化土地利用的空间管制，按照土地利用总体规划确定的土地用途，因地制宜使用土地，是把土地用途管制真正落实到位的科学管理手段。

土地利用区域划分（即土地利用分区）有严格的技术方法与规范程序。土地利用分区就是以土地这个自然经济综合体（即土地类型）的性状、特征及其组合分布的地域分异规律为依据，选取反映土地利用差异性的指标，通过定性与定量分析相结合，主导因素与相关因素分析相结合的方法进行综合分析。遵循土地类型与土地类型结构的相似性；土地利用方向、土地利用现状及存在的问题与采取策略措施的相对一致性；保持一定行政单位界线的完整性等原则。并运用自上而下逐次区别差异性、自下而上逐次归纳相似性，将一定地区（行政单位）划分成若干区域（分区划片），在分析各行政区域自然、经济条件的基础上，确定各区域土地利用的基本方针，以及土地利用结构调整和区域布局的基本原则，从而实现土地利用合理的区域分工。

②土地利用分区管理的目的。根据全国各地在自然条件、资源禀赋、经济社会发展阶段和区域发展战略定位的差异，在东、中、西和东北四大政策分区的基础上，根据土地资源状况与利用特点，进行土地利用区域的划分（土地利用分区或土地利用区划），进一步把全国划分为九个土地利用区，包括西北区、西南区、青藏区、东北区、晋豫区、湘鄂皖赣区、京津冀鲁区、苏浙沪区、闽粤琼区。划分土地利用区是由我国的基本国情和区域经济社会发展的客观要求决定的。明确各区域土地利用管理的重点，有针对性地指导各区域的土地利用和调控。

全国各地区间的区域差异显著，客观上要求划分不同的区域，因地制宜指导不同区域的土地利用。同时各地区间在资源共享、市场互通、设施互联、环境共保等方面的相互关联密切，如上游地区的经济社会发展及土地利用深刻地影响中、下游地区，西部地区的经济社会发展、土地利用特别是生态环境状况深刻地影响着中、东部地区，省域内不同地区之间也是如此。因此，客观上要求围绕充分发挥各地区的比较优势、促进区域间合理的分工与协作等目标，划分土地利用区，统筹协调各区域的土地利用。其目的、意义主要表现在以下几个方面。

第一，划分土地利用区是贯彻落实科学发展观、实施区域发展战略和政策的重要手段。在我国社会主义市场经济体制日趋完善和投资体制进一步改革的新形势下，中央赋予土地政策参与宏观调控的新职能，土地和信贷成为宏观调控的两大基本手段，国家针对各地区间经济社会发展的不平衡和自然条件、资源禀赋的相似性和差异性，制定了一系列区域发展战略和政策。许多省（市）也制定了相应的战略和政策。土地作为重要的宏观调控手段，在统筹区域协调发展方面起着重要作用，这些重大的区域发展战略和政策的贯彻落实，必然需要与之配套的区域土地利用战略和政策，这也是落实科学发展观和“五个统筹”的基本要求。

第二，划分土地利用区是协调解决区域发展和资源环境矛盾的必然要求。我国人口众多，人均土地特别是人均耕地少，耕地后备资源严重不足。同时，我国正处在工业化、城镇化快速发展的进程中，土地需求十分强烈。各地区由于自然条件不同，经济社会发展状况和所处的发展阶段也不一样，发展过程中面临的各种资源环境问题包括土地利用问题不尽相同，呈现出不同的情况和特点。要解决好这些问题，必须跳出局部地域空间，从全局出发，着力解决区域性问题，促进区域经济、生产、人口发展与土地利用相协调。

第三，划分土地利用区是防止重复建设、产业结构趋同的有效途径。完善的基础设施是经济社会发展的前提和保障。近年来，各地为了加快自身发展的步伐，都在不断地建设和完善基础设施，先后启动了一批交通、水利、能源、环保等重大基础设施项目，这无疑为经济社会的进一步发展奠定了基础。但是另一方面，在基础设施建设中，由于缺乏必要的区域统筹和协调，导致一些基础设施盲目启动、重复建设，造成土地利用和资金配置上的巨大浪费。比如在一些地方出现了“机场建设大战”、“港口码头建设大战”，产业发展也是如此。因此，迫切需要指导土地利用的调控政策和措施，同其他手段相互配合，统筹区域土地利用，有效控制和防止重复建设和产业结构趋同。

③土地利用分区管理是土地利用政策差别化的体现。在划分土地利用区，明确区域土地利用方向和重点的基础上，根据资源环境承载能力、土地利用现状和开发潜力，统筹考虑未来我国人口分布、经济产业布局和国土开发格局，按照形成主体功能的要求，制定了差别化的土地利用政策，主要体现在以下几个方面。

第一，大力推进优化开发区域土地利用转型。国家对珠江三角洲、长江三角洲、京津冀等都市连绵区，严格控制建设用地特别是城镇工矿用地规模的扩大，减少建设用地和城镇工矿用地年均增量，逐步降低人均城镇工矿用地面积，防范建设用地比例过大对于区域资源和生态环境的损害。加强建设用地整合，积极引导人口、产业适度集聚，促进区域内城市间的分工协作和协调互补，形成等级规模合理、交通联系便捷、基本农田和生态功能区相间隔的城镇用地空间格局。在严格控制建设用地增量的前提下，保障集约利用土地的高新技术产业和现代服务业用地需求，限制占地多、消耗高的加工业和劳动密集型产业用地，促进产业结构升级和国际竞争力的提升。严格保护耕地，加强区内集中连片、高标准基本农田的保护和建设，促进农业向生态化、精细化、产业化、现代化发展。

第二，有效保障重点开发区域集聚人口及经济的用地需求。国家对辽中南、中原、长株潭、关中等城市群以及哈大齐、山东半岛、福建沿海、武汉地区、北部湾、成渝地区、乌鲁木齐等城市密集地区，适度增加建设用地供给，加大对基础设施建设的支持力度，促进公路、铁路、航运等交通网的完善和枢纽建设，提高用地整体效益。支持主导产业及配套建设，引导产业集中建设、集群发展，有效承接优化开发区域的产业转移。合理安排中心城市的建设用地，提高城市集聚程度，发挥辐射带动作用，促进工业化和城镇化健康较快发展。加强农用地特别是基本农田整理，为粮食主产区建设奠定基础。严格保护生态用地，促进区域人口、资源、环境和谐发展。

第三，切实发挥限制开发区域土地对国家生态安全的基础屏障作用。国家对大兴安岭、长白山、川滇、秦巴、藏东南、阿尔泰、塔里木河、阿尔金、羌塘高原、黑龙江三江平原、苏北沿海、诺尔盖、甘南、呼伦贝尔、科尔沁、浑善达克、毛乌苏、黄土高原、大别山、桂黔滇等各类生态功能区、土地退化防治区，实行严格的土地用途管制，禁止不符合区域功能定位、可能威胁生态系统稳定的各类土地利用方式和资源开发活动，严格限制生态用地改变用途。支持区域内生态建设工程，促进区域生态环境的修复与改良。按照区域资源环境承载力核定区域内建设用地规模，严格限制建设用地增加。禁止对破坏生态、污染环境的产业供地，引导与区域不相宜的产业逐步向区外有序转移。

第四，严格禁止自然文化遗产保护区域的土地开发建设。按照法律规定和相关规划，对依法设立的国家级自然保护区、世界文化自然遗产、国家级风景名胜区、国家森林公园、国家地质公园等禁止开发区域，必须实行强制性保护，严禁任何有悖于保护目的的各项土地利用活动，确保生态功能的稳定发挥。

④市(地)级土地利用总体规划，应合理规划土地利用分区，科学确定指标。在新《土地管理法》中，土地利用总体规划分为全国、省(市、区)、市(地)、县(市)和乡(镇)五级的功能定位。按理而言，各级规划功能应有所不同，但在我国目前形成的国家、省、市、县、乡(镇)五级规划并不明确。全国土地利用总体规划和省级土地利用总体规划作为战略规划，主要在于宏观调控，落实区域布局与合理区域分工，明确国家的土地管理政策和方向，控制建设用地总量和确定耕地保有量。而县(市)、乡(镇)级土地利用总体规划则着重于土地用途分区管制，即根据当地的实际情况划分土地利用区，根据土地使用条件确定每一块土地的用途。县(市)、乡(镇)级土地利用分区，把土地用途管制真正落实到位。市(地)级土地利用总体规划居于承上启下的地位，做好市级土地利用规划十分重要。

从 2003 年国土资源部部署成都、武汉、杭州、大连、株洲 5 个市(地)级土地利用规划修编试点以来，市(地)级土地利用总体规划的编制和实施处在不断的探索之中。针对当前市(地)级土地利用总体规划中存在的问题，总结经验并提出有效的改进措施，可以为我国市(地)级土地利用规划编制规程的制定，以及市(地)级土地利用总体规划工作的开展提供借鉴。

第一，合理界定市(地)级土地利用总体规划的地位。从 1986 年的第一轮土地利用规划开始，我国就形成了国家、省、市(地)、县(市)和乡(镇)五级土地利用规划体系。由于现行的土地利用规划体系，偏重于各类土地利用数量指标的编制和自上而下的指标控制，各级土地利用总体规划采用指标逐级分解、层层落实的方式，所以内容差别不大，通常具有“上下同样粗”的特点，土地利用的空间管制不够突出。随着我国政府职能的不断改善，市场在土地资源配置中的作用不断发挥，加上中央和地方事权划分的调整，各级政府在土地利用管理的职能上有所差别。作为政策手段的土地利用总体规划与之相适应，逐步形成体系明晰的土地利用规划体系。

市(地)级土地利用总体规划具有承上启下的作用，主要表现在：一要落实省(市、区)级政府对本市(地)规划的要求，将本市(地)的指标分解到所属的县(市、区)，对下一级县(市、区)的土地利用规划提出要求；二要划分土地利用政策分区，作为指标分区和制定区域差异性政策的重要依据；三要按照《环境影响评价法》编写土地利用规划环境影响评价篇章或说明，阐述规划方案的环境可行性，并提出减缓措施；四要确定重大土地利用工程，包括基本农田保护工程、建设用地节约集约利用工程、基础设施工程、土地生态修复工程等；五要从市（地）级土地管理部门的职能和本市（地）土地利用存在的问题出发，制定规划实施的保障措施。

建设用地节约集约利用可从微观的层面去考虑，比如容积率等国际通用指标，而从区域层面考虑存量用地比例等指标，这样更具有操作性。

第二，合理划分土地利用区域。"指标加分区"是土地利用总体规划编制（或编修）的模式，土地利用分区是市（地）级土地利用总体规划的重要内容。我国的土地利用规划中一直"重指标，轻空间"，因此分区方法以及相应政策的制定是市（地）土地利用规划中的难点问题。

通常国家和省级规划进行综合分区，县（市）和乡（镇）级规划进行土地用途管制分区，而市（地）级规划进行政策分区，这一点和国家、省（市、区）上级及其下级县（市）规划有所不同。土地利用政策分区类似主体功能区的思路，在考虑区域自然条件、社会经济条件、土地利用特点的基础上，重点从土地资源开发、利用、保护和整治的方向性以及强度出发确定土地利用分区原则和方法。并以乡（镇）为分区的基本单元，体现政策导向型。市（地）土地利用分区的结果应成为所属县（市）指标分配的重要基础，同时也为重大工程的安排、区域土地利用政策的制定等提供依据。

第三，科学确定规划的相关指标。俗话说"国民经济和社会发展规划定目标，土地利用总体规划定指标，城市总体规划定坐标"，可见指标在土地利用总体规划中的重要性。

要区分约束性指标和预期性指标。和国民经济与社会发展规划相同，土地利用规划把指标分为预期性和约束性。所谓预期性指标是政府期望的发展目标，主要依靠市场主体的自主行为来实现。约束性指标是在预期性指标基础上，强化了政府必须履行的职责，是政府必须实现、必须完成的指标。关键在于区分哪些指标作为约束性指标，哪些指标作为预期性指标，如何发挥预期性指标的作用。

第四，加强部门和地方的综合协调。土地利用总体规划具有综合性特点，协调始终是规划的本质。尤其是在规划大纲的编制阶段，市（地）政府各部门以及市（地）所属的各区县（市）之间的指标与政策的协调是完成规划文本的重要工作。

部门协调主要涉及市（地）发展和改革委员会、规划局、农业局（农委）、林业局、交通局等职能部门。其中与发展和改革委员会主要协调社会经济发展目标和重大工程的安排，与规划局主要要协调城镇人口、人均城镇用地指标，与农业局主要协调耕地的粮食产量以及耕地质量的保护、基本农田保护区的划分等，与林业局主要协调林地的指标、布局和政策，与交通局主要协调交通路线的布局、标准和政策等，与所属区县主要协调规划指标。可以通过开协调会、访谈、问卷等多种方式进行协调。从某种意义上说，协调的程度决定了规划的质量。

⑤县（市）级土地利用总体规划，耕地保护为核心，产业分区是重点。

第一，现行县（市）级土地利用总体规划主要存在以下几个方面的问题。

一是农村村庄用地规划的可行性不强。目前，我国大部分地区农村村庄用地存在占地规模大、空置闲置多、利用效率低、布局散乱、基础设施不完善等问题，这是由于村庄用地规模仅以人口自然增长率、人均用地标准和适度机械化增加率为测算依据，而未考虑人口流动因素造成的。随着我国城镇化、工业化进程加速推进，城乡人口已逐步形成了“农村到城镇”、“农村到农村”、“城镇到农村”、“边远贫穷地区到经济发达地区”的多向流动格局，特别是社会主义新农村建设中农民集中居住区建设力度的加大，农村村庄用地规划的矛盾也日趋显现出来，而且表现得非常突出。如在有些地方，一般每个村庄规划一个农民集中居住区点，占地面积为200～300亩，而这些集中居住区点的土地90%以上位于建设用地不能占用的基本农田保护区，并且如果要对原有居住点的宅基地进行整理的话，需要动用大量的人力、物力和资金，造成原有规划资源的浪费。

二是城镇建设用地规划的合理性不强。目前，城镇建设用地总数按一定的人口规模来测算，工业、服务业、金融业等用地规模再根据一定的比例测算。这种测算方法类似于城镇人均建设用地测算方法，只能用共性的眼光来编制土地利用总体规划，因而忽略了产业分布和土地利用分区。

三是基本农田保护规划的权威性不强。我国现行县(市)级土地专题规划，确定的耕地保有量和基本农田保护面积过大的问题也相当突出，有的地方的基本农田保护数超过了现有耕地数，造成了经济社会发展过程中规划调整和依法用地的极大困难，产生了基本农田保护的刚性与调整的弹性之间的矛盾，致使土地利用总体规划的局部调整频率较高，规划管理工作长期处于被动应付的状态。

第二，针对现行县(市)级土地利用总体规划存在的问题，制定切实有效的规划实施的对策措施。

一是增强规划实施的手段。“三分规划、七分实施”的说法表明了规划实施的重要性。好的规划只是规划能够发挥作用的基本前提，真正使规划发挥作用的是规划实施的手段。国际上目前流行的“行动规划”模式具有相同的含义，规划的目标由于经济社会发展的复杂性而具有不确定性，因此规划的编制应贵在行动，重在措施，好在实施应用。

过去由于我国实行的是计划经济，规划的实施完全依靠行政手段的统一调配，对于规划实施手段的研究有所忽视。而目前在社会主义市场经济条件下，政府职能主要是经济调节、市场监督、社会管理和公共服务，因此在充分发挥过去规划实施行政手段的基础上，应加强经济措施的研究。比如，研究落实耕地保护的目标责任制、推行土地节约集约利用考核制度等行政手段，研究促进土地节约集约利用的经济机制、促进耕地和基本农田保护的经济补偿机制、加强土地生态环境保护的生态补偿机制等经济手段。同时，还应加强社会手段的运用，比如公众参与的监督机制等。

二是增强规划目标管理价值定位的严肃性。虽然当前各地区域经济发展水平不同，区域发展前景不同，但是都以单位土地产出率作为土地利用总体规划目标管理的价值标准，而忽视了环境保护和资源保护等综合效应，造成了土地利用总体规划的目标管理价值定位的错失。

三是增强公众参与规划编制的广泛性。现行县(市)级土地利用总体规划大多是专家的观点和政府官员的要求，缺乏公众的意见和建议。这主要是由于规划修编过于注重形式上的论证。参与论证的政府官员多,专业人员少,而且邀请专家的面不广,角度单一,不具有代表性。

四是增强规划管理手段的操作性。现行县(市)级土地利用总体规划的管理手段过于呆板,缺少弹性,存在重编制、轻实施和调整的现象,实施责任主体不明确,缺乏动态的规划评估调整机制。

第三,县(市)级土地利用总体规划编制(修编)应当遵循的基本原则。

县(市)级土地利用总体规划修编,应当根据我国的基本国情,既要保证耕地的数量和质量,维护国家的粮食生产安全,又要提供一定数量的建设用地,满足当地经济社会发展的需求。

一是以耕地保护为核心,科学确定耕地保有量、基本农田保护面积等硬性指标。确保现有耕地总量基本稳定,基本农田面积不减少。同时,下级在规划修编时要严格按照上级下达的基本农田保护指标进行编制,认真划定基本农田保护区。而且一旦划定,不能任意动用。还要大力实施基本农田保护工作的"一制两网四化"建设工程,即"一制"为基本农田保护责任制;"两网"为基本农田保护信息网络、管护网络;"四化"为基本农田保护手段信息化、管护网络化、监督社会化、资料规范化,真正将基本农田保护落实到地块和农户。

二是以县(市)中心城区为规划对象,划分一定特色的发展区域。县(市)级土地利用总体规划修编应当以县域范围为单位,才能适应工业化、城镇化的发展要求,才能顺应区域经济、城乡统筹的发展方向。在整个县(市)域范围内应当划分特色鲜明的农业区、城镇区和过渡地带三大类区域,农业区应当以种植业、养殖业、渔业、林业为主,大力发展现代农业。城镇区应当以中心城市和若干个卫星城镇为主,作为当地经济、政治、文化、商业的中心。过渡地带应当以控制发展为主,为以后的县(市)级土地利用总体规划修编提供空间,为发展留有一定的余地。

三是以产业分区为规划重点,形成一定规模的发展空间。在编制县(市)级土地利用总体规划时,新《土地管理法》第二十条规定:"县级土地利用总体规划应当划分土地利用分区,明确土地用途。""乡(镇)土地利用总体规划应当划分土地利用区,根据土地使用条件,明确土地用途。"应当科学划分和确定产业分区和功能布局,统筹各类资源要素。根据产业区域内用地现状、经济发展目标、发展方向和发展规模,采取相应的定额指标,合理确定各产业区域的用地规模,形成各具特色的开发区和工业集中区。

第四,县(市)级土地利用总体规划应采取的工作方式。

一是更加注重农村村庄用地规划的精细化。我国县(市)级土地利用总体规划要将农村村庄用地中的农民集中居住点布局和原有居住点中老宅基地整理作为重点内容进行规划,引导农民向城镇、集中居住区集中,逐步建立具有一定规模、布局合理、用地集约的农民集中居住体系,进一步完善水、电、路、气、通信、广电等基础配套设施和其他服务设施,真正使土地利用总体规划修编成为建设社会主义新农村的"助推器"。

二是更加注重城镇建设用地规划的合理化。在县(市)级土地利用总体规划修编中,应当分析本行政区域内不同地区的功能定位、发展方向和资源环境承载能力,划分产业分区明显的区域,提出分区内的土地利用调控指标和管制措施,严格控制用地规模。同时,土地利用总体规划应当与城市总体规划等其他专题规划相同步、相衔接，防止交叉矛盾，避免造成土地利用总体规划难以实施到位的被动局面，真正使土地利用总体规划成为城市快速发展的"风向标"。

三是更加注重基本农田保护规划的规范化。县(市)级土地利用总体规划应突出基本农田保护。一要确定保护理念，二要确定保护比例。应当根据当地实际情况确定基本农田保护比例，不能不加区别、不加分析而机械地、简单地下达保护指标，以避免出现有的地方保护不了、有的地方保护多了的情况。三要确定保护区域。基本农田保护应当从地块管理理论转移到区域管理理论，基本农田保护应当是广义上的区域管理，区域内只能是农业生产和村庄建设，其他各类建设一律不允许。

四是更加注重长远发展规划的科学化。尽可能地深入研究影响土地利用未来的各种因素、条件和变化趋势，对经济、社会、文化、环境、产业、人口、交通等影响用地需求的信息综合分析，使土地利用与经济社会发展相协调，避免过分追求经济效益而出现盲目投资、低水平重复建设的现象，真正使土地利用总体规划修编成为经济社会发展的"动力源"。

五是更加注重规划编制的公开化。在县(市)级土地利用总体规划编制时，应加强公众参与力度，规定公众参与规划编制的组织设置、参与形式、参与步骤，确保公众参与的合法性，保证公众参与层面广，参与活动贯穿规划编制全过程，使规划修编由单纯的专家编制转化为专家观点、理论与公众意愿、要求相结合的编制，真正使土地利用总体规划修编成为沟通政府与公众的"连心桥"。

(5)土地宏观调控与土地管理

党中央国务院高度重视土地管理和调控。2003 年以来，中央关于"土地管理宏观调控"的决策赋予了土地管理部门新的职能，2004 年印发的《国务院关于深化改革严格土地管理的决定》(国发〔2004〕28 号)，在严格土地执法、加强规划管理、保障农民权益、促进集约用地及健全耕地保护责任制等方面，进行了全面系统的规定，并取得了初步成效。但是，土地管理特别是土地调控中出现了一些新动向、新问题，建设用地总量过快增长，低成本工业用地过度扩张，违法违规用地、滥占耕地现象屡禁不止，为严把土地"闸门"，采取更严格的管理措施，切实加强土地调控，2006 年印发的《国务院关于加强土地调控有关问题的通知》(国发〔2006〕31 号)提出了关于加强土地管理和土地调控的政策。土地政策参与宏观调控，是我国特殊国情和特定发展阶段下的一个特殊选择。

①土地调控的概念与内涵。如前所述，土地管理是国家综合运用行政、经济、法律、技术等手段，为维护土地所有制，调整土地关系，合理组织土地利用而进行的计划、组织、指挥、协调、控制等综合性活动，是一定组织中的管理者，通过实施一系列职能，协调他人、组织共同实现既定目标的活动过程。调控是调节、控制的统称，它可以具体到各个领域，服务于各种目标的调控。土地调控是土地管理的内容之一，它与土地管理是部门与整体的关系；就实施手段、运用机制方面而言，土地调控与土地规划实施管理相比，也存在显著区别。土地调控往往是一种短期的、针对性较强的管理模式，调控措施是根据阶段性需求而进行的灵活性调整，往往是基于当前出现的一些新动向、新问题，根据管理要求，有针对性地解决问题的调控手段。因此，土地调控具有周期短、见效快的特点。而土地管理及其土

地规划实施管理是以法律法规的制定和执行为主要手段的土地管理行为，更具有规范性、权威性和长期稳定性。

②土地调控的含义。我国十分注重土地参与宏观调控的作用，并且其内容、方式、途径等不断加以完善，从而增强在市场经济体制下宏观调控创新的适应性。从《国务院关于加强调控有关问题的体制》(国发〔2006〕31号文件)中可以理解，国家对土地调控赋予了新的内涵，具体反映以下两个方面。

第一，调控方式。从紧缩型土地供应调控转向紧缩型土地供应下的土地综合调控。即国家主要通过控制或减少增量建设用地供应，达到控制及引导投资方向、规模的目的，促进经济平衡、健康发展。国家十分注重土地经济杠杆、法律措施及行政手段与紧缩型土地政策的配套与协调，以增强土地调控的效力。

第二，调控内容。从土地数量调控转向土地数量调控基础上的土地经济、土地法律和土地行政关系的全面调控。尤其是突出强调了切实保障被征地农民的长远生计，占地补偿安置必须以确保征地农民原有生活水平不降低、长远生计有保障为原则，对社会保障费用不落实的不得批准征地；强调国有土地使用权出让金实行“收支两条线”管理；调整建设用地有关税费政策，提高新增建设用地有偿使用费缴纳标准，明确指出新增建设用地有偿使用费专项用于基本农田建设和保护、土地整理、耕地开发，提高城镇土地使用税和耕地占有税征收标准，明确指出财税部门要加强税收征管，严格控制减免税；国家根据土地等级、区域土地利用政策等，建立工业用地出让最低标准统一公布制度，明确指出工业用地必须采用指标拍卖挂牌方式出让，其出让金不得低于公布的最低标准，防止各地互相压低地价，造成国有土地资产流失；通过市场经济杠杆，发挥市场配置土地资源的基础作用，促进集约节约用地，提高土地利用效率，增强土地资源对经济社会可持续发展的保障能力；有利于政府规划的实施，引导形成合理的产业化布局，促进工业项目发挥规模效应。这些调控职能，重视经济手段的运用，以利益机制的调整为其主要特点，切中了当前土地经济关系中的关键问题。

(6)农村土地利用规划管理

加强农村用地规划管理，推进农村节约集约用地，需要注意以下几点。

①新农村建设是我国现代化进程中的重大历史任务，但同时也是一个十分复杂的系统工程。建设社会主义新农村，构筑城乡一体化，必须把土地利用规划放在首要位置，没有规划的建设就是盲目建设。也就是说，新农村建设作为一项重大的、长期的、历史性的任务，必须在做好土地利用规划的基础上，积极稳妥地推进。要想改变农村的落后状况，必须从长计议，坚持规划先行，稳步推进，切不可操之过急。当前不少地方在新农村建设中，由于忽视了统筹规划，出现了村村铺摊子、大拆大建的迹象，这样势必导致资源和资金的巨大浪费。因此，越来越多的人认识到，应当把“建设新农村，土地利用规划要先行”作为新农村建设的战略思想。

②新农村建设的内涵。新农村建设的内涵非常丰富，它指的是农业和农村的整体发展，而不仅是建“新村”。做好土地利用规划是其中一项基础性的工作。具体地说，新农村建设中提出的一些要求，实际上都需要通过土地利用规划管理实施来落实。中央关于新

农村建设的要求中，生产发展、生活宽裕与合理用地分不开；乡风文明也包括用地文明，规划用地就是一种文明用地；村容整洁更离不开土地利用规划。农村土地利用规划在其中所起的作用都是基础性的，也是关键性的。

同时，支持和参与新农村建设涉及土地利用规划管理工作的方方面面，做好规划工作是基础和前提。比如说，节约集约用地要通过规划来控制规模、进行结构调整和内涵挖潜等来实现；严格保护耕地特别是基本农田，需要通过规划来明确耕地保有量，按要求划定和完善基本农田保护区；土地整理的前提也是做好规划。我国的土地利用规划程度总体还不够高，农村用地的规划程度就更低。农村建设缺乏统筹安排，布局零散，脏、乱、差现象比较普遍，不仅功能混杂，还带来许多环境问题。在我国许多乡村，已经很难找到"一方净土"或"一池净水"。一些地方的村办工业，仍然是"村村点火"、"户户冒烟"。现实中的乡村，与人们理想中的优美、恬静、宜人的田园风光相去甚远。不少地方特别是逐渐富裕起来的地方，对于加强农村的规划工作更有着迫切的要求。

③搞好新农村建设，首要任务是保护耕地，保护基本农田。要把加强耕地保护作为新农村建设的重大任务。同时，要严格控制建设用地，坚决防止以新农村建设的名义盲目圈占、违法批占土地特别是耕地和基本农田。加强新农村建设不是放松对农村地区建设用地的控制和管理，而是通过规划，对新农村建设必要的建设用地给予合理安排，并通过加强耕地保护和土地整理，支持农业和农村发展。坚持节约集约用地，也是新农村规划的一个基本原则。我国农村土地利用的情况，普遍表现为"散、大、乱"。"散"，据有关部门统计，全国自然村庄总数 346 万个，平均每个村占地只有 4 公顷，非常分散。"大"，主要指的是人均用地水平。全国平均每人大约是 210 平方米，比国家标准 150 平方米大很多。农村居民点用地和城镇建设用地总量的比例大致是 5∶1，"空心村"、闲散地大量存在。"乱"，主要是缺乏土地利用规划。有统计显示，这些年农民减少了，但农村用地不但没有减少反而增加了。因此节约集约用地，在农村大有必要，也大有潜力。

开展土地整理对促进农村土地的节约集约利用将起到积极的作用。依据土地开发整理规划，进行田、路、林、村的综合整治。整理中，既包括农用地整理，又包括建设用地整理。通过将农村非常分散的村庄和乡镇企业、砖瓦窑场等用地，调整整合和撤并集中，可以挖掘出相当大的建设用地空间。另外，在新农村建设中要立足现有基础，充分利用现有房屋和基础设施，减少不必要的重复建设和资源浪费等。

只要把农村建设规划做好了，新农村建设就能够在农村建设用地总量不增加的情况下，通过内涵挖潜解决自身的问题。

另外，当前国家和地方有关部门都在编制新农村建设的各类规划，比如经济社会发展规划、村镇建设规划、基础设施规划、生态环境保护规划等。要注意这些规划与土地利用总体规划的衔接，并为社会主义新农村建设预留必要的用地。

(7)创新方法，运用综合措施，落实规划实施管理目标

实践证明，综合运用土地利用规划、土地利用计划、土地利用分区(区划)和土地调控(简称"三划一调")，不但在加强土地管理、保护耕地、控制建设用地总量、增强土地资源对经济社会发展的保障能力方面发挥作用，而且在调整土地利用结构、落实土地利用空间布

局和市场优化配置资源方面起到重要作用。以科学的土地规划、正确的土地计划、合理的土地分区以及立足利益机制的调整为其主要特点的土地调控是保障土地用途管制的重要手段，对促进土地可持续利用以及经济和社会可持续发展都具有重要意义。

①科学发展观统领下的土地利用规划

下面主要从我国土地利用总体规划的层级目标、要解决的问题、进行各类用地规模安排时要遵循的原则、对各类用地的规划和空间布局进行分析。

第一，我国土地利用总体规划的层次。

我国土地利用总体规划体系与层级是五级规划体系——全国、省级、市(地)级、县(市)级和乡(镇)级。同时，五级规划体系又可分成三个层次，第一层是全国和省级规划，主要起规模控制的作用，对用地规模进行总量控制、区域分配和分级管制。其空间布局的作用主要体现在区域预分配上。第二层是市(地)级和县(市)级规划，主要考虑空间布局以及各类用地的结构比例，在用地上有明确的空间概念和分布概念。同时对规模的控制起到辅助的作用，把既定的规模落实到地上，落实到空间分布上。第三层则是乡(镇)级规划，主要是用途管制的作用，同时制定一些管制规则，以解决怎么样用这块地或者什么情况下怎么确定这块地的用途。

第二，土地利用总体规划的目标。

一是始终以保护耕地为前提、建设用地为重点、节约集约利用为核心，统筹安排各类用地。以保护耕地为前提，土地规划的前提就是保护耕地；以建设用地为重点，建设用地最复杂，同时承载了国民经济的绝大部分财富，经济社会活动主要在建设用地上展开；以节约集约利用为核心，我国人多地少，任何土地都要节约集约利用，这不仅指建设用地，也包括农用地(耕地)等。

二是人和土地和谐，实质是人和自然和谐共处。协调土地生态建设首先是各类用地合理布局、协调统筹。其次是充分发挥耕地的生态环境建设作用。最后，就是要建设环境友好、景观优美、生态和谐的人居环境，引导营建美好家园。

第三，新一轮土地利用规划要解决的主要问题。

一是耕地特别是基本农田的保护问题。建设占地、退耕还林、灾害损毁、农业结构调整是目前造成耕地减少的四大要素。现在，建设不构成耕地的最终减少，因为建设占用耕地必须占补平衡；国务院作出规定暂停生态退耕，因此，在减少耕地的四大要素中，已减少了两大要素，只剩下农业结构调整和灾害损毁。我国灾害损毁的耕地一年约 70 万～80 万亩，这部分耕地可以恢复。余下的就是农业结构调整，把耕地改为种果树或者其他经济作物。所以，保护耕地，必须要重视农业结构调整削减耕地的作用。2007 年全国减损耕地 60 万亩，按照这个速度，到 2010 年，三年减少 180 万亩(对守住 18 亿亩耕地没多大问题)。但是，这不仅仅是一个数字问题，关键是耕地怎么保护的问题，与国民经济和社会发展“十二五”规划相衔接的土地利用规划就要研究好这个问题。

二是节约集约利用土地，优化城乡用地结构和布局的问题。集约节约利用土地，首先要合理布局，这是一个万年大计，一旦布局搞错会造成巨大的浪费。

三是统筹区域的土地利用问题。国家有东、中、西部区域土地利用问题，每个市、每个省也有经济发达地区和欠发达地区或先发展地区和滞后发展地区的土地利用问题。因此，我国经济社会发展在未来的一段时间内或者在2020年以前仍然是一个非均衡发展的战略，非均衡发展战略要求不能平均使用土地，而要突出重点。因此土地利用总体规划要研究体现出这种战略。

第四，在土地利用总体规划中确定用地规模、进行各类用地规模的安排时，必须要遵循以下三个原则。

一是总量平衡的原则。全国各类土地的数量加起来要等于960万平方公里，少了多了都不行。总量平衡是首要原则，要知道能给某辖区多少地，必须要看各类用地面积加起来是多少，是不是大于或小于该辖区面积。

二是极限原则。各类用地规模要有个极限。测算出在达到全面小康目标、城镇化建设基本完成时要多少地，摸清底子，要掌握到底还留有多少用地空间。极限法是新时期土地规划确定用地规模的主要方法。

三是适度分离的原则。各类用地规模的确定要适度分离。耕地要应保尽保，建设用地使用极限的方法来确定规模。现在全国处在一个用地较多、压力很大的阶段。当构建小康社会、工业化基本完成，人口达到15亿人的时候，就达到相对的用地极限。超过这个极限，我国将会进入用地很少的阶段。

第五，各类用地的规划。

为了规划长远，经济与社会协调、科学、持续发展，对各类用地在未来规划中的变化，进行如下分析。

● **基础设施用地**：基础设施用地和人口数虽然有关系，但和人的经济活动强度关系更大。预计未来的10多年内，由于国家经济活动的加强，基础设施用地的需要也应增加。据有关部门统计分析，2006年、2007年预留的基础设施用地是“十一五”总量的40%，但预留的基础项目的用地只占用了16%。原因可能有两个：一是一些应经国家审批的项目已在省里批了，所以有很多用地数字没有统计上来。二是许多公路、小路、农村道路没有进入统计数字，很多地方都缺少基础设施，建设用地压力就很大。

● **城乡建设用地**：未来10多年城乡建设用地总规模增加，人均稍微增加，究其原因是人口增加。全国在2020年到2030年人口达到最高峰。由于城乡建设用地和人口是正相关的，所以用地自然增加。我国又有一个比较特殊的情况，就是进城务工人员等“两栖”人口有1.5亿～2亿人，出现城乡两边居住，两边用地。由于中央要求继续完善落实进城务工人员的各项政策，对此，新的规划要有所安排。这是我国现阶段经济发展中的特殊情况。另外，基础设施用地增加，导致建设用地总量增加。

● **农村建设用地**：到2020年，全国60%的农村人口比例将变成40%，减少20%。但是人走地没带走，这样一来虽然农村建设用地总规模减少，而人均用地却增加了。

● **农用地**：18亿亩耕地红线要保住，基本农田在15.6～15.8亩之间，要做到应保尽保。

第六，土地利用总体规划的空间布局。

一是优先设置国土生态屏障网络。从山水平川整体环境方面，尽量保持自然生态和谐;优先确保河道滨水地区的自然生态;优先设定和恢复一些生态通道,避免"逢山开山,遇水填河"。

二是优先安排"两基"用地(基础设施和基本农田)。基本农田是人们的生命线,基础设施是整个社会经济建设的骨干工程。

三是重点安排城、镇、村用地布局。重点是优化建设空间布局,形成生态效应,把基本农田、耕地及其栽培的农作物,作为建设用地的隔离带,不要连成大片,此外要与适量的水面穿插布局,形成良好的生态环境。充分利用其他的绿色用地,把林地、草地、一般农地放到合适的位置。

四是保留文化景观的廊道用地。土地利用总体规划要给这些用地预留一些余地,虽然不能强求把原来的建筑风貌、历史文化都留下来,但是至少要保留一个文化景观廊道用做博物馆或一道风景线,促使景观成为土地文化滋润的精神家园。发挥景观孕育优美和谐环境的作用。

五是发挥农田的多重功能,拓展生态空间。耕地是重要的农业生态资源,耕地不仅仅是粮食生产的要素,它还有很强的生态功能。例如水田,在国际分类上叫做人工湿地,生态功能跟湿地差不多。建设美好家园,就要充分发挥耕地的生产和生态功能,鼓励并提倡在城镇规划生态用地。这样就使城镇得到合理的疏解,城镇布局有所扩大,而建设用地没有额外增添,所以优化了用地布局。

②保障科学发展新机制下的土地利用计划

第一,土地利用年度计划,确定用地流量需要考虑的三个方面:一是按年度分解土地利用规划核定的用地数,得出每年的计划用地数。二是根据当年或者一段时间的宏观经济运行来适度增减,发展速度过快则需要稍微缩减一些用地,慢的时候则要放大用地。三是按照土地管理、耕地保护执行的情况对用地进行微调。

年度土地计划就是按照土地利用规划确定的用地规模或者按年度平均来安排用地。此外,要按照土地管理、耕地保护和违法查处执行状况,适度进行用地指标的差异化,执行差别化的土地供应政策,而且要赏罚分明。

第二,要"按照保障科学发展新机制的要求来完善土地计划"。按照创建保障科学发展新机制的要求,对土地利用计划进行如下考虑。

一是土地计划的主渠道。土地计划的主渠道有三个:新增用地总量、占用农用地的量和占用耕地的量。对于主渠道就要简化因素,在初步确定额度的基础上,按照耕地下降速度、超批土地规模、超用土地规模和违法补办的手续来核减指标,进行调整。对于特殊用地给予特殊保障。同时,也要防止计划指标越控越细,在总量偏紧的情况下造成结构失调。计划指标规定得太细,就有走向计划经济老路的风险。所以主渠道要采取简化微调的方式,尽量减少新设指标。

二是土地计划的辅助渠道。现在正式实施的是城乡挂钩周转指标,城镇建设用地增加与农村建设用地减少相挂钩。用这些指标来扶持农村地区和经济欠发达地区,同时也解决了城乡用地的问题。实施城镇建设用地增加与农村建设用地减少相挂钩政策,一个内涵是依据规划建新拆旧进行土地管理工作;另一个内涵是,准备复垦为耕地的原有建设用地和准备要进行建设的地块共同组成建新拆旧的项目区；再一个内涵是项目区内两种用地增减平衡，进行建新拆旧、土地整理；最后一个内涵是项目区内建设用地总量不增加，耕地不减少，质量不下降，用地更合理，其核心是建设用地总量不增加，耕地不减少。

第三，城乡用地挂钩周转的意义。

一是配合建设社会主义新农村，解决地从哪里来，人到哪里去。体现使用土地杠杆解决城乡共同繁荣的土地分配问题。

二是城乡用地布局挂钩。村庄重新合理布局、集中建设，对散、乱、差的乡村用地进行整治。

三是促进组团式的城镇建设。创新理念，更新思路，优化城乡用地布局，形成更合理的城乡意识。

四是在周转和流动中节地。在周转结束的时候，建设用地总量和耕地总量没有增减，布局更合理，密度更合理，人均用地水平提高。节地过程中，从新旧两个方面集约用地，新建的集约，不集约的拆掉，加倍提高集约程度。

五是为经济发展提供更大的土地战略空间。借地发展经济，扩大建设的空间，增加经济运行回旋的战略纵深。

六是城镇建设获得用地新空间，农村释放出闲置土地资源。农民提前获得了未来的土地增值收益。

七是先建新后拆旧的模式促进了城乡社会稳定和谐发展。增减挂钩的核心内容分为如下四个方面：一为规划，这是挂钩周转的前提。二为项目区，这是挂钩周转的核心。其好处在于，只在项目区内才能用周转指标，不会造成建设用地扩张；用地不会违反农用地的法律法规，省略了办农地转用手续，才能先建新后拆旧；建新拆旧才不会涉及各种费用；才能按项目区进行考核；才能符合工程化、精细化管理操作；才能引进不同的社会投资。三为控制挂钩周转指标，实行周转指标独立核算，占用多少新地补还多少，周转指标一笔还一笔，不交叉。四为周转的管理和归还。总体要求目标合理、程序清晰、操作规范、考核严格。

八是要尊重群众的意愿。首先，农民的意愿是选择拆迁方式的主要依据；其次，保障农民权益，惠及农民的利益，是衡量拆建规模大小的唯一标准，这是核心问题；最后，农民认为政府已经让利是挂钩周转成功的标志。

第四，一些指标不列入土地计划的渠道。

这些渠道不列入土地利用计划，不以计划方式来控制，但是纳入规划的规模控制。这主要是指那些农用建设中的用地，如养殖用地、农村道路等，这些用地不列入计划，不以计划方式来控制，如涉及农地转用，要省里审批，不需要指标；如不涉及农地转用，则从县(市)规划中解决，这样就可以从指标中解脱出来。此外，对砖瓦窑治理等集约用地的典型，给予等量的新型建设用地。不列入土地计划的这些用地，由县(市)自己安排，但是列入规划的总量里去，最终会从临时用地、一般的农用地变成正式用地。比如，村与村之间的通道，修的时候是条小路，而最后随着农村发展会成为“村村通柏油路”，就属于永久性建设用地范畴，所以算在规划用地里面，这些用地以后就不算违法了，有了指标，这样整个建设用地就活了。该严格控制的严格控制，该周转的周转，该放开的放开。

③“三划一调”功能作用的关系

土地利用规划、土地利用计划、土地利用分区（区划）及土地调控（“三划一调”），是强化土地规划实施管理、促进土地合理利用、实施经济社会可持续发展的重要手段和有效措施。“三划一调”功能作用，四者彼此间互相关联。

第一，土地利用规划。项目使用什么土地，由土地利用规划决定，对土地利用空间进行综合性、战略性、相对长期的统筹安排，实行严格的用途管制。

第二，土地利用计划。什么时候按土地利用规划和土地利用集约化利用的标准使用土地，由土地利用计划决定，依据土地利用总体规划和土地调控要求，加强和改进土地利用计划管理，科学制定土地利用年度计划，合理确定中央与地方用地指标，在严格控制建设用地总量的前提下，保障符合国家产业政策和规划的重点项目用地，控制农用地转用的速度和结构。建立土地利用计划分类考核办法，加强实施计划台账管理，及时评估分析计划执行情况，落实计划执行报告制度。

第三，土地利用分区（区划）。依据土地自然性状特征、地域分异规律以及土地利用劳动区域分工，进行土地利用分区，为因地制宜、分类指导、合理调整土地利用结构和优化土地利用布局提供依据。根据土地利用的自然、经济条件相一致性，土地利用方向、存在问题及采取对策措施的相似性，保持一定行政界线的完整性等原则，在县（市）、乡（镇）土地利用总体规划的基础上，划分若干土地利用区（即土地利用区域划分或土地利用分区），确定各区域的土地用途，以及区域中各地块不同使用功能和价值取向的合理匹配。并根据各区域的土地使用条件，确定每一块土地的用途，使土地利用规划目标、任务与用地指标控制，因地而异，分区落实。充分发挥不同区域、不同地段或不同地块的最佳效益，以及有效发挥政府采用土地利用规划、土地利用计划和土地利用分区（区划）对经济社会发展实施宏观调控。

第四，土地宏观调控与市场调配作用。按土地利用规划、土地利用计划和土地利用分区使用土地，土地参与宏观调控，除法定的划拨用地、征收外，由土地市场决定土地使用，发挥土地市场价值规律和竞争机制及激励机制作用，实现珍惜土地和集约化用地。在土地利用实施管理中，要重视纠正土地使用者（集体或个人）单纯注重经济效益而忽视生态环境效益与社会效益的偏向；市场经济条件下的土地规划实施管理，则应更加强调进行土地规划时，有关土地在多种用途中的合理安排、有效配置，保护耕地特别是基本农田，执行一些指令性土地利用指标等。注重土地集约利用的政策导向、规划导向和市场导向，加大政府宏观调控力度，强化土地用途管制，抵制“土地市场的失灵对合理用地的冲击”。

所以要加强土地规划实施管理的综合研究，创新制度、创新机制、创新技术方法，把“三划一调”有效协调起来，用科学发展观、创新策略措施来落实土地利用规划实施管理目标，使经济社会得到健康发展。

五、建立土地利用规划实施管理保障体系

加强土地利用规划的实施管理，发挥土地利用规划对土地资源配置的宏观引导与调控作用，协调好土地利用活动中的利益关系，解决人口增长、经济建设与资源利用日益突出的矛盾，需要建立健全土地利用规划实施管理保障体系。

(一)建立土地利用规划实施管理保障体系的目的与意义

土地利用规划管理包括规划编制、审批和实施管理等方面，规划是管理的前提和依据，管理是规划依法科学制定和有效实施的保证。土地利用规划实施管理是其中的核心内容，所谓的“三分规划、七分管理”，形象地概括了规划实施管理的重要性。

土地利用规划的实施管理涉及社会经济各个领域和土地管理业务的方方面面。管理过程的复杂性、综合性和多变性决定其是一项复杂的系统工程。当前我国正处于全面建设小康社会、构建社会主义和谐社会的新时期，“十二五”规划已经开始，我国土地利用总体规划进入了全面实施阶段，为保障规划的成功实施，站在新的历史起点上，要求有具体的、可操作性强的法律、行政、经济、社会、科学、信息等综合手段和配套机制。因此，总结各级规划实施的实践，借鉴其他国家和地区实施成功的经验，构建符合我国国情和社会主义市场经济发展需要的规划实施管理保障体系，对于提高土地规划管理水平，贯彻新《土地管理法》确立的土地用途管理制度，实现我国人口、资源、环境、可持续发展战略目标(PRED)具有重要的意义。

(二)国内外土地利用规划实施管理的现状与发展趋势

1. 各国(地区)的经验借鉴

因国情而异，不同国家和不同地区的土地利用规划也存在多种模式。典型的有以美国为代表的土地使用分区(区划)模式、欧亚国家广泛采用的分级规划模式和英国的开发规划模式。由于与规划模式紧密结合，这些国家和地区规划实施管理的保障体系及其措施内容也不尽相同。但各国(地区)在采用法律、行政、经济、社会、科技、信息等手段方面形成了一些相同或相似的做法。

(1)完善规划实施管理的法律保障体系

各国(地区)制定了多层次的法律法规，为规划实施提供法律保障。不少国家(地区)有关土地利用规划实施的法律法规十分完备。如联邦德国1971年颁布的《城市建设促进法》中特别增加有关条款，以利于土地利用详细规划的实施。又如，我国台湾地区根据土地利用计划体系制定了《区域计划法》、《区域计划法施行细则》、《都市土地使用管理规则》、《非都市土地管制办法》等一系列法规来规范、监督土地利用规划的实施和管理。正是这些严格的规范措施的实施，大大减少了违反规划用地案件的发生。

(2)建立规划实施组织管理运行体制

国外许多国家建立了纵向或横向的土地利用规划管理体制来保障规划编制、审批、实

施全程的有效运行。如美国的许多州都建立了土地利用规划管理部门,在夏威夷州和俄勒冈州,除了州政府设立专门机构负责规划编制及管理外,还通过州一级的委员会对规划的实施进行管理。

(3)建立各级规划管理监督机构

规划管理监督机构的存在减少了地方政府和部门在规划立法及实施中的地区部门利益行为及个人的营私舞弊行为。美国许多州都设有规划监督机构,其职责是对规划管理实施监督,全面裁定地方政府的规划与州一级规划是否一致,州政府或地方政府的各种土地利用决定是否符合宪法或其他法律。监督管理的结果不仅为规划实施提供了一种公平、公正的环境,而且还通过规划实施信息的及时反馈,完善了规划管理制度。

(4)实行规划公众参与制度

在一些经济发达国家中,规划编制、实施的透明度很高,在规划编制、实施的不同阶段,公众有着知情、参与、决策、监督的权利,使得规划能够从公众利益的立场反映土地利用中互不相同的价值取向,调节各种利益关系。这也是规划方案能够顺利实施的必要条件。另外,规划实施前公告规划内容,即采用公示及报纸、电视或互联网等媒体手段向社会发布并征询意见,让公众了解规划、知晓自身权益已成为规划过程的重要步骤。

(5)采取严格的许可制度

为了控制和引导土地用途的变更,世界各国(地区)实施规划时,在立法的基础上普遍采取了规划许可制度。如果进一步细分,许可制又可分为规划许可制、建筑许可制、开发许可制、土地交易许可制和环境影响报告评价制五种。如英国实行土地利用规划许可制;法国实行建筑许可制,许可的依据是建筑行为是否符合土地利用详细规划;美国实行建设开发行为的批准制度,批准依据是地方政府制定的区划条例;日本、新加坡、韩国和我国台湾地区都实施了类似的许可制度,在土地利用详细规划的地域范围内,造成土地性质(用途)、形状变更的建设开发行为,均应申请开发许可。

除此以外,国际上还实行了与规划实施管理有关的租赁、税费、金融等经济手段和措施,较为通用的有土地定级制度、征用制度、租税费制度、储备制度等,并以此来引导土地利用方向,提高土地利用效率。

因此,各国(地区)采用立法、组织管理、行政许可、社会监督与参与、经济制约等手段及这些措施的综合运用,是土地利用活动中实施规划和贯彻规划意图最普遍和最基本的方法,与之相关的规划实施保障体系、机制的建立与完善,也伴随土地利用实践对象、规划目标和内容的不断变化而得以发展。

2. 国内现状

我国现阶段的土地利用规划体系中,土地利用总体规划处在主导地位。1998 年修订的《土地管理法》实施以来,土地利用总体规划实施情况较好,有力地促进了耕地保护、经济社会发展和生态环境的改善。同时,土地利用规划实施管理保障体系的建设也初见端倪。国家不仅建立了土地利用年度计划管理、建设项目用地预审、土地利用项目规划审查、规划公告、规划成果建档备案等规划实施制度,还开展了规划管理信息系统、规划师职业资格制度、规划编制标准等与规划实施紧密联系的基础业务研究。许多地区从实际需要出发，也建立了一系列管理制度。这一切都为土地利用规划管理趋向法制化、制度化、规范化奠定了基础。

由于我国的土地利用规划尚处于探索和完善的发展阶段，受经济体制转轨主、客观因素的影响，不可避免地部分承袭了计划经济体制下的传统管理模式。有关规划理论与实践缺乏全面梳理及深入分析的现状，也使与规划实施管理相关的研究滞后，特别是规划实施宏观层面的总体设计与微观实践的点面验证工作更有待加强。

随着我国政府和公众对可持续发展、社会价值观念、人与人性关系等问题的关注，国内有关土地利用规划体系、规划理念、规划方法已逐渐与国际上通行的做法和发展趋势接轨。我国通过土地利用规划实施土地用途管制制度就是最突出的体现。因此，不断趋向成熟、完善、理性的土地利用规划，要求有目标明确、层次清晰、内容全面的规划实施保障体系予以支持。近年来土地利用规划的实施进展以及存在的问题，为这种要求提供了新的背景、契机和目标。

（三）构建土地利用规划实施管理保障体系

1. 构建原则

构建土地利用规划实施管理保障体系的主要原则有以下几点。

（1）整体性原则

土地利用规划实施管理保障体系应是由不同组成结构形成的有机整体。在反映我国现阶段规划实施管理各项内容的基础上，保障体系应把全局的、整体的观点贯彻于各个组成结构与阶段，所有层次要素都是围绕土地利用规划实施管理这个目标而设计，各个组织结构及其相互关系也是为此目标而形成的。分层次的目标必须服从于体系整体的目标，从总体协调出发搞好局部的协调，以达到最佳的实施效果。同时，应保持整个体系不断追求更高目标实现的可能性。

（2）相关性原则

土地利用规划实施管理保障体系中各组成结构之间的联系都是依照一定等级和层次进行的，不同层次上组织结构的相互关联、相互制约不仅表现出整体的特性，同时，由于各层次内实施管理方式、内容及有序程度的不同，组成结构之间又体现出相对的独立性，所产生的功能作用也表现出一定的差异性，从而影响着体系整体功能的发挥。因此，在体系设计中应注重各层次之间的相互联系和相互作用，在体现不同层次独特功能的前提下，使各层次间组成及要素趋向和谐有序，以利于整体功能的体现。

（3）动态性原则

土地利用规划的运作是一个发展、动态的过程，易受不同因素的影响。动态性原则要求把规划实施管理体系以及各组成要素看做发展与更新的对象，在体系设计之初和运行过程中，充分考虑研究对象内部复杂的相互关系以及外部的环境多变性，分析掌握环境条件变化的性质、方向和趋势，并采取相应的措施来调整，改进其程序、结构和内容，得到系统整体相对的稳定和新功能的发挥。

(4)科学性原则

土地利用规划实施管理保障体系应建立在科学的基础上,对于整体提高规划的科学性具有推动作用。体系中目标层应目的明确,适应规划实施管理的客观需要和国情;管理措施层应内容全面,综合各门类知识,具有解决实际问题的广泛性;更加细化的法律、行政、经济、社会、科技管理等有关内容在组织结构、功能上应符合土地管理和规划管理的特点,所采取的理论、理念和方法行之有效,有着广阔的研究领域和实践空间。另外,科学性原则还表现在体系应有的弃旧赋新的功能,由体系运行及实践活动衍生的新思想、新观点、新方法和新技术是不断完善规划实施保障体系的动力。

2. 构建框架

土地利用规划与管理存在着相互联系和相互补充的错综关系。规划的实质在于研究分析土地利用系统结构及其变化规律以制定土地利用的调控措施,而规划实施的侧重点则在于为贯彻规划方案所要完成的特定目的而采取的不同管理途径与方法。在总结国内现有土地利用规划实施管理制度的基础上,通过借鉴国外主要国家和地区土地利用规划实施管理经验,结合当今规划实践的要求及发展趋向,邓红蒂等拟定了土地利用规划实施管理保障体系的构建框架(图 6.2)。体系框架可构建为三个层次:第一个层次为目标任务层,即土地利用规划实施管理目标;第二个层次为管理措施层,主要为法律、行政、经济、社会、科技信息管理保障;第三个层次是上一层次的深化,主要体现为细化的法规、制度、政策、规范、标准、技术等有关内容。下面对第一层次和第二层次进行详细介绍。

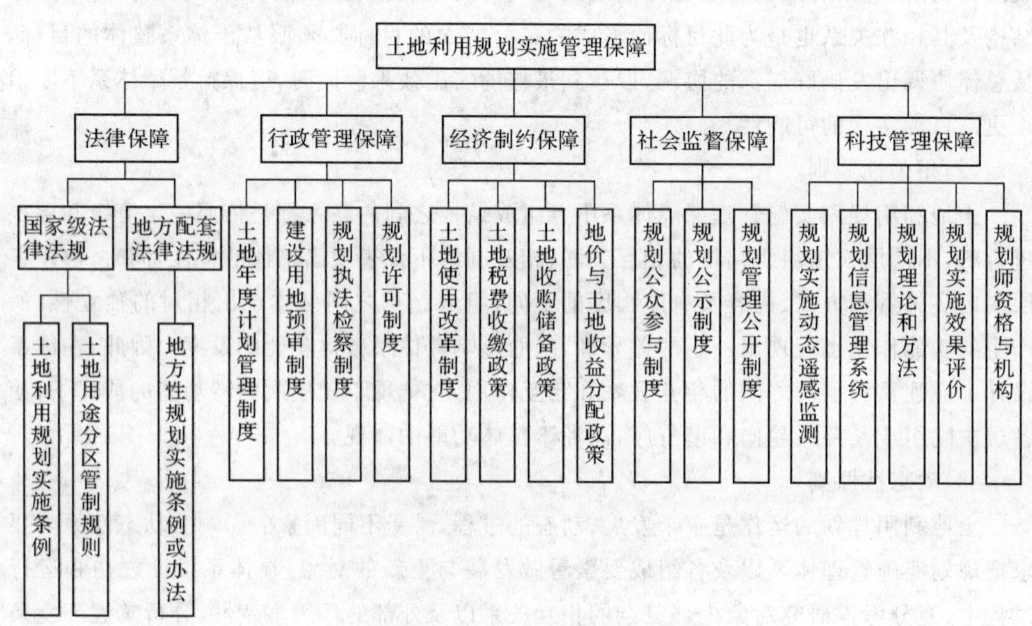

图 6.2 土地利用规划实施管理保障框架

(1)目标任务层

土地利用规划实施管理不仅是土地行政管理的重要内容,也是面向社会的管理活动,其根本目的是维护土地利用的社会整体利益,促进经济社会的可持续发展,这是整个体系建立的出发点与基础。因此,其目标层应包含以下任务:①保障土地利用规划管理法律、法规和政令的贯彻执行,维护土地利用规划的严肃性和权威性;②统筹安排各业用地,保证城乡各项土地利用活动纳入土地利用规划的轨道;③依照规划保护耕地、生态环境用地及其他基础性、公益性用地,维护公共利益,促进经济、社会、环境协调发展。

(2)管理措施层

①法律保障。通过具有强制性效力的法律、法规来规范土地利用规划实施管理是国际上通行的基本的方法。经济全球化的重要特征之一就是法制的社会化,在我国社会主义市场经济体制初步建立并逐步完善的过程中,规划的实施管理更需要由行政向法制的过程转变。因此,提供可操作性强的法律保障是规划实施管理保障体系最重要的功能之一。

我国上地利用规划立法还未达到相对独立、完整的状态,现行法律法规中关于规划实施管理的条款还不够全面、深入,规划立法的历程将是一个渐进的实践过程。一些地方有法不依,执法不严,擅自或变相修改规划等问题依然存在。

土地利用规划实施管理保障体系中的法律保障建设应包括两个层次:一是要建立涉及规划及规划实施管理的国家级法律法规,主要有土地利用规划法(土地利用规划条例)、土地利用规划实施管理条例、土地用途分区管制等,以此明确整个国家有关规划实施管理的目标、方针和实施规划的根本性法律依据;二是由于土地利用规划实施管理的工作重心是地方性规划,尤其是县(市)、乡(镇)两级规划,因此,各地应在遵循国家法律法规的前提下,制定可操作性强的地方性配套法规(如规划实施条例或办法),提出有关规划实施结构、管理程序、实施效果评价、监督管理、规划调整、违反规划的强制措施等具体规定来保证各级规划的落实。国家现行的其他法律法规应是法律保障体系中的重要组成部分,这些都是构成完整的规划实施法律保障体系的基本条件。

法律保障适用于处理土地利用规划实施管理中的共性问题,但不适宜处理某些特殊性、个性的问题,而行政管理保障则具有一定灵活性,所以法律和行政管理保障是相辅相成的关系,在实际工作中应结合使用。

②行政管理保障。土地利用规划管理乃至规划实施管理是国家土地行政管理的重要组成部分。土地利用规划作为一项国家措施和政府行为,仍需要依靠行政组织运用行政手段,采用命令、指示、规定、制度、计划、标准等行政方式来组织、指挥、监督规划的实施。行政管理措施实施规划的优点在于集中统一管理,具有较强的针对性,手段比较灵活,缺点是容易导致行政权力的滥用。在当前我国土地利用规划法制建设相对滞后的情况下,遵循行政合理性原则,正确和有效运用行政方法,依照土地利用规划控制和引导各类土地利用活动同样十分必要。

土地利用规划实施标准体系中的行政管理保障作用主要体现在规范性管理上。一是其依法行政的特征。即规划实施管理必须以有关法律、法规、行政规章和技术规范为依据,不得违反法律、法规、行政规章和技术规范的规定;二是规划实施的制度化管理。目前，土地利用总体规划实施的土地利用年度计划管理制度、建设用地预审制度、土地利用项目的规划审查制度三项基本制度，对于通过计划的执行保证规划，从“源头”上控制不合理用地，确保城乡建设、土地开发整理等各项土地利用活动符合规划起到了极为重要的作用。三是有效的规划决策和管理结构。这种管理机构的主体应是国家土地行政管理机关，包括国务院土地行政管理机关和地方各级土地行政管理机关。从全国范围看，还需建立与规划实施职责相联系的不同规划层次的管理体制。

从发展的角度看，规划实施管理保障体系中行政管理保障的建设还有待完善。一是在现有制度的基础上，继续健全满足规划实施不同阶段需要的管理制度，并根据规划实施需要创造新制度，加大规划实施工作的深度与广度；二是明晰不同层次规划组织机构实施管理的权限与义务，在国土资源管理系统内、外部建立一种与经济社会发展战略和相关规划协调一致、反馈互动的规划实施组织模式，以适应不同地域经济、社会、环境动态变化对实施中的规划带来的影响与冲击；三是加强体系中规划实施监督管理，不仅要将其作为制度化设计的重要部分，而且要融入社会监督、科技保障监督，及时起到反馈实施信息、规避滥用行政权力、优化规划管理系统的综合效果。

③经济制约保障。保护土地特别是保护耕地和实施规划需要市场与政府的共同作用。我国社会主义市场经济体制已初步建立，制定和实施土地利用规划要充分考虑经济规律，自觉运用经济机制，把经济手段与政府的规划意图、社会的整体利益结合起来。

在土地利用规划实施管理体系中，采用经济制约保障就是按照客观经济规律的要求，通过经济杠杆，运用价格、税费、奖金、罚款等经济手段调节社会对土地的需求与供应，进行土地利用规划实施管理。其关键在于制定适用于不同地区、时段的经济政策，如土地使用改革政策、土地税费收缴政策、土地收购储备政策以及地价与土地收益政策等。完善上述政策首先要深化土地使用改革制度，建立和规范土地市场，充分发挥规划调控和市场调节的作用。实践证明，没有规划调控，土地总量得不到控制，土地市场不可能健康发展；没有市场调节，不能形成用地者自我约束的机制，土地总量不可能得到有效控制，规划也就得不到有效地实施。目前，我国国有土地资产通过市场配置的比例还不高，土地招标、拍卖的范围还不大，随意减免地价现象严重。为此，要严格实行国有土地有偿使用制度，大力推行国有土地使用权招标、拍卖，严格限制协议用地范围；要加强地价管理，培育和规范土地市场，形成用地者自我约束机制，盘活土地存量，促进土地的集约利用和用地结构、布局的优化。还要贯彻执行新增建设用地有偿使用费收缴、土地收购储备、土地效益分配等制度政策，促使各种土地使用者利用存量土地，形成自觉珍惜和合理利用土地、保护耕地和农用地的机制。

随着我国市场经济体制的不断发展和完善，在规划实施保障体系建设中将更加关注规划实施程序的公平、公正性，规划的效率和社会公众的价值取向；更加侧重采用经济手段与措施，弥补单一的行政保障方法的不足，通过价格杠杆和竞争机制的功能，把土地有效利用配置到效益最好的环节中去，实现市场配置的基础性作用，更加提倡根据经济和社会发展的需要实施相应的经济政策，开展有关经济制度的创新，积累实践经验，并经理性升华后去充实、完善规划保障体系中已有的理论、方法和规定。

④社会监督保障。社会监督保障就是发动社会大众参与规划的制定,监督和维护规划的实施。在市场经济比较发达的国家,规划管理中的公众参与和社会监督制度已相当完善,而我国规划中将其作为规划理念、方法、制度也是近些年才开始的。社会监督管理不仅是土地利用规划实施管理保障体系的组成部分,还需要贯彻于规划的全过程。

在体系设计中,社会监督保障应主要包括三个制度的建设,即规划公众参与制度、规划公示制度和规划管理公开制度。由于土地利用系统是一个庞大而复杂的社会经济生态系统,规划决策和实施需要考虑许多因素,协调各种关系,仅靠政府和规划编制者的智慧、经验是不够的,建立规划公众参与制度,就是明确规划程序中公众的职责与权益、参与的渠道与途径,通过集思广益,比较准确地表达社会需求,调整土地利用的整体利益和个人利益,减少决策失误。新《土地管理法》规定了乡(镇)土地利用总体规划在批准后应实行公告制度,但从各地的规划公告实践看,这项制度的建设还亟需健全。规划公示制度不应仅仅停留在规划批准之后,规划管理的各个步骤都应体现公开、透明的原则。建立规划管理公开制度是指公开规划的内容,公开实施规划的政策和有关要求,公开工作制度和办事程序,公开按规定审批和审查用地的结果等。事实上,上述三个制度是互为补充、共同作用的社会监督保障措施,其目的都是宣传土地利用规划的法律规定和要求,调动公众潜力和主动意识,赋予土地使用者知晓、参与、决策、监督规划的权利,促使政府部门公正执法,提高工作效率,制约和避免各种违反规划行为的发生。

⑤科技管理保障。在现代化科学技术日新月异的今天,运用科学、先进的管理方法和手段开展土地利用规划的实施管理,不仅能够大大提高管理效率和管理水平,还拓宽了土地利用规划的功能和作用。这个保障层次的内容十分广泛,主要涉及规划监测、理论和方法研究、标准化建设、人力资源培训、信息化建设、实施效果评价等方面。这些方面既对当前的规划实施产生影响,又对规划的长远发展具有决定性作用,因此,也可称为土地利用规划基础保障管理。

国家应用遥感(RS)技术对规划实施情况进行动态监测,在近几年获得了很好的效果。要进一步建立和完善规划动态遥感监测制度,扩大遥感监测的覆盖面,实现对规划实施情况的快速监测与跟踪管理,为规划执法检查和查处提供依据。同时,还应积极采用国际上通用的现代科技手段作为实施规划的技术保障,如地理信息系统(GIS)和全球定位系统(GPS)等。建设土地利用规划管理系统,可以辅助规划编制和实施规划管理,拓宽科学技术在规划实施中的应用前景。加强规划理论研究和实践总结,进行规划标准化、规范化建设也是科技管理保障的重要内容。为改变规划理论研究滞后于实践的状况,要重视规划体系的构建、规划的方法论、规划实施效果评判、实施试点经验推广等问题的研究,制定、完善各级规划编制的技术规范。加强规划从业人员队伍是建立规划实施管理科技保障体系的重要内容。目前,我国从事规划实施管理的人员组成和实际工作状况还不理想,在规划的编制、审批与实施这三个相辅相成的环节中,具有丰富的专业知识和技能、良好的职业道德和社会价值观的业内人员是实施规划的重要人力资源,当务之急是建立土地规划师职业资格制度,加强和规范土地利用规划教育和相关培训。

(四)建立健全土地利用规划实施管理保障体系的策略措施

1. 从实际出发,有针对性地建立健全规划实施保障体系

建立健全土地利用规划实施管理保障体系是一个长期的过程。土地利用规划实施管理体系框架、建立原则、层次内容以及相互关系也会随我国经济制度、社会体制的改革,科学技术的进步和开放领域的拓展不断调整、更新和深化。我国区域情况千差万别,规划实施保障系统需从实际出发,因地制宜地补充、完善已有的体系、内容和方法,充分发挥规划实施的规范性与能动性。体系中各要素及其各阶段的管理控制和决策都有最优化的目标与要求,这种目标优化要求决定了各层次的保障措施、制度政策必须紧密结合,共同作用,才能体现体系的整体功能,使系统达到整体上的满意效果与最佳效益。如法律保障措施的原则性和行政保障措施灵活性的互补;规划的动态监测既是行政制度化建设的重要内容,又是实施社会、科技保障措施的技术手段;规划的公众参与不仅是一种规划理念和编制方法,还是我国法制建设和民主决策的要求,是社会监督保障管理的核心制度。所以,用辩证的、动态的、实践的、综合的观点看待体系的运行和发展是应持的基本态度。

规划实施保障体系的建设应有较强的针对性。相关制度的建设应突出重点,从解决规划实施中的焦点、矛盾出发,改变规划适应经济社会快速发展变化能力较弱的现状。着重研究经济快速发展中的规划调整,规划编制技术方法与规划弹性,规划实施中组织、资金、人员保障等问题。

2. 跟踪调查规划试点实施

选择代表基层规划实施“共性”问题的典型区域,进行目的性强的跟踪调查,为体系建设提供实证经验。调查内容包括规划实施机构和管理人员,规划可操作性和实施成效,规划实施措施与日常土地业务工作、用地政策的关系,公众对规划的认知、参与程度,规划监督形式,违反规划原因及处理等。跟踪调查的结果采取以个案分析的表现形式,同时,有条件的地区应采用“3S”(GIS、RS、GPS)技术开展规划的编制和实施工作,探索新时期土地利用规划改革与发展的对策及途径。

3. 开展规划实施评价研究,为规划实施成效提供标准

各地对规划实施中的问题较为重视,但较少关注规划实施对经济、社会、历史、环境所产生的影响。分析主要原因:一是由于现阶段规划实施时间不长,一些地区实施成效还不明显;二是因在规划实施效果评价方面缺乏相关研究,各级规划在实施中没有可参照的评价指标体系及评价标准。因此,拟将“规划实施评价”作为土地利用规划实施中科技管理手段的核心内容进行研究。通过评价的工作,判断规划质量的优劣,确定调整修编规划的时机,改革规划方法,维护规划的稳定性和权威性,不断提高规划质量,增强规划工作的水平。

4. 注重运用经济手段保障规划实施

积极发挥市场配置土地的作用,充分考虑多方利益,调动地方政府和农民群众的积极性和主动性,强调部门合作及政策的综合运用。

(1)完善规划实施的利益调节机制,健全耕地保护的经济激励和制约机制。主要体现

在：一是各类建设必须贯彻不占或少占耕地的原则，有效利用存量建设用地和废弃地，引导和鼓励适宜建设的未利用地开发为建设用地。二是层层分解落实的耕地保有量和基本农田保护面积作为国家确定一般性财政转移支付规模的重要依据，实行保护责任与财政补贴相挂钩，通过加大对耕地特别是基本农田保护的财政转移支付力度，充分调动基层政府保护耕地的积极性。三是鼓励各地建立耕地保护基金，对农户保护耕地直接补贴，充分调动农民群众保护耕地的积极性与主动性。

(2)加大补充耕地的资金支持力度。一是稳定和扩大资金来源，严格建设占用耕地占补平衡的法定要求。二是稳定土地开发整理资金的来源，加大耕地和基本农田管护的资金支持力度，新增建设用地土地有偿使用费收入全部用于基本农田建设和保护、土地整理、耕地开发等支出。用于农业土地开发的土地出让收入，向粮食主产区、基本农田保护和土地开发整理重点区域倾斜。三是按照《中共中央关于推进农村改革发展若干重点问题的决定》的要求，大幅提高政府土地出让收益、耕地占用税新增收入用于农业比例，确保土地出让收益最大限度地支持“三农”、反哺农业。四是充分运用市场手段拓宽融资渠道，鼓励和引导社会资金用于补充耕地。

(3)强化节约集约用地的价格调节机制。主要考虑以下方面：一是完善现有价格调节机制，保障农民合法权益，建立公平、公开、规范的城乡统一建设用地市场，提高占地成本，抑制多占、滥占和浪费土地，逐步建立有利于节约集约用地的征地价格形成机制。二是健全和完善土地协议出让和招拍挂出让制度，发挥地价杠杆调控作用。除国家法律法规规定可以划拨用地之外，国有土地必须有偿使用。规范经营性基础设施用地地价管理，提高工业用地出让最低价标准。三是严格执行闲置土地处置政策，对闲置土地特别是闲置房地产用地征缴增值地价，促进闲置土地盘活利用。

(4)逐步形成节约集约用地的税费调节机制。主要从以下几个方面着手：一是加大闲置和低效用地的税费调节力度，引导建设用地整合，提高用地效益。二是严格执行城镇土地使用税征收标准，控制减免税范围，加大对建设用地取得和保护环节的税收调节力度，提高土地保有成本，促进土地向集约高效方向流转。三是从严制定用地标准和供地政策，加大对土地深度开发等的税收支持力度，鼓励挖掘存量建设用地潜力。对现有工业用地，在符合规划、不改变用途的前提下，提高土地利用率和增加容积率的，不再增收土地价款。

5. 加强土地利用总体规划实施的基础建设

加强土地利用总体规划实施的基础建设的具体实施办法如下。

(1)提高土地利用总体规划的法律地位。尤其是针对缺乏土地管理的权威性和严肃性而强调提出的，主要从以下几个方面强化：一是积极推进土地利用规划立法工作，严格和规范土地利用总体规划的编制和审批，巩固土地利用总体规划的法制基础。二是围绕基本农田保护和城乡建设空间管制，制定各级土地利用总体规划政策指引与技术规范，促进规划的制度化、法制化。三是依据公正、公开、便民和效率原则，完善土地利用总体规划管理的听证制度。在规划编制、审批和实施各个环节，完善土地利用总体规划管理行政程序，强化公众参与，做好规划公示公告。四是加强各级国土资源管理部门对规划实施的监督管理，加大规划管理执法力度，擅自修改规划，违反规划批地和用地的，依法严肃查处，责罚到人。

(2)加强土地调查统计和监测评价。土地利用现状调查、统计和土地利用变更调查，是保障各级土地利用总体规划科学编制的基础。编制或修编市、县(市)、乡(镇)级土地利用总体规划时，按照边调查、边应用的要求，充分利用第二次全国土地调查成果，依法、依规修正和校核土地利用变更调查成果，为规划编制(或修编)提供更准确的基础数据。充分利用农用地分等定级与估价有关成果，开展基本农田调整划定和耕地质量等级评估，从数量和生产能力两方面严格考核耕地占补平衡。

(3)加强土地利用和土地市场动态监测，建立覆盖全国的土地利用动态遥感监测系统。推进土地利用总体规划科技创新，扩大规划实施情况的监督范围，完善规划实施监管机制。

(4)从严制定用地标准和供地政策。主要体现在以下两个方面：一是按照节约集约用地的要求，完善能源、交通和公用设施、公共设施等各类建设用地标准，严格按标准审核各类建设项目用地。根据《国务院关于促进节约集约用地的通知》(国发〔2008〕3 号)，在满足功能和安全要求的前提下，重新审视现有各类工程项目建设用地标准，及时修订土地使用标准不一致的建设标准和设计规范。建设项目设计、施工和建设用地审批必须严格执行用地标准，对超标准用地的，核减用地面积。二是按照国家产业政策，对国家淘汰类、限制类项目分别禁止和限制用地，特别是禁止高档别墅类房地产、高尔夫球场用地的规划审批。积极探索国家机关办公和交通、能源、水利等基础设施以及各类社会事业用地的有偿使用制度改革，对其中的经营性用地率先行实行有偿使用，全面推动资源的市场化配置。

第二节　土地利用与保护的法律制度

一、土地利用及其法律规定

(一)土地利用的概念

1. 土地利用的概念与含义

土地利用是人类通过一定的行动，利用土地所具有的性能来满足自身需要的过程。土地利用是一项自然、经济再生产的过程，比如通过种植作物、饲养牲畜等发展农业生产，以及通过建设工厂、交通运输等进行工业建设，或者从事其他非生产性活动，如建筑住宅、游览观赏或自然保护等，都需要利用土地。因此可以说，土地利用是人类在漫长的历史进程中对土地进行持续开发和改造的结果，也是人类通过与土地结合获得物质产品和服务的经济活动过程。这一过程还是人类与土地进行物质、能量、价值及信息交流、转换的过程，因此，在土地利用过程中体现了一定的人与土地关系。“土地利用”和“土地使用”含义基本相同，但前者着重从经营管理角度考虑，后者着重从法权角度考虑。

(1)土地利用实际上是个技术问题。土地是各个自然因素构成的自然综合体,这些因素包括空气、水分、植被、土壤、海拔分布、地形起伏、地貌类型等。土地利用实际上就是对这些因素的综合利用。要利用这些因素,就要先认识这些因素。人类的科学技术水平越高,对这些因素的认识程度就越高,利用这些因素所采取的手段、措施也就越恰当,因而取得的效果也就越好,因为土地是这些自然因素的综合体,所以人们常说要因地制宜地利用土地,这本身就包含了深刻的科学道理。农业上土地生产率的每一次大的飞跃,都与科学技术的进步有关。现在,在一些农业生产力水平较高的国家,都把提高中、低产田的产量寄希望于利用新技术改造中、低产田。由此可见土地利用中的技术问题的重要性。

(2)土地利用是个经济问题。土地作为一种最基本的生产要素,只有与其他要素相结合后,才能进入自然再生产与经济再生产的结合过程。土地和其他生产要素一样,在利用中必须服从一定的经济规律,才能取得良好的经济效益。

(3)土地利用是一个动态概念。人类最早对土地利用是直接从土地上获取野兽、果实等作为食品。随着人类社会第一次大分工和原始农业的生产,人类对土地利用的内容就与以前不同了,人类开始通过播种、收获等农业活动获得粮食等农作物产品。随着人口的增长和经济发展,土质肥沃的耕地已不能满足人类的需求,所以必须在利用原有土地的同时开发新的土地。又由于化肥、农药等施用量的增加,给已利用的土地带来了污染和破坏,因此,人类在利用土地的同时,还要负担起保护土地的任务。综上所说的土地利用,现在已成为土地开发、利用、整治和保护的综合行为。

2. 土地利用的内涵

土地利用的内涵丰富、内容复杂,其中最基本的内容包括以下几点。

(1)土地调查、分类、统计

在人类长期利用土地的过程中盲目利用土地所受的惩罚和合理利用土地所带来的好处使人们逐步清楚地认识到,合理利用土地,首先要对土地进行调查。土地调查就是要调查土地的自然因素,包括土壤有机质含量,酸碱度,氮、磷、钾以及其他一些主要的微量元素的含量,土壤团粒结构,水分含量,质地类别,土地的地貌形态如坡度、海拔等,还要调查各类土地的最适利用方向、利用途径。在土地调查的基础上还要对土地分等定级,进行分类统计。这两项工作都是对土地调查资料的技术性的加工整理。土地调查、分等定级和分类统计,是土地利用的基础性工作,生产越是现代化,越要做好这些工作。

(2)土地利用现状分析

土地利用现状分析是为更合理地利用土地指明方向。土地利用现状分析包括以下几个方面。

①土地利用程度。在农业中,可以用垦殖系数(耕地面积/土地总面积),森林覆盖率(林地面积/土地总面积)和水面利用率(已利用水面/全部水面)等指标来反映土地利用程度。森林覆盖率一般在反映土地利用程度方面没有多少普遍意义,但对中国荒山秃岭多、森林资源缺乏的国情来讲,还是有一定现实意义的。据有关部门研究,森林覆盖率一般要在30%左右,并在全国范围内均匀分布,才能起到保持生态平衡、调节气候、保持水土等作用。

在城市，往往用建筑密度(建筑物占地面积/用地总面积)、容积率(建筑面积/用地总面积)、土地利用系数(已利用土地/土地总面积)等来反映城市土地利用程度。这些指标越高，表明土地利用程度越高；反之，则越低。

还可以把土地利用程度指标与土地承载指标结合起来进行分析，最好是土地利用程度指标接近土地承载力指标。我国的草原载畜量已超过其承载力，使得草原退化、沙化、碱化日益严重；森林砍伐率也超过了其再生力，使得森林覆盖率和木材蓄积逐年减少，这些都是土地利用过度或急功近利的行为，亟需纠正。

②土地利用结构。是指整个土地面积中，各类用地所占的比重。通过对土地利用结构的分析，可以了解土地利用结构是否与需求结构相吻合；了解现有的利用结构是否与土地的自然性状相适应。例如，在20世纪"以粮为纲"的年代，因片面强调粮食生产，在一些不适宜种粮的山丘陡坡地种上粮食；还有些地区任意围湖造田。这样，从用地结构上看，种植业用地所占比重上升了，但这种上升却是违背自然规律的。近年来，我国频繁的自然灾害就与盲目的毁林造田、陡坡开垦、围湖造田等随意扩大粮食用地的行为有关。

③土地利用效益。土地利用效益用单位面积的土地所提供的产品(价值)、服务来表示，它反映了人们利用土地目的的实现程度。在农业中，往往用单位面积的粮食产量、经济作物价值、水果产量、水产品产量等来表示。对房地产商来说，所看重的却是单位面积土地带来的利润。不管什么土地，也不管是谁在用地，在一定范围内，单位面积上投入少而收入越多越好，这条原则都是一致的。

3. 土地利用的目标与实施手段

人们通过利用土地来满足自己的生存和发展的需要。地球上有各式各样的人，有纷繁复杂的生产活动和消费活动，这些人，这些活动都离不开对土地的利用。

(1)根据土地所提供的"产品"可以把土地利用的目标分为以下两类。

①提供物质产品，包括生产资料和生活资料。土地上生长的植物通过光合作用，把土壤中的各种营养成分合成有机物，给人类提供食物。土地还为人类的丰富生活提供物质产品及矿藏、原材料和动力等。可以说，人类所需要的一切最终都来源于土地，土地因此而享有"地不私载"的美名。

②提供服务(效用)。土地对其占有者来说，如果不是为提供上述物质产品，而是提供生产、生活的场所、空间等，则是为人们提供了服务。

(2)人们利用土地的目标按其最终发挥的作用可分为以下三类。

①土地利用经济目标。即最大限度地满足社会物质生产和生活对土地的需求。我国要建立社会主义市场经济体制，通过市场经济体制促进土地的合理布局，实现土地供给与需求的平衡。

②保护土地利用的生态系统目标。这不仅是中国土地利用要重视的目标，也是全人类共同关注的重大问题。保护土地利用的生态系统，首先就是保护耕地，保护一切土地资源。耕地锐减、土地资源遭受污染破坏，已成为我国经济发展的重要制约因素。因此在我国实行最严格的耕地保护制度，保护一切土地资源，保护土地利用生态系统，并提高其功能，实施土地可持续利用，不仅具有很大的现实意义，还是造福子孙后代的伟大事业。

③土地开发利用的环境效益目标。这也是现代人生活所要求的一个重要目标。好的环境，就是能使人们身体健康，而且使生活充满乐趣，包括美丽的自然景观、新鲜的空气、清洁的环境、赏心悦目的家园。现代人尤其是都市人，白天经过紧张的工作，回到家希望有一个良好的生活环境，让人消除疲劳，恢复精力。城市的文化生活比农村丰富，但城市的空气和环境往往不及农村。工业化初期，人们为了享受都市文明，纷纷涌进城市。而在城市居住一段时间后，发现他们为此失掉了农村的新鲜空气和安静的环境，并受到环境污染的威胁，因而又开始逐渐返居农村。这种情况在一些工业发达国家已经出现。所以，城乡土地开发利用的环境效益越来越受到人们的重视。

(3)为实现上述土地利用目标，必须采取社会控制和管理的有效措施，如立法、政府行政管理、税收、土地制度改革等手段来实现。主要的实施手段有以下几点。

①国家建立健全完备的土地法律法规体系。如我国搞了多年的土地利用规划，但落实的很少，原因之一就是所制定的规划没有法律保障。建立健全完备的土地法规体系是一项长期的任务。

②制定土地利用规划。国家组织编制(或修编)全国土地利用总体规划，以确定全国各类土地的利用方向、土地利用结构及策略措施等。各级人民政府都要编制所辖范围的土地利用总体规划。在编制规划时，要以科学发展观为指导，要有长远的眼光和全局观点，还要有综合平衡的思想，使我国的土地利用既能满足“吃饭”(农业)的需要，又要提供“建设”(非农业)的场所，构建和谐社会，满足生态环境良性的要求。

③改革土地使用制度，我国城市土地长期实行无偿使用制度，弊端很多，要逐步改革，改革的基本方向是：建立社会主义土地租赁制度，实行土地有偿使用。

④由政府严控农用地向非农用地的转移。农用地转为非农建设用地，大致有几类用途：即为农民自建住房，乡(镇)办、村办和农民个体兴办非农企业，国家建设用地等。

我国有约2亿农户，兴建改建住房需占用大量土地，政府需通过规定住房用地标准来控制农民占用农地建房。农民建房超过用地标准，不仅经济上受处罚，还应有相应的法律手段。

农用地绝大多数属集体所有，集体经济组织或其成员兴办非农企业，目前用地很多，经营粗放，浪费很大，仅靠集体经济组织自身控制难以奏效，这类用地应由国家土地行政管理部门直接控制，严格审批。

国家建设用地，按规定应由土地行政管理部门向集体经济组织征收，但有些用地单位擅自直接与农民打交道，尤其在城市郊区，这类现象更多。结果，国家既难以控制农用地向非农建设用地转移，又难以控制征地补偿的标准。

为了解决上述问题，要由土地行政主管部门按照土地利用规划，每年在非农用地的指标内，统一征收土地。不论是集体经济组织内的建设用地还是国家建设用地，都只能向土地行政管理部门申请并取得土地。只有由政府统一控制农用地向非农用地的转移，才能有效抑制耕地迅速减少的势头。

⑤加强土地税收。这是实现土地利用目标的一项重要手段。假如某类产业用地效益高，占地较多，国家为了控制盲目占用就可征收较高的税费，这样，既能抑制其盲目发展而

多占地，又适当调节了土地级差收益的分配。

(二)土地利用的法律规定

土地作为一种特殊的自然资源，具有多种多样的用途。所以在使用土地时，应保证充分利用，以获取最佳效果和收益，同时又要注意保护土地。然而，人们在生产实践中往往做不到这一点。因此，将土地利用的一切活动纳入法制轨道，用法律来规范、约束，促使人们合理利用土地，便成了土地法制建设的重大问题。

我国是法制的社会主义国家，人口众多，人均土地少，土地后备资源不足，处于工业化、城镇化的发展阶段。要用有限的土地来确保“一要吃饭，二要建设，三要生态”的需要，就必须集约节约和合理利用土地，切实保护耕地，有效开发土地资源。

我国法律法规对利用土地有一些具体的规定。例如，《宪法》规定：“国家保障自然资源的合理利用……禁止任何组织或者个人用任何手段侵占或者破坏自然资源。”“一切使用土地的组织和个人必须合理利用土地。”新《土地管理法》第三条规定：“十分珍惜、合理利用土地和切实保护耕地是我国的基本国策。各级人民政府应当采取措施，全面规划、严格管理，保护、开发土地资源，制止非法占用土地的行为。”

二、土地保护及其法律规定

(一)土地保护的概念

土地保护是指人们为保证土地的可持续利用而采取的措施。包括维持人类赖以生存和发展的土地的数量和质量，也包括对浪费、破坏、不合理使用土地行为的禁止和制裁。土地保护是指依据自然生态规律采取各项保护措施，或在利用土地时停止采用原来的破坏性措施，从而达到保护土地环境的目的，如退耕还林、植树造林、适当减轻草场载畜量、施用复合肥料、少施农药、推广生物技术、改进耕作制度等。近年来由于工业污染的日益严重，必须调整工厂布局，加强工厂排污治理。环境污染已成为世界性公害，它破坏人类赖以生存的空气、水源、土地，使人类面临生存危机。当然，对土地的破坏也有来自农业的自身污染或社会其他方面的。总之，土地保护是一项复杂的工作，需要社会各方面的共同努力才能完成。

(二)土地保护的意义

土地是宝贵、有限、不可再生的自然资源。在我国，一方面由于人口增长，消费水平提高，工业和城镇建设日益扩大，工业化和城镇化水平提高，对土地的需求越来越大。另一方面，我国长期对土地不合理的开发、利用，致使土地浪费严重，人均耕地面积减少，土地特别是耕地质量退化。需求与现实的矛盾，迫使我国亟待加强土地保护工作，特别是加强土地保护工作的法律建设。

(三)土地保护的法律规定

我国十分重视土地保护的法制建设工作,特别是实行改革开放以来,我国颁布了一系列关于土地保护的法律规定。土地保护的重点是耕地保护。其中,新《土地管理法》第四章专章列为耕地保护,并明确规定:“国家保护耕地,严格控制耕地转为非耕地。”“各级政府应当采取措施,维护排灌工程设施,改良土壤,提高地力,防止沙漠化、盐渍化、水土流失和污染土地。”“国家建设和乡(镇)村非农业建设必须节约使用土地,可以利用荒地的,不得占用耕地;可以利用劣地的,不得占用好地。”《土地复垦规定》、《土地管理法实施条例》、《基本农田保护条例》等土地管理法规,以及《农业法》、《矿产资源法》、《草原法》、《渔业法》、《税法》及《水土保持法》等法律对土地的利用和保护都进行了相应的规定。

三、耕地保护及其法律规定与保障措施

(一)耕地保护面临的问题

耕地是土地中的精华,是农业生产的基本生产资料,是为人们提供粮食和其他副食品的土地保障。中国人以占世界7%的耕地,养活了占世界1/5的人口。在一个13多亿人口的大国实现了粮食的自给自足,令全世界瞩目,甚至很多人感到不可思议。而他们也许不知道,取得这样的成就,蕴涵了中国政府多少艰苦努力和巨大贡献。切实保护耕地,推进全社会来共同坚守全国耕地不少于18亿亩这条红线,是保证我国“一要吃饭,二要建设,三要生态,四要经济和社会可持续发展”的关键所在。耕地保护包括耕地的面积和质量两个方面,耕地保护面临的问题也主要体现在这两个方面。

1. 我国耕地总量逐年下降

据统计,1996—2004年耕地面积由19.51亿亩下降到18.37亿亩,人均耕地只有1.41亩,不足世界人均耕地水平的40%。2008年年底全国耕地总面积18.26亿亩(其中15.6亿亩基本农田),人均耕地仅1.38亩。全国约有1/3的省份人均耕地低于1亩,其中有9个省区人均耕地面积低于1亩,3个省区人均耕地面积低于0.5亩,有666个县人均耕地低于联合国粮农组织(FAO)确定的0.8亩的警戒线。1996—2008年我国的耕地面积、播种面积和粮食总产量变化如图6.3所示。在现有耕地中,质量相对较好、有灌溉设施的保收田(包括灌溉水田、水浇地及菜地)只占耕地的39.9%,其余约60%的耕地受各种限制因素的制约,质量相对较差,严重影响着农业的发展。中、低产田占2/3以上,高产、稳产田不足1/3。在土地后备资源中,可开发为耕地的仅2亿亩。我国人多地少,耕地资源匮乏,粮食偏紧,工业化、城镇化快速发展,建设占地势必增多,工业化进程中工业用地的刚性增长与低效利用并存,增大了耕地安全的压力。目前我国正处在城镇化高速发展阶段(城镇化率为45%),住宅建设作为城镇扩张的主要原因,将对我国的耕地安全产生压力。据有关部门统计,我国人均城镇建设用地已经达130多平方米,超过经济发达国家人均82.2平方米,和发展中国家人均83.3平方米的水平,造成了土地低效利用和乱占

滥用耕地的现象。我国大多数农村居民点土地利用率低,空心村多,布局零散,耕地利用中"利用过度"和"利用不足"现象并存。农村面临的最大危机是可耕地的锐减,应该说这是中国的危机,而不仅是农村或者农民的危机。如不及时采取措施,耕地安全将成为我国经济协调、持续、健康发展的制约因素。

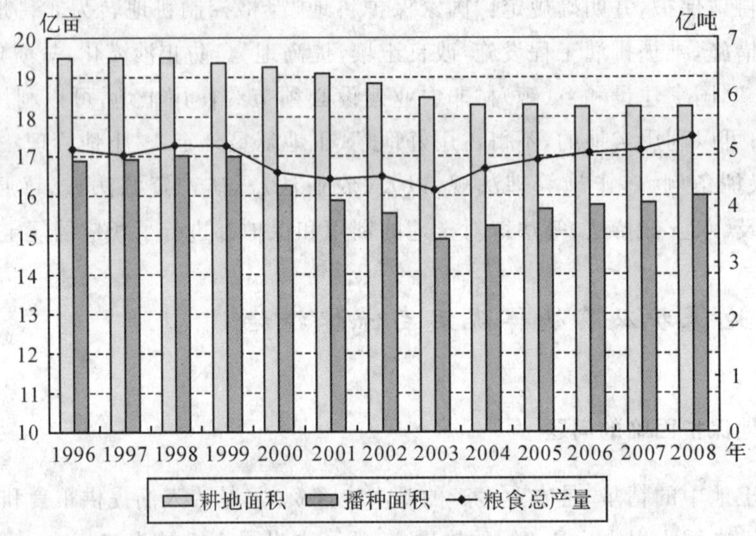

图 6.3　1996—2008 年耕地面积、播种面积和粮食总产量变化

耕地面积减少的主要原因在于:一是各项建设占用耕地;二是灾毁损失耕地;三是生态退耕减少的耕地(国家林业局的退耕目标是 2.2 亿亩,但目前累积退耕尚只有 1.39 亿亩);四是农业结构调整占用大量耕地。此外,农村集体土地非法进入市场,地方政府领导片面追求开发建设速度,忽视对土地的保护,也是导致耕地减少的原因。与耕地减少反方向发展的是我国人口每年都以约 1000 万人的速度增加,据估计,到 2030 年,中国人口将从现在的 13 亿人增加到 16 亿人,这意味着中国每年的粮食需求将达到 6.4 亿吨,远远超过中国目前粮食产量 5.285 亿吨的生产能力。这就更加剧了耕地与人口的矛盾。

早在党的十四届五中全会就提出了经济社会可持续发展的战略方针。实现经济社会可持续发展的核心是在经济建设和社会发展过程中协调人口、粮食、资源、能源、环境的关系,具体到土地管理就是要确保一定数量和质量的耕地,确保现有耕地总量不再减少,并努力做到随着经济发展和人口增长,耕地总量也有所增加,即实现耕地总量动态平衡。

粮食与土地有着直接的关联,研究表明,人均粮食 370 公斤是一条生命保障线,达到这个水平,就能基本满足食品消费的需要。中国目前粮食平均亩产约 320 公斤,按此推算,人均所需耕地至少为 1.15 亩;由此要确保目前及人口高峰期的粮食安全,规划到 2020 年全国守住 18 亿亩耕地是底线。国务院已经明确宣布,我国的耕地必须保持在 18 亿亩以上。

美国人布朗曾尖锐地提出了"21 世纪谁养活中国人"的问题,他断言在 21 世纪之初,中国必将成为一个粮食进口大国。面对粮食问题的严峻形势和国际社会的疑虑,党中央、政府领导庄严宣布:"中国的粮食问题不但现在要自给,而且将来也要立足自给。"并强调指出:"搞好粮食生产有其特殊的重要性,既要依靠科学技术,推广粮种和先进适用的技术等,同时又要制止耕地的不合理占用,只有依法保护好耕地,才能稳定和发展粮食生产。"只有这样,才能满足十几亿人的吃饭需求。要实现这个目标,必须做好耕地保护工作,实现耕地总量动态平衡。并且,要在保有一定数量耕地的同时,保证耕地质量。

2. 我国耕地质量总体不佳

正如前面的分析,我国现有耕地的质量并不乐观,耕地资源区域分布不均,水、土资源匹配严重错位,水资源充沛、热量充足的优质耕地仅占1/3,按产量水平来划分,稳产高产田不足30%,中产田为30%左右,低产田占41%(即中、低产田占70%以上);从耕地生产条件看,全国旱涝保收的耕地面积约占40%,其余60%存在旱、涝灾害等障碍因素。因此,坚守18亿亩耕地红线,要重点保护中、高产农田,遏制非农建设占用优质耕地,并通过控制土地整理来提高耕地质量,提高耕地综合再生能力,确保我国粮食安全。促使经济、社会、生态安全这一系统工程,需要从各个层面狠抓落实。当前,必须特别关注以下几个突出问题。

(1)土地荒漠化严重

土地荒漠化(desertification)不但使生态环境恶化,而且促使土地沙漠化加重。沙漠化是荒漠化的主要类型之一,是当今世界所面临的严重环境问题,困扰着全人类的生存与发展。我国是世界上沙漠化灾害严重的国家之一,据统计,我国有沙漠化(sandy desertification)土地面积39.54亿亩,约占全国土地总面积的27.45%,严重沙漠化的土地4.8亿亩,占全国沙漠化土地面积的12.14%;另外,沙化耕地面积达256.2万公顷(3843.15万亩),占全国耕地面积的2.11%。土地荒漠化严重制约着农牧业和当地经济社会可持续发展,土地承载力下降,还对土地利用退化区域及周边地区的经济社会生活产生深远影响,治理荒漠化是关系国家发展和民族生存的长远大计。

(2)水土流失现象严重

随着植被破坏和水土流失加剧,土地沙化(即水蚀荒漠化或水土流失)加重,我国水土流失面积达356万平方公里,约占全国土地总面积的1/3。水土流失区物质循环过程处于亏缺状态,其中耕地水土流失面积达4541万公顷(6.81亿亩),约占全国耕地面积的37.29%。据中国科学院院士孙鸿烈[①]介绍,全国现有18.26亿亩耕地中,坡耕地为3.6亿亩,占20%。他指出,我国大量存在的坡耕地和山区侵蚀沟成为水土流失的主要来源地。他还指出,黄土高原地区坡耕地每生产1公斤粮食,流失的土壤一般达到40~60公斤。研究表明,当15°以上的坡耕地普遍发育浅沟时,其侵蚀量比原来增加2~3倍。沟道侵蚀水土流量约占全国水土流失总量的40%,个别地区甚至达到50%以上。他提醒说,坡耕地产量低而不稳,成为许多地区经济落后的主要原因。在水土流失作用下,土地越种越瘦,陷入"越垦越穷,越穷越垦"的恶性循环,土地肥力进一步衰竭。

---

① 据《新华每日电讯》2010年10月30日报道,孙鸿烈院士在为十一届全国人大常委会组成人员作专题讲座的内容。

(3)耕地有机质含量下降,质量严重退化

近年来,各地在农业生产中出现了重用地、轻养地,重化肥、轻有机肥的倾向,化肥使用量大幅增加,而有机肥料的使用却连年呈下降趋势。具体表现在:绿肥面积减少,城乡粪便、垃圾利用率低,土壤有机质含量减少,保肥性能差,土壤有机质消耗大于补充,土壤肥力下降,农业生态环境失去平衡。

(4)占优补劣导致耕地总体质量下降,增加了潜在的生态风险

目前,人们较多关注的是耕地的产出量和耕地保有面积不减少,并不真正重视耕地质量的保护。各地实施耕地占补平衡往往偏重于数量的平衡,而对新增耕地的质量、后备土地资源开发的生态影响则缺乏科学评估。

(5)耕地压力骤然加大

大量耕地受工业“三废”污染、酸雨危害、长期不合理施用化肥等影响,其地力下降,耕地生态安全将成为我国耕地安全的关键内容。对以耕地为基础的农业生产来说,光靠化肥和农药堆积出来的农产品不仅有害于人体健康,还破坏了人类生存的基础;人口膨胀所导致的城市化进程,也一步步侵蚀和损毁优质耕地;污染物的污水灌溉,污泥“肥田”、固体废物和危险废物的填埋,盐碱化等对土壤的污染和破坏既严重又隐蔽,还难以根治。

根据上述关于土地的基本国情、耕地锐减的趋势以及新的形势和战略目标,加强耕地数量、质量、生态的保护工作显得十分重要。

(二)耕地保护的法律规定

我国十分重视依法保护耕地和耕地保护的法律建设工作,有关耕地保护的法律法规日臻完善,新《土地管理法》第三条从法律上确立了“十分珍惜、合理利用土地和切实保护耕地”的基本国策,《耕地占用税暂行条例》(国发〔1987〕27 号)、《基本农田保护条例》(国发〔1998〕257 号)等法规的发布实施,把耕地保护工作完全纳入了法制的轨道。这一系列法律、法规对耕地的保护进行了具体的规定。

1. 实行最严格的耕地保护制度

(1)新《土地管理法》有关耕地保护的规定

国家保护耕地,始终占据首要地位。新《土地管理法》第一条明确指出:“为了加强土地管理,维护土地的社会主义公有制,保护、开发土地资源,合理利用土地,切实保护耕地,促进社会主义经济的可持续发展。”第三条规定:“十分珍惜、合理利用土地和切实保护耕地是我国的基本国策。”第四条规定:“国家实行土地用途管制制度,严格限制农用地转为建设用地,控制建设用地总量,对耕地实行特殊保护。”第四章“耕地保护”(自第三十一条至四十二条)对耕地数量、质量、生态保护及对基本农田建设与保护,都有明确规定“国家保护耕地,严格控制耕地转为非耕地”,国家实行占用耕地补偿制度。非农业建设经批准占用耕地的,按照“占多少,补多少”的原则,由占用耕地的单位负责开垦与所占用耕地的数量和质量相当的耕地;要求“省、自治区、直辖市人民政府应当制定开垦耕地计划,监督占用耕地的单位按照计划开垦耕地或按照计划组织开垦耕地,并进行验收”。国家建设和乡(镇)村非农建设必须节约使用土地,可以利用荒地的,不得占用耕地;可以利用劣地的,

不得占用好地。同时还对国家建设占用耕地的审批权限进行了严格规定:征用基本农田，或征用基本农田以外的耕地超过35公顷(525亩)的，由国务院批准;严明法律责任，对违反《土地管理法》规定，占用耕地建窑、建坟或者擅自在耕地上建房、挖沙、采石、取土等，破坏植被条件的，或者因开发土地造成土地荒漠化，盐渍化的，由县人民政府土地行政主管部责令限期改正或者治理，可以并处罚款，构成犯罪的，依法追究刑事责任。禁止占用耕地建窑、建坟或者擅自在耕地上建房、挖沙、采石、取土等。禁止占用基本农田发展林果业和挖塘养鱼。“国家实行基本农田保护制度。”“各省、自治区、直辖市划定的基本农田应当占本行政区域内耕地的百分之八十以上。”根据土地利用总体规划划入基本农田保护区的耕地，经国务院有关主管部门或者县级以上人民政府批准确定的粮、棉、油生产基地内的耕地，实行严格管理。

(2)《耕地占用税暂行条例》有关耕地保护的规定

为了合理利用土地，加强土地管理，保护耕地，国务院颁布了《中华人民共和国耕地占用税暂行条例》。国家通过征收占用土地税，对占用土地的行为进行经济利益的调节，形成一种约束机制，在一定程度上限制占用土地，使用地者尽量少占用或不占耕地，或对已经占用的耕地，能够较为合理而充分地加以利用。

《耕地占用税暂行条例》第三条规定:占用耕地建房或在从事其他非农业建设的单位和个人，都是占用税的纳税人，应当按规定缴纳耕地占用税(法律规定免征耕地占用税的除外);条例第四条规定:耕地占用税以纳税人实际占用耕地面积计税，按照规定税额一次性征收。

(3)《基本农田保护条例》有关耕地保护的规定

1998年12月27日国务院颁布了《基本农田保护条例》，并于1999年1月1日起施行。该条例的颁布施行，是我国为保护耕地而进一步采取的一项重要措施。

基本农田是指按照一定时期人口和社会经济对农产品的需求，依据土地利用总体规划确定的不得占用的耕地，以及对建设用地的预测而确定的长期不得占用的和基本农田保护区规划期内不得占用的耕地。耕地保护区，是指为对基本农田实行特殊保护而依照法定程序确定的特定保护区域。基本农田保护实行全面规划，合理利用，用养结合，严格保护的方针。

《基本农田保护条例》对基本农田保护进行了如下规定:一是建立基本农田保护区制度，严格管理。县(市)级和乡(镇)土地利用总体规划应当确定基本农田保护区，对划入基本农田保护区内的耕地实行特殊保护。二是建立占用基本农田审批制度。规定占用基本农田，必须报国务院审批。三是建立基本农田损失补偿制度。规定非农业建设占用基本农田的，占用者必须向政府缴纳造地费，专门用于新的基本农田的开垦、建设和中、低产田的改造。四是建立基本农田地方保养和环境保护制度。规定农田使用人必须保持和培肥地力，合理施用肥料和使用农药。五是建立基本农田保护区监督检查制度。规定政府要定期组织有关部门对基本农田保护情况进行检查。六是确立政府在基本农田保护中的责任。规定各级政府应将基本农田保护工作纳入国民经济和社会发展计划，作为政府领导的任期目标责任制的一项重要内容，由上级政府监督实施。

2. 耕地保护的战略目标与保障措施

(1)从战略高度理解 18 亿亩耕地目标

耕地保护是事关粮食安全,社会稳定和代际公平的重大课题。要站在构建保障科学发展新机制的高度,构建耕地保护工作体系,综合运用经济、法律、科技手段,确保 18 亿亩耕地红线不动摇。

①目标期。构建耕地保护机制,必须明确 18 亿亩耕地保护目标的目标期。18 亿亩耕地至少要保护到 2030 年,主要基于以下认识。

第一,在农业技术没有重大进步的前提下,耕地面积是保证粮食产量的决定性因素。为确保粮食安全,耕地面积必须保持一定的规模。根据国家统计局提出的我国粮食消费标准和农业部等有关部门的研究,2010 年我国人均粮食需求量为 420 公斤,全国粮食需求总量为 5.88 亿吨;2030 年人均粮食需求量应为 440 公斤,全国粮食需求总量为 7.04 亿吨。如果实现粮食 95%自给目标,按照我国土地资源生产能力与人口承载量测算,2010 年和 2030 年人口分别为 13 亿人和 16 亿人,分别需要耕地 18.24 亿亩和 18.5 亿亩。因此,必须保持 18 亿亩耕地的规模。

第二,在保证耕地数量的同时要保护和提高耕地质量。以改善耕地质量、提高耕地经济产出效率为主要目标,通过培育和提高耕地的养育及生态功能,为实现耕地可持续利用奠定坚实的物质基础。为此,应当以不同地区的自然条件和土地类型为依据,严格遵循耕地的地域空间分布规律,对现有耕地资源进行合理开发利用,通过提高耕地资源的生态质量,构建相应的耕地生态系统,通过耕地系统内部的良性生态循环,维护不同类型耕地的生态功能。

耕地质量保护的制度构建应当遵循“预防为主,防治结合”,“谁破坏谁治理”,“政府主导和公众参与相结合”三项原则。

在明确将耕地质量作为一个独立的整体系统进行保护的前提下,还应当研究耕地质量保护立法的具体途径。拟在新一轮土地管理法修改时,增加有关耕地质量保护的硬性规定,条件成熟时制定专门的《耕地质量保护法》。耕地污染防治是耕地质量保护的应有之意,鉴于耕地污染防治具有很强的专业性和技术性,必须协调好耕地污染防治立法与耕地质量保护立法之间的关系,并将耕地污染防治法规纳入耕地质量保护立法体系统一考量。

第三,要避免“三无”农民的大量涌现。这是维护我国社会稳定的重要方面。从目标期分析,目前各方比较一致的看法是,2030 年前后,我国人口总量将达到峰值,之后人口总量将趋于稳定,逐渐缓慢下降。也就意味着 18 亿亩耕地保护目标至少要坚持到 2030 年。

②耕地保护的有效途径。2008 年年底我国耕地的面积是 18.26 亿亩,规划到 2020 年是 18.05 亿亩。从数据上看,守 18 亿亩耕地“红线”不可想象,因为中国还处在工业化、城镇化快速发展时期,占用耕地不可避免。要针对耕地减少的原因,采取补充耕地的有效措施。

造成耕地减少的主要因素有四个:一是建设占用耕地。现在我国每年建设占用耕地大约 300 万亩,按照法律规定,占一亩就得开垦、整理、补充一亩,也就是要占补平衡。二是生态退耕。为了守18亿亩耕地"红线",国务院已经决定,除了已经安排的生态退耕之外,不再安排新的大规模生态退耕,主要是巩固退耕还林的成果。三是农业结构调整。我国国土资源部和农业部联合制定了有关政策,使农业结构调整不再向减少耕地的方向发展。四是灾害损毁。通过国土的整治来减少灾害的损毁,同时在灾后通过土地的复垦整理,使相当数量的灾毁耕地恢复耕种。在补充耕地方面,通过土地的综合整治,使一些未利用的土地、工矿废弃地、利用率不高的土地,一部分转化为耕地,每年大约能够补充400万亩。通过采取这些措施,在保障工业化、城镇化发展需要的同时,18亿亩耕地"红线"完全可以守住。2008年的土地利用变更调查数据已经充分说明了这一点,2008年全国耕地净减少量只有30万亩。

(2)实施耕地保护战略目标的保障措施

2007年年初召开的全国两会上,国务院总理温家宝面对全国人民庄严承诺:"在土地问题上,我们绝不能犯不可改正的历史性错误,遗祸子孙后代。一定要守住全国耕地不少于18亿亩这条红线。"坚守18亿亩耕地"红线",是一项至关重要的基本国策,也是一项严肃的政治任务。坚守18亿亩耕地"红线",直接关系群众的基本生活、粮食安全和社会稳定,对内关系到长治久安,对外关系到能不能与其他国家和谐相处。

①采取综合措施,提高我国耕地安全的保障程度。耕地安全是指一个国家或地区可以稳定、适时、持续地控制和获取保障国民经济当前发展,参与国际竞争和未来可持续发展需要的耕地资源的状态和能力,包括耕地数量安全、质量安全和生态安全三个方面。因此,虽然我国的耕地安全问题因粮食安全问题而起,却不仅限于解决粮食安全问题,为了应对食物、资源、环境等三个全球性关键问题,为了我国经济社会的平稳运行,必须以资源节约型新型资源观为指导,动员全社会力量,切实维护和保障我国耕地安全。综合运用法律、行政、经济手段,多管齐下全方位坚守18亿亩耕地"红线"。

第一,严格执行"十分珍惜、合理利用土地和切实保护耕地"的基本国策和有关耕地的各类法律法规,坚决惩治任何破坏耕地的行为。

第二,逐步健全以土地利用规划为基础,财政和经济手段为主体,法律、政策手段为保障,土地调控手段为补充这一系统的、协调的耕地保护政策体系,落实最严格的耕地保护制度。合理划定基本农田,坚决守住这条"红线";利用市场手段和经济措施鼓励节约和集约用地,加强耕地占用税的征管,研制鼓励保护耕地的新税种;"疏"、"堵"结合地调控土地资源利用,严控农用地转用,实现区域土地资源的优化配置;合理界定公共利益,健全征地程序,完善征地补偿和安置制度。

第三,完善耕地管理体制,理顺耕地保护及利用的利益分配机制,明确各级政府在耕地保护上的权利和责任,地方各级人民政府都要建立相应的工作制度,确保耕地保护目标层层落实。建立耕地保护的考核体系,严格破坏、滥占、滥用耕地的责任追究制;健全耕地节约利用机制;完善以平衡各利益主体收益,提高资源利用效率为目的的新型土地收益分配机制;改革农村土地产权制度,调动各产权主体保护耕地的积极性,提高资源利用效率。

第四,树立可持续发展的耕地利用及保护理念,建立和谐的人地关系,促进人与自然的协调发展,在利用中保护,在保护中利用。转变传统的耕地管理观念,推动耕地资源管理方式向数量、质量和生态综合型转变。继续加大宣传力度，牢固树立维护耕地资源安全的社会意识。

第五，加快科技创新步伐，提高对耕地的资金投入水平，强调运用信息化手段更好地维护耕地资源安全。研究并推广节地挖潜技术、水土流失治理和耕地污染防治技术；切实提高耕地生产的机械化、现代化水平，提高耕地利用效益，使耕地利用模式由土地密集型向劳动力密集型和资金密集型转变。加大对中、低产田的投入，加大对土地整理复垦的投入，加强农田基础设施建设，逐步改善耕地质量，增加有效耕地面积，稳步提高单位面积耕地的生产能力，实现一定比例的低产田向中产田、中产田向高产田、高产田向高新产田的"三个递变"。在减免农业税的基础上，进一步加大对农业和农民的直接补贴力度，充分调动农民的生产经营积极性。建立耕地资源经济运行和预警系统，防范耕地安全危机；建立并完善耕地质量动态监测体系，为防止耕地质量退化，提高耕地的持续利用能力提供数据和技术基础。

第六，粮食产能增1000亿斤，耕地保持18亿亩。粮食安全始终是治国安邦的头等大事，也是当前扩大内需、应对国际金融危机的重要基础。改革开放以来尤其是近年来，我国粮食生产取得了重大成就，有力地支持了国民经济平稳较快发展。但必须清醒地认识到，随着人口增加和生活水平提高，粮食需求呈刚性增长，粮食生产制约因素增多，利用国际市场调剂国内粮食余缺空间有限，我国粮食安全依然面临严峻挑战。必须坚持立足国内实现粮食基本自给的方针，建立粮食生产持续稳定发展的长效机制，保护和调动农民的种粮积极性、科技人员的创新积极性、地方政府的抓粮积极性，着力提高土地产出率、资源利用率和劳动生产率，增强粮食综合生产能力和抗风险能力，确保国家粮食安全。

国务院通过的《全国新增1000亿斤粮食生产能力规划(2009—2020年)》提出，到2020年，我国粮食生产能力达到11000亿斤以上，比现有产能增加1000亿斤；耕地保有量保持在18亿亩，基本农田面积15.6亿亩，粮食播种面积稳定在15.8亿亩以上，粮食单产水平达到700斤。为此，要科学确定粮食增产技术路线，重点改造中、低产田，选育推广优良品种，提高复种指数，推广重大技术措施，提升农业机械化水平和加大病虫害防控，从以上六个方面挖掘粮食增产潜力。要发挥比较优势，完善粮食生产区域布局。增强粮食生产区产粮大县的商品粮调出能力，提升非主产区产粮大县的区域自给能力，适度开发粮食生产后备资源，提高其他地区粮食生产水平，重视节水灌溉和生态保护。要完善政策，增加政府投资，调动金融机构、农业企业和农民增加粮食生产投入的积极性。地方各级政府和有关部门加强指导协调，认真抓好规划的组织实施，强化监督检查，确保实现新增粮食生产能力目标。

②加强制度建设，创新耕地保护机制。保护耕地，坚守18亿亩耕地"红线"，事关国家粮食安全、社会稳定、经济发展和生态改善，是一项极其复杂的社会管理系统工程，必须采取综合手段，完善耕地保护制度，远近结合，标本兼治，统筹协调，扎实推进。

第一，要坚定不移地实行最严格的耕地保护制度。这需要强化土地利用总体规划的统筹和管控作用，科学合理安排区域、城乡和各业各类用地；层层落实耕地保护目标任务，划定永久基本农田；要严格土地用途管制，严格农用地转用审批，全面实行先补后占，坚持省域内数量质量相当、占补平衡;要建立和落实保护耕地的共同责任制度,将耕地保护绩效纳入地方经济社会发展综合评价指标体系和干部考核体系,加强对耕地保护目标责任实行情况的考核、审计和问责。

第二,要始终坚持最严格的节约用地制度。采取节约集约的方式利用土地,是保护耕地的有效方式。从严控制城乡建设用地规模,实行最严格的节约用地制度,走出一条建设占地少、利用效率高的符合我国国情的土地利用新路子,是形成保护耕地倒逼机制的重要手段。要着力研究最严格的节约用地制度基本框架;推进厉行节约集约建设用地标准,坚决核减超标准用地;强化节约集约用地考核工作,建立节约集约用地奖惩机制;在坚持尊重农民意愿、保障农民权益的原则下,依法盘活利用农村集体建设用地;加大存量土地挖潜力度,严格执行闲置土地处置政策,提高土地利用效率。

第三,要积极推进农村土地整治。统筹土地整治与新农村建设和城乡发展,是推进耕地保护工作的重要举措。根据党的十七届三中全会审议通过的《决定》和2009年中央一号文件提出的大力推进农村土地整治的要求,要以土地整治和城乡建设用地增减挂钩为平台,田、水、路、林、村综合整治,在政府的统一领导下,发挥规划统筹作用,聚合各项涉农资金,整村推进,实现耕地保护与新农村建设、城乡统筹发展的有机统一,增强耕地保护的动力和后劲。按照发展现代农业和保障粮食安全的战略要求,加大农村土地整治力度,在增强有效耕地面积的同时努力提高耕地质量。继续探索城乡建设用地增减挂钩活动,盘活农村粗放低效利用建设用地,拓展土地利用的新空间,将农村整治调剂的建设用地指标所获的收益,反哺农村,促进城乡统筹发展。

第四,要不断探索和完善耕地保护经济机制,促进农民保护耕地。建立健全经济调剂、激励和制约机制,是耕地保护的一项治本之策。要推进土地资源市场化配置,扩大土地有偿使用范围,推进集体建设用地入市,缓解建设用地供求紧张,以此减少对耕地占用的压力,要加快征地制度改革,严格界定公共利益征地范围,合理确定征地补偿标准,加大非农建设占用耕地成本,要加大对耕地特别是基本农田保护的财政补贴力度,将耕地保有量和基本农田保护面积作为国家确定一般性财政转移支付规模的重要依据,实行保护责任与财政补贴相挂钩,探索建立耕地保护基金制度,充分调动农民保护耕地的积极性与主动性。我国农村土地属于集体所有,由农民承包经营,但在农用地转为建设用地的过程中,农户和集体要么没有发言权,失去产权主体地位;要么对农地农用的低收益失去兴趣,主动放弃耕地而获得补偿。因此,促进农民和集体(耕地的经营使用者)积极保护耕地将是对大量占地行为的有效制约。要从城乡经济社会统筹发展的高度出发,建立以设立耕地保护基金为主要内容的耕地保护经济补偿和契约式管理机制。耕地保护基金可由各地市级政府设立,以保护耕地为主要目的,从土地出让收入中筹集资金,主要用于耕地流转担保,农业保险补贴,承担耕地保护责任农户养老金保险补贴和耕地保护责任集体经济组织现金补贴的专项基金。其主要目的有两个:一是通过建立耕地保护补偿机制,提高农户和农村集体经济组织保护耕地的积极性和主动性,切实落实耕地特别是基本农田保护目标;二是统筹城乡收益分配,通过财政转移支付,加快建立农民养老保险体系,切实增加农民收入,促进农民保护耕地。

第五，要不断深化农村土地产权制度建设。明晰土地产权，完善产权权能，是抑制建设用地无序扩张及其对耕地随意征占的重要途径。因此，要在坚持农村土地集体所有制不变的前提下，丰富集体土地使用权的各项权能的内涵；要完善农民承包土地使用权的各项权能，确保承包经营权的稳定性和可流动性；要严格界定集体建设用地使用权流转范围，明确流转主体和收益分配办法，促进和规范流转行为；要加快农村土地确权登记颁证工作，为集体土地流转奠定产权基础。

第六，要大力推进土地管理法制建设。加快《土地管理法》的修改进程，全面清理土地管理立法、行政规章与政策，根据实践需要，及时出台符合大政方针的法律法规，及时修订、废止不合时宜的法律法规和政策；强化依法行政，落实政务公开制度，健全土地执行监督体系，大力推进土地行政法制化，规范土地管理和耕地保护秩序。

第七，要完善政绩考核体系，强化耕地保护目标考核。政府以国民生产总值论成败的某些观念还没有得到根本扭转，对国土资源保护与保障发展矛盾的长期性认识不足，强调眼前，忽视长远；强调保障，弱化保护。我国目前对地方政府官员的考评指标主要是国民生产总值、固定资产投资等经济指标，而且在当前的税收体制下，地方税收收入多来自于生产领域。在不科学的干部考核制度和财政管理制度缺陷的双重刺激下，以浪费土地等资源为代价追求地方经济快速增长的现象成为普遍现象。我国耕地流失的周期性与政府换届的周期具有一定同步性，这表明干部考核制度对耕地保护具有明显影响。因此，应改革对地方政府及其官员的考核指标体系，有必要在经济社会发展综合考核和干部实绩考核工作中，进一步强化国土资源利用与管理的考核，促进地方政府积极保护耕地，引导资源利用与经济社会协调发展。

第三节　土地开发复垦与土地开发整理及其法律规定

一、土地开发复垦及其法律规定

(一)土地开发复垦的概念

为了满足土地利用的需要，就要进行土地开发复垦。土地开发复垦是人们通过一定的技术经济手段，扩大对土地有效利用范围，提高对土地的利用深度，恢复利用被破坏的土地，以满足生产和生活不断发展提高的需要。

1. 土地开发

土地开发有广义和狭义之分。广义的土地开发泛指把尚未利用的土地经过清理、整治，使之可投入利用；也包括把通常无法利用的土地加以改造，然后投入利用；还包括将农用地经过平整和基础设施建设后转为非农业的建设用地(也就是非农业土地开发)。狭义的土地开发即土地开垦，是指把适于耕作的生荒地经过开垦变为耕地种植农作物。仅就农业而言，土地开垦是补充扩大耕地、改变耕地分布、改善农作物布局的重要措施。

2. 土地复垦

所谓复垦包括垦与复两个概念，垦是指开垦、围垦等；复是指恢复利用被破坏的土地，及恢复破坏了的生态系统，两者合在一起即为复垦。也可称之为土地的再开发，是指对在生产建设过程中，因挖损、塌陷、压占等造成破坏的土地，以及因从事开采矿产资源、烧制砖瓦、燃煤发电等生产活动造成破坏的土地，采取整治措施，使其恢复到可供利用状态的活动。目前主要是通过实现复垦、低产田改造和旧城区改造等，建立新的生态良性循环。

(二)土地开发复垦管理的任务与内容

土地开发复垦管理，就是国家对于土地开发复垦的组织与干预。具体地说，是国家为了加强土地复垦工作，合理利用土地，改善生态环境；为了充分有效开发利用土地，将一切破坏、废弃的土地复垦成为可利用的土地，加以合理恢复利用而实施的行政的、经济的、法律的、技术的综合措施的总称。土地开发复垦管理是土地管理的一项重要内容，也是土地管理部门的一项重要职能，属于“开源”的管理。

1. 土地开发复垦管理的任务

土地开发复垦管理总的任务是使一切能利用的土地，全部得到合理的利用，使土地的生产力和利用率得到充分的发挥，具体任务主要有两个。

(1)提高土地的利用率。据调查，我国尚有土地后备资源约8.8亿亩，大部分可用于发展林牧业，其中可垦为农田和人工牧草地的约5亿亩，必须协调有关部门经过论证和有计划地组织开发，使其得到充分合理的利用。

全国工矿企业的废弃地每年还在增加，对这部分地可通过复垦作为建设用地或改造成良田。严格控制非农建设用地，对于城镇和农村建房，要通过旧城、旧村的改造统一规划、合理布局，增高建筑层等，解决用地需求，尽量不占或少占耕地。

(2)提高耕地的生产力。据统计，我国现有低产农田约占耕地的40%，对这部分土地应增加农田投入，并采取技术、经济等措施，提高单位面积产量，变低产田为高产田。

2. 土地开发复垦管理的内容

土地开发复垦的主要内容有以下几点。

(1)土地开发复垦的计划管理

就是把土地开发复垦纳入国民经济和社会发展计划的轨道，开发复垦计划要在空间与时间上对土地开发复垦有一个全局的进程安排和地区平衡。各级计划管理部门负责土地复垦的综合协调工作，各有关行业管理部门负责本行业土地复垦规划的制定与实施。土地开发复垦规划与土地利用总体规划相协调。土地开发复垦计划包括中期计划和年度计划，也是土地利用总体规划的实施计划，并要和土地利用中期计划和年度计划相协调。土地开发复垦计划管理在查清土地后备资源的基础上，分层次进行，从国家到地方逐级下达土地开发复垦的指导性或指令性计划及指标，规定土地开发复垦地的数量、质量标准，并制定相应的政策措施，实现检查监督，促进计划落实。

(2)土地开发复垦的项目管理

土地开发复垦项目管理是指国家以开垦宜农荒地、恢复废弃土地和改造中、低产田的深度开发为主要内容,以增加粮、棉、油等农作物的产量,增加农业发展后劲为主要目标的土地开发复垦项目进行组织的活动。这是一项范围大、周期长、涉及多方面的建设工程,必须加强宏观控制,实行科学管理,确保投资方向和重点,提高投资效益,从而达到土地开发的预期目标。对于规模大、重点突出的项目,国家必须进行直接的参与。如大规模的垦荒、围海造地、沙漠化土地治理、流域治理,是集体和个人无力胜任的,无论是开发复垦的资金来源、组织措施还是可行性论证都必须在国家统一领导和统一组织下,才能保证整体利益和长远利益的实现。对于一般性的项目,土地行政主管部门也必须对各方面进行审查和监督。

土地开发复垦的项目管理包括:可行性论证、技术指导、资金使用评估、建立项目数据库等。

(3)土地开发复垦的经营管理

土地开发复垦是一项经济活动并通过经济组织的形式来进行,因此如何经营和管理土地开发复垦就是非常重要的事情。土地开发复垦经营管理要从经济效益、社会效益和生态效益综合考虑,使经营者责、权、利相结合,才能保障土地开发复垦持续地进行下去,才能使土地开发复垦取得最佳的效果。

土地开发复垦的经营方式主要有两种:一是统一管理,实现多种形式承包经营,充分调动多方面的积极性;二是坚持适度规模,引进企业的经营机制,最大限度地发挥土地的潜在优势,以最少的投入,获得最佳的经济效益、生态效益和社会效益,使规模经济效益最高。

土地开发复垦资金筹措要采取各种渠道,除从税收、银行贷款、财政信用筹集资金外,也要从单位、个人集资、发行股票或债券以及争取国外援助等,以解决土地开发复垦的资金投入。为了使有限的开发投资发挥最大的效益,必须建立土地复垦基金制度,发挥资金的最大效益。

(4)土地开发复垦的权属管理

土地开发复垦管理是指对开发复垦土地的所有权、使用权的管理。为鼓励土地开发复垦,在所有权不变的原则下,可以实行使用权与所有权分离的方法。国有荒山、荒地、沿海滩涂、内陆河滩以及废弃的铁路、公路、河道、沟渠和其他未利用的闲散土地等的产权代表是县以上人民政府土地行政管理部门,可以依法确定给国家企事业单位、城市集体所有制单位开发复垦利用,也可以确定给农村集体或个人开发利用。集体所有的荒山、荒地及荒废的其他土地的产权代表是村民委员会或农村集体组织,可以依法确定给农村集体、联户和个人开发利用,也可以依法确定给国家企事业单位、城市集体所有制单位开发利用。

依法获准开发复垦经营荒山、荒地、沿海滩涂、内陆河滩以及废弃的铁路、公路、河道、沟渠和其他未利用闲散土地的单位和个人只有使用权。土地所有权者依法对土地行使所有权。

国家企事业单位有投资计划,可以依法办理正式征地手续,把农民无力开发的土地征为国有，建厂建园，土地使用权依法确定给办理征地手续的国家企事业开发单位。

国家企事业单位与集体所有联营，集体与集体联营，土地只是入股，权属归原单位所有，不改变权属性质。

农村集体或个体开发利用集体所有荒山、荒地及其他废弃的土地，由开发者与土地所有者签订开发承包合同。实行谁开发谁受益，使用权归谁，但土地所有权不变。

凡开发国有荒山、荒地、滩涂、河滩及其他废弃地，从事农、林、牧、渔业等生产的单位和个人，都要到县以上人民政府土地行政管理部门办理上报、登记手续。

（三）土地开发复垦的法律规定

1988 年国务院颁布了《土地复垦规定》，为土地开发复垦提出了法律依据。

1. 土地开发的规定

1986 年颁布的《土地管理法》第十七条就明确规定："开发国有荒山、荒地、滩涂用于农林、渔业生产的，由县级以上人民政府批准，可以确定给开发单位使用。"1989 年原国家土地管理局、国家计委、财政部和农业部联合发出关于落实土地开发利用计划的通知，从此将土地开发利用计划纳入了国民经济和社会发展计划。新《土地管理法》第十七条规定了开发国有荒山、荒地、荒滩的申请和审批权限。新《土地管理法》第四十条规定了国家及其他单位使用国有荒山、荒地及荒滩必须办理的审批手续。1991 年 6 月 29 日公布施行的《水土保持法》第十四条规定，在 25°以上的陡坡地，禁止开垦种植农作物。《环境保护法》规定，开垦荒地、围海围湖造地、新建大中型水利工程等必须事先做好科学调查，切实采取保护和改善环境的措施，防止破坏生态系统。1998 年 7 月 1 日起施行的《森林保护法》规定，禁止毁林开垦和毁林采石、采土以及其他毁林行为。《草原法》规定，严格保护草原植被，禁止开垦和破坏。《渔业法》规定，禁止围湖造田。以上这些法律法规的规定，其目的是防止水土流失、制止盲目开发和合理保护土地资源，是现阶段强化土地开发管理的一项重要措施。

2. 土地复垦的规定

新《土地管理法》第四十二条规定："因挖损、塌陷、压占等造成土地破坏，用地单位和个人应当按照国家有关规定负责复垦；没有条件复垦或者复垦不符合要求的，应当缴纳复垦费，专项用于土地复垦。复垦的土地应当优先用于农业。"

1996 年《矿产资源法》（修正）第三十二条规定："开采矿产资源，应当节约耕地。耕地、草地、林区因采矿受到破坏的，矿山企业应当因地制宜采取复垦利用、植树、种草或其他措施。"

1988 年国务院颁发的《土地复垦法》明确了复垦的范围、复垦的对象、复垦的原则（实行"谁破坏、谁复垦"）、复垦的标准、复垦的形式、复垦的管理机制、复垦费的使用原则、复垦的法律责任与处理，以及复垦后土地权属的管理等，使之有法可依。

3. 土地开发基金规定

为了保护耕地，节约使用耕地，国务院于 1987 年颁布了《中华人民共和国耕地占用税暂行条例》，建立农业发展专项资金，主要用于开垦和整治宜耕土地。

1986年颁布的《土地管理法》第二十七条就有了规定:“征用城市郊区的菜地,用地单位应当按照国家有关规定缴纳新菜地开发建设基金。”国家收取的新菜地开发建设资金,必须用于新开发菜地上,任何单位和个人不得挪作他用。

二、土地开发整理及其法律规定

(一)土地开发整理的概念及其功能

1. 土地开发整理的概念

土地开发是指在保护和改善生态环境、防止水土流失和土地荒漠化的前提下,采用工程、生物等技术措施,将未利用的宜农土地投入利用与经营的活动。

土地整理是指针对特定行政区域(流域或自然地域),按照区域土地利用总体规划或城市规划所确定的目标和用途,采取行政、经济、法律或工程措施对土地利用现状进行调整改进、综合整治,以提高区域土地利用率和产出率,改善城乡尤其是农村生产、生活条件和生态环境的过程总和。

2. 土地开发整理的基本功能

新《土地管理法》第四十一条规定:“国家鼓励土地整理。县(市)、乡(镇)人民政府应当组织农村集体经济组织,按照土地利用总体规划,对田、水、路、林、村综合整治,提高耕地质量。增加有效耕地面积,改善农业生产条件和生态环境。”“地方各级人民政府应当采取措施,改造中、低产田,整治闲散地和废弃地。”土地开发整理的基本功能就是进行土地整治,有效补充耕地数量,快速改善土地质量,以提高粮食综合生产能力、促进土地集约化利用和改善农村生态环境质量。土地开发整理是全面提高耕地对经济社会可持续发展保障能力的重要途径。

(二)土地开发整理的目标与内容

1. 土地开发整理的目标

在我国,土地开发整理的最初出发点是实现耕地总量的动态平衡和耕地的占补平衡,这是基于我国特殊的土地基本国情而设定的土地整理基本目标。对土地整理目标比较具有代表性的表述为:“土地整理以获取土地利用的社会效益、经济效益、生态效益三者协调统一的综合效益为原则,以保护和改善生态环境为前提,以改善农业生产条件和提高土地的集约化利用程度为手段,以土地的可持续利用为最终目标。”土地整理目标及其内容如表6.1所示。

2. 土地开发整理要贯彻以人为本,切实解决“三农”问题

2006年10月国土资源部颁发《关于适应新形势切实搞好土地开发整理有关工作的通知》,明确要求切实搞好土地开发整理,切实支持社会主义新农村建设。国土资源部土地整理中心把搞好开发整理与建设好社会主义新农村的关系概括为:搞好土地整理就能够实现农村资源的“三增”,即增耕地、增产能、增价值,这是新农村建设的资源基础;资源

表 6.1　土地整理目标及其内容

总目标	具体目标	土地整理内容或措施
通过土地整理实现土地利用综合效益的最大化	增加耕地面积	坡耕地整理、居民点整理、灾毁地整治、废弃地复垦等
	提高耕地质量与增强耕地的生产能力	中、低产田地改造
通过土地整理为土地可持续利用和经济社会可持续发展提供稳固的基础和支撑条件	改善生产生活条件	农田水利设施修缮；田、水、林、村的综合改造等
	改善生态环境	退耕还林等用地结构调整、水土保持工程、小流域综合治理

基础建设得到加强，就能够帮助实现农村的“三增”，即粮食增产、农民增收、农业增效，这是解决“三农”问题的核心；解决“三农”问题的核心竞争力得到提高，就能够帮助改善农业生产、农民生活、农村生态，这是建设生产发展、生活宽裕和村容整洁的社会主义新农村的出发点和归宿。因此土地整理应该也必然是建立社会主义新农村建设长效机制的重要组成部分。

3. 土地开发整理在新农村建设中的地位与作用

土地整理作为促进土地资源重新配置、增加土地利用效益和提高土地供给能力的重要途径，对促进土地的可持续利用将发挥重要的作用。近几年我国土地开发整理的实践表明，国土资源管理部门以农村土地为平台，运用国家惠农政策、资金和技术，通过以农业生产基础设施建设、农用地经营模式优化为特色的土地开发整理工作，在快速发展农业经济、提高农民生活水平、改善农村生态环境质量等方面取得了显著成绩。由此可见，土地开发整理是促进土地节约集约利用、构建和谐社会、建设社会主义新农村的重要途径，也是新农村建设中必要的基础性工程。随着国家土地宏观调控政策的贯彻落实，土地开发整理必将在新农村建设中发挥更大的作用。

例如北京市在借鉴国内外相关经验的基础上，在 2000 年年初开展了系统性的土地开发整理项目实施及其相关研究，对促进北京市和谐城市建设、京郊社会主义新农村建设、缓解城乡二元结构发挥了巨大的作用。土地开发整理确保了基本农田保护及耕地的占补平衡，促进了首都生态环境圈建设和京郊农村经济持续、快速发展，增强了农业生产能力和市场竞争力，对京郊农民就业增收、保持农村社会稳定、统筹城乡协调发展发挥了积极作用。

(三)国内外土地开发整理的经验

总结国内外土地开发整理的经验，积极有效推进我国新农村建设中的土地开发整理工作。

1. 国内土地开发整理的经验

土地整理是我国土地国情的客观要求，是实现国家土地安全、粮食安全、生态安全的重要手段。国内经济较为发达的省(市)如福建省、浙江省、河北省、上海市和北京市,在土地开发整理工作方面的主要经验都有各自的特色。

● **福建**:福建省在土地开发整理实践中,已经建立比较完善的省级土地开发整理规章制度,并用于指导土地开发整理工作。主要经验有初步建立了土地开发整理项目实施的“四查制”。一查内业:在项目动工10%后,核查项目的施工组织与计划项目等级、经费计划总结与管理、开发整理标准等,并对不合格者下发整改通知书,要求在规定期限内返工;二查质量:在项目完成35%左右时,检查土地开发整理施工程序是否按规划设定的方案实施,并预测未来的耕地资料状况;三查中期拨款:土地开发整理的款项是否专款专用,并预测其使用效果;四查工程进度及工程质量:在项目完成70%~80%左右时,进行预验收前的一次核查。

● **浙江**:浙江省开展土地开发整理较早,从1998年开始就把土地整理和标准农田建设作为农村现代化的基础工作来抓,通过土地整理已建成标准农田1000多万亩。主要经验有立足土地整理建设现代化农业园区。如浙江湖州市从土地开发整理入手,融农业规模经营、先进的农业科技、产销配套的服务体系、科学化的管理模式为一体,通过土地整理逐步将耕地建成田成方、渠成网、林成行、路通畅、机电配、责任到人的高标准、高产出、高效益的现代化农业园区。

在土地开发整理中使土地使用权流转得到健康运行,经过整理的高标准农田向种田能手集中,从根本上消除了农田撂荒现象。在湖州最初建成的15个农业园区中,有8个园区实行大户经营为主,有4个园区实行集体承包经营,有3个园区实行“双田制”,即口粮田和商品粮田经营,其中口粮田则可由种田能手承包经营,促进了农业生产的集约和经营的规模化。

在土地整理过程中,土地行政管理部门与农业、林业、水利、财政、环保等相关部门相互协调、各司其职。

● **河北**:河北省自1999年实施土地开发整理以来,已累计实施各类土地开发项目1600多个,新增耕地68万多亩,确保了全省耕地占补数量的平衡,也积累了一定的经验,主要体现在三个“规范”。

①规范土地开发整理项目的立项。在强化项目立项规章制度研究的基础上,明确要求土地开发整理项目立项必须符合土地利用总体规划和土地开发整理专项规划,并确保要求土地开发整理与生态环境建设、退耕还林、还草建设的协调,对于土地权属不清、土地管理工作落后、施工质量没有保证的项目不予以立项。

②规范土地开发整理项目的实施过程。对于国家投资项目实行项目法人责任制、公示制、招投标制、合同制、监理制,对项目从启动、实施建设到验收进行全程跟踪督察,以确保开发整理的质量。

③规范项目验收和资金管理。制定了土地开发整理项目初验和终验的标准体系,对每个项目的验收均科学地组织,听取专家意见,实行验收责任终身追究制度。对土地开发整理项目设立专用资金账户,而且资金的使用、施工合同和工程监理报告相互衔接,确保土地开发整理资金的专款专用,有效防止资金被滥用或挪用的风险。

● 上海：上海市城市土地自浦东开放以来，已成为全球最大的土地整理建设地区之一。而上海市郊区的土地整理主要经验有三个：一是将土地整理与农业示范园区、一级基本农田整治相结合，以发挥土地整理的最大效益。二是建立农村建设或农民建设房屋用地的管理制度。即农村建设房屋一律由各乡(镇)按照建立"中心村"的规划，进行"统一布局、统一设计、统一建造、统一公建配套"，个人建房不批地，引导农民购买集镇商品房。三是结合园区规划和中心村规划，合理安排农村集体副业和村办工业用地，对现有的利用率不高的农村建设占地，从市场经济发展需求的角度通盘考虑、合理布局，进行分期分批地拆除、整顿和转制，或利用老企业的场地兴办新企业，促使农村副业、工业用地向工业园区集中。

● 北京：创建可持续的内业生产模式是缓解建设占地与耕地保护矛盾的关键所在。为此，北京市在总结近几年来土地开发整理的实践经验以及借鉴国内外经验的基础上，运用科学发展观来指导土地开发整理工作，建立了北京市特殊的土地开发整理项目管理模式。

①构建集成型的土地开发整理管理模式。作为土地开发整理制度的核心和重要组成部分，在规划、设计与实施土地开发整理项目的过程中，土地管理机构与其他部门密切配合，相互协调，编制操作性较好的土地开发整理规划，以土地开发整理项目区域为平台，统筹政府各个职能管理机构的作用。这实际上是构建集成型的土地开发整理管理模式，使工程措施和生物措施在确保农业增产、农民增收、改善农业生产条件和生态环境质量方面发挥作用。

②建立土地开发整理的生态环境影响评价制度。统筹人与自然和谐发展是土地开发整理必须面临的研究议题。建立土地开发整理的生态环境影响评价制度是科学合理利用土地的重要前提，也是统筹人与发展的重要途径。自2001年北京市土地整理储备中心在平谷区夏各庄镇土地开发整理试点研究后，就在各地的土地开发整理规划中设立了土地开发整理的生态环境影响评价制度与专题研究，科学地评价土地开发整理对生态环境的影响，即预测未来农业生产过程可能影响到生态环境问题；也对土地开发整理过程中可能存在的生态环境问题进行科学的研究，提出切实可行的、有效的生态环境保护对策，以创建可持续发展的农业生产模式。

③土地开发整理与创建内业生产模式相配套。以土地开发整理项目所在区域为核心，创建了可持续的农业生产模式。这些土地开发整理项目直接或间接地带动了设施农业、籽种农业、精品农业、观光农业、创汇农业和加工农业等新兴农业的迅速发展。同时，土地开发整理促进了农业生产方式的转变。科学技术成为农村经济增长的主导性因素，对农业生产的贡献率已超过55%；京郊绿色农业得到大力发展，并在全国率先启动农产品安全体系建设。

④创建适应市场经济需求的农业经营模式。实施土地开发整理，逐步创建适应市场经济需求的农业经营模式，是当前塑造新农村、振兴新农业、赋予新农民的根本。土地开发整理本身就政府利用城市的资金与技术优势，对土地利用现状进行调整改进、综合整治，极大地提升了京郊农业生产的市场竞争力。

2. 国外土地开发整理的经验

下面对欧、美及日本、韩国等经济发达国家土地开发整理的经验进行如下介绍。

● 荷兰:荷兰的农村土地开发整理具有 60 多年的历史,他们始终坚持农场主和当地居民的个人利益与社会利益协调一致的原则。1985 年颁布实施的《荷兰土地整理条例》,明确土地整理要全面保障农村地区的各种利益,并给予地方政府决定土地整理项目实施的权利,即土地整理项目的选择和立项的决定权,由项目区中多数土地所有者控制。土地整理委员会必须包含项目区内土地所有者和使用者的代表,并制定了土地整理项目规划的协商与公示制度。"条例"还要求土地整理委员会在制定规划的过程中,必须征求国家科学委员会关于自然和景观保护的建议,并在土地整理规划中设立必要措施以保护土地景观。

在土地整理初期,强调增加农田的平均场地尺寸,以及土壤改良、排灌系统的改善,建立高质量的农田基础设施等农业经济性指标。现在荷兰土地整理工作的重心逐步转移到保护农业生态环境、美化土地景观、建设户外娱乐设施方面。

● 德国:第二次世界大战后,德国农业生产落后,农业耕作单元较小,并且土地插花、零碎分散现象普遍,严重阻碍了农业机械化、农田基本建设和农业生产专业化发展。于是德国政府实施了以"土地整理"、"农业结构调整"为核心的"绿色计划",使土地集中与农业现代化均衡发展,并坚持土地集中与水利、道路、电力和住宅等农村基础设施全面规划、协调进行的原则,综合实施土地整理与农村居民点整理。比如农户升级与搬迁、建立集约化的大农场等,从而使农业生产力得到提高,农业劳动收益显著增加,农业生态环境质量和农村生产生活景观得到改善。同时,在土地开发整理与农业结构调整的过程中,逐步建立了农业科研、技术推广与咨询等社会化服务体系。

德国土地整理程序规范而严格,包括制定土地整理规划、明确土地产权归属及其利益、具体实施土地整理规划、核算并评估实施土地整理的效益。实施一项平均规模和中等难度的土地整理项目,所需时间可达 10 年以上,确保了土地整理在建设可持续农业中发挥重要的作用。

● 美国、法国:美国和法国作为世界农业生产大国,主要通过土地开发整理使农业生产规模不断扩大,并进一步促进农业生产专业化。美国在 20 世纪中期通过土地开发整理,在中部大草原地区建成了著名的小麦生产地带,生产全美国 70%以上的小麦;玉米生产地带,生产全美国 45%的玉米;在加州谷地建成了著名的果品生产基地。法国则根据各地自然环境条件,将全法国划分为 470 个农业专业化生产经济区,极大地提高了农业生产率和农产品的市场竞争力。

● 韩国:韩国人多地少,其经济和农业生产发展的历史对我国具有重要的借鉴意义。20 世纪 60 年代韩国农业经营规模小,农户居住分散,并出现农村人口"弃农离农"的现象,导致了农业经济和自然环境质量的恶化、农业劳动率低下等问题。为此,韩国政府制定了一系列加强和扶持农业的政策,在充分调查区域地貌、土壤及水利等农业基础设施的基础上,采取了如下土地整理条件与措施。

①通过实施土地的集约化利用提高土地利用率,限制企业及个人将农用地转移到农

业以外的用途，防止农用地的休耕或弃耕；

②鼓励农用地所有权、租借权的转移和农用地的委托经营，以有效扩大农业生产规模，提高农业生产效益；

③加强农业和农村生活基础设施建设，开发和普及环境协调型农业技术。将现代生物技术运用到设施园艺、花卉、植物工厂、食用菌生产、特产农业等，以消除城乡差别，使农民安居乐业，农业稳定发展，农村持续繁荣。

● 日本：日本也是人多地少的国家，在20世纪中期加速工业化和城市化的过程中，其农村农业的发展经历了曲折的发展过程。日本随即开始了土地改良，中心内容是田间整治、道路与排灌系统整治等，使农用地的水利设施、道路系统得到改善，同时促进了农业多种经营的发展，如水库养鱼、田间周边造林、明渠封顶作为停车场等，既增加了农业收入，又有效地保护了农业生态环境。此外，日本在实施山区土地开发整理的过程中，十分重视保护森林资源，使山区水土流失得到有效控制。

（三）土地开发整理的发展历史与现状

1. 土地开发整理的历史与发展趋势

土地开发整理的概念源于13世纪的德国。13世纪，以英、法、德为代表的欧洲已进入农业庄园时代，农奴们生活在地主庄园附近的村子里，为地主干活。主要种植小麦、大麦、豆类、燕麦，这些耕地中还夹杂有休闲土地。最初的土地整理仅限于对局部河流或小流域的改造，其目的之一就是便于在农业生产及农产品加工过程中使用水车或风车的动力。

随着生产力水平的日益提高和人口的不断增加，区域性的人地矛盾产生了，这就要求人们进一步集约利用土地资源。16世纪中期至19世纪后期，国外土地开发整理开始通过农田归并、河道治理以增加耕地，通过农庄搬迁、土地权属调整以改善农业生产条件，从而使土地整理的内容逐步扩大。

20世纪初期至20世纪中期，随着世界各国城市化进程加快和大型基础设施建设的进行，土地整理围绕提高农业生产率和农业生产的集中化、产业化而进行，以缓解城市发展对土地的需求。如美国从第二次世界大战时期开始到20世纪70年代，农场数目减少了2/3，农场经营规模扩大了1倍多；日本因受自然条件所限，农场规模一直较小，但从20世纪60年代后，也表现出集中的趋势，农民户数以每年1%的速度在缩减。

21世纪世界农业发展的基本方向是创建可持续农业，也就是一种能生产出足够的食物和纤维，以满足当代人的需要，又不破坏保护自然资源和改善生态环境，从而保证满足今后世世代代需要的农业生态系统。由此可见，当今国际土地开发整理的发展趋势为：强化农业基础建设，提高区域农业综合生产能力及其农产品的市场竞争能力；改善农村生态环境质量，创建可持续的清洁化大农业生产模式；通过优化区域土地利用结构美化农业生产景观或土地景观，通过发展绿色、生态、可控、设施农业，建立国家级现代农业科技示范园区。

2. 新农村建设视野下的土地开发整理

我国1999年开始实施大规模的土地开发整理，这是贯彻落实国家《土地管理法》，实现全国耕地总量动态平衡目标的需要，也是贯彻执行"保护资源"和"严格保护基本农田"，实现可持续发展的重要举措。发挥土地开发整理在我国新农村建设中应有的作用关键在于：在实施土地开发整理、改善农用地经营模式、优化土地利用配置的过程中，必须从时间上确保土地节约集约利用的持续性，从空间上确保土地利用效益的整体性和公平性，包括人与人、人与自然之间的公平性。因此，结合我国的国情，应该将促进土地节约集约利用、提高土地综合生产能力、增加就业机会、改善农业生产环境、美化农业景观、提高农民生活水平作为实施土地开发整理和建设新农村的重要指标。

土地开发整理是补充耕地、促进土地节约集约利用的重要举措。1998年《土地管理法》的修订，在全国掀起了新一轮土地整理热潮。2003年，国土资源部在总结前几年土地整理工作经验教训的基础上(1988年我国出台了《土地复垦规定》)，颁布了《土地开发整理若干意见》，进一步明确了新时期土地整理的目标任务和发展方向，为我国土地整理立法工作奠定了良好的基础。

2010年10月18日，中共中央关于《制定国民经济和社会发展第"十二五"规划的建议》中提出了"推进农业现代化，加快社会主义新农村建设。坚持走特色农业现代化道路，把保障国家安全作为首要目标"。"严格保护耕地，加快农村土地整理复垦，大规模建设旱涝保收高标准农田。"在工业化、城镇化深入发展中同步推进农业现代化，把解决好农业、农村、农民问题作为全党工作重中之重，将加快农村土地整理复垦列入其中的内容，搞好土地整理复垦，就是维护最广大人民群众的根本利益；搞好土地整理复垦，对于夯实农业农村发展基础，提高农业现代化水平和农民生活水平，建设农民修复生活的美好家园具有重要意义。

(四)新时期土地开发整理的工作重点与实施步骤

1. 新时期土地开发整理的工作重点

2005年2月7日，国土资源部下发了《关于加强和改进土地开发整理工作的通知》，明确了当前和今后一个时期内土地开发整理工作方向是：以提高农业综合生产能力为出发点，大力开展基本农田整理，促进补充耕地数量、质量、生态三者统一。根据2006年土地利用变更调查统计，全国耕地面积12177.59万公顷(18.266亿亩)，与2005年耕地面积相比，减少0.25%，全国耕地面积净减少了30.7万公顷(460.2万亩)。其中建设占用25.9万公顷(387.8万亩)，灾毁耕地3.6万公顷(53.8万亩)，生态退耕33.9万公顷(509.1万亩)，因农业结构调整减少耕地4.0万公顷(60.3万亩)，以上四项共减少耕地67.4万公顷(1011.0万亩)。同期土地整理复垦开发补充耕地36.7万公顷(550.8万亩)，超过建设占用耕地42.0%。但其中有相当大一部分地块零碎不规则，田坎、沟渠、坑塘、道路面积过多。据全国土地详查现势，我国田坎面积达1.87亿亩，超过集约化水平中等国家1倍以上；沟渠面积0.73亿亩，超过集约化水平中等国家1.5倍；田间道路估算有1亿亩，超过集约化中等国家2倍以上。据此推算，通过农地整理，达到中等国家一般的集约化水平，就可增加耕地1亿多亩，这1亿多亩部署新开垦的土地，是优质高产的耕地。如果再加上对各类零星闲散地、农村居民点、乡镇企业、砖瓦窑等用地进行整理，还相当于1亿亩耕地。这两部分就是2亿多亩。

与过去的垦殖和其他土地开发活动不同，新兴的土地整理包含着丰富的内容。广义来说，城乡土地利用布局的调整和存量土地的盘活，都可以称为土地整理活动。仅把视野落在村庄、农田和废弃地的整理上，就可发现，土地整理潜力巨大。

土地整理对我国社会经济可持续发展具有多方面的重大意义，带来的经济和社会效益是巨大和无法估量的。最主要的作用是增加有效耕地面积，提高耕地质量和产出率，保障国家粮食安全。经过土地整理，很多农村的废水塘、小河沟、低洼地、土坟包变成了整齐的田块，原野和村庄换了模样。对生态环境进行了重建和保护，毁林开荒、乱垦草场和围湖造田已经得到遏制。土地整理不仅不会破坏生态环境，还能改善生态环境。土地整理就是在有限的土地上不断开发新的空间，这是寻找新"土地源"的法宝。

我国土地行政主管部门(国土资源部)确定了当前和今后一个时期我国土地整理工作的重点：为实现全国耕地保有量18亿亩的目标，将紧紧围绕耕地保护目标开展土地整理。依据土地利用总体规划和土地开发整理规划，对农村地区田、水、路、林、村进行综合整治。到2020年，力争全国完成农用地整理不少于6.5亿亩，新增加的有效耕地不少于2500万亩。

新时期将紧紧围绕基本农田保护和建设开展土地整理。坚持以建设促保护，大力开展基本农田建设。土地整理专项资金主要用于高标准基本农田建设，并将小型农田水利建设作为重要内容。东部地区以建设高标准农田为主要任务；中部粮食主产区以保护和提高基本农田的粮食综合生产能力为主要目的；西部生态脆弱地区加大对平坝和缓坡耕地的整理力度，加大对坡地改为梯田(地)、淤坝地以及对出现沙化趋势耕地的建设和整治力度，加强基本口粮建设。认真组织开展好全国116个基本农田保护示范区建设，为不同类型农业耕作区树立基本农田保护和建设的典范。

还将紧紧围绕发展现代化农业和新农村建设开展土地整理。结合实施新农村建设规划，完善县、乡级土地整理规划，统筹安排、综合整治，着力提高农业综合生产能力，改善农民生产和生活条件；结合巩固农业基础地位，搞好农田基本设施建设，尤其是小型农田水利建设，增强排灌和防灾减灾能力；结合发展特色农业、现代化农业，对项目进行科学设计，改善生态环境和农业生产条件，提高劳动生产率，为农业增效、农民增收奠定基础；结合建设农村美好家园，依照规划，搞好基础设施改造和建设，对村庄废弃地和"空闲"的宅基地合理开发利用，复垦还田，进行公益事业建设，美化居住环境，造福农民群众。

2. 土地开发整理的实施步骤

土地开发整理主要有三个实施步骤：一是通过农村田、水、路、林、村的综合整治增加耕地面积，提高耕地质量以达到增加粮食综合生产能力的目的。田，泛指农用地，重点是做好基本农田的整治工作，田的整治包括田块归并、田面平整、土壤改良等。水，主要指农田水利，重点是解决好农田灌溉和排水问题，使农田变成旱涝保收田。路，主要指直接为农业生产服务的田间道路，通过道路建设改善农业交通条件。林，是指以农田防护林为主的农田防护工程，旨在为农业生产构建其生态防护屏障，改善农村生态环境。村，指村庄的整治，对现有农村居民点逐步实施迁村并点，治理“空心村”、腾退宅基地开发整理还田等，以节约集约利用土地，增加耕地面积，改善农村人居环境，减少建设占用耕地，保障农村经济发展。二是结合土地整理及土地利用配置的优化，有效地开展农业农村生态环境建设，以创建可持续农业生产模式。三是结合土地整理和村庄整理，在美化农业生产及农村景观的同时，提高土地利用效益，促进农村经济的快速发展和农民生活水平的全面改善。因此，结合我国的国情，应该将促进土地节约集约利用、提高土地综合生产能力、增加就业机会、改善农业生产环境、美化农业景观、提高农民生活水平作为实施土地开发整理和建设新农村的重要指标。进行农村基础设施配套建设，改善农民的人居环境和生活条件，改善村容村貌。

(五)组织开展土地整治，实现惠民富国

2010 年 10 月 18 日《中共中央关于制定国民经济和社会发展第十二个五年规划的建议》指出，坚持走中国特色农业现代化道路，把保障国家粮食安全作为首要目标，加快转变农业发展方式，提高农业生产能力、抗风险能力、市场竞争能力。实施全国新增 4 亿斤粮食生产能力规划，加大粮食主产区投入和利益补偿。明确提出了“严格保护耕地，加快农村土地整理复垦，大规模建设旱涝保收高标准农田”的要求。

1. 土地复垦整理转向土地整治

土地开发复垦整理和城乡建设用地增减挂钩统称为土地整治。从“土地开发”(利用)到土地“复垦整理”再到“土地整治 ”，标志着我国土地整理事业发展到了一个新的历史阶段。推进土地整治所作出的一项重要战略决策，主要体现在两个方面：一是从单纯农用地整理理念向全面综合整治理念的转变。单纯农用地整理围绕“田”，侧重于田、水、路、林的配套完善，而土地整治既包括土地整理复垦开发，又包括城乡建设用地增减挂钩，整村、整镇全域推进，统筹城乡建设用地。在保障和促进农业增产、农村增效、农民增收的前提下，在促进城乡共同发展和繁荣的过程中优化城乡用地空间格局，提高用地效益，提升土地资产价值。二是统筹规划，有序推进土地整治。结合县域经济发展，以县城为中心，以乡(镇)为纽带，以农村为腹地，城乡兼容；以乡(镇)为整体，统筹规划，整体推进。科学规划乡(镇)体系中的居住用地、工业用地和农业用地，积极构建和谐农村。

2. 推进土地整治，加强高标准农田建设

农业事关国计民生，党中央、国务院历来高度重视农业农村工作，明确提出农业农村工作重点是要千方百计保障国家粮食安全和主要农产品有效供给，大力推进土地整治，集中连片推进农村土地整治，实行田、水、路、林综合治理，大规模开展中、低产田改造，提高高标准农田比重。所谓高标准农田建设就是通过工程措施和生物措施将耕地整理成为“田成方、林成网、渠相通、路相连、涝能排、旱能灌”的旱涝保收、节水高效的高产稳产田。

(1)建设高标准农田，应注重土地平整、田间道路、农田防护与生态环境保持等工程设施的建设。土地平整工程的实施应有利于农作物的生长发育，有利于田间机械化作业，有利于水土保持，满足灌溉排水要求和防风要求，便于经营管理；田间道路工程的实施要从

当地地貌条件出发，从方便农业生产与生活、有利于机械化工作和节省道路占地等方面综合考虑，按照“因地制宜、集约用地、方便运输、合理布局”的原则进行布设；农田防护与生态环境保持工程的实施应有利于改善农田周围的生态环境，防止或减少自然灾害，提高耕地生产能力，促进耕地资源的可持续利用。通过以上相关工程设施的配套建设，原有的耕地即可以达到高标准农田建设的要求。同时需要强调的是，在农业基础设施建设过程中要注重明确建设主体和管护责任，确保各项工程设施长期正常发挥保护农田、服务农田的基本功能，进一步提高抗灾和保障能力，搞好服务于农业生产。

（2）建设高标准农田是巩固和加强农业基础的重要内容，是确保国家粮食安全的核心。在当前“重农强农”的大好政策下，充分利用支农资金建设一批高标准农田是明智之举，更是当务之急。需要注意的是，在国家加大投入农业基础设施建设的过程中，应充分考虑当前受金融危机影响，农民工大量返乡的情况，尽量采用直接投资或以工代赈、以奖代补、直接补贴等形式，让农民从中直接受益，这样既可以促进农业稳定发展，又能增加农民收入。同时也更加清楚地看到，在国际金融危机导致大量农民工返乡以及我国社会保障体系还不十分完善的情况下，我国农村土地所具有的保障功能进一步凸显出来，失业返乡农民工的最基本生活所需可以在土地上得到满足。

我国作为一个人地关系高度紧张的人口大国，对粮食供给提出了更高的需求，错综复杂的国际关系和变幻莫测的国际形势也时刻提醒人们必须对粮食安全保持高度警惕，必须坚决实行世界上最严格的耕地保护制度，特别是要加强高标准农田建设并切实做好保护工作，为确保国家粮食安全奠定优质稳定的耕地资源基础。

（六）构建土地开发整理工程体系

土地开发整理工程有广义、狭义之分。广义的土地开发整理工程是指土地开发整理这项整体活动。狭义的土地开发整理工程是指为实现土地开发整理目标而进行的土地利用结构调整工程以及所采取的具体工程措施、生物措施和综合措施等。

现阶段我国土地开发整理工程具有综合性强、区域差异大、效益显著等特点，但建设项目缺少具体的有针对性的项目建设目标、等级与具体的建设标准和规范。构建土地开发整理工程体系的现实意义在于，为研究和编制其他相关的标准和规范提供科学、系统、全面的依据，为土地开发整理管理工作系统化、整体化、规范化服务，主要体现在以下三个方面。

1. 体系的构建是各类项目管理及各阶段项目管理的需要

土地开发整理项目管理的内容不仅包括对各类项目的管理，还包括对单一项目具体执行阶段的管理，如可行性研究阶段的项目立项管理，规划设计阶段的预算控制管理，项目实施阶段的招投标、施工管理，项目验收阶段的竣工决算以及后期评价管理等内容。任何一类项目及单一项目任一个阶段的管理，其核心是对建设项目的质量、进度、资金的控制，这些控制均离不开建设项目这一载体和基本管理单元，构建土地开发整理工程体系为各类项目管理及单一项目各阶段的管理提供了清晰的构架和具体的内容。

2. 体系的构建是研究、编制、修订其他相关标准和规范的需要

目前，我国土地开发整理工程建设还未能真正形成体系，基本是各职能部门按照各自的管理需要进行工程项目划分，如《土地开发整理项目规划设计规范》中将相关内容划分为两级，而《土地开发整理项目预算标准》中将相关内容划分为三级。这种无统一原则、统一方法进行的划分势必造成相关标准和规范表述混乱，各建设项内涵界定不清。而土地开发整理工程体系的构建，搭建了一个系统、完整、规范化的体系平台，奠定了各项标准和规范研究、编制、修订的基础，加强了各项标准和规范之间的有机衔接。

3. 体系的构建是工程定价的需要

我国现阶段主要有两种土地开发整理项目工程计价方法，即定额计价法和工程量清单计价法。定额计价法是按照定额确定的工程建设项，逐项计算工程量，套用现行定额，形成工程产品的价格；工程量清单计价法主要适用于工程的招投标活动中，由招标人编制出准确的反映工程实体消耗和技术措施消耗的工程量清单，由投标人对单位工程成本、利润进行分析，确定投标报价。无论哪种工程计价方法，均需与明确的建设项目的基本单位联系在一起，并分别归类计价，形成工程造价。

构建土地开发整理工程体系，拟将整个体系分成目标层和基础层两个层次。目标层为按广义的土地开发整理工程进行体系的划分；基础层是狭义的土地开发整理工程划分的体系。两个层次之间相互独立，互为补充，目标层通过基础层的两个要素之间协调作用、建设而实现，基础层两个要素之间存在空间关联。土地利用类型结构调整工程，主要依据现行的《土地利用现状分类》，其中，一级分类分为 10 项，二级分类分为 22 项，如表 6.2 所示；土地开发整理建设项目工程体系构成由三级建设项目组成，其中，一级建设项目分为 5 项，二级分为 14 项，三级分为 37 项，如表 6.3 所示。

(七)土地开发整理权属管理

1. 权属管理概念与内容

土地开发整理权属管理是在土地开发整理过程中，由于土地归并和重新分配而产生的相对性调整和变更等级的行为，具体指在农村土地开发整理过程中涉及的土地所有权、土地使用权和他项权利调整、确认以及变更登记的行为。

不同阶段土地开发整理权属管理的主要内容有以下几点。

(1)项目选址阶段。在确定土地开发整理区边界的基础上，明确开发整理区内县与县、乡(镇)与乡(镇)、村与村、组与组之间的相对性主体和界线。

(2)项目可行性研究与立项审批阶段。确定有无权属纠纷，调查农民对权属调整的意愿，公告调查结果及土地利用现状和权属变更限制，成立土地开发整理权属协调小组。

(3)地籍调查阶段。查清每宗地的位置、界线、四至及宗地形状；查清每宗地的权属状况；查清每宗地的面积和质量等级；查清每一宗地的利用类型。

(4)土地质量评价阶段。在土地权属调查和利用现状调查的基础上，权属调整领导小组组织有关技术人员制定土地评价分级体系，进行整理前的土地质量评价。评价单元采取以宗地为基本评价单元，评价的目的是确定参与整理的土地价值。

表 6.2　土地利用结构调整工程的分类

一级类		二级类	
编号	名称	编号	名称
1	耕地结构调整工程	1.1	水田结构调整工程
		1.2	水浇地结构调整工程
		1.3	旱地结构调整工程
2	园地结构调整工程	2.1	果园结构调整工程
		2.2	茶园结构调整工程
		2.3	其他园地结构调整工程
3	林地结构调整工程	3.1	其他林地结构调整工程
4	草地结构调整工程	4.1	其他草地结构调整工程
5	工矿仓储结构调整工程	5.1	采矿用地结构调整工程
6	住宅用地结构调整工程	6.1	农村宅基地结构调整工程
7	交通运输	7.1	农村道路结构调整工程
8	水域及水利设施用地结构调整工程	8.1	坑塘水面结构调整工程
		8.2	沿海滩涂结构调整工程
		8.3	内陆滩涂结构调整工程
		8.4	沟渠结构调整工程
		8.5	水工建筑用地结构调整工程
9	其他土地结构调整工程	9.1	空闲地结构调整工程
		9.2	田坎结构调整工程
		9.3	盐碱地结构调整工程
		9.4	沼泽地结构调整工程
		9.5	沙地结构调整工程
		9.6	裸地结构调整工程
10	其他用地类型的结构调整工程		

(5)项目实施阶段。土地整理项目工程竣工后进行土地质量评价、土地权属调整方案编制、土地权属调整方案公告和土地分配等工作。

(6)地籍档案整理阶段。在土地整理项目实施后,将土地重新分配,把土地权属调整后所形成的每一宗地的权属主体、四至、面积、质量、用途等地籍文件材料进行基本分类、组合、排列和编目,使之系统化、规范化。

表 6.3　土地开发整理建设项目工程的体系构成

一级建设项目		二级建设项目		三级建设项目	
编号	名称	编号	名称	编号	名称
1	土地平整工程	1.1	耕作田块修筑工程	1.1.1	条田
				1.1.2	梯田
				1.1.3	其他田块工程
		1.2	耕作层地力保持工程	1.2.1	客土回填
				1.2.2	表土保护
2	灌溉与排水工程	2.1	水源工程	2.1.1	塘堰(坝)
				2.1.2	小型拦河坝(闸)
				2.1.3	农用井
				2.1.4	小型集雨设施
		2.2	输水工程	2.2.1	明渠
				2.2.2	管道
				2.2.3	地面灌溉
		2.3	喷微灌工程	2.3.1	喷灌
				2.3.2	微灌
		2.4	排水工程	2.4.1	明沟
				2.4.2	暗渠(管)
		2.5	渠系建筑物工程	2.5.1	水闸
				2.5.2	渡槽
				2.5.3	倒虹吸
				2.5.4	农桥
				2.5.5	涵洞
				2.5.6	跌水、陡坡
				2.5.7	量水设施
		2.6	泵站及输配电工程	2.6.1	泵站
				2.6.2	输电线路
				2.6.3	配电装置
3	田间道路工程	3.1	田间道		
		3.2	生产路		
4	农田防护与生态环境保持工程	4.1	农田林网工程	4.1.1	农田防护林
				4.1.2	梯田埂坎防护林
				4.1.3	护路护沟林
				4.1.4	护岸林
		4.2	岸坡防护工程	4.2.1	护堤
				4.2.2	护岸
		4.3	沟道治理工程	4.3.1	谷坊
				4.3.2	沟头防护
				4.3.3	拦沙坝
		4.4	坡面防护工程	4.4.1	截水沟
				4.4.2	排洪沟
5	其他工程				

资料来源:国土资源部整理中心.吕婧.土地开发整理工程体系的构想.

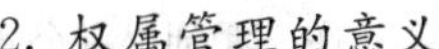

2. 权属管理的意义

权属管理的意义主要有如下两个方面。

(1)有利于实现土地开发整理项目管理监测的科学化、规范化。土地开发整理是实现耕地总量动态平衡、促进经济发展和改善生态环境的重要手段。其中土地权属管理，是维护土地开发整理当事人的合法权益、防止发生新的土地权属争议和促进土地开发整理事业健康发展的主要环节。

(2)有利于农村社会的稳定和发展。我国现阶段农村土地开发整理是提高农业竞争力、增加农民收入、促进农业和农村发展的一项重要举措，其中土地权属管理在我国土地开发整理工作中具有特殊意义。土地开发整理不仅要完成各项工程措施，还要在尊重自然规律、尊重农民意愿和原有产权的基础上，进行地籍调查、现状确认、权属变更、土地登记等地政工作，稳定农民家庭承包经营，这是土地开发整理工作的一个突出特点，也是土地开发整理区别于一般农田基本建设和小流域治理等工作的主要标志，直接关系到土地开发整理事业的成败。

3. 土地开发整理权属管理的要求

土地开发整理权属管理的要求主要有如下三个方面。

(1)土地权属现状确认做到“三个结合”。一是结合土地登记土地利用现状调查及土地变更调查资料，认真做好土地权属和土地利用现状核查，为土地开发整理项目可行性论证和规划设计提供依据；二是结合开发整理土地面积、地类、地力等级和耕作状况等进行实地勘测和核查，明晰土地权属、地类、面积、质量及项目区域内宗地数，保证数据和实地一致；三是结合土地权属状况、村组耕地质量和面积、开发整理潜力的数量及难易程度等进行综合评价，为编制土地权属调整方案提供依据。

(2)土地权属调整注重“三个环节”。一是在可行性研究阶段，对土地开发整理项目选址时确认的土地权属和土地利用现状进行检查和复核，确保现状清楚无争议，对存在争议且短时间内无法解决的，不可纳入项目区；二是在规划设计阶段，对可行性研究阶段编制的《土地权属调整方案》进行复核、修改和完善。特别是在编制项目规划设计过程中要充分考虑当地现有权属界线的特点，对道路、沟渠、防护林等工程进行科学规划，可保留没有必要进行调整的权属界线，处理好各有关权利主体之间土地重划和产权调整关系，确保方案合理；三是项目竣工后，加强监督检查，确保方案全面落实。根据之前拟定的《土地权属调整方案》进行实地划分，确定界线，按规定和要求，办理相应认界手续，并及时进行土地登记造册，确认权属，依法开展土地权属调整管理工作。

(3)项目实施落实“三个到位”。一是公告到位。土地开发整理项目实施过程中，通过广播、电视、报刊、公告栏和召开乡村动员会等方式，及时将相关项目区内相关的土地权属状况、地类面积和实际使用状况及禁止土地权利人变更土地利用现状等内容进行公告，让广大干部群众和各有关土地权利人充分享有知情权。二是检查到位。对公告内容的落实情况进行监督检查，认真采纳各相关方提出的正确意见和建议并及时更正调整，接受社会监督，使集体经济组织信服，群众利用得到合理保障，同时，防止一些农户在开发整理中擅自变更项目区内土地利用现状。三是指导到位。县级土地资源管理部门可以发挥专业技术特长，指导乡村干部和农民做好土地调查、权属调整、签订协议等工作，达到“一个准确、两个清楚、三个不乱、四个原则”。“一个准确”即地块面积准确；“两个清楚”即有关土地权利主体清楚和范围清楚；“三个不乱”即调查摸底技术不乱、开发整理分配不乱、分配后土地利用不乱；“四个原则”即土地所有权尽量不变原则、土地使用位置面积可适当调整配置原则、土地相对一致原则、开发整理后耕地纳入基本农田保护统一管理原则。

4. 土地开发整理权属管理的特点

由于历史原因，我国农村土地的权属关系非常复杂，农村集体土地和国有土地“犬牙交错”，不容易划分，甚至一些地方将许多国有荒地划给了农村集体。农村集体之间、集体与国家之间、农户之间存在不少纠纷，农村集体所有权主体不清，农民土地使用权不稳定，农村集体土地所有权地籍发展工作进展迟缓。

随着农村土地开发整理工作全面、深入地开展，土地开发整理类型逐步多样化，开发整理项目的规模越来越大，因而土地开发整理中土地权属调整也越来越复杂，具有以下三个显著特点。

(1)权属纠纷多。由于我国的集体土地所有权演变经过土地改革、合作化、人民公社、四固定、家庭联产承包责任制等多个时期，除土地改革时给农民发过土地证外，其他几个时期，大部分没有权属变更的资料，更无图件资料。随着人均耕地的减少，人们对土地的重视程度越来越高，致使村与村之间、村与村民小组之间、村民小组与村民小组之间存在大量的土地所有权纠纷，由于确权的法律法规滞后，许多权属纠纷无法处理，一遇到征地补偿等涉及经济利益的问题，马上就引发矛盾，甚至造成集体上访，影响社会稳定。

(2)产权主体及投资主体的多元化。在农村土地开发整理中，有农村集体土地之间、国有土地与农村集体土地之间的所有权调整，有农民承包地之间经营权调整，有开发整理后新增耕地使用权的调整，有开发整理过程中因所有权或使用权的调整而产生他项权利的调整，有时还涉及“四荒地”使用权的调整，土地产权的主体非常多。从开发整理的投资主体看，也呈现出多元化趋势：有农民自发投入，有公助民办，有公司参与，有集体筹资，也有国家直接投资。土地产权主体和开发整理投资主体的利益都要予以充分照顾，主要体现在土地财产权的充分保护和土地权属的合理调整。

(3)权属调整程序具有复杂性。随着全国范围内土地开发整理工作的开展，迫切要求对权属的程序、权限、权属调整方式、土地产权的重新分配和界定、地上物的处理等一系列问题进行认定和规范。从开发整理项目启动到竣工结束，要准确界定好参与土地开发整理各产权主体和投资主体的权益，需要履行一系列有关土地权属确认和土地权属调整的程序，需要经过大量的实地勘测定界，需要多次将土地权属调整方案进行公告，多次召集村民大会，需要相关土地权利主体之间签订大量协议。因此，土地开发整理权属管理程序比较复杂，工作量很大。

5. 土地开发整理权属管理的程序

土地开发整理权属管理的程序可分为土地整理权属管理程序与土地开发权属管理程序，两者的程序基本相同，但土地整理权属管理的情况更复杂一些，它不仅涉及土地所有权调整，还涉及更多土地使用权(土地承包经营权)的调整。

(1)土地整理权属管理的基本程序

土地整理权属管理的基本程序主要有以下几点。

①调查土地所有权和土地使用权权属现状。查明土地所有权和土地使用权的主体、具体的边界。明确有没有土地所有权和土地使用权权属纠纷,若有纠纷则必须在土地整理项目立项前予以解决,否则此项目不能立项。

②土地整理所有权和使用权权属调整意愿调查。对项目区内所有土地所有权和使用权的主体进行是否同意土地整理和土地产权调整的意愿调查。

③调查结构及整理范围公告。将调查结果,包括同意进行土地整理和土地权属调整的土地所有权和土地使用权主体个数及其所占面积、反对进行土地整理和土地权属调整的土地所有权使用权主体个数及其所占面积、土地整理项目范围等情况向所有权主体进行公告。

④地籍测量与土地利用现状调查。对项目区内的土地利用现状进行调查,并进行地籍测量,查明每一个土地所有权和使用权主体所拥有土地的位置、面积。

⑤土地现状质量评价。对项目区内不同土地所有权和使用权主体所拥有的土地质量进行评价,确定土地质量级别,为项目整理完成的土地所有权和使用权权属的重新调整以及进行土地分配和土地登记做好准备。

⑥整理完成后土地质量评价。土地整理工程竣工后,对项目区反映土地质量状况的指标,包括耕层厚度、土壤剖面结构、土壤质地、土壤养分含量、土壤盐碱状况、土壤污染状况、地下水埋深和灌排图件、田间道路和田面平整程度等进行测定和评价。一方面是检查土地整理工程是否按规划设计要求进行施工;另一方面是评定土地整理完成后土地质量状况,确定土地整理完成前后土地质量的变化情况,为制定土地所有权和土地使用权权属调整方案服务。

⑦土地所有权和使用权权属调整方案编制。根据地籍测量与宗地权属调查、土地现状质量评价、工程竣工验收后土地质量评价,编制土地权属调整方案。

⑧方案公告和异议处理。方案公告期一般为 15 天。公告期内如有异议,可按照相关法律法规和政策的规定,并结合 2/3 以上土地所有权和使用权主体的意见进行异议处理。

⑨分配土地及地籍档案整理等。按照经公告和异议处理的土地权属调整方案分配土地,并按地籍档案管理的要求,对土地整理权属状况进行规定整理。

(2)土地开发权属管理的基本程序

土地开发权属管理的基本程序主要有以下几点。

①调查土地所有权权属现状。土地开发是对国有或集体未利用土地进行开垦利用。在这一过程中,还没有产生土地使用者,土地开发项目的权属调查仅对项目范围内土地所有权权属现状进行调查。查明土地所有权的主体和具体的边界;明确有没有土地所有权权属纠纷。若有纠纷,必须在土地开发项目立项前解决,否则,此项目不准立项。

②土地开发所有权权属调整意愿调查。对项目区内所有土地所有权的主体进行是否同意土地开发和土地所有权权属调整的意愿调查。

③调查结果及土地利用现状和范围公告。将调查结果,包括同意进行土地开发和土

地权属调整的土地所有权主体个数及其所占面积、反对进行土地开发和土地权属调整的土地所有权主体个数及其所占面积、土地开发项目区土地类型和范围等情况向所有产权主体进行公告。

④地籍测量。对项目区内的土地进行地籍测量,查明每一个土地所有权主体所拥有土地的位置、面积。

⑤土地现状质量评价。对项目区内不同土地所有权主体所拥有的土地现状进行评价,确定土地质量级别,为项目开发完成的土地所有权调整做好准备。

⑥土地开发完成后土地质量评价。土地开发工程竣工后,对项目区反映土地质量状况的指标,包括耕层厚度、土壤剖面结构、土壤质地、土壤养分含量、土壤盐碱状况、土壤污染状况、地下水埋深和灌排图件、田间道路和田面平整程度等进行测定和评价。一方面是检查土地开发工程是否按规划设计要求进行施工;另一方面是评定土地开发完成后土地质量状况,确定土地开发完成前后土地质量的变化情况,为制定土地所有权和土地使用权权属调整方案服务。

⑦所有权权属调整方案编制。根据地籍测量与宗地权属调查、土地现状质量评价、工程竣工验收后土地质量评价,编制土地权属调整方案。

⑧方案公告和异议处理。方案公告期一般为15天。公告期内如有异议,可按照相关法律法规和政策的规定,并结合2/3以上土地所有权和使用权主体的意见进行异议处理。

⑨分配土地及地籍档案整理等。按照经公告和异议处理的土地权属调整方案分配土地,并按地籍档案管理的要求,对土地开发权属状况进行规定整理。

6. 土地开发整理权属管理的原则

土地开发整理权属管理的基本原则主要有以下几点。

(1)依法原则。即在土地权属调整过程中,始终遵循土地管理法律法规中的相关规定。按照法律程序,通过申报、地籍调查、权属审核、注册登记和颁发土地证书等程序来明确土地产权主体,核实、调整和确定土地所有权或使用权。相关土地行政主管部门要按法律持续做好土地权属的审核、登记、发证等工作。

(2)公开、公平、公正原则。土地开发整理过程中的权属管理工作要实行公告制度,广泛征求各有关权利人的意见,土地所有权和使用权的调整不得造成相关权利人的利益损失。处理问题时,一定要尊重原有的产权关系,运用评估、勘测等科学的方法,按市场经济规律协调各方面的关系。依法办事,实现公告制度,广泛征求各有关权利人意见。在土地所有权和使用权的调整中,分配土地权益不得造成相关权利人的利益损失,要保证原有土地权利人权益不减少;开发整理后农民新承包耕地应与原承包耕地在数量和质量上相同或有所提高。

(3)协商原则。土地所有权与使用权的调整应在各有关权利人协商一致的基础上进行。土地整理中因田块规整和道路、沟渠重新规划需要调整不同土地所有者边界的,要在各相关权利人协商的基础上重新勘定地界。参与土地开发整理各方之间的飞地、插花地及交界处的不规则区域,应在各方协商的基础上,重新划定,尽量减少飞地、插花地和宗地数。

(4)自愿原则。为发挥整理后农用地更大的经济效益，在法律允许的范围内，农民可自愿实行联合经营，采取“流包转耕”等多种经营方式，政府可加强宏观引导，并进行相应的管理。土地开发整理经营规模和方式由集体经济组织自己决定，国家进行宏观调控引导，调整承包地或由本集体经济组织以外的单位或个人承包经营的土地，若经过村民会议2/3以上的成员或者2/3以上村民代表同意，并依法报经有关机构批准即可。

(5)实用性原则。土地开发权整理由于多方产权主体的参与，使得其中的权属确认和调整至关重要。在实践中，农村基础土地权属管理的方式方法不拘一格，有的虽然不完全合法，或有失公平，但符合当地实际，群众易于接受，行之有效。因此权属管理应注重土地产权确认、调整的原则和发展方向，而对具体操作程序和方法不宜过多干涉。

(6)稳定性原则。即对土地开发整理前后的土地行政边界和权属界线要尽量保持其稳定性，不进行大的调整改变，以保持乡(镇)村行政区的相对稳定。国家有关法律法规规定，国有土地可以由农民集体长期使用，但不能因此而改变土地所有权的性质；任何组织或者个人不得侵占、转卖、出租或者以其他形式非法转让土地；农村土地承包经营保持长期稳定，至少30年不变。

(7)综合效益最大化原则。参与土地开发整理各方之间的飞地、插花地及交界处的不规则区域，要在各方协商一致的基础上，根据路、渠等线状地物进行适当调整，尽量减少飞地、插花地和宗地数；同一承包人有若干地块时，面积小者应尽量向面积大者集中，以利用农业机械化操作和田间灌排水。通过协商，进行土地调整置换，使相同权属的土地适当集中，形成规模，确保开发整理后农民新承包耕地与原承包耕地在数量上相同，并在质量上有所提高，从而实现区域土地资源的优化配置。

7. 土地开发整理权属管理的依据

土地开发整理权属管理的依据主要可分为法律依据和政策依据两方面。

(1)法律依据

《中华人民共和国宪法》及其修正案

《中华人民共和国民法通则》

《中华人民共和国土地管理法》及《中华人民共和国土地管理法实施条例》

《中华人民共和国森林法》及《中华人民共和国森林法实施条例》

《中华人民共和国草原法》

《中华人民共和国渔业法》

《中华人民共和国水土保持法》

《中华人民共和国农业法》

《中华人民共和国河道管理条例》

《土地复垦规定》

《村庄和集镇规划建设管理条例》

《中共中央、国务院关于促进小城镇健康发展的若干意见》(中发〔2000〕11号)

《中共中央关于农业和农村工作若干重大问题的决定》

《关于进一步稳定和完善农村土地承包关系的通知》

《中华人民共和国农村土地承包法》

《中华人民共和国农村土地承包经营权证管理办法》

《关于进一步做好开发农村"四荒"资源工作的通知》

《确定土地所有权和使用权的若干规定》

《土地权属争议调查暂行办法》

《关于重新印发〈土地登记规则〉的通知》

(2)政策依据

《关于设立土地开发整理示范区的通知》(国土资发〔1999〕50号)

《国家投资土地开发整理项目管理暂行办法》(国土资发〔2000〕316号)

《国家投资土地开发整理实施管理暂行办法》(国土资发〔2003〕122号)

《关于做好土地开发整理权属管理工作的意见》(国土资发〔2003〕363号)

《关于组织申报国家投资土地开发整理项目有关事项的通知》(国土资发〔2001〕64号)

《国家投资开发整理项目竣工验收暂行办法》(国土资发〔2003〕21号)

《土地开发整理项目验收规程》(TD/T1013－2000)

第四节　土地行政执法与行政管理

土地立法是通过制度法律规范来调整土地关系,使土地管理工作纳入法制轨道,为科学依法管好用好土地,提供基本的法律依据和根本保证。为了切实维护土地公有制,珍惜土地,合理利用土地,节约用地,切实保护耕地,就必须制定各项行为准则,并以国家强制力来保证实施。因此,制定国家的土地管理法律法规与其他法律一样,也具有强制性。土地行政执法机关必须以法律为准绳,有法必依,执法必严,违法必究,严格依法行政,更好地开展土地行政管理工作。

一、土地行政执法

(一)土地行政执法的概念及特征

1. 土地行政执法的概念

土地行政执法是指土地管理机关按照土地管理法律、法规,对土地管理相对人(指一切受行政机关特定管辖的公民、法人及其他组织,包括国家机关)所采取的具体的直接影响其权利义务的行为,或者对相对人权利义务的行使和履行情况进行监督检查的行为。

2. 土地行政执法的特征

土地行政执法具有以下主要特征。

(1)土地行政执法是土地管理机关执行土地法律、法规的一种具体行政行为(即行政执法)。

(2)土地行政执法的主体是法定的行政机关,一般是由各级人民政府土地管理机关行使执法权。

(3)土地行政执法的客体是行政管理相对人从事的与土地这一特定物有关的活动或行为。

(4)土地行政执法对象具有的复杂性和广泛性的特点,是由土地既是资源又是资产,既是劳动对象又是生产、生活和生存的特定要素所决定的。

(5)土地行政执法使土地行政执法机关与相对人之间产生了权力、权益、义务关系,即土地行政法律关系,是由土地行政机关行使(包括不作为)其享有的行政管理权而产生的。

(二)土地行政执法的依据与效力

1. 土地行政执行的依据

土地行政机关的行政执法,必须以法律、法规及规章为依据,否则其执法对相对人就不产生法律效力,相反,还得承担相应的法律责任。土地行政执法的法律依据主要有:《土地管理法》、《土地管理实施条例》、《城市房地产管理法》、《土地调查条例》、《基本农田保护条例》、《土地行政处罚法》和《宪法》、《民法通则》等法律、法规授权或根据当地情况制定、适用本行政区域内的有关土地管理的地方性法规、规则,以及国家土地行政主管部门颁布的规章等。

2. 土地行政执法的效力

土地行政机关依法行政,其行政执法具有如下效力。

(1)确定力。行政执法的有效成立,非依法不得变更与撤销。

(2)拘束力。行政执法的有效成立,即在执法机关与相对人之间产生拘束力,执法机关与相对人均应完全实际履行设定的义务。

(3)执行力。行政执法有效成立后,即产生法律效力,相对人不履行设定的义务时,行政执法机关有权申请有执行权的机关进行强制执行。

(三)土地行政执法机关及行政执法权

1. 土地行政执法机关的概念

土地行政执法机关是指法律法规授权依法享有土地行政执法权的机关。新《土地管理法》第三条规定:“国务院土地行政主管部门统一负责全国土地的管理和监督工作。”国家土地行政执法机关,是指国务院土地管理部门(即国土资源部)。

2. 土地行政执法权

土地行政机关有权依照法律、法规的授权,代表国家行使土地行政执法权。县级以上地方人民政府土地管理部门,可以在本行政区域(省、市(地)、县(市))内行使土地行政执法权。土地行政执法权的取得主要有两种方式:一是法律、法规的授权。如新《土地管理法》第十六条规定:“土地所有权和使用权争议,由当事人协商解决;协商不成的,由人民政府处理。单位之间的争议,由县级以上人民政府处理;个人之间、个人与单位之间的争议,由乡级人民政府或县级以上人民政府处理。”二是授权委托。有行政执法权的土地行政执法机关，可以依法将行政的某项或部分权能，在一定范围或一定时间内授权委托给有相应能力和条件的组织或个人行使。被委托方要对委托方负责，并不得滥用委托权或超越委托范围；被委托方的执法结果由委托方承担。

（四）土地行政执法的内容与执法的手段

1. 土地行政执法的内容

土地行政执法的内容是指土地行政执法机关在哪些土地行政管理范围内执法，对哪些土地事项或活动可以执法，其执法结果会对行政管理相对人的权利义务的行使和履行产生哪些影响。明确行政执法内容，严格依法办事，减少执法的盲目性。提高执法水平，树立土地管理的执法权威。按照我国现行的土地管理法律、法规的规定，土地行政执法的内容，主要有如下方面。

（1）土地登记和权属确认

新《土地管理法》第十一条规定：“农民集体所有的土地，由县级人民政府登记造册，核发证书，确认所有权。”“单位和个人依法使用的国有土地，由县级以上人民政府登记造册，核发证书，确认使用权。”新《土地管理法》第四十四条规定：“建设占用土地，涉及农用地转为建设用地的，应当办理农用地转用审批手续。”“在已批准的农用地转用范围内，具体建设项目用地可以由市、县人民政府批准”。

（2）审批土地开发利用

新《土地管理法》第四十条规定：“开发未确定使用权的国有荒山、荒地、荒滩从事种植业、林业、畜牧业、渔业生产的，经县级以上人民政府依法批准，可以确定给开发单位或个人长期使用。”

（3）国家保护耕地，严格控制耕地转为非耕地

“县级以上地方人民政府可以要求占用耕地的单位将所占用耕地耕作层的土壤用于新开垦耕地、劣质地或者其他耕地的土壤改良。”建设占用土地，涉及农用地转为建设用地的，应当办理农用地转用审批手续。

（4）查处土地违法行为

“买卖或者以其他形式非法转让土地的，由县级以上人民政府土地行政主管部门没收违法所得”；并且“对直接负责的主管人员和其他直接责任人员，依法给予行政处分；构成犯罪的，依法追究刑事责任；违反《土地管理法》规定，占用耕地建窑、建坟或者擅自在耕地上建房、挖沙、采矿、取土等破坏种植条件的，或者因开发土地造成土地荒漠化、盐渍化的，由县级以上人民政府土地行政主管部门责令限期改正或治理，可以并处罚款；构成犯罪的，依法追究刑事责任。”

2. 土地行政执法的手段

土地行政执法的手段是实现国家各项土地管理职能的保证。所谓土地行政执法手段，是指土地管理机关，依法享有的保证其国家赋予的土地行政管理职权直接有效地得以实现的具体法律措施。包括行政许可、行政确认、行政处理、行政处罚、行政调解、行政复

议、行政诉讼以及行政申请强制执行等。下面对土地行政处罚、行政复议、行政诉讼进行具体介绍。

(1)行政处罚

行政处罚是指土地行政执法机关依法对土地管理相对人违反土地管理法律、法规执法(包括作为和不作为)所给予的法律制裁。其特点是:行政处罚的前提是当事人有违反土地管理法律、法规执法的行为;具有行政处罚权的行政机关在法定职权范围内按法定程序实施,但限制人身自由的行政处罚只能由公安机关行使(新《土地管理法》第六章“监督检查”)。

如新《土地管理法》第七十一条规定:“县级以上人民政府土地行政主管部门在监督检查中发现土地违法行为构成犯罪的,应当将案件移送有关机关,依法追究刑事责任;不构成犯罪的,应当依法给予行政处罚。”

行政处罚的种类,根据《行政处罚法》及土地管理法律、法规的规定,土地管理的行政处罚种类有:警告、罚款、没收非法所得、责令退还土地、限期拆除或者没收建筑物及其他设施、责令限期治理、责令退赔、收回土地使用权等(新《土地管理法》第七章“法律责任”)。

如新《土地管理法》第七十五条规定:“违反本法规定,拒不履行土地复垦义务的,由县级以上人民政府土地行政主管部门责令限期改正;逾期不改正的,责令缴纳复垦费,专项用于土地复垦,可以处以罚款。”

根据《土地管理法》和《行政处罚法》的规定,行政处罚由违法发生地的县级以上地方人民政府具有行政处罚权的土地管理行政主管部门管辖。对农村居民的违法占地建住房行政处罚,可以由乡(镇)人民政府决定。

(2)土地行政复议

土地行政复议也称土地管理行政复议,是指公民、法人或者其他组织,不服土地行政主管部门或下一级人民政府做出的具体行政执法,依法在法定期限内,向上一级人民政府或土地行政主管部门提出行政复议申请,由上一级人民政府或土地行政主管部门对该具体行政执法(行为)是否合法或适当进行审查,并作出复议决定的活动。

土地行政复议程序包括复议申请;对申请复议进行审查,作出受理(不予受理或限期加以补正)的决定;审理(是土地行政复议的实质性阶段);复议机关作出复议决定。

(3)土地行政诉讼

土地行政诉讼是指公民、法人或者其他组织认为土地管理机关及其工作人员的具体行政执法(包括作为和不作为)侵犯其合法权益;有权依照行政诉讼法,在法定期限内向人民法院提起诉讼,由人们法院依法审理判决和裁定的活动。土地行政诉讼的范围就是土地管理机关实施的哪些具体行政行为,属于人民法院司法审查的管辖范围。根据行政诉讼法、土地管理法律、法规的规定,可以提起土地行政诉讼案件的主要有:不服土地行政处罚的具体行政行为;不服土地管理机关拒绝办理土地证件或不予答复的具体行政行为(即不行为);不服人民政府对土地所有权、使用权争议的处理决定;以及认为土地管理机构的具体行政行为侵犯其合法的土地所有权、使用权,或对侵犯其合法的土地所有权、使用权所做赔偿不服等。

土地行政复议和土地行政诉讼虽然都是以拒绝土地行政争议为目的,但土地行政诉讼是一种诉讼活动,而土地行政复议是一种非诉讼的行政行为。

《刑法》有关条文如下:

第二百二十八条　以牟利为目的,违反土地管理法规,非法转让、倒卖土地使用权,情节严重的,处三年以下有期徒刑或者拘役,并处或者单处非法转让、倒卖土地使用额百分之五以上百分之二十以下罚金;情节特别严重的,处三年以上七年以下有期徒刑,并处非法转让、倒卖土地使用权额百分之五以上百分之二十以下罚金。

第三百四十二条　违反土地管理法规,非法占用耕地改做他用,数量较大,造成耕地大量毁坏的,处五年以下有期徒刑或者拘役,并处或者单处罚金。

第四百十一条　国家机关工作人员徇私舞弊,违反土地管理法规,滥用职权,非法批准征用、占用土地,或者非法低价出让国有土地使用权,情节严重的,处三年以下有期徒刑或者拘役;致使国家或者集体利益遭受特别重大损失的,处三年以上七年以下有期徒刑。

二、土地行政管理

土地依法行政的要义在于依法治"权"。依法行政是对公务人员(土地行政管理人员)的基本要求,所要解决的是行政执法行为的合法性和正当性;依法行政的目的在于依法治"官"、依法治"权",用法律、法规制约和规范行政权,用法律、法规制约和规范行政执法人员。

(一)土地行政管理的概念及性质

1. 土地行政管理的概念

"行政"在我国历史悠久。早在2000多年前的《左传》中,就有"行其政事"、"行其政令"的记载。在我国通用的字典里,"行政"被界定为国家政务的管理。一般来讲,行政可简单地表述为国家依法组织和管理国家和社会公共事务。行政管理是以国家的名义,通过法律的形式实施,并以国家强制力为保证的管理,平常习称"依法行政"。土地行政管理是土地管理基础的、核心的管理。

土地行政管理是指国家和地方人民政府的行政主管机关,依照国家的有关法律、法规和政策,对土地所有者、使用者、经营者等进行全面、系统的管理行为。其实质是国家行政权力在土地配置领域的运用和实现。

土地行政管理的主体是各级人民政府的土地行政主管机关,它代表国家和地方政府对土地实行统一的行政管理。客体是土地及对土地进行开发、经营使用的单位和个人。依据是《宪法》、法律及土地法规和规章,依法管理是土地行政管理的基本要求。机制是对土地所包含的社会经济行为进行计划、组织、指导、协调、控制等一系列管理活动,每个活动都是土地行政管理过程中不可缺少的环节,整个环节构成土地行政管理的运行机制。

2. 土地行政管理的性质

土地行政管理是国家行政管理的一部分,是国家管理土地行政事务的活动,其性质是

政治经济管理职能，属于上层建筑范畴，具有较强的政治性、政策性、社会性和强制性。

土地行政管理不同于一般的行政管理，它具有自己的特点：管理地位的重要性、管理范围的宽广性以及较强的地方属性。

（二）土地行政管理的方法

在计划经济模式下，土地行政管理基本上采用单一的行政管理方法。随着经济体制改革的进行，计划经济向市场经济过渡，土地行政管理的对象也随之发生了质的变化，管理的方式也从单一的行政手段变为行政、经济、法律、技术等多种方式。

1. 行政方法

行政方法是指国家机关通过发布决定、指标、命令、计划和条例、法规、规章等形式，由行政机关逐级下达、贯彻并监督执行。它是以上级授予必要的权力和下级必须服从为前提的一种管理方法，具有强制性、垂直性、单一性等特点，其实质是国家凭借权力对土地使用活动的直接干预，是国家权力的体现。

2. 经济方法

经济方法不是依靠国家行政机关的强制力，而是利用物质利益来引导、调节土地经济活动。实质上是贯彻物质利益原则，按照符合经济发展规律的办法来处理国家、集体和个人三者之间的经济关系。经济方法的形式比较广泛，价格、信贷、税收、利率、经济处罚等都是其组成部分，其中价格是最重要的经济杠杆。经济方法的成功运用能有效地促进土地的合理使用，优化土地资源的配置。

3. 法律方法

法律方法是指运用各种法律、法令、条例和司法、仲裁等手段调整土地关系的管理方法。其实施主要包括两个环节：一是建立和健全各种法律、法规；二是注重土地检查执法及相应的司法工作，土地行政机关通过行政方法或经济方法不能解决的问题，最后大多通过法律来解决。因此，法律方法是土地行政管理中的最高方法。

4. 技术方法

运用现代化的科学技术手段，如遥感（RS）技术、地理信息系统（GIS）技术等提高土地行政管理的技术水平，达到又好又快更有效地管理土地的目的。

（三）土地行政管理体制与机关设置模式

1. 土地行政管理体制的概念

土地行政管理体制是为了更好地完成土地行政管理任务而设置的各级土地管理机构及其职责范围和管理权限划分的制度。其中，土地行政管理机关的设置模式是其核心。综观古今中外，土地行政管理机构设置一般有以下三种模式。

（1）单独设置土地行政管理机关，国家级的土地行政管理机构直属中央政府，为厅（司、局）机构；

（2）隶属于某一部门，如民国时期的地政机构曾隶属于内务部、民政部等，新中国成立后也曾隶属于农业部；

(3)不单独设置机构,土地管理的各种职能分别由各有关部门执行。土地行政管理机关设置的模式与土地行政能否统一管理有着密切的关系。如果土地行政管理机构不单独设置或隶属于某一部门,土地行政管理就不具有统一管理的权威性。

2. 我国土地管理体制模式

改革开放以来,为适应市场经济要求下的土地行政管理工作,我国于 1986 年成立了国家土地管理局,1998 年又由地质矿产部、国家土地管理局、国家海洋局和国家测绘局共同组建国土资源部,并就整个土地管理体制和管理机构进行了改革,建立了新的管理体制及内设机构(图 6.4)。在新的体制下,各级地方政府相应建立了土地管理机构,主要有土地利用规划、建设用地、土地检察和办公室等职能机构。

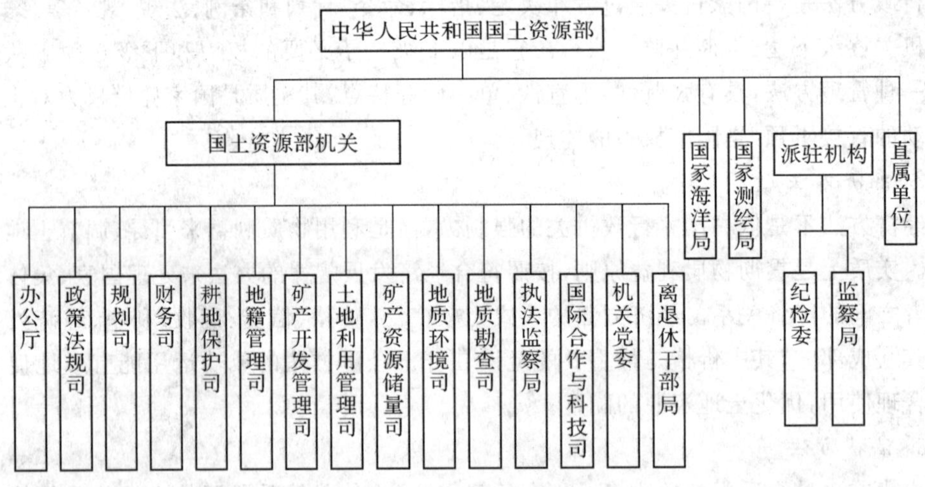

图 6.4　国土资源部机关设置

3. 构建土地管理机构的原则

构建土地管理机构的基本原则主要有以下四个。

(1)决策机构与管理实施机构相分离原则。凡涉及土地方面的决策事务由专门的决策机构负责,管理机关只承担日常行政管理职能。

(2)管地与用地分离原则。土地管理机构不负责涉及使用土地建造房屋及其他设施的业务,建设部门不管理任何土地。

(3)集中、统一原则。对城市土地和农村土地、生地和熟地、集体土地和国有土地,对各类用途的土地实行集中统一管理。

(4)政企分离原则。土地管理机构必须保持其行政机关独立性,不管辖企业。

4. 构建土地管理机构的目标模式

构建土地管理机构的目标模式主要有以下三个。

(1)土地管理机构的主要职能是对土地的行政管理,通过行政管理,使土地得到优化配置,使土地利用综合效益最大化。

(2)土地附着物依附于土地管理,土地是可以独立存在的,而土地附着物(包括建筑物、构筑物)是不能离开土地而独立存在的。因此,当两者为一体而同时存在时,土地是基础、核心，附着物处于依附地位。

(3)土地管理机构的统一性。包括从中央到省、市(地)、县(市)直到乡(镇)，设立土地行政统一管理机构，负责城乡土地的统一管理，土地资源和资产的统一管理，地政地籍的统一管理，土地征收的统一管理，地价的统一管理，土地权属纠纷的统一查处等。

(四)土地行政管理的内容

土地行政管理是国家行政管理的一个重要方面，属于上层建筑范畴。其管理内容必须适应经济基础的需要，必须符合客观经济规律。土地行政管理从主体上讲是确定的，但从管理的具体内容上讲是应该随着客观经济的发展而变化的，以适应市场经济发展的客观需要。从总的方面说，在土地领域内一切应该由政府管理的事务，均属于土地行政管理的范围。从具体方面谈，土地行政管理的内容应包括地权行政管理、地籍行政管理、地价行政管理、地用行政管理、地税行政管理等。

1. 地权行政管理

地权即指土地的权力。它是一种财产权，也就是人们常说的土地产权。产权应是财产权利的总称，是个人或团体占有或控制财产时所拥有的权利和利益，是具有物质财富内容，直接和经济利益相关的一系列各具特色的权利的总和。

土地产权是以土地作为财产客体的各种权利的总和。它包括对土地的所有权以及构成土地所有权权能的各项权利，如使用权、收益权、地上权、地下权和地役权等。

(1)地权行政管理的原则

地权行政管理主要有以下四个原则。

①依法进行地权行政管理的原则。维护产权人的合法权益，依法进行地权行政管理是每个行政管理机关必须遵循的基本原则。保护产权人的合法权益，实现《宪法》赋予土地行政管理机关的基本职责。

②产权户籍管理协调一致的原则。户籍管理的对象是在产权管理过程中形成的，来源于产权管理。户籍管理的成果，为审查确认产权提供可靠依据，服务于产权管理。虽然产权管理与户籍管理的管理性质、对象、内容和方式等不同，但是它们之间的内在联系决定了两者在管理上必须遵循一致的原则。

③全民所有制土地权利与集体所有制土地权利一致原则。中国的土地实行社会主义公有制，采取全民所有制和集体所有制两种形式，有关土地的法律、法规规定，只有国有土地可以进入地产市场。而国有土地经常通过征收集体土地而取得，它们之间经常发生着权利流转和利益分配问题，因而在土地权利管理上应遵循一致原则。

④房产、地产产权管理相一致原则。房、地是有机的统一体，其权利主体必须一致。除法律、法规另有规定外，不得分离权利主体。

(2)地权行政管理的主要内容

地权行政管理表现为土地行政管理机关代表政府的意志，采取适当的方法，利用先进的管理手段对土地中各种权利关系进行管理，保障权利人的合法权益。其主要内容有以下三点。

①土地产权的审查和确认。是指通过审查确认产权，明确产权归属，满足产权关系，是产权管理工作的核心。审查确认产权是个政策性很强又极其复杂的工作，其中心内容是审查确认产权关系是否真实、合法。主要审查内容为：建设用地应提交建设用地批准文件，以出让方式取得国有土地使用权的，应提交出让、转让合同及按法律规定需要交验的出让金支付凭证、投资情况证明材料等；土地使用权依法抵押、出租的，应提交抵押合同、出租合同及原土地所有权的出让合同或转让合同；因宗地合并、分割引起的土地使用权，除提交有关法律文件外，还应提交有关分割、合并宗地的协议书或能够证明分割、合并宗地后土地使用权分配比例的合法证明，涉及单位之间宗地分割、合并的，应符合上级主管部门的批准文件；受赠应具有赠与书，若属私人赠与单位，还必须具有主管机关准予受赠的批件；继承，应具有继承公证书；他项权利应提交权利涉及宗地的土地证书和权利人、义务人双方的协议土地的主要用途及土地使用者、所有者更改名称等，应提交有关部门的批准文件。

②土地产权的登记并核发产权证。土地权属登记是指国家依照法律对国有土地使用权、农村集体土地使用权、农村集体土地建设用地使用权和他项权利进行注册登记的一种制度。土地登记是国家用来确立或认可土地所有者或土地使用者拥有土地所有权或使用权的法律措施。中国的土地产权登记制是国家设立专门机构，对不动产的权利取得及变更进行登记，以保护产权，登记具有公信力。

③土地产权流转的制止及代管管理。土地产权作为一种财产权在地产市场中不断流转，由此产生了产权非法流转的制止及代管等问题。土地产权非法流转的制止是对产权持有者有争议的、产权取得不合法的，以及其他一些法律、法规规定不得流转的产权流转进行制止。产权代管是政府、司法或土地产权主管机关做出的对特定的土地行使产权和强制措施。

2. 地籍行政管理

地籍是记载土地的位置、界址、数量、质量、权属和用途（地类）等基本状况的簿册，也称土地的户籍，籍有簿册、清册、登记之说。地籍管理是人们认识和运用土地的自然、经济和社会属性的产物，是土地管理的基础性工作。

(1)地籍行政管理的性状特征

地籍行政管理具有如下的性状特征。

①地籍行政管理的重要性与规范性。地籍管理历来是国家地政措施的重要组成部分，必须对地籍管理的各项工作制定规范化的政策或技术要求的统一规定，实施城乡地政的统一管理，使地籍工作取得预期的效益。国家对地籍行政管理的统一规定不是一成不变的，它将随着社会的进步和科学技术手段的更新，逐步地建立和完善。

②地籍资料的连续性与系统性。地籍资料是记载土地数量、质量和权属等状况的连续记载资料，根据变动情况可分为初始地籍和日常变更地籍。初始地籍和日常变更地籍之间，各种簿册及图簿之间，年度报表中的各项内容及数字之间，应相互关联，构成承上启下和不间断的完整体系，体现地籍资料的连续性、系统性。

③地籍资料的完整性、可靠性与准确性。地籍资料的完整性不仅要保证地籍管理的对象必须是完整的土地区域空间，而且，宗地地块的地籍也必须保持一个宗地或一个地块

的完整性。在地籍资料完整性的基础上，还要保证地籍资料的可靠性和精确性，其基础资料必须是具有一定精度要求的测量、调查和土地分等定级的成果资料，凡是涉及权属的，必须以相应的法律文件为依据，宗地的界址线、界址拐点的位置，应达到可以随时在宗地得到复原的要求等。

(2)地籍行政管理的主要内容

地籍行政管理的内容一方面取决于社会生产力水平及其相适应的生产关系的变更；另一方面取决于它的管理对象的基本特性。在一定社会的生产方式条件下，地籍行政管理作为一项国家的地政措施，有特定的内容体系，现阶段根据我国的基本国情和建设的需要主要有以下内容。

①土地调查。新《土地管理法》第二十七条规定，国家建立土地调查制度。县级以上人民政府土地行政主管部门会同同级有关部门进行土地调查。第二十八条规定，县级以上人民政府土地行政主管部门会同同级有关部门根据土地调查成果、规划土地用途和国家制定的统一标准，评定土地等级。为摸清土地的数量、质量、分布利用和权属状况而进行的调查，根据土地调查的内容侧重不同，可分为土地利用现状调查、地籍调查和土地条件调查三种。土地利用现状调查主要是以县(市、区)为单位，按土地利用现状分类，以各类用地的面积、分布和利用状况为主要内容的调查；地籍调查的核心是土地权属调查，其内容包括权属、位置、界址、用途(类别)、等级和面积等的调查；土地条件的调查主要是对构成土地的土壤、植被、地貌、气象、水文等自然因素，以及土地的投入、产出、收益、交通、区位等经济技术条件的综合调查和资料的搜集、整理。土地条件为摸清土地质量及其分布状况，为土地评价或城镇土地分等定级估价提供基础资料和依据。

②土地登记。主要是指土地的权属登记。是国家用来确认土地的所有权、使用权，依法实行土地权属的申请、审核、登记造册和核发证书的一项法律措施。土地登记的主要内容包括土地登记的基本单位和土地所有权面积、土地使用权面积及各地类面积等。目前，我国依据土地法律的规定，主要开展国有土地使用权、集体土地所有权和农村集体土地建设用地使用权三种土地登记。

③土地统计。包括数量统计和质量统计两部分。是指国家对土地的数量、质量、分布、利用和权属状况进行统计调查、汇总、统计分析和提供土地统计资料的制度。新《土地管理法》第二十九条规定了“国家建立土地统计制度”。“县级以上人民政府土地行政管理部门和同级统计部门共同制定统计调查方案，依法进行土地统计，定期发布土地统计资料。”土地行政主管部门和统计部门共同发布的土地面积统计资料是各级人民政府编制土地利用总体规划的依据。

④土地分等定级估价。是指在土地利用分类和土地条件调查的基础上，综合研究、系统分析土地的自然、经济性状特点，进一步确定各类土地的等级和基准地价。土地分等定级可为合理收取土地税(费)，确定征地补偿标准，制定土地经济政策和合理组织土地利用提供科学依据。

⑤地籍档案管理。地籍档案管理是土地档案的最重要部分。是以地籍管理活动为历史记录，文件、图册为对象所进行的收集、整理、鉴定、保管、统计、提供利用和编研等各项

工作的总称。地籍管理的各项内容是相互联系的，其中，土地登记和土地统计是地籍管理的主体，地籍调查、土地评价(土地分等定级估价)是前提和基础。随着经济社会的发展和需要，地籍管理内容也不断地变化和得到充实。

3. 地价行政管理

地价即是土地的市场交易价格。土地价格的内涵包括三个方面：一是真正的地租，即绝对地租和级差地租；二是土地投资的折旧；三是土地投资的利息。土地价格即以上三部分之和的资本化。它在地产市场中处于核心地位，既是一种地产市场的供求信号，又是一种有效的经济杠杆。地价行政管理是指土地行政主管部门通过地产流转过程中的地价这个信号，对地产市场进行宏观调控与微观管理。

(1)地价行政管理的原则

地价行政管理主要有以下原则。

①遵从地租地价规律的原则。土地是一种自然产物，并非人类创造物。它的价格不像一般商品的价格那样由价值决定，土地价格受土地位置、土地肥力、经济收益、供求关系、利息率等多种因素的影响，因而具有显著的地域性。土地的价格主要是地租的资本化，它受自然、经济、社会、政策诸多因素的综合影响，并可通过地租形式予以表现。因而在地价行政管理中，应遵从地租地价特定的内在规律。

②地价稳定原则。稳定地价是政府和国家物价工作的总目标、总方法。稳定地价有两层含义：一是相对稳定不是不变。土地价格有不断上涨的趋势，有保值、增值作用，在一定时期应保持增长率相对稳定；二是土地价格上涨除自身应保持稳定的增幅外，还要与国民经济的发展水平相一致，与工资、物价等具体水平变化保持动态的平衡。总之，使土地价格符合国家制度的地价政策，使地价起伏变化小，从而保持土地市场的稳定和繁荣。

③按质论价，地价交换的原则。对城市土地而言，土地质量的好坏主要取决于土地区位条件；对于农村土地，土地质量的优劣主要是指土地肥力。不同区位、不同肥力的土地其价格都是不同的，应采取按质论价，真正做到优质优价、劣质劣价，以实现土地优化配置。

(2)地价行政管理的主要内容

土地行政管理是整个市场价格体系管理的一部分，属于专业管理的范畴，其内涵极为丰富。土地的征收、出让、转让等都需要价格管理，土地资产的处置也需要价格管理。地价行政管理主要有以下内容。

①建立基准地价定期公布制度。土地行政管理机关可将各地区根据国家统一技术规程测算的基准地价定期公布，并定期调整或公布地价指数。公布基准地价有利于发挥政府对价格的导向作用，有利于投资者了解投资地区的地价水平，也便于社会了解地价信息加强监督，对市场中的“竞相压价”行为实施管理并规范土地市场。

②对成交地价的监督调控。土地行政管理机关可结合土地登记，对成交地价监督调控。我国已明文规定土地使用权出让、转让、出租、抵押均要到土地行政管理部门办理登记手续。在土地登记时，土地行政管理机关可依据基准地价和地块标定价格，对申报地价进行审核，防止隐价、瞒价，确保土地增值税等税费措施的实施，抑制土地投机，稳定地价，稳定市场。另外，还可以依据基准地价或标定地价，对上报建议地价进行检核。当转让土

地价格不合理上涨时，市、县(市)人民政府可以采取必要措施平抑地价。

③加强对土地估价机关和人员的监督管理。为了加强对估价机关和人员的监督管理，规范地价评估行为，促进土地正常交易，应采取估价人员认证制度。土地估价技术报告必须严格按照国家和地方的土地估价标准，并参照市场情况评估，提出公正、合理的评估报告。对于从事中介服务的土地估价机构，必须符合《城市房地产管理法》所规定的服务机构的要求，即有自已的名称和组织机构；有必要的财产和经费；有固定的服务场所；有足够数量的专业人员；符合法律、行政法规规定的其他条件。其评估的地价结果必须报送土地行政管理部门认可或备案。

4. 地用行政管理

地用即土地利用。土地是一种物质资源，是一个自然经济综合体。它既可作为生产资料，也可作为消费资料，用来满足人们的多种需要。人们通过一定的生产方式，在一定的生产目的下，按照土地的自然属性、经济属性和社会属性对土地进行的勘测、规划、开发、使用、组织和保护等活动，统称为土地利用。地用行政管理是土地行政主管部门通过技术的、经济的、行政的和法律的措施，以保证土地的合理利用。

(1)地用行政管理的原则

地用行政管理主要有以下原则。

①有偿使用原则。土地是一种重要的生产要素，在市场经济条件下，土地已成为国有资产的一个重要组成部分。土地的无偿使用，不仅造成国有资产大量流失，更严重的是造成土地利用不合理，土地资源浪费耗竭。为了调节土地利用，合理配置土地资源，防止国有资产流失，应坚持实行土地有偿使用原则。

②节约使用原则。我国虽然是一个地大物博的国家，但是人均占有土地比世界人均占有土地少得多，且耕地资源不足，后备资源缺乏。因此节约用地、保护耕地是我国的一项基本国策。

③充分合理利用原则。我国现行大部分土地是计划经济条件下配置的，许多土地利用既不充分，也不合法。在市场经济条件下，应最大限度地通过土地有偿使用、适当的行政干预等方法，充分合理地利用每寸土地。

(2)地用行政管理的主要内容

地用行政管理涉及面广、内容多，按照土地流转过程，地用行政管理包含以下四方面内容。

①土地征收行政管理。土地征收是指国家政府为了“公共目的”或城市建设需要将集体土地转化为国有土地的过程。土地征收行政管理的主要内容以下几点。

第一，土地征收程序的管理。保证土地征收程序符合法令、法规要求，一般征收程序为：一是申请选址。由用地单位持主管机关批准的建设项目及任务书等有关文件，向规划部门申请用地并选址。二是用地单位在获得规划部门许可后，向土地管理部门申请所用土地，由土地管理部门出面进行土地征收，并核算有关补偿费。三是土地管理部门与土地使用者签订土地使用合同，签发土地使用证，并根据土地使用者获得土地的方式(划拨或出让)征收土地补偿费或出让金。

第二，土地征收的审批权限的监督执行。审批权限必须严格按照国务院颁发的《国家建设征用土地条件》的规定实施，同时监督下级政府的土地审批权限。

第三，土地征收补偿。主要是补偿费用确定、被征土地上劳动力的安置等。

②拆迁用地管理。即对拆除国有土地上的附着物的土地管理。拆迁管理的主要内容为：一是申请拆迁和动员拆迁。用地单位必须持有市、县（市）人民政府的建设用地批准书等，向房地产管理部门提出申请，经批准获得房屋拆迁许可证后，方可进行拆迁。二是用地单位对被拆迁房屋及其附属物的所有人的补偿形式，可采用产权调换、作价补偿或产权调换与作价补偿相结合等方式。三是拆迁安置工作。房地产管理部门要协同相关部门，视具体情况分别对有关人员予以安置。

③土地使用权划拨的行政管理。土地使用权划拨是指县级以上人民政府依法批准.在土地使用者缴纳补偿、安置等费用后将该宗土地交付其使用，或者将国有土地使用权无偿交付给土地使用者使用的行为。我国规定划拨土地使用权不得转让、出租、抵押，只有当划拨土地使用权按有关规定的程序转换成出让土地使用权后，经市、县（市）人民政府土地管理部门批准，划拨土地使用权才允许转让、出租、抵押，同时应具备以下条件：一是土地使用者与公司、企业、其他经济组织和个人；二是持有国有土地使用证；三是具有地上建筑物及其他附着物的产权证明；四是依照《城镇国有土地使用权出让、转让暂行条例》的有关规定，签订土地使用权出让合同，向市、县人民政府补交土地使用权出让金或以转让、出租、抵押所获收益抵交土地使用权出让金。

④土地使用权出让的行政管理。土地使用权出让是指国家将国有土地使用权在一定年限内出让给土地使用者，由土地使用者向国家支付土地使用权出让金的行为。土地使用权出让是国家按照土地所有权与使用权分离的原则处置土地的一种法律行为。出让方与受让方应按规定签订土地使用权出让合同，其中出让方按合同规定提供土地使用权，受让方应按合同规定交纳出让金，颁发土地使用证，并按合同规定使用土地，不得私下改变土地用途或转让。

土地使用权出让，一般分为协议、招标、拍卖三种形式。

第一，协议，即土地出让前，土地的使用条件完全明确或部分明确，土地的使用者已经确定，且只有一个的前提下，由出让人和受让人根据各自的需要取得一致的价格。由于价格受出让人意愿的影响较大，且受让人也可以控制土地价格水平，所以对改善一个地区的投资环境、吸引外资有很好的作用。但因其透明度差、主观性大、缺乏公开竞争，难以推动土地市场的发育。

第二，招标，即由土地管理部门代表政府以公开招标的方式出让土地使用权，引进了市场机制，体现了商品交换的原则，但获得土地使用权者，并不一定是出价最高者，政府在确定中标者时，既要充分考虑投标价，还要对投标规划实际方案、企业的业绩进行全面、综合的评价，择优而定。

第三，拍卖，即在指定的时间、地点，在公开场合由土地管理部门代表政府就某块土地的使用权公开叫价出让，价高者获得土地使用权。这种方式充分引进了竞争机制，地价完全由供求关系决定，比较真实地反映出一个城市的地价水平。

⑤土地使用权转让、出租、抵押的行政管理。土地使用权转让是指土地使用者将土地

使用权再转移的行为，包括出售、交换和赠与。未按土地使用权出让合同规定的期限和条件投资开发、利用土地的，土地使用权不得转让；土地使用权转让应办理变更登记，并签订转让合同。土地使用权转让时，土地使用权出让合同载明的权利、义务随之转移。通过转让方式取得的土地使用权，其使用年限应是土地使用权合同规定的使用年限减去土地使用者已使用年限的剩余年限。

土地使用权出租是指土地使用者作为出租人将土地使用权同地上附着物租赁给承租人使用，由承租人向出租人支付租金的行为。按规定，未按土地使用权出让合同规定的期限和条件投资开发、利用土地的土地使用权不得出租。土地使用权出租时，出租人与承租人必须签订租赁合同，其租赁合同不得违背土地使用权合同的规定。

土地使用权抵押是指抵押人以其合法的土地通过转移占有的方式向抵押权人提供债务履行担保的行为。抵押人与抵押权人必须签订抵押合同，抵押合同不得违背土地使用权出让合同的规定。如抵押到期未能履行债务或者在抵押期内宣告解散、破产者，抵押权人有优先受偿权。由抵押权人进行地价评估并经抵押权人认可后，由抵押人和抵押权人签订抵押合同而取得土地使用权的，应及时办理过户登记并注销抵押登记。

⑥土地使用权终止的行政管理。土地使用权终止是指因土地使用权出让合同的使用年限已满，土地使用者可申请续期，续期时应重新签订土地使用权出让合同，支付土地使用权出让金，并办理续期登记手续。土地使用期满不办理续期者，其土地使用权及地上附着物等所有权由国家无偿收回。土地使用者交还土地使用证，并办理注销登记。

5. 地税行政管理

税收是国家凭借行政权力，依法按预定标准，对部分国民收入进行再分配，强制、无偿地取得财政收入的一种形式，缴纳带有强制性、征收具有无偿性、税收具有固定性。土地税收是古老的税类，是国家凭借行政权力，以土地为征税对象，强制、无偿地向土地使用者收取部分收益的一种特定分配关系，我国目前直接以土地为税收对象的主要有：耕地占用税、城镇土地使用税、土地增值税、外商进行房地产转让的工商统一税等。

土地税收，可以抑制土地投机；防止国有土地资产收益大量流失，是规范、调控土地市场的重要手段，也是国家财政收入的重要来源。土地固定不动的自然特征和不断增值的特性，使土地税收成为一种长期、稳定、良好的税源，因而它是国家财政收入的重要保障。土地税收还是促进土地合理利用的有力措施，因此，必须加强土地税收管理。

(1)耕地占用税的征收管理

耕地占用税是国家对占用耕地建房或者从事其他非农业建设的单位和个人征收的一种税，属于资源税类。根据国务院发布的《中华人民共和国耕地占用税暂行条例》的规定，从 1987 年 4 月 1 日起，全国普遍开征耕地占用税。

耕地占用税由当地财政机关负责征收，土地管理部门在批准单位和个人占用耕地后，应及时通知其所在地国家级财政机关。纳税人必须在土地管理部门批准占用耕地之日起 30 日内缴纳耕地占用税，逾期不申报纳税的，从滞纳之日起，按日加收应纳税款 50％的滞纳金，对单位或个人获准征用或占用耕地超过两年不使用的，按规定税额加征两倍以下耕地占用税。纳税人同财政机关在纳税或者违章处理问题上有争议时，必须首先按照财政机关的决定缴纳税款和滞纳金，然后在十天内向上级机关申请复议。凡征收了耕地占用税，经核实确属农业税的计税土地，对其原来计税常年产量和计征的农业税额予以核减。

(2)城镇土地使用税的征收管理

城镇土地使用税是国家向在城镇和工矿区范围内使用土地的单位和个人，按占用土地面积分等定额征收的一种土地税，属于以有偿占用和调节级差收入为特点的资源税类。1988年9月27日国务院发布了《中华人民共和国城镇土地使用税暂行条例》，并从1988年11月1日起执行。

土地使用税由土地所在地的税务机关征收，采用定额税率，以纳税人实际占用的土地面积为计税依据。依照当地规定的税额标准按年征收，分期缴纳。土地使用税收入应纳入财政预算管理，但它不是中央税，而是地方税或中央和地方共享税。因此，土地使用税收入的大部分应纳入地方财政收入，主要用于地方城市基础设施建设。

(3)土地增值税的征收管理

1993年12月3日国务院发布了《中华人民共和国土地增值税暂行条例》，并从1994年1月1日起执行。土地增值税的纳税义务人是转让国有土地使用权、地上建筑物及其他附着物并取得收入的单位和个人。

土地增值税的征收是采用超额累进税率，即增值税未超过扣除项目金额50%的部分，税率为30%；超过50%，未超过100%的部分，税率为40%；超过100%，未超过200%的部分，税率为50%；增值额超过扣除项目金额200%的部分，税率为60%。

土地增值税由土地所在地的税务机关负责征收，纳税人应当自转让房地产合同签订之日起七日内向税务机关办理纳税申报，并在税务机关核定的期限内纳税。但是下列两种情况除外：一是建造供出售的普通标准住宅，增值额未超过扣除项目金额20%的；二是国家建设依法征用、收回的房地产，可免征土地增值税。

运用税收杠杆作用调节土地收益分配关系，是进行土地行政管理的有效手段。土地征税的依据是土地效益(收益)和土地价值，税率的确定是调节收益分配的关键。但是，目前我国的土地税收体系还没有完全形成，国有企业上交的所得税收中，隐含着土地收益。不改革、调整现有的税种、税率，很难将土地税收独立出来，从长远观点看，是不利于土地税收杠杆作用的发挥的。

第五节　21世纪我国土地可持续利用展望

一、土地利用与土地可持续利用

(一)问题的提出与由来

土地利用(land use)是人们采取一定的行动，利用土地所具有的性能来满足自身需要的过程，比如通过与土地结合获得物质产品和服务的经济活动过程。这一过程是人们与土地进行的物质、能量、价值和信息的交流和转换过程。

无论是追溯古文明衰落的轨迹，还是展望人类未来生存空间的危机，无不与土地合理利用休戚相关。整个人类文明史证明：土地与文明之间存在着一荣俱荣、一损俱损的相互依赖关系。人类文明的兴起，得益于土地的肥沃和富饶；而文明的衰落则归咎于人类活动所导致的土地贫瘠和荒芜。

20多年来，在文献资料中使用频率较高的名词为"持续发展"（sustainable development）。持续发展的概念最早是由世界环境与发展委员会于1987年在著名的布朗特兰报告——《我们共同的未来》（*Our Common Future*）中提出的。在此报告中，持续发展被定义为：持续发展是既满足当代人的需要，又不对后代人满足其需要的能力构成危害的发展。虽然各门学科均可从各自的角度对持续发展的内涵加以阐述，但是这种发展战略思想已为世人所接受。

持续发展的重要内容是自然环境的持续能力，围绕自然环境的"持续能力"国际研究的热点之一就是土地持续利用。土地是世代相传的人类所不能出让的生存条件和再生产条件，是人类生存和社会生产活动的物质载体。今天的土地利用必将深刻地影响到明天，土地持续利用问题便应运而生。

当今世界人类面临的人口、粮食、能源、资源和环境五大问题均或多或少地、直接或间接地与土地及其利用有关。耕地是粮食生产的物质基础，粮食生产状况和粮食总产量与耕地数量、质量尤其是人均耕地数量和质量紧密相关。在一定粮食单产水平下，人均粮食占有量主要取决于人均耕地占有量，这点已为国外和我国的实践所证明。人口与土地历来是紧密相关的一对因素，两者中任何一个因素的解决必须以另一因素的解决为前提。人口多相对于耕地少而言，耕地少相对于人口多而论。资源消耗中人口"分母加权效应"十分突出。土地本身是一项重要的自然资源，是一切资源之首，有关资源（含自然资源和社会经济资源）均借助于或通过土地利用发挥作用和显示其地位的。土地是环境的重要组成部分。土地不仅是自然物质与能量的转换器，而且也是一个巨大的能量贮存器，发挥其承载和储存功能。当今所利用的石油、煤、天然气等能源都是在土地中贮存的生物化学能。与此同时，离开系统外的能源投入，就不可能提高土地生产力。从一定意义上来讲，研究土地持续利用问题是资源与环境持续利用和经济社会持续发展的重要课题，也是解决人类所面临的五大问题的重要途径和重要内容。

（二）土地持续利用的必要性和可能性

1. 土地持续利用的客观可能性和必要性

土地是自然的产物，它的产生不以人们的意志为转移，具有数量有限性、沃度差异性、位置空间性、利用可持续性和属性两重性的特点。土地的自然供给数量是固定的和无弹性的。劳动的投入可使具有弹性的土地经济供给得以增加，但由于报酬递减规律的制约，土地经济供给量增加有限，因此，土地是一种稀缺资源，相对于其他资源而言，土地也是一种相对供不应求的短缺资源。上述的土地特性，显示出土地持续利用的客观可能性和必要性。

2. 土地持续利用的主观可能性和必要性

人类的需求可分为生存需求和发展需求两大类。生存需求是一种自然本能的需求，是借以维持人类生命和使人类本身得以繁衍的一种需求；发展需求是一种社会需要，是人类不断地趋向于文明的需求，如卫生、教育、文化、艺术等。随着人类社会持续发展，人的需求和欲望是永无止境的，因而用来满足这种发展需求和欲望的产品和劳务也是难以穷尽的，各产业和各部门对土地资源的需求呈持续增长趋势。

3. 土地持续利用的特殊矛盾

土地数量有限性和土地需求增长性构成土地持续利用的特殊矛盾。土地持续利用的目的在于利用，在于具有持续性特点的利用。通过对土地持续利用，人类可能从中获得土地产品和劳务的满足。土地数量有限是客观存在，是不以人们的意志为转移的。据有关资料表明，人类居住的地球已有约 46 亿年的历史，而人类历史仅有约 300 万年，东非猿人出现于两三百万年前，猿人出现于 50 万年前，人类开始从事土地利用活动和农业生产大约在 7000 年前，人类是地球的后来者。土地数量为地球大小所决定。早在公元前 200 多年，古希腊地理学家、天文学家埃拉托色尼首先根据几何学原理对地球圆周进行直接测算以来，人类研究地球形状和大小的重要参数之一，地球表面积($4\pi R^2$)为 5.1 亿平方公里，其中海洋面积为 3.61 亿平方公里，占 70.8%，陆地面积为 1.49 亿平方公里，占 29.2%(海洋面积∶陆地面积=2.4∶1)。所以说，土地自然供给量为常数，是刚性的，土地数量有限。随着社会发展及工业化、城镇化速度加快和人口增加，人类对土地的需求呈不断增长和更新的趋势。据生物学家测定，地球上生命的存在物出现在距今约 19 亿年以前。大约 100 万年以前，即旧石器时代的早期，世界人口估计约 1 万～2 万人，最早人类可能生息的地域范围不过 1700 万平方公里，还不到现在哺育人类的陆地面积的 1/10，人口密度每平方公里约 0.08 人。在人类脱离动物界而独立生存的两三百万年中，绝大部分时间内数量增长异常缓慢，处于高出生、高死亡、低增长状态。这种状态下的人口与资源、环境之间的关系比较协调，人类不失为大自然中的一个家族，维持着良好的生态平衡状态下的人地关系。1650 年世界人口为 5 亿人，至 1997 年增加到 58.5 亿人，即 347 年中增长了近 11 倍，对环境产生了巨大的影响，导致世界人口吸入的氧气、呼出的二氧化碳，食用、洗浴用水量，粪便排泄等数量增加 11 倍，各种废弃物丢失增长 11 倍，使环境遭到一定程度的破坏。由于人口的增加，人类对土地的需求增长，据有关专家研究表明，一个“平均人”每昼夜食物消费量为 3600 千卡，每增加 1 人需要 0.08 公顷(1.2 亩)土地用于住房、交通、通信、供电和堆放废物等用地和需要 0.4 公顷(6 亩)耕地用以生产粮食。

我国疆域的大致轮廓早在秦汉时期已基本形成，《汉书·地理志》载汉平帝元始二年全国土地总面积为 145.1 亿亩，与现在我国采用的土地总面积 144 亿亩所差无几，可是西汉末我国人口仅有 0.595 亿人，整个中华民族基本上活动于此范围内，现在却拥有 13 亿人。因此，在我国研究土地持续利用具有悠久的研究背景和重要的现实意义。

通过以上分析，土地持续利用是经济社会持续发展的物质基础和环境条件，土地数量有限性为土地持续利用提供了客观必要性，土地可更新性和利用永续性使土地持续利用成为可能。协调土地供给和需求是土地持续利用的永恒主题。

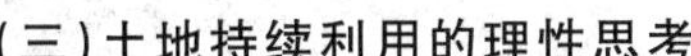

(三)土地持续利用的理性思考

1. 人类土地利用的实践活动对研究土地持续利用的影响

人类土地利用的实践活动为研究土地持续利用提供了有益的经验、深刻的教训和坚实的基础。土地利用随着人类的出现而产生,土地利用带来的生态环境问题自古就有,有人推测已有两三千年的历史。在人类社会发展的不同阶段,有着不同性质的生态环境问题。在原始捕猎阶段,人类只是自然食物的采集者和捕食者,主要是适应环境和利用环境。随着社会生产力的发展,人类社会出现了农业和畜牧业,为了扩大种植面积采用刀耕火种、不合理垦荒、破坏草原、滥伐森林等措施,导致严重的水土流失、河流泛滥、风沙危害和土地盐渍化、沼泽化。随着大工业的兴起、大城市的发展和农业化学化的实施,除了生态环境继续遭受破坏以外,产生了包括土地污染在内的环境污染。时至今日,土地问题已成为世界社会经济问题。

扩大耕地面积以增加粮食生产是人类历来采用的传统办法。扩大耕地面积的主要来源是草地、森林和水体。当世界处在人口不多且合理开垦的情况下尚无大问题发生。然而不合理开垦草地,破坏了天然植被,导致土地沙化和侵蚀现象。毁林开荒、森林覆盖率下降,必然引起水土流失。湖沼、湿地等自然水体的围垦,缩小泄洪和蓄洪面积,出现水分超常规分配而导致水灾。某些水生生物(如鱼类)由于水生生态系统环境的恶化而减少或消失,水体再分配还会引起小气候的变化。据有关资料表明,由于不合理的开垦,世界森林每年以1800万～2000万公顷的速度在地球上消失,世界沙化面积迅猛增长。世界每年缩减耕地面积达500万～700万公顷,世界耕地因水土流失损失了约250亿吨。历史上我国曾是一个森林密布的国家,但由于历代战争的破坏和过量采伐,致使我国至今已是世界少林的国家。我国森林面积为12465万公顷,仅占世界森林总面积的3.1%;我国人均占有森林面积只有0.11公顷,为世界平均水平的1/7,居121位;森林覆盖率12.98%,为世界平均水平的1/2,居120位。我国已有8700万公顷草场沙化、退化和碱化,约占全国草地总面积的30%。由于围湖造田致使千湖之省的湖北省,其湖泊数由新中国成立初期的1000多个,现仅剩300多个。我国最大的淡水湖鄱阳湖,其湖体面积由过去的50万公顷逐渐缩小到现在的33.3万公顷。1998年特大洪水的严峻事实更是证明了不合理利用土地所带来的严重恶果。由于掠夺式或称做非持续性利用土地,我国古代文化发源地之一的西北黄土高原森林草原地带变为童山濯濯、水土流失严重的情景。世界上埋葬古埃及文明、古巴比伦文明、希伯来文明及其他古代文明的不是别人而正是人类自己,“他们为了想得到耕地,把森林都砍光了,但是他们怎么也想不到,这些地方因此而成为不毛之地”。正如恩格斯所指出:“我们不要过分地陶醉于我们对自然的胜利,对于每一次这样的胜利,自然界都报复了我们。”持续发展战略思想为人们分析上述种种问题并从中吸取有益的经验和教训,提供了科学的导向,指出人类面临的种种危机,有力地冲击着人们对土地的唯意志论,促使人们冷静地思考人类在自然界中的位置,从生态经济角度重新审视人与土地之间的和谐关系和土地科学、合理、可持续利用问题。

2. 土地是无法替代的重要自然环境资源

土地既是环境的组成部分，又是其他自然环境资源和经济社会资源的载体，从系统论观点看，土地的本质也可理解为是地球上由土地生态系统和土地经济系统在时空上耦合而成的土地生态经济系统。它不是土地生态系统和土地经济系统两者的简单加和，而是以块状镶嵌的形式构成的高于系统个体细分的复合系统。土地生态经济系统及其细分与周围生态环境共同组成一个有机整体，其中任何一种因素的变化都会引起其他因素的相应变化，最终直接影响系统的整体功能。土地利用具有显著的外部性和系统性。土地利用者在对土地利用过程中会对其他土地利用者产生超越活动主体范围的利害影响。这种影响属于非市场性的附带影响，存在外部经济性和外部不经济性。土地大系统中包含耕地、园地、林地、牧草地、旱地、水域、工矿用地等子系统即A△(a_1、a_2…a_n)，在土地利用过程中子系统与子系统之间、子系统与大系统之间存在着大量的系统性问题，同时，土地大系统又是更大系统的自然环境要素组分。不合理地开垦，毁掉了山上的森林，必然要引起径流的变化，造成水土流失，肥沃的土地因而沦为瘠薄的砾石坡，源源不断的溪流因而形成一道道干涸的河床，严重的会导致气候恶化。因此，人类在利用土地时，必须要有整体观念、全局观念和系统观念，要全面考虑土地生态系统的内部和外部的各种相关关系，不能仅单一地考虑土地利用及其受益，而忽视土地利用对系统内其他要素和周围环境的不利影响。这就要求人们应用大协调学的理论，从大尺度、大背景、大结构、大气候和大格局上研究土地利用，实现土地可持续利用，才能避免把错误当做成绩宣扬，才能避免自以为收益实则受损失的恶性发展。从而保护好人类的生存环境，实现人口、资源、环境和经济社会持续协调发展。

(四)构建科学的土地可持续利用保障体系

——借鉴发达国家的先进经验

俄勒冈州位于美国西海岸，土地面积251418平方公里，人口320万人。该州地貌类型多样，有海滩、山脉、沙漠以及肥沃的河谷地带。这个州的土地规划、土地利用与保护和经济社会可持续发展等方面，在美国一直处于领先地位，也在世界的前列。

1. 俄勒冈州服务于土地可持续利用思想的基本理论

俄勒冈州服务于土地可持续利用思想的基本理论，主要基于“两个基本概念”和“一个基本原理”。

(1)“两个基本概念”

①漏斗概念：随着人口增加和社会经济的发展，人类所依赖的资源在减少，而人口和消费引起的环境冲击在增加。这就形成了不平行的两条直线，在向相交的趋势发展，呈漏斗形。

②自然概念：其基本内涵是依据物质与能量的转化过程，遵循自然规律，建立一个可持续性的、由自然规律和科学原理共同组成的构架。这个构架可成为引导社会走向合理和可持续发展的指南。

(2)“一个基本原理”

“一个基本原理”是以可持续发展理论作为土地可持续利用的核心，包括如下三个方面的含义:一是物质和能量不可能出现或消失;二是物质和能量倾向于自发性扩散;三是生物和经济的价值存在于人类社会系统。

在此理论下,人与自然生态系统实现可持续发展应该表现的系统状况是:地表现存物质绝不应在生态圈内堆积;社会生产的物质绝不应在自然界堆积;生产力的物质基础和自然界的多样性不应恶化;尊重人类需求,但应公平有效地利用土地。

(3)保证土地利用系统的经济、社会和生态效益

在可持续发展的基本概念和理论的指导下,俄勒冈州在技术手段上,注意保证土地利用系统的经济、社会和生态三方面效益。

①保证土地可持续利用经济效益的手段包括:通过增加投资,促使土地利用向可持续利用的经济转型;通过农村与城镇市场的连接,使农村地区及与其连接城镇的经济达到互补,促进土地利用的多元化和经济一体化。

②保证土地可持续利用社会效益的手段包括:通过建立健康生态系统、便利的交通、住房和人文街区等土地利用方式,满足人类各种基本需求。

③保证土地可持续利用生态效益的手段包括:在城市密集区周边建立相互连接的生态功能方阵,并在生态功能方阵内开发健康的农业区;在城市周边的生态储备区设立土地兼容区作为生态缓冲带,推行闲置土地的生态连接;在农村推广农业可持续发展,用多次耕种和保持土壤肥沃尽量减少杀虫剂类化学物质的昂贵投入;对遭受破坏或污染的土地,实行复垦并重新为工业、居民住宅及其他用途服务;恢复被毁坏的流域生态系统;建立野生动物走廊,使生态储备区与有利于野生物种繁衍的走廊连接;在土地利用中强调农用地的生态保护及公众参与。

2. 俄勒冈州土地可持续利用保障体系构架

俄勒冈州土地可持续利用保障体系构架包括如下内容。

(1)土地可持续利用原则

以俄勒冈州波特兰市为例,该市在土地利用总体规划的基础上,城市的雨水和污水处理、都市绿化带建设、溪流整治、绿色建筑等都是按照可持续利用的原理设计,坚持了如下原则:考虑人类代际的公平;防止对环境的过度排放;平衡环境、经济和社会的需求;强调土地的循环再利用;采用正确的理论和技术手段解决问题;结合政府、公众和非营利组织的努力;广泛学习借鉴人类社会的先进经验。

(2)土地可持续利用指导方针

土地可持续利用的指导方针从环境、经济和社区(社会)三个方面进行了界定,兼顾了三个方面同时收益的目标(表6.4)。

俄勒冈州威莱姆特河峡谷流域的农用地采取了适当的土地可持续利用方针,农用地减少经历了逐渐变缓的过程。俄勒冈州农用地概念包括正被农业使用,具备生产农产品、饲料草、纤维制品的土壤,其他在邻近征得许可才能进行农业操作的土地。1987年以后,该峡谷农用地逐年锐减,原因主要是:城市向农用地扩展,农用地区域被划分为开发地,允许在农业专用地区域发展非农业用地激增等。

表 6.4　土地可持续利用指导方针

保护生态环境	促进经济繁荣	注重社会效益
保护清洁大气层、水、土地和海洋资源	增加所有资本投入的产出	为人们提供清洁空气、水和食物
防止破坏生物圈	提高产品的质量和耐用性	提供清洁和安全的住所
保护和恢复生态环境	减少使用、重新使用、循环使用原材料	提供安全、清洁和优美的社区生活环境
发展保护和恢复环境的项目	使用新能源替代传统能源	加强保护文化艺术和历史资源
保护和恢复生物多元化	减少和消除所有技术解决问题	提供可持续发展的公共教育
开发资源不忘防治自然灾害	使用对路的科学技术解决问题	鼓励公共参与决策
	发展与可持续发展相符的交通和能源供给系统	鼓励公众和非营利组织共同参与合作式的基层决策过程
	用无毒和生物降解物质替代有毒物质	促进政府不同层次间和国际间的合作
	修改税法，支持可持续发展措施，取消对非可持续发展措施的补贴	提供决策信息
	用循环造价成本来决策采购	分析关键决策对社会和经济影响

(3)建立土地可持续利用综合决策体系

在美国，首先根据区域自然资源条件制定国家(区域)级的土地利用目标和政策实施措施，然后将政策实施措施逐级分解，通过规划、工程设计、管理等手段逐级传递到最基本的作用单元，并通过信息反馈，完成整个土地可持续利用的决策体系。

进行土地可持续利用综合决策时，公众参与是其突出的特点。在俄勒冈州，公众参与是政府的各种管制措施被市民接受和实施的主要保证。在州立法会和议会中，公众参与在支持土地规划和环境保护等方面起到了非常重要的作用。不论土地利用规划、可持续农业发展，还是社区、公司与企业有关可持续发展的具体操作，都非常重视公众参与和各部门协调。

美国人认为，公共决策中存在冲突，而冲突对公共决策是健康有益的，需要合作和建立共识，只有如此，结果才更加高效、合理和稳定。为了达成共识，要探索出着眼于利益、而不是立场的解决方案，以实现双赢。公众参与深深根植于美国事务管理中，土地立法、规划、保护和监管等都离不开公众的广泛参与。

3. 俄勒冈州土地可持续利用对我国开展土地开发整理的借鉴意义

俄勒冈州土地可持续利用对我国开展土地开发整理的借鉴意义，主要有如下三个方面。

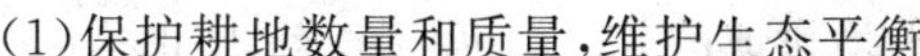

(1)保护耕地数量和质量，维护生态平衡

保护耕地数量和质量，维护生态平衡，对保证我国食物安全具有十分重要的意义。从俄勒冈州农用地保护可以看出，在生态环境恶化、土地退化严重的背景下，完整意义上的耕地保护绝对不仅仅是保护一个区域的耕地面积，还要保护耕地的生态条件，提高土地质量。这对我国土地开发复垦整理工作具有很好的借鉴意义，土地整理不仅是增加耕地面积、提高土地利用率和产出率的重要手段，还是保护农地生态条件的重要措施，是保证农用地资源可持续利用的重要手段。

(2)公众参与应是我国土地整理的重要内容

俄勒冈州的部门协调给予人们许多启迪：一是提高政府部门之间的协调力度，应在土地可持续利用的前提下，强调国土资源、水利、农业、林业等部门的合作与沟通。二是注重政府部门与公众的合作，各级国土资源管理部门出台公示任何一项土地整理政策，都应广泛征求公众和有关社会组织机构的意见。三是要完善国土资源管理部门制定政策的程序制度，保证政策出台前得到协调和公众参与。四是在实施土地整理时，以发函与举办听证会等方式，邀请民间组织和利益相关者参加，保证土地整理的合法性与合理性。

(3)尊重农民权益应是我国土地整理的生命力所在

俄勒冈州土地可持续利用对土地所有权、使用权人在土地权益方面的尊重，对我国土地整理工作也有很好的借鉴价值。虽然我国的土地所有权公有制与美国私有制形式不同，但目前以家庭联产承包责任制为主要形式的农村土地经营模式、土地承包经营权 30 年不变的政策，实际上也是对农民的土地使用权采取一种承认的态度。而土地整理后涉及农用地权属的调整，也充分尊重原土地使用权人的意见，妥善处理土地整理过程中各方面的利益。保护农用地使用权人的利益，是我国开展土地整理的生命力所在。

二、搞好新时期土地管理，实施土地可持续利用

从我国当前土地利用存在的耕地资源短缺、土地利用效率不高、土地生态环境恶化、土地后备资源不足、耕地资源短缺等特点出发，以科学发展观为指导，用实施经济与社会可持续发展的思路来展望 21 世纪我国土地利用的发展趋势，即：耕地面积稳定，质量提高；林地面积扩大，生态环境有所改善；草原建设加强，草地退化得到遏止；建设用地奉行节约集约利用；土地利用布局得到优化，促进土地可持续利用，实现区域经济社会协调发展以及包容性增长和惠及民生。

(一)我国土地利用的现状

我国土地利用的现状具有以下四个特点。

1. 耕地面积税减

违规占地屡禁不止，资源流失严重。我国的耕地保有数量已十分有限。新中国成立初期，我国人均耕地有 5 亩多，近年来锐减到 1 亩多，有的省已不足 1 亩。根据全国土地利用现状调查(土地详查)资料统计分析，1996 年我国耕地面积为 13004 万公顷(19.51 亿

亩)，人均仅0.106公顷(1.59亩)，只及世界人均耕地的43%。我国以约占世界9%的耕地养活了占世界21%的人口。而我国的人口每年以10%左右的速度在增长，耕地则以每年2%的速度在减少。在未利用土地资源中，可开垦为耕地的仅1亿亩左右，主要分布在西北干旱区和东北寒冷地区，制约因素较多，开发利用的难度较大。近年来我国的耕地面积因一些社会和生态因素大量减少，而情况好转的前景并不乐观。

因生态退耕农业结构调整、建设占用和灾毁等原因，我国的耕地面积在过去10年来已减少了800万公顷，即从1996年的19.5亿亩减少到2005年的18.3亿亩。根据国家统计局公布的数据，2005年中国人均耕地仅相当于世界人均耕地面积的40%。2008年我国耕地面积减少速度放缓，耕地总面积18.2574亿亩。据统计，2008年全国建设占用耕地284.4万亩，灾毁耕地37.2万亩，生态退耕11.4万亩，因农业结构调整减少耕地37.4万亩，以上四项共减少耕地373.4万亩。同期，全国土地整理复垦开发补充耕地面积344.4万亩。我国现有耕地18.2574万亩(人均耕地仅1.4亩)，18亿亩被确定为耕地保护红线。也就是说，可转为建设使用的耕地，其数量不到3000万亩。

从各种数据来看，土地资源的欠缺将直接反映在国家经济领域，而对于一个约2/3人口居住在农村的国家，其社会影响也极为重要。解决城乡发展不和谐的问题，应加强耕地保护。从农民利益上考虑，耕地为我国约8亿农民提供了基本的生产、生活保障。虽然目前种粮效益较低，但大多数农民没有其他就业计划，年收入大部分还是来自于耕地效益。

我国政府每年在全国范围内划拨大约26.7万公顷(400.5万亩)可耕地用做各种工程建设。尽管如此，全国每年对可耕地的需求量仍达80万公顷(1200万亩)。

城市(镇)化和工业建设占地是造成耕地大面积流失的主要原因。我国政府也一直在寻求办法控制非法占用耕地这一已经非常普遍的现象。国土资源部指出，近年违法用地平均占新增建设用地总数的34%。国土资源部的另一项研究表明，2004年10月至2005年5月，50%的建设用地都是通过非法途径获得的，一些常见的非法占用土地的手段包括在获得耕地用做非农业项目时得到了土地资源监管部门的许可、通过向地方官员实施贿赂获得土地以及以吸引外资为借口建立开发区。

2004年，全国人大常委会下令对《土地管理法》的实施情况进行全面检查，结果发现存在大量的违规操作，并取消了约1500个开发区的建设项目。此外，还向被征用土地的农民支付17.9亿美元作为补偿。

然而，违规现象依然无法制止。国土资源部将对征地过程及其途径进行研究。有媒体发表文章认为，现行机制存在诸多不合理处，并指出土地征用成本低于市场价格20%～30%，这极易造成地方政府及相关部门的投机行为。除了以上社会因素外，造成耕地面积流失的另一原因是生态问题。我国是个水资源缺乏的国家，是世界上13个缺水国家之一，人均占有水资源量约2500立方米，只有世界平均水平的1/4，水资源问题已经成为经济社会可持续发展的瓶颈之一。同时，我国又是农业大国，农业用水占全国总用水量的65%以上，缺水严重影响到农业发展。

此外，大面积的土地沙化现象是我国土地的一大威胁。滥用化学肥料对土地、水资源和空气都造成严重影响。我国农民每年使用大约400多亿吨化学肥料，平均每公顷使用

400公斤，远远高于发达国家每公顷225公斤的安全限度。

据有关部门统计，我国有75%的湖泊和50%的地下水资源都已受到污染。我国的土地资源萎缩，质量下降，有效使用面积正在减少。

2. 土地利用效率不高

根据1994年全国农业资源区划办公室农业综合开发后备资源调查统计，全国耕地中，中、低产田面积占71.3%；园地中，低产园地面积占28.9%；林地中，低产林地面积占25.7%；养殖水面中，低产水面面积占71.8%，显然深度开发都还有相当的潜力。建设用地的集约利用程度也不高，城市用地全国人均为133平方米，有些中、小城市(尤其是开发区)还存在着浪费现象。农村居民点用地全国人均182平方米，大部分为平房，集约利用程度很差，还大有潜力可挖。此外，还有相当数量的工矿废弃地有待复垦利用。

3. 土地生态环境恶化

我国水土流失面积约占国土面积的38%，荒漠化土地面积约占国土面积的27%，而且还在不断地扩大。毁林开荒、滥垦草原、围湖造田和陡坡耕种等加剧了自然灾害对土地的损毁，加速了水土流失和土地荒漠化。此外，全国还有1/5的耕地受到工业和农药的污染。土地污染环境的日益恶化给我国经济和社会发展带来严重危害。

4. 土地后备资源不足

根据1996年土地利用现状调查(土地详查)汇总资料，全国未利用土地约245万平方公里(36.76亿亩)，占全国总土地面积25.8%，但其中沙漠、戈壁、石质山地和高寒荒漠等难利用的土地约为174万平方公里(29.5亿亩)，占了70%以上。尚可开发利用的土地(包括滩涂、荒草地、盐碱地、沼泽地)仅70.6万平方公里(10.6亿亩)，不足30%。另据中国科学院自然资源综合考察委员会土地适宜性统计资料，全国宜农地(资源)面积约为734.4万平方公里(110.16亿亩)。现已利用的宜农地面积(未包括为建设占用的宜农地)约达655.45万平方公里(98.32亿亩)，可供开发利用的宜农地潜力也已不大。

(二)实施土地可持续利用的途径和策略措施

1. 实施土地可持续利用的途径

实施土地可持续利用的途径主要有以下四个。

(1)建立立体的土地和土地利用观

长期以来，人们对土地和土地利用的认识受到传统观念的束缚，提及土地只指陆地，不谈海洋。只知道我国国土总面积为960万平方公里，而不提我国尚拥有300万平方公里海洋国土，这个数字相当于我国陆地国土面积的1/3，相当于30个江苏省或8个台湾岛的陆地面积。目前，海洋产值只占我国国民经济总产值的5%左右，海洋资源的利用率只有0.2%～0.3%，据初步估算，如果我国能有10%的海洋资源被利用，我国人均收入将增加400～600美元。海洋是地球上最大的水域生态经济系统，据测算，海洋的年初级生产量是1.65×10^{17}千卡(主要是海洋中浮游植物)，占地球上的年初级生产量的32%。正如美国海洋生物学家西维·埃勒所说："有一种错误观念认为我们已经征服了海底，而真正的事实是我们关于海底的知识还不如火星的多。"尽管深海探险是一项充满危险和困难的行动，但它所获得的却是高额回报，难怪美国加利福尼亚海洋研究中心的罗伯逊指出："深海发现对人类带来的利益要比那些耗资庞大的太空计划实惠得多。"总之，海洋将成为我国国民经济的重要组成部分中新的增长点，为缓解人口和环境压力提供了持续利用的资源。

土地利用应包含土地平面利用和土地立体利用。土地立体利用是指土地的地面、地上和地下空间资源的利用，农业土地利用中有立体农业和水体利用等。"立体农业"是21世纪初由美国哥伦比亚大学 J. R. Smith 教授提出的，它是指在单位面积土地(水体)上进行立体种植、立体养殖或立体复合种养，建立多物种共栖、多层次配置、多时序交错、多级质能转化的土地利用方式，以提高物质转化率和增加生物产品。如福建省闽侯县荆溪乡在33.3公顷(499.5亩)池塘中实行复合立体种养，实现水中养鱼虾、水底种莲藕、水面放水禽、池旁种蔗蕉、间套瓜菜豆，亩产值达2100元，比平面种养高出三四倍。通过多层次种养、生物互补、增加土壤有机质和地面覆盖物、减少水土流失，提高土壤肥力和改善农田环境质量。

随着环境恶化和城市化问题日益突出，世界各国日益重视开发利用地下空间资源，促进了社会经济发展和生态环境资源的持续利用。国外一些城市把基础设施转移到了地下空间，如旧金山、巴黎的交通枢纽建在地下，芬兰、瑞典的音乐厅也建在地下，美国明尼苏达大学和哈佛大学的图书馆也建在地下。许多国家在城市建设初期就规划好置煤气、通信、供电、排污等地下管线于其中的"共同沟"，开发利用阿尔卑斯山、直布罗陀海峡、日本海的津轻海峡等地下空间开发利用的巨大工程正在酝酿中。有关专家预计，一个国家人均国民生产总值若达到800～1000美元，就有力量开发利用地下空间。开发利用地下空间的时代即将来临。

(2)协调土地利用系统运行

土地生态经济系统具有特定的结构和功能，系统内生物与无机环境之间相互作用，同时，土地又属于高一层次生态经济系统内的无机环境，是其他生态经济系统的载体。协调土地利用系统功能要从整体角度观察和研究土地资源及其利用，既要注意生态效益、经济效益和社会效益三者的单项效益，又要重视三种效益综合形成的整体效益，从单值思考发展到多值的研究；从单纯的因果分析，发展到整体结构的研究。在分析问题和解决问题时，不仅要重视单元的作用，还要重视整体效应的优化；不仅要测定直接效益和当前效益，还要预计间接效益和长远效益。协调土地利用系统功能不仅要研究系统内各组成部分及其与系统之间的关系，而且应研究系统与其周围环境之间的关系，以提高土地利用系统生产力和土地可持续利用的能力，逐步达到人类与其生存的地球环境之间和谐相处、同步发展和共同进化的最佳协调状况。

土地利用活动既要注意防止波及和影响邻近或较大范围的人地关系的协调，又要采取有效的措施，在新的条件下建立新的人地关系的平衡和协调。应当谋求人类社会和资源环境的综合协调，而不仅是与其中某一要素之间的单一协调。如对于截流河水工程的建设，要在立项前深入了解此项目建成后会产生哪些副作用，了解筑坝将会如何影响下游的侵蚀和沉积作用，地下水系统将会作出何种反映，远离水坝的沿海滩涂将会受到何种影响，等等。又如20世纪50年代苏联开垦远东处女地，初期谷物产量猛增50%，然而经过20年，连年出现干旱，经常刮起强烈的黑风暴，受灾面积达2000万公顷。所以，系统协调不能只顾眼前利益，要作长远考虑，要为子孙后代着想，要正确地处理好眼前经济效益和长远生态效益的关系，要把实现人类千秋万代的美好生活，同保持地球有限的负担能力协调起来。区域协调要从特定区域的具体条件和特征出发，深入研究和仔细把握自然环境的各方面，既要考虑全球的共性，又要注意地域的差异。协调土地利用系统按不同层次、不同等级的系统进行，即所谓的分级协调，一定要突出重点，兼顾一般。高度重视土地利用系统严重失调地区，如环境污染最重的工业城市，滥砍滥伐河流的上游山丘坡地的森林造成的水土流失等。协调系统要依靠人类的主动性和积极性，应当尊重科学和按客观规律办事，做到以社会劳动的最小消耗获得利用土地资源的最大效果，谋求人类与其生存发展的环境之间的和谐相处、协调发展、共同进化。

(3)开展土地利用耦合效益评价

人类利用土地都有一定的目的，都为了取得一定的效果。好的正效果为公众(总人口)的效果称为效益。土地利用效益一般分为社会效益、生态效益和经济效益。土地利用耦合效益是指土地利用正负效益之差。土地利用负效益是指土地利用给人类带来的经济损失，如坡地开垦种粮所带来的效益中应减去此项活动造成水土流失的经济损失。土地利用耦合效益的计算可进一步认识土地利用所带来的真实效益，并以此来修正国民生产总值(GNP)，消除国内生产总值(GDP)虚假成分，对过去隐形的社会负效益加以显示。美国于1936年首次把费用效益分析法应用于著名的田纳西河流域工程规划，随后颁布了《水和土地资源规划原则和标准》的文件，把评价重点放在国民经济发展、环境质量、区域发展和社会福利四个方面的正负效益上。费用效益分析中所指的费用包含直接费用和间接费用，所指的效益包含直接效益和间接效益。费用效益分析把费用看做效益的“牺牲”。土地利用的任何有用物的投入都可看做是其他可能产生的效益的机会成本，将有助于寻求最有效的资源分配，把有限资源用于最有利的投资机会上。土地利用耦合效益计算公式可能出现三种结果，分别代表不同的土地利用模式。$v>0$即$v_1-v_2>0$(式中v—耦合效益，v_1—土地利用正效益，v_2—土地利用负效益)，说明土地利用所获得的效益大于所耗费和所损失的效益，效益大于费用，属持续利用模式；$v<0$即$v_1-v_2<0$，说明土地利用所获得的小于所耗费和所损失的效益，效益小于费用，属非持续利用模式；$v=0$即$v_1-v_2=0$，说明土地利用所获得的效益等于所耗费和所损失的效益，效益等于费用，属边际利用模式。

国内外有关研究和实证表明，为了保持社会发展资源利用和环境保护之间的关系和谐协调，开展环境质量评价和项目费用效益分析是必由之路。对于环境问题必须要有正确的认识，环境问题不仅仅是环境污染，还有环境的破坏即由于人类社会经济活动而对自然环境所造成的破坏作用。环境污染和环境破坏属于次生环境问题。此外，由于自然界本身固有的不平衡性如火山、地震、台风、暴雨、冰川等造成的环境问题属原生环境问题。在我国种种不合理利用土地(如滥伐森林、乱占耕地、水土流失、土地污染和肥力下降等)带来的经济损失很大，对我国环境质量影响很深。对开展土地利用项目可能产生的生态环境后果，要评估项目的可行性，把对环境的不利影响限制在最低限度。这也是1979年9月我国颁布的《环境保护法》所规定的。最终保证土地利用决策科学化，促进土地可持续利用的实现。

(4)实行土地资源资产化管理

土地资源资产化管理就是按照经济属性对土地资源与资产的界限进行划分，并将原来的数量管理与价值管理相结合，从而提高土地资源管理水平。土地资源有了客观的价值，不仅消耗自然资源的经济价值有了客观的反映，而且可以真正按资产的属性去经营土地资源，使土地资源作为重要的生产要素在市场作用下合理流动，有利于优化资源配置，盘活存量资产，节约交易成本。土地资源资产数量和价值的核算，有利于产权的界定与计量。进行土地资源资产核算有助于约束有意压低国有土地资产价格，造成其流失的不良行为，对保护债权人、投资者合法权益具有重要意义，同时从根本上理顺了土地资源价值补偿与价值实现过程中的经济关系。

资源性资产管理的核心是价值管理，价值管理的基础是会计核算。长期以来受土地"资源无价论"的影响，消耗和利用土地资源并不需要予以补偿，也无需考虑其价值的实现问题。目前的会计核算体系中，会计账户的建立、会计科目的设置均未将资源性资产作为企业的一种资产纳入会计核算体系。

土地核算必须包括土地实物量(数量)核算、价值量核算和质量核算三个方面，总量核算和质量核算两个部分，静态资源存量和动态资源流量核算两种形式，最终要把土地及其资源核算与经济核算有机结合。

数量调整、质量评价和价值评估是土地(资源)核算的三项基础工作。土地(资源)核算力求在土地粗放、低效利用，资源耗用与资源保护之间达到某种平衡，是约束各级政府利用资源的重要手段，以消除资源过度消耗行为，实施土地可持续利用。

2. 实施土地可持续利用的策略与措施

实施土地可持续利用的策略与措施主要有以下几点。

(1)协调好人口、资源、环境与经济社会发展的关系，夯实土地可持续利用的基础

"可持续发展"思想，即"既满足当代人需要，又不损害子孙后代满足其需求能力的发展"已为世人所接受并作为经济社会发展的指导思想。中共十四届五中全会和八届全国人大四次会议都确定把实施可持续发展作为我国实现经济和社会长期稳定、持续发展的战略决策。1999年3月，中央召开的人口资源环境工作座谈会进一步提出，为促进我国经济和社会的可持续发展，必须在保持经济增长的同时，控制人口增长，保护自然资源，保持良好生态环境，并把它们作为我国的三大基本国策。土地作为最基本的自然资源和重要的社会生产要素，它的可持续利用，也必须以三大基本国策一起抓的精神，协调好经济社会发展和人口、土地、环境的关系。在新时期，要以科学发展观为指导，搞好土地管理，促使土地可持续利用，促进我国经济社会可持续发展。

(2)控制人口增长是实现土地可持续利用的前提

目前，世界人口超过60亿人，我国人口1998年已达到12.48亿人，现今已超过13亿人，人口过多过快增长，不仅直接影响土地的可持续利用，而且影响到水资源、生物资

源、矿产资源等各种资源的利用和保护，影响到整个生态、环境的保护和改善。我国自1971年开始实行计划生育，已经取得了明显的成效，从1991年到1998年因计划生育因素减少的人口达3.38亿人，使世界60亿人口日推迟了4年，我国人口增长率已由20世纪60年代的25‰以上降至90年代末的10‰左右。但由于基数过大，据有关专家计算，还要过30～40年人口才能实现零增长，人口峰值将达15亿～16亿人。因此，必须加强计划生育工作（主要是农村和偏远地区的计划生育），争取在2030年前后实现人口的“零增长”（一般认为我国人口增长峰值约在2040年左右，但有的专家预测2030年全国总人口达到峰值15.19亿人），缓和资源利用的紧张状况，有利于改善环境。

(3)保护和合理利用土地是实现土地可持续利用的关键

我国的土地资源相对紧缺，人均土地面积仅0.777公顷（11.65亩），只及世界人均的1/3。因此，土地的保护和合理利用是当务之急，不仅对耕地要保护和合理利用，对林地、草地、湿地、水面等都要保护和合理利用，要切实保护耕地，反对乱占滥用耕地，也要反对毁林开荒、滥垦草原和围湖造田等不适当的扩大耕地，还要防止超额采伐、草原过牧、污染土地和只顾眼前、不管长远的掠夺式开发利用。建设用地更应注意节约用地，少占耕地，提高土地的集约利用程度。同时土地（资源）的可持续利用还必须和其他自然资源如水资源、生物资源、矿产资源和海洋资源等可持续利用相协调，力争到2040年前后实现资源和能源消耗的稳定和高效。

(4)整治改善生态环境是实现土地可持续利用的保证

水土流失、土地荒漠化、天然植被破坏、环境污染和物种消亡是我国面临的主要环境问题，也是影响土地可持续利用的主要因素，土地的不合理开发利用又是造成和加剧这些问题的重要原因。1999年1月，国务院讨论通过的《全国生态环境建设规划》提出了分阶段实施的生态环境建设目标，力争用50年左右的时间，到21世纪中叶扭转生态环境恶化的势头，使大部分地区的生态环境明显改善，也就是说要力争在2050年前后实现生态环境全面进入可持续发展的良性循环。

(三)我国土地利用的展望

新中国成立60多年来，已取得了巨大的进展，综合国力明显增强，连续多年国内生产总值增长速度居世界第一位。许多重要工农业生产品如煤、棉、粮及原油、化肥、水泥、肉类、花生、油菜籽、电视机等产量多年来一直保持世界第一位。外汇储备仅次于日本居世界第二位。但由于人口众多，人均数值远低于发达国家水平，仍然居于发展中国家行列。按照中央“三步走”的战略，到21世纪中叶，也就是新中国成立100周年时，人均国民生产总值达到中等发达国家水平，国家基本实现现代化，我国的土地利用也将走上更加高效、合理的良性循环道路。

1. 耕地得到切实保护，面积趋于稳定，质量不断提高

到21世纪中叶，通过节流与开源并举，全国的耕地将稳定在1.26亿公顷（18.9亿亩）左右。在提高产量的基础上，基本能满足15亿～16亿人的粮食需求。由于必要的退耕已经完成，届时耕地利用的重点将放在提高质量上，以基本农田为基础，建设起优质高

产耕地16亿亩左右，人均达到1亩(略高于联合国提出的每人0.8亩的要求)。其余耕地作为后备资源，进行轮作，以培养地力。除改善生态环境需要的退耕外，农业内部的结构调整以不破坏耕作层为原则，根据市场需求适当进行，园地和养殖水面面积有可能与20世纪末基本持平。

2. 大力植树造林，林地面积扩大，生态环境得到改善

有关资料表明，全国林地资源包括部分宜林荒山、荒地和沙地在内约为2.67亿公顷(40.05亿亩)。1996年土地详查汇总统计，已利用林地面积达2.276亿公顷(34.14亿亩)，其中有林地面积约占70%，森林覆盖率为16.7%。到21世纪中叶，由于大力植树绿化，进行防护林和林业基地建设，同时加强林地管理，提高造林成活率，全国的林地资源得到充分利用。有林地面积将从70%提高到90%左右，约为2.4亿公顷(36亿亩)，加上农田、草地、水域防护林、居民点和交通水利设施绿化，包括部分沙地和沙漠的改造，全国有林地面积可达2.5亿公顷(37.50亿亩)。森林覆盖率将达25%左右(第四次全国森林资源清查数为13.92%)。届时土地退化将得到有效控制，农牧业生产条件将得到明显改善，城乡生活环境质量也将得到显著提高。

3. 加强草原管理和建设，草地退化得到遏止和恢复，质量明显提高

我国地域辽阔，拥有较丰富的草地资源，全国约有3.98亿公顷(59.7亿亩)，其中可利用的为3.31亿公顷(49.65亿亩)。1996年土地详查汇总统计，已利用的牧草地面积为2.66亿公顷(39.9亿亩)。当前存在的主要问题是由于过牧、滥垦、乱挖等不合理利用，造成的草地退化、沙化和碱化面积已达1.35亿公顷(20.25亿亩)。预计到21世纪中叶，由于加强了草原管理和建设，草地的“三化”将得到有效遏止和治理，草地面积有所扩大，草地利用率将由目前的80%提高到90%以上，草地质量将显著提高，人工草地和饲料也将大量增加，草地生产力也将有较大提高。同时，开展了多途径利用草地，发展旅游业、狩猎业、药材和花卉生产以及建立为科研、教学与生物多样化保护服务的自然保护区等。

4. 建设用地实行节约集约利用

由于人口增长和城镇化的发展，建设用地总量将有所增加。21世纪中叶，我国的城镇人口将从1996年的3.6亿人增加到10.88亿人左右，城镇化程度由30%左右提高到70%以上，进入稳定发展阶段，建设用地总的发展趋势是：城镇用地由于城镇化程度提高将有较大增加，由1996年年初的478万公顷增加到1300万公顷左右，人均保持120平方米，既达到节约利用，又能保持较好的生活环境。农村用地则由于农村人口减少和乡村迁并改造将有较大减少，由1996年的1573万公顷(2.36亿亩)减至699万公顷(1.05亿亩)。这样，农村腾出的土地完全可以满足城镇需增的土地而有余。但独立工矿和能源、交通、水利等基础设施的建设用地还将有较大增加，据有关部门提供资料推算，平均每年约占26.6万公顷(400万亩)，50年共需增加约1333.2万公顷(2亿亩)。建设用地总量将达到4813万公顷(7.22亿亩)，比1996年的3526万公顷(5.29亿亩)有所增加。

5. 土地利用布局得到优化，实现地区优势互补，区域经济社会协调发展

经济社会地区差异大，发展不平衡是我国的基本国情之一。就土地利用来看，东部地区土地开发早，利用程度高，由于人口集中、经济发达，人多地少矛盾突出，人均耕地只有

1.1亩，东南沿海福建、浙江等省人均耕地不足0.5亩。中西部地区土地资源量比较丰富，未利用土地较多，人均耕地达到1.96亩，但开发利用粗放，生产效率低，交通不便，资金、人才缺乏，制约经济发展。同时，南方地区水量占全国的80%以上，而耕地仅占全国的36%，北方地区水量不足全国的20%，而耕地却占全国的64%，上也给经济发展特别是农业生产带来不利影响。预计到21世纪中叶，由于采取全方位开放和产业、地区的结构调整，特别是实施西部大开发战略，在改善生态环境的基础上，加快中西部地区的资源开发，合理调整土地利用，加强水利、电力和交通等基础设施建设。同时利用西南地区山高谷深蕴藏着约占全国80%的水能资源，通过南水北调方案解决西北和华北地区的水源短缺。按照因地制宜、扬长避短、优势互补、区域协作的原则，实现全国各地区经济社会的持续协调发展。

6. 统筹区域差异，因地制宜，切实有效地搞好基本农田建设

"以建设促保护"，是新时期基本农田建设与保护的基本思路。党的十七届三中全会提出划定永久基本农田的战略，目的是为了更好地建设与保护耕地，是为国家粮食安全提供资源保障，并通过农业生产服务予以实现。因此，各地区的基本农田建设，必须考虑影响农业生产（粮食安全）的自然与经济和社会条件的区域差异，前者包括气候（光照、热量、降水）因素、地貌条件和土壤性状等，后者包括水利设施、农业（劳动力）人口数量与质量、农业技术投入。在我国的领土上，最大的农业地域差异首先是东部和西部。东部地区热量、降水、土壤条件较优越，农业发展历史悠久，人口稠密，是我国绝大部分耕地、农作物、林、渔各业的集中地区。西部地区气候干旱，热量、降水和土壤条件不充足，农业发展历史较晚，人口稀疏，劳动力不足，农区小而散，大部分地区以放牧业为主。在我国东部和西部，又可区分为南北两大部分。在东部，秦岭淮河以北的北方地区，以旱地作物为基本耕地形态，发展了一套旱地农业生产制度，是我国各种旱粮作物的主产区；秦岭淮河以南的南方地区，以水田作为基本耕地形态，发展了一整套水稻田农业生产制度，是水稻以及各种亚热带、热带经济作物的主产区。在西部，祁连山以北的甘（肃）新（疆）地区，是广大的干旱气候区，农业完全依靠灌溉，荒漠及山地放牧业发达；祁连山以南的青藏高原，是以放牧业为主的地区，牲畜、农作物和林木都带有高寒地区的特点。不同地区的基本农田建设与保护模式各有侧重。

- **东北地区**：以提高现有耕地质量与生产能力为重点，不宜进行荒地的大规模开发。

东北地区的开发历史已有300多年，特别是经过新中国成立后的大规模垦荒，宜耕土地基本上都开垦了，现存后备土地资源主要为沼泽、湿地，是宝贵的生态资源，应严格限制开垦。宜农荒地的开发规划，必须要以生态影响评价为依据。

东北地区的基本农田建设应以提高现有耕地的质量与生产能力为重点，不宜进行荒地的大规模开发。基本农田建设应与土壤肥力保护、水土流失防治相结合，以加大现有耕地的集约利用程度、提高土地生产能力为主导方向，并且需要注意该地区季节性冻土层厚度大、冻融作用对工程设施破坏强烈的特点，选择合适的工程手段，合理地应用于土地开发整理工程。

● 华北地区：搞好中、低产田改造，调整优化基本农田保护区空间布局。

华北地区基本农田建设应以提高农业用水效率为核心，以改造现有农村水利设施为主要手段，在实现有限水资源高效利用的同时，提高中、低产田的粮食生产能力。重视调整、优化基本农田保护区的空间布局，使基本农田集中连片，以适应现代农业规模经营与机械化操作的要求，发挥基本农田的生态功能。在城市周边，结合生态走廊建设，改善城市生态环境；在乡村，结合村庄整治，优化集体建设用地空间布局。增加有效耕地面积，并且要继续规范基本农田整理的施工技术，向提高粮食综合生产能力的方向发展，并为保护当地的生物多样性创造条件。

华北地区西部的黄土高原基本农田建设要以冲沟形成的小流域为单元，实施综合治理，坚持保水保土的生态建设，发展多种经营方式，改善区域经济发展模式。

● 华中地区：从生态角度协调城市建设与农田保护的关系，确保耕地总量动态平衡。

沪、苏、浙、闽等沿海地区城市化水平较高，经济发展迅速，耕地保护任务显得更为紧迫。其首要任务是坚持耕地总量动态平衡的原则，加强折抵政策、置换政策和挂钩周转政策可行性的实证研究，推进建设用地与耕地在空间上的重新组合，优化城镇周边的土地利用结构。另外，应通过协调耕地保护与城镇规划，激活低效用地，引导城镇向内涵扩展的方向发展，提高土地利用的集约化程度。

在长江中下游流域的其他地区，基本农田建设的重点应放在加大水稻种植业相关科学研究的力度，增强农业生产科技投入，从劳动密集型向技术密集型转变，提高农业生产效率。另外，水稻田除具有粮食生产价值外，还是重要的人工湿地系统，具有明显的外部性价值，从生态可持续性的角度考虑，应有效协调城市建设与农田保护的矛盾关系。

在四川盆地地区的基本农田建设过程中，应重视加强水利设施建设，并恢复低产坡地植被。

西南部滇、黔喀斯特地貌发育地区属生态脆弱区，基本农田建设要与植被保护与恢复相结合，重点是通过土地整理，改善平坝地区土地的排灌条件，提高土地的生产能力，低山丘陵地区则应以植被恢复和保护为主，避免不合理的开发，防止土地石漠化。

● 华南地区：优化城镇周边土地利用结构，提高土地利用水平，保证耕地集中连片。

华南地区是我国水热条件最为优越的地区，基本农田示范区均位于宽坦的河谷与和缓的丘陵区，具有较高的生产能力，但是农用地分等结果显示，其土地的综合利用水平相对较低，植被破坏、水土流失和环境污染严重。因此，本区基本农田建设的重点是加强植树造林和土壤污染物监测，防止污染扩大。通过优化城镇周边的土地利用结构，提高城镇土地利用的集约水平。通过城乡统筹和村庄整治促进耕地的集约耕种。在实现耕地占补平衡的前提下，保证耕地的集中连片，强化其生态服务功能。

● 西北地区：以保证区域生态安全为前提建设并保护耕地，加强基本口粮田建设。

西北地区的基本农田建设，首先要保证区域生态安全，在水资源评价、环境影响评价等的前提下建设并保护耕地，合理开发，规模适度，特别要注意水资源的优化调配和节水技术的应用。通过改良灌溉技术提高水资源的利用效率，采用地膜覆盖、雨水采集等措施增加旱地的可利用水量。本地区基本农田建设的任务包括两个方面：一是要加强基本口粮田建设，为提高当地粮食自给率提供优质高产的耕地；二是要为当地特色农产品的生产创造条件。

● 青藏高原地区：不宜大规模耕作，重点应放在改善土地生产条件。

青藏高原地区总体上生态环境脆弱，可垦后备土地资源较少，不宜大规模开垦耕作。基本农田建设不能以粮食生产为主要目的，重点是要根据高原特色农产品的需要，改善土地生产条件，为发展高原特色农业服务。

总之，要遵循因地制宜的原则，分区域科学合理制定基本农田建设的目标与规划，并使之与土地利用规划、土地整理规划等相协调；基本农田建设还要与区域发展相衔接，使农民从农业生产中受益，只有当农民从土地上获得良好的收益，才会更加珍惜和合理利用每一寸土地，成为土地的保护者，成为基本农田的守护神。这样才能使我国的基本农田建设与保护落到实处，才能使基本农田建设规划布局与目标真正科学可行。

【思考题】

1. 土地利用规划的概念、规划内容与规划体系构成是什么？
2. 严格土地利用规划实施管理的意义是什么？
3. 实行严格的土地用途管制制度的意义是什么？
4. 土地利用与土地保护的概念是什么？
5. 土地行政管理及土地行政管理体制的概念是什么？
6. 耕地保护的意义及其法律规定是什么？
7. 如何实施土地可持续利用？

附 录

附录一 土地利用现状分类及其含义

<table>
<tr><th>一级类型</th><th colspan="2">二级类型</th><th>含 义</th></tr>
<tr><td rowspan="6">1 耕地</td><td colspan="3">种植农作物的土地。包括新开垦地、休闲地、轮歇地、草田轮作地，以及以种植农作物为主，间有零星果树、桑树或者其他树木的土地；耕种三年以上的滩地和海涂。耕地中包括南方宽<1m，北方宽<2m的沟、渠、路、田埂</td></tr>
<tr><td>11</td><td>灌溉水田</td><td>有水源保证和灌溉设施，在一般年景能正常灌溉，用来种植水稻、莲藕、席草等水生作物的耕地。包括可以灌溉的水旱轮作地</td></tr>
<tr><td>12</td><td>望天田</td><td>无灌溉工程设施，主要依靠天然降雨，用来种植水稻、莲藕、席草等水生作物的耕地。包括无灌溉措施的水旱轮作地</td></tr>
<tr><td>13</td><td>水浇地</td><td>指水田、菜地以外，有水源保证和灌溉设施，在一般年景能正常灌溉的耕地</td></tr>
<tr><td>14</td><td>旱地</td><td>无灌溉设施，靠天然降水生长作物的耕地。包括没有固定灌溉设施，仅靠引洪淤灌的耕地</td></tr>
<tr><td>15</td><td>菜地</td><td>以种植蔬菜为主的耕地，包括温室、塑料大棚用地</td></tr>
<tr><td rowspan="6">2 园地</td><td colspan="3">种植以采集果、叶为主的集约经营的多年生木本和草本作物，覆盖度>50%，或每亩株数大于合理株数70%的土地。包括果树苗圃等用地</td></tr>
<tr><td>21</td><td>果园</td><td>种植果树的园地</td></tr>
<tr><td>22</td><td>桑园</td><td>种植桑树的园地</td></tr>
<tr><td>23</td><td>茶园</td><td>种植茶树的园地</td></tr>
<tr><td>24</td><td>橡胶园</td><td>种植橡胶的园地</td></tr>
<tr><td>25</td><td>其他园地</td><td>种植可可、咖啡、油棕、胡椒等其他多年生作物的园地</td></tr>
<tr><td rowspan="7">3 林地</td><td colspan="3">生长乔木、竹类、灌木、沿海红树林等林木的土地。不包括居民绿化用地，以及铁路、公路、河流、沟渠的护路、护岸用地</td></tr>
<tr><td>31</td><td>有林地</td><td>树木郁闭度>30%的天然、人工林地</td></tr>
<tr><td>32</td><td>灌木林</td><td>覆盖度>40%的灌木林地</td></tr>
<tr><td>33</td><td>疏林地</td><td>树木郁闭度为10%～30%的疏林地</td></tr>
<tr><td>34</td><td>未成林造林地</td><td>造林成活率≥合理选林株树的41%、尚未郁闭但有成林希望的新造林地（一般指造林后不满3～5年或飞机播种后不满5～7年的造林地）</td></tr>
<tr><td>35</td><td>迹地</td><td>森林采伐、火烧后，五年内未更新的土地</td></tr>
<tr><td>36</td><td>苗圃</td><td>固定的林木育苗地</td></tr>
</table>

续 表

一级类型	二级类型	含 义
4 牧草地		以生长草本物为主，用于畜牧业的土地
	41 天然草地	以天然草本植物为主，未经改良，用于放牧或割草的草地。包括以牧为主的疏林、灌木草地
	42 改良草地	采用灌溉、排水、施肥、松肥、补植等措施进行改良的草地
	43 人工草地	人工种植牧草的草地。包括人工培植、用于畜牧业的土地
5 居民点及工矿用地		城乡居民点、独立点以外的工矿、国防、名胜古迹等企业事业单位用地。包括其内部交通、绿化用地
	51 城镇	市、镇建制的居民点用地，不包括市、镇范围内用于农、林、牧、渔业生产用地
	52 农村居民点	镇以下的居民点用地
	53 独立工矿用地	居民点以外独立的各种工矿企业、采石场、砖瓦窑、仓库及其他企业单位的建设用地。不包括附属于工矿企事业单位的农副业生产基地
	54 盐田	以经营盐业为目的，包括盐场及附属设施的用地
	55 特殊用地	居民点以外的国防、名胜古迹、风景旅游、墓地、陵园等用地
6 交通用地		居民点以外的各种道路及其附属设施和民用机场用地。包括护路林用地
	61 铁路	铁道线路及站场用地。包括路堤、路垫、道沟、取土坑及护路林用地
	62 公路	国家和地方公路用地。包括路堤、路垫、道沟及护路林用地
	63 农村道路	农村南方宽≥1m，北方宽≥2m 的道路用地
	64 民用机场	民用机场及其附属设施用地
	65 港口、码头	专供客货运船泊停靠的场所用地。包括海运、河运及其附属建筑物用地，但不包括常水位岸线以下部分
7 水域		陆地水域和水利设施用地。不包括滞洪区和多种的滩区耕地、林地、居民点、道路等
	71 河流水面	天然形成或人工开挖河流常水位岸线以下的面积
	72 湖泊水面	天然形成的积水区常水位岸线以下的面积
	73 水库水面	人工修建总库容≥10 万 m^3、正常蓄水位岸线以下的面积
	74 坑塘水面	天然形成或人工挖掘、蓄水量<10 万 m^3、常水位岸线以下的蓄水面积
	75 苇地	生长芦苇的土地。包括滩涂地上的苇地
	76 滩涂	包括沿海大高潮与低潮位之间的潮浸地带，河流、湖泊常水位以下的滩地，时令湖、河洪水位以下的滩地，水库、坑塘的常蓄水位与最大洪水位间的面积。常水位线一般按地形图，不另行调绘
	77 沟渠	人工修建、用于排灌的沟渠占地。包括渠槽、渠堤、取土坑、护堤林用地，不包括南方宽≤1m，北方宽≤2m 的沟渠用地
	78 水工建筑物	人工修建、用于除害兴利的闸、坝、堤、路林、水电厂房、扬水站等常水位岸线以上的建筑物用地
	79 冰川及永久积雪	表层被积雪常年覆盖的土地

续 表

一级类型	二级类型	含 义
8 未利用用地	目前还未利用的土地。包括难利用的土地	
	81 荒草地	树木郁闭度<10%,表层为土质、生长杂草的土地。不包括盐碱地、沼泽地和裸地
	82 盐碱地	表层盐碱聚集、只生长天然耐盐植物的土地
	83 沼泽地	经常积水或渍水、一般生长湿生植物的土地
	84 沙地	表层为沙覆盖、基本无植被覆盖的土地。包括沙漠,不包括水系中的沙滩
	85 裸土地	表层为沙覆盖、基本无植被覆盖的土地
	86 裸岩、石砾地	表层为岩石或石砾,其覆盖面积>50%的土地
	87 田坎	主要指耕地中南方宽≥1m,北方宽≥2m 的地坎堤坝地
	88 其他	其他未利用的土地。包括高寒荒漠、苔原等

资料来源:全国农业区划委员会.土地利用现状调查技术规程.北京:测绘出版社,1984.

附录二　城市用地分类系统

大类	中类	小类	范围
R　居住用地	居住小区、居住街坊、居住组团和单位生活区等各种类型的成片或零星的用地		
	R1　一类居住用地	市政公用设施齐全、布局完整、环境良好、以低层住宅为主的用地	
		R11　住宅用地	住宅建筑用地
		R12　公共服务设施用地	居住小区及小区级以下的公共设施和服务设施用地。如托儿所、幼儿园、小学、中学、粮店、菜店、副食店、服务站、储蓄所、邮政所、居委会、派出所等用地
		R13　道路用地	居住小区及小区级以下的小区路、组团路或小街、小巷、小胡同及停车场等用地
		R14　绿地	居住小区及小区级以下的小游园等用地
	R2　二类居住用地	市政公用设施齐全、布局完整、环境较好、以中、高层住宅为主的用地	
		R21　住宅用地	住宅建筑用地
		R22　公共服务设施用地	居住小区及小区级以下的公共设施和服务设施用地。如托儿所、幼儿园、小学、中学、粮店、菜店、副食店、服务站、储蓄所、邮政所、居委会、派出所等用地
		R23　道路用地	居住小区及小区级以下的小区中的组团路或小街、小巷、小胡同及停车场等用地
		R24　绿地	居住小区及小区级以下的小游园等用地
	R3　三类居住用地	市政公用设施比较齐全、布局不完整、环境一般，或住宅与工业等用地有混合交叉的用地	
		R31　住宅用地	住宅建筑用地
		R32　公共服务设施用地	居住小区及小区级以下的公共设施和服务设施用地。如托儿所、幼儿园、小学、中学、粮店、菜店、副食店、服务站、储蓄所、邮政所、居委会、派出所等用地
		R33　道路用地	居住小区及小区级以下的小区路、组团路或小街、小巷、小胡同及停车场等用地
		R34　绿地	居住小区及小区级以下的小游园等用地
	R4　四类居住用地	以简陋住宅为主的用地	
		R41　住宅用地	住宅建筑用地
		R42　公共服务设施用地	居住小区及小区级以下的公共设施和服务设施用地，如托儿所、幼儿园、小学、中学、粮店、菜店、副食店、服务站、储蓄所、邮政所、居委会、派出所等用地
		R43　道路用地	居住小区及小区级以下的小区路、组团路或小街、小巷、小胡同及停车场等用地
		R44　绿地	居住小区及小区级以下的小游园等用地

续 表

大类	中类	小类	范围
C 公共设施用地			居住小区及小区级以下的小游园等公共设施用地，居住区及居住区级以上的行政、经济、文化、教育、卫生、体育以及科研设计等机构和设施用地，不包括居住用地中的公共服务设施用地
	C1 行政办公用地		行政、党派和团体等机构用地
		C11 市属办公用地	市属机关，如人大、政协、人民政府、法院、检察院、各党派和团体，以及企业管理机构等办公用地
		C12 非市属办公用地	在本市的非市属机关及企事业管理机构等行政办公用地
	C2 商业金融业用地		商业、金融业、服务业、旅馆业和市场等用地
		C21 商业用地	综合百货商店、商场和经营各种食品、服装、纺织品、医药、日用杂货、五金交电、文化体育、工艺美术等专业零售批发商店及其附属的小型工厂、车间和仓库等用地
		C22 金融保险业用地	银行及分理处、信用社、信托投资公司、证券交易所和保险公司，以及外国驻本市的金融和保险机构等用地
		C23 贸易咨询用地	各种贸易公司、商社及其咨询机构等用地
		C24 服务业用地	饮食、照相、理发、浴室、洗染、日用修理和交通售票等用地
		C25 旅馆业用地	旅馆、招待所、度假村及其附属设施等用地
		C26 市场用地	独立地段的农贸市场、小商品市场、工业品市场和综合市场等用地
	C3 文化娱乐用地		新闻出版、文化艺术团体、广播电视、图书展览、娱乐等设施用地
		C31 新闻出版用地	各种通讯、报社和出版社等用地
		C32 文化艺术团体用地	各种文化艺术团体等用地
		C33 广播电视用地	各级广播电台、电视台和转播台、差转台等用地
		C34 图书展览用地	公共图书馆、博物馆、科技馆、展览馆和纪念馆等用地
		C35 影剧院用地	电影院、剧场、音乐厅、杂技场等演出场所，包括各单位对外营业同类用地
		C36 游乐用地	独立地段的游乐场、舞厅、俱乐部、文化宫、青少年宫、老年活动中心等用地
	C4 体育用地		体育场馆和体育训练基地等用地，不包括学校等单位内的体育用地
		C41 体育场馆用地	室内外体育运动用地，如体育馆、游泳馆、各类球场、溜冰场、赛马场、跳伞场、摩托车场、射击场以及水上运动的陆域部分等用地，包括附属的业余体校用地
		C42 体育训练用地	为各类体育运动专设的训练基地用地

续　表

<table>
<tr><th>大类</th><th>中类</th><th>小类</th><th>范围</th></tr>
<tr><td rowspan="12">C　公共设施用地</td><td rowspan="4">C5　医疗卫生用地</td><td colspan="2">医疗、保健、卫生、防疫、康复和急救设施等用地</td></tr>
<tr><td>C51　医院用地</td><td>综合医院和各类专科医院等用地，如妇幼保健院、儿童医院、精神病院、肿瘤医院等</td></tr>
<tr><td>C52　卫生防疫用地</td><td>卫生防疫站、专科防治所、检验中心、急救中心和血库等用地</td></tr>
<tr><td>C53　休疗养用地</td><td>休养所和疗养院等用地。不包括以居住为主的干休所用地，该用地应归入居住用地</td></tr>
<tr><td rowspan="6">C6　教育科研设计用地</td><td colspan="2">高等专业学校、科学研究和勘测设计机构等用地。不包括中学、小学和幼托用地，该用地应归入居住用地</td></tr>
<tr><td>C61　高等学校用地</td><td>大学、学院、专科学院和独立地段的研究生院等用地，包括军事院校用地</td></tr>
<tr><td>C62　中等专业学校用地</td><td>中等专业学校、技工学校、职业学校等用地，不包括附属于普通中学内的职业高中用地</td></tr>
<tr><td>C63　成人与业余学校用地</td><td>独立地段的电视大学、夜大、教育学院、党校、干校、业余学校和培训中心等用地</td></tr>
<tr><td>C64　特殊学校用地</td><td>聋哑、盲人学校及工读学校等用地</td></tr>
<tr><td>C65　科研设计用地</td><td>科学研究、勘测设计、观察测试、科技信息和科技咨询等机构用地，不包括附设于其他单位内的研究室和设计室等用地</td></tr>
<tr><td>C7　文物古迹用地</td><td></td><td>具有保护价值的古墓葬、古建筑、革命遗址等用地。不包括已作其他用途的文物古地，该用地应分别归入相应的用地类别</td></tr>
<tr><td>C8　其他公共设施用地</td><td></td><td>除以上之外的公共设施用地，如宗教活动场所、社会福利院等用地</td></tr>
<tr><td rowspan="4">M　工业用地</td><td colspan="3">工矿企业的生产车间、库房及其附属设施等用地。包括专用的铁路、码头和道路等用地。不包括露天矿用地，该用地应归入水域和其他用地</td></tr>
<tr><td>M1　一类工业用地</td><td colspan="2">对居住和公共设施等环境基本无干扰和污染的工业用地，如电子工业、缝纫工业、工艺品制造工业等用地</td></tr>
<tr><td>M2　二类工业用地</td><td colspan="2">对居住和公共设施等环境有一定干扰和污染的工业用地，如食品工业、医药制造工业、纺织工业等用地</td></tr>
<tr><td>M3　三类工业用地</td><td colspan="2">对居住和公共设施等环境有严重干扰和污染的工业用地，如采掘工业、冶金工业、大中型机械制造工业、化学工业、造纸工业、制革工业、建材工业等用地</td></tr>
<tr><td rowspan="4">W　仓库用地</td><td colspan="3">仓储企业的库房、堆场和包装加工车间及其附属设施等用地</td></tr>
<tr><td>W1　普通仓库用地</td><td colspan="2">以库房建筑为主的储存一般货物的普通仓库用地</td></tr>
<tr><td>W2　危险品仓库用地</td><td colspan="2">存放易燃、易爆和剧毒等危险品的专用仓库用地</td></tr>
<tr><td>W3　堆场用地</td><td colspan="2">露天堆放货物为主的仓库用地</td></tr>
</table>

续　表

大类	中类	小类	范围
T　对外交通用地			铁路、公路、管道运输、港口和机场等城市对外交通运输及其附属设施等用地
	T1　铁路用地		铁路站场和线路等用地
	T2　公路用地		高速公路和一级、二级、三级公路线中及长途客运站等用地，不包括村镇公路用地，该用地应归入水域和其他用地
		T21　高速公路用地	高速公路用地
		T22　一级、二级、三级公路用地	一级、二级、三级公路用地
		T23　长途客运站用地	长途客运站用地
	T3　管道运输用地		运输煤炭、石油和天然气等地面管道运输用地
	T4　港口用地		海港和河港的陆域部分，包括码头作业区、辅助生产区和客运站等用地
		T41　海港用地	海港港口用地
		T42　河港用地	河港港口用地
	T5　机场用地		民用及军民合用的机场用地，包括飞行区、航站区等用地，不包括净空控制范围用地
S　道路广场用地			市级、区级和居住区级的道路、广场和停车场等用地
	S1　道路用地		主干路、次干路和支路用地，包括其交叉路口用地，不包括居住用地、工业用地等内部的道路用地
		S11　主干路用地	快速干路和主干路用地
		S12　次干路用地	次干路用地
		S13　支路用地	主次干路间的联系道路用地
		S14　其他道路用地	除主次干路和支路外的道路用地，如步行街、自行车专用道等用地
	S2　广场用地		公共活动广场用地，不包括单位内的广场用地
		S21 交通广场用地	以交通集散为主的广场用地
		S22 游憩集会广场用地	游憩、纪念和集会等为主的广场用地
	S3　社会停车场库用地		公共使用的停车场和停车库用地，不包括其他各类用地配建的停车场用地
		S31 机动车停车场库用地	机动车停车场库用地
		S32 非机动车停车场库用地	非机动车停车场库用地

续 表

大类	中类	小类	范围
U 市政公用设施用地	市政、区级和居住区级的市政公用设施用地，包括其建筑物、构筑物及管理维修设施等用地		
	U1 供应设施用地	供水、供电、供热气和供热等设施用地	
		U11 供水用地	独立地段的水厂及其附属构筑物用地，包括泵房和调压站等用地
		U12 供电用地	变电部所、高压塔基等用地，不包括电厂用地，该用地应归入工业用地。高压走廊下规定的控制范围内的用地，应按其地面实际用途归类
		U13 天然气用地	储气站、调压站、罐装站和地面输气管道等用地，不包括煤气厂用地，该用地应归入工业用地
		U14 供热用地	大型锅炉房，调压、调温站和地面输热管线等用地
	公共交通和货运交通等设施用地		
	U2 交通设施用地	U21 公共交通用地	公共汽车、出租车、有轨电车、无轨电车、轻轨和地下铁道（地面部分）的停车场、保养场、车辆段和首末站等用地，以用轮渡（陆上部分）用地
		U22 货运交通用地	货运公司车队的站场等用地
		U23 其他交通设施用地	除以上之外的交通用地，如交通指挥中心、交通队、教练场、加油站、汽车维修站等用地
	U3 邮电设施用地	邮政、电信和电话等设施用地	
	U4 环境卫生设施用地	环境卫生设施用地	
		U41 雨水、污水处理用地	雨水、污水泵站、排渍站、处理厂、地面专用排水管道等用地。不包括排水河渠用地，该用地应归入水域和其他用地
		U42 粪便垃圾处理用地	粪便、垃圾的收集、转运、堆放、处理等设施用地
	U5 施工与维修设施用地	房屋建筑、设备安装、市政工程、绿化和地下构筑等施工及养护维修设施等用地	
	U6 殡葬设施用地	殡仪馆、火葬场、骨灰存放处和墓地等设施用地	
	U7 其他市政公用设施用地	除以上之外的市政公用设施用地，如消防、防洪等设施用地	

续 表

<table>
<tr><th>大类</th><th>中类</th><th>小类</th><th>范围</th></tr>
<tr><td rowspan="7">G 绿地</td><td colspan="3">市级、区级和居住区级的公共绿地及生产防护绿地，不包括专用绿地、园地和林地</td></tr>
<tr><td rowspan="3">G1 公共绿地</td><td colspan="2">向公众开放，有一定游憩设施的绿化用地，包括其范围内的水域</td></tr>
<tr><td>G11 公园</td><td>综合性公园、纪念性公园、儿童公园、动物园、植物园、古典园林、风景名胜公园和居住区小公园等用地</td></tr>
<tr><td>G12 街头绿地</td><td>沿道路、河湖、海岸和城墙等，设有一定游憩设施或起装饰性作用的绿化用地</td></tr>
<tr><td rowspan="3">G2 生产防护绿地</td><td colspan="2">园林生产绿地和防护绿地</td></tr>
<tr><td>G21 园林生产绿地</td><td>提供苗木、草皮和花卉的圃地</td></tr>
<tr><td>G22 防护绿地</td><td>用于隔离、卫生和安全的防护林带及绿地</td></tr>
<tr><td rowspan="4">D 特殊用地</td><td colspan="3">特殊性质的用地</td></tr>
<tr><td>D1 军事用地</td><td colspan="2">直接用于军事目的的军事设施用地，如指挥机关、营区、训练场、试验场、军用机场、港口、码头、军用洞库、仓库、军用通信、侦察、导航、观测台站等用地，不包括部队家属生活区等用地</td></tr>
<tr><td>D2 外事用地</td><td colspan="2">外国驻华使馆、领事馆及其生活设施等用地</td></tr>
<tr><td>D3 保安用地</td><td colspan="2">监狱、拘留所、劳改场所和安全保卫部门等用地。不包括公安局和公安分局，该用地应归入公共设施用地</td></tr>
<tr><td rowspan="16">E 水域和其他用地</td><td colspan="3">除以上各大类用地之外的用地</td></tr>
<tr><td>E1 水域</td><td colspan="2">江、河、湖、海、水库、苇地、滩涂和渠道等水域，不包括公共绿地及单位内的水域</td></tr>
<tr><td rowspan="4">E2 耕地</td><td colspan="2">种植各种农作物的土地</td></tr>
<tr><td>E21 菜地</td><td>以种植蔬菜为主的耕地，包括温室、塑料大棚等用地</td></tr>
<tr><td>E22 灌溉水田</td><td>有水源保证和灌溉设施，在一般年景能正常灌溉，用以种植水稻、莲藕、席草等水生作物的耕地</td></tr>
<tr><td>E29 其他耕地</td><td>除以上之外的耕地</td></tr>
<tr><td>E3 园地</td><td colspan="2">果园、桑园、茶园、橡胶园等园地</td></tr>
<tr><td>E4 森地</td><td colspan="2">生长乔木、竹类、灌木、沿海红树林等林木的土地</td></tr>
<tr><td>E5 牧草地</td><td colspan="2">生长各种牧草的土地</td></tr>
<tr><td rowspan="5">E6 村镇建设用地</td><td colspan="2">集镇、村庄等农村居住点生产和生活的各类建设用地</td></tr>
<tr><td>E61 村镇居住用地</td><td>以农村住宅为主的用地，包括住宅、公共服务设施和道路等用地</td></tr>
<tr><td>E62 村镇企业用地</td><td>村镇企业及其附属设施用地</td></tr>
<tr><td>E63 村镇公路用地</td><td>村镇与城市、村镇与村镇之间的公路用地</td></tr>
<tr><td>E64 村镇其他用地</td><td>村镇其他用地</td></tr>
<tr><td>E7 弃置地</td><td colspan="2">由于各种原因未使用或尚不能使用的土地，如裸岩、石砾地、陡坡地、塌陷地、盐碱地、沙荒地、沼泽地、废窖坑等</td></tr>
<tr><td>E8 露天矿用地</td><td colspan="2">各种矿藏的露天开采用地</td></tr>
</table>

资料来源：中华人民共和国建设部.城市用地分类与规划建设用地标准.北京：中国计划出版社，1991.

附录三　中国土地分类系统(2002 年 1 月 1 日起试行)

一级类编号	一级类三大类名称	二级类编号	二级类名称	三级类编号	三级类名称	含义
1	农用地					指直接用于农业生产的土地,包括耕地、园地、林地、牧草地及其他农用地
		11	耕地			指种植农作物的土地,包括熟地、新开发复垦整理地、休闲地、轮歇地、草田轮作地;以种植农作物为主,间有零星果树,桑树或其他树木的土地;平均每年能保证收获一季的已垦滩地和海涂。耕地中还包括南方宽＜1m,北方宽＜2m 的沟、渠、路和田埂
				111	灌溉水田	指有水源保证和灌溉设施,在一般年景能正常灌溉,用于种植水生作物的耕地,包括灌溉的水旱轮作地
				112	望天田	指无灌溉设施,主要依靠天然降雨,用于种植水生作物的耕地,包括无灌溉设施的水旱轮作地
				113	水浇地	指水田、菜地以外,有水源保证和灌溉设施,在一般年景能正常灌溉的耕地
				114	旱地	指无灌溉设施,靠天然降水种植旱作物的耕地,包括没有灌溉设施,仅靠引洪淤灌的耕地
				115	菜地	指常年种植蔬菜为主的耕地,包括大棚用地
		12	园地			指种植以采集果、叶、根茎等为主的集约经营的多年生木本和草本作物(含其苗圃),覆盖度大于 50%或每亩有收益的株数达到合理株数 70%的土地
				121	果园	指种植果树的园地
				121k	可调整果园	指由耕地改为果园,但耕作层未被破坏的土地*
				122	桑园	指种植桑树的园地
				122k	可调整桑园	指由耕地改为桑园,但耕作层未被破坏的土地*
				123	茶园	指种植茶树的园地
				123k	可调整茶园	指由耕地改为茶园,但耕作层未被破坏的土地*
				124	橡胶园	指种植橡胶树的园地
				124k	可调整橡胶园	指由耕地改为橡胶园,但耕作层未被破坏的土地*
				125	其他园地	指种植可可、咖啡、油棕、胡椒、花卉、药材等其他多年生作物的园地
				125k	可调整其他园地	指由耕地改为其他园地,但耕作层未被破坏的土地*
		13	林地			指生长乔木、竹类、灌木、沿海红树林的土地。不包括居民点绿地,以及铁路、公路、河流、沟渠的护路、护岸林
				131	有林地	指树木郁闭度≥20%的天然、人工林地
				131k	可调整有林地	指由耕地改为有林地,但耕作层未被破坏的土地*
				132	灌木林地	指覆盖度≥40%的灌木林地
				133	疏林地	指树木郁闭度≥10%但＜20%的疏林地
				134	未成林造林地	指造林成活率≥合理造林数的 41%,尚未郁闭但有成林希望的新造林地(一般指造林后不满 3～5 年或飞机播种后不满 5～7 年的造林地)
				134k	可调整未成林造林地	指由耕地改为未成林造林地,但耕作层未被破坏的土地*
				135	迹地	指森林采伐、火烧后,五年内未更新的土地
				136	苗圃	指固定的林木育苗地
				136k	可调整苗圃	指由耕地改为苗圃,但耕作层未被破坏的土地*

续 表

一级类		二级类		三级类		含 义
编号	三大类名称	编号	名称	编号	名称	
1	农用地	14	牧草地			指生长草本植物为主，用于畜牧业的土地
				141	天然草地	指以天然草本植物为主，未经改良，用于放牧或割草的草地，包括以牧为主的疏林、灌木草地
				142	改良草地	指采用灌溉、排水、施肥、松耙、补植等措施进行改良的草地
				143	人工草地	指人工种植牧草的草地，包括人工培植用于牧业的灌木草地
				143k	可调整人工草地	指由耕地改为人工草地，但耕作层未被破坏的土地*
		15	其他农用地			指上述耕地、园地、林地、牧草地以外的农用地
				151	畜禽饲养地	指以经营性养殖为目的的畜禽舍及其相应附属设施用地
				152	设施农业用地	指以工厂化作物栽培或水产养殖的生产设施用地
				153	农村道路	指农村南方宽≥1m，北方宽≥2m的村间、田间道路(含机耕道)
				154	坑塘水面	指人工开挖或天然形成的蓄水量＜10万 m^3(不含养殖水面)的坑塘常水位岸线以下的面积
				155	养殖水面	指人工开挖或天然形成的专门用于水产养殖的坑塘水面及相应附属设施用地
				155k	可调整养殖水面	指由耕地改为养殖水面，但可复耕的土地*
				156	农田水利用地	指农民、农村集体或其他农业企业等自建或联建的农田排灌沟渠及其相应附属设施用地
				157	田坎	主要指耕地中南方宽≥1m，北方宽≥2m的梯田田坎
				158	晒谷场等用地	指晒谷场及上述用地中未包含的其他农用地
2	建设用地					指建造建筑物、构筑物的土地，包括商业、工矿、仓储、公用设施、公共建筑、住宅、交通、水利设施、特殊用地等
		21	商服用地	211	商业用地	指商店、商场、各类批发、零售市场及其相应附属设施用地
				212	金融保险用地	指银行、保险、证券、信托、期货、信用社等用地
				213	餐饮旅馆业用地	指饭店、餐厅、酒吧、宾馆、旅馆、招待所、度假村等及其相应附属设施用地
				214	其他商服用地	指上述用地以外的商服用地，包括写字楼、商业性办公楼和企业厂区外独立的办公楼用地；旅行社、运动保健休闲设施、夜总会、歌舞厅、俱乐部、高尔夫球场、加油站、洗车场、洗染店、废旧物资回收店、维修网点、照相、理发、洗浴等服务设施用地
		22	工矿仓储用地			指工业、采矿、仓储业用地
				221	工业用地	指工业生产及其相应附属设施用地
				222	采矿地	指采矿、采石、采矿场、盐田、砖瓦窑等地面生产用地及尾矿堆放地
				223	仓储地	指用于物资储备、中转的场所及相应附属设施用地

续 表

一级类		二级类		三级类		含义
编号	三大类名称	编号	名称	编号	名称	
2	建设用地	23	公用设施用地			指为居民生活和二、三产业服务的公用设施及瞻仰、游憩用地
				231	公共基础设施用地	指给排水、供电、供燃、邮政、电信、消防、公用设施维修、环卫等用地
				232	瞻仰景观休闲用地	指名胜古迹、革命遗址、景点、公园、广场、公用绿地等
		24	公用建筑用地			指公共文化、体育、娱乐、机关、团体、科研、设计、教育、医卫、慈善等建筑用地
				241	机关团体用地	指国家机关、社会团体、群众自治组织、广播电台、电视台、报社、杂志社、通讯社、出版社等单位的办公用地
				242	教育用地	指各种教育机构,包括大专院校、中专、职业学校、成人业余教育学校、中小学校、幼儿园、托儿所、党校、行政学院、干部管理学院、盲聋哑学校、工读学校等直接用于教育的用地
				243	科研设计用地	指独立的科研、设计机构用地,包括研究、勘测、设计、信息等单位用地
				244	文体用地	指为公众服务的公益性文化、体育设施用地,包括博物馆、展览馆、文化馆、图书馆、纪念馆、影剧院、音乐厅、青少老年活动中心、体育场馆、训练基地等
				245	医疗卫生用地	指医疗、卫生、防疫、急救、保健、疗养、康复、医检药检、血库等用地
				246	慈善用地	指孤儿院、养老院、福利院等用地
		25	住宅用地			指人们日常生活居住的房基地(有独立院落的包括院落)
				251	城镇单一住宅用地	指城镇居民的普通住宅、公寓、别墅用地
				252	城镇混合住宅用地	指城镇居民居住为主的住宅与工业或商业等混合用地
				253	农村宅基地	指农民居住的宅基地
				254	空间宅基地	指村庄内部的空闲宅基地及其他空闲土地
		26	交通运输用地			指用于运输通行的地面线路、场站等用地,包括民用机场、港口、码头、地面运输管道和居民点道路及其附属设施用地。
				261	铁路用地	指铁道线路及场站用地,包括路堤、路堑、道沟、护路林、地铁地上部分及出入口等用地
				262	公路用地	指国家和地方公路(含乡镇公路),包括路堤、路堑、道沟、护路林及其他附属设施用地
				263	民用机场	指民用机场及其相应附属设施用地
				264	港口码头用地	指人工修建的客运、货运、捕捞船舶停靠的场所及其相应附属建筑物,不包括常水位岸线以下部分
				265	管道运输用地	指运输煤炭、石油和天然气等管道及其相应附属设施地面用地
				266	街巷	指城乡居民点内公用道路(含立交桥)、公共停车场等

续 表

一级类		二级类		三级类		含 义
编号	三大类名称	编号	名称	编号	名称	
2	建设用地	27	水利设施用地			指用于水库、水工建筑的土地
				271	水库水面	指人工修建总库容≥10 万 m^3,正常蓄水位以下的面积
				272	水工建筑用地	指除农田水利用地以外的人工修建的沟渠(包括渠槽、渠堤、护堤林)、闸、坝、堤路林、水电站、扬水站等常水位岸线以上的水工建筑用地
		28	特殊用地			指军事设施、涉外、宗教、墓地等用地
				281	军事设施用地	指专门用于军事目的的设施用地,包括军事指挥机关和营房等
				282	使领馆用地	指外国政府及国际组织驻华使领馆、办事处等用地
				283	宗教用地	指专门用于宗教活动的庙宇、寺院、道观、教堂等宗教自用地
				284	监教场所用地	指监狱、看守所、劳改场、劳教所、戒毒所等用地
				285	墓葬地	指陵园、墓地、殡葬场所及附属设施用地
3	未利用地					指农用地和建设用地以外的土地
		31	未利用土地			指目前还未利用的土地,包括难利用的土地
				311	荒草地	指树木郁闭度<10%,表层为土质,生长杂草,不包括盐碱地、沼泽地和裸土地
				312	盐碱地	指表层盐碱聚集,只生长天然耐盐植物的土地
				313	沼泽地	指经常积水或渍水,一般生长湿生植物的土地
				314	沙地	指表层为沙覆盖,基本无植被覆盖的土地,包括沙漠,不包括水系中的沙滩
				315	裸土地	指表层为土质,基本无植被覆盖的土地
				316	裸岩石砾地	指表层为岩石或石砾,其覆盖面积≥70%的土地
				317	其他未利用土地	指包括高寒荒漠、苔原等尚未利用的土地
		32	其他土地			指未列入农用地、建设用地的其他水域地
				321	河流水面	指天然形成或人工开挖河流常水位岸线以下的土地
				322	湖泊水面	指天然形成的积水区常水位岸线以下的土地
				323	苇地	指生长芦苇的土地,包括滩涂上的苇地
				324	滩涂	指沿海大潮高潮位与低潮位之间的潮浸地带;河流、湖泊常水位至洪水位间的滩地;时令湖、河洪水位以下的滩地;水库、坑塘的正常蓄水位与最大洪水位间的滩地,不包括已利用滩涂
				325	冰川及永久积雪	指表层被冰雪常年覆盖的土地

注:* 指生态退耕以外,按照国土资发〔1999〕511 号文件规定,在农业结构调整中将耕地调整为其他农用地,但未破坏耕作层,不作为耕地减少衡量指标。

资料来源:国土资源部(国土资发〔2001〕255 号).2001 年 8 月 21 日.

附录四　第二次全国土地调查土地分类　(附表1、2)

附表1　土地利用现状分类

一级类		二级类		含义
编码	名称	编码	名称	
01	耕地			指种植农作物的土地,包括熟地,新开发、复垦、整理地,休闲地(含轮歇地、轮作地);以种植农作物(含蔬菜)为主,间有零星果树、桑树或其他树木的土地;平均每年能保证收获一季的已垦滩地和海涂。耕地中包括南方宽度＜1m,北方宽度＜2m固定的沟、渠、路和地坎(埂);临时种植药材、草皮、花卉、苗木等的耕地,以及其他临时改变用途的耕地
		011	水田	指用于种植水稻、莲藕等水生农作物的耕地,包括实行水生、旱生农作物轮种的耕地
		012	水浇地	指有水源保证和灌溉设施,在一般年景能正常灌溉,种植旱生农作物的耕地。包括种植蔬菜等的非工厂化的大棚用地
		013	旱地	指无灌溉设施,主要靠天然降水种植旱生农作物的耕地,包括没有灌溉设施,仅靠引洪淤灌的耕地
02	园地			指种植以采集果、叶、根、茎、汁等为主的集约经营的多年生木本和草本作物,覆盖度＞50%和每亩株数＞合理株数70%的土地,包括用于育苗的土地
		021	果园	指种植果树的园地
		022	茶园	指种植茶树的园地
		023	其他园地	指种植桑树、橡胶、可可、咖啡、油棕、胡椒、药材等其他多年生作物的园地
03	林地			指生长乔木、竹类、灌木的土地,及沿海生长红树林的土地。包括迹地,不包括居民点内部的绿化林木用地、铁路、公路征地范围内的林木,以及河流、沟渠的护堤林
		031	有林地	指树木郁闭度≥0.2的乔木林地,包括红树林地和竹林地
		032	灌木林地	指灌木覆盖度≥40%的林地
		033	其他林地	包括疏林地(指树木郁闭度≥0.1、＜0.2的林地)、未成林地、迹地、苗圃等林地
04	草地			指生长草本植物为主的土地
		041	天然牧草地	指以天然草本植物为主,用于放牧或割草的草地
		042	人工牧草地	指人工种植牧草的草地
		043	其他草地	指树木郁闭度＜0.1,表层为土质,生长草本植物为主,不用于畜牧业的草地

续 表

一级类		二级类		含义
编码	名称	编码	名称	
05	商服用地			指主要用于商业、服务业的土地
		051	批发零售用地	指主要用于商品批发、零售的用地。包括商场、商店、超市、各类批发(零售)市场、加油站等及其附属的小型仓库、车间、工场等的用地
		052	住宿餐饮用地	指主要用于提供住宿、餐饮服务的用地。包括宾馆、酒店、饭店、旅馆、招待所、度假村、餐厅、酒吧等
		053	商务金融用地	指企业、服务等办公用地,以及经营性的办公场所用地。包括写字楼、商业性办公场所、金融活动场所和企业厂区外独立的办公场所等用地
		054	其他商务用地	指上述用地以外的其他商业,包括洗车场、洗染店、废旧物资回收站、维修网点、照相馆、理发美容店、洗浴场所等用地
06	工矿仓储用地			指主要用于工业生产、物资存放场所的土地
		061	工业用地	指工业生产及直接为工业生产服务的附属设施用地
		062	采矿用地	指采矿、采石、采砂(沙)场、盐田、砖瓦窑等地面生产用地及尾矿堆放地
		063	仓储用地	指用于物资储备、中转的场所用地
07	住宅用地			指主要用于人们生活居住的房基地及其附属设施的土地
		071	城镇住宅用地	指城镇用于生活居住的各类房屋用地及其附属设施用地,包括普通住宅、公寓、别墅等用地
		072	农村宅基地	指农村用于生活居住的宅基地
08	公共管理与公共服务用地			指用于机关团体、新闻出版、科教文卫、风景名胜、公共设施等的土地
		081	机关团体用地	指用于党政机关、社会团体、群众自治组织等的用地
		082	新闻出版用地	指用于广播电台、电视台、电影厂、报社、杂志社、通讯社、出版社等的用地
		083	科教用地	指用于各类教育、独立的科研、勘测、设计、技术推广、科普等用地
		084	医卫慈善用地	指用于医疗保健、卫生防疫、急救康复、医检药检、福利救助等用地
		085	文体娱乐用地	指用于各类文化、体育、娱乐及公共广场等的用地
		086	公共设施用地	指用于城乡基础设施的用地,包括给排水、供电、供热、供气、邮政、电信、消防、环卫、公用设施维修等用地
		087	公园与绿地	指城镇、村庄内部的公园、动物园、植物园、街心花园和用于休憩及美化环境的绿化用地
		088	风景名胜设施用地	指风景名胜(包括名胜古迹、旅游景点、革命遗址等)景点及管理机构的建筑用地。景区内的其他用地按现状归入相应地类

续 表

一级类		二级类		含义
编码	名称	编码	名称	
09	特殊用地			指用于军事设施、涉外、宗教、监教、殡葬等的土地
		091	军事设施用地	指直接用于军事目的的设施用地
		092	使领馆用地	指用于外国政府及国际组织驻华使领馆、办事处等的用地
		093	监教场所用地	指监狱、看守所、劳改场、劳教所、戒毒所等的建筑用地
		094	宗教用地	指专门用于宗教活动的庙宇、寺院、道观、教堂等宗教自用地
		095	殡葬用地	指陵园、墓地、殡葬场所用地
10	交通运输用地			指用于运输通行的地面线路、场站等的土地,包括民用机场、港口、码头、地面运输管道和各种道路用地
		101	铁路用地	指用于铁道线路、轻轨、场站的用地,包括设计内的路堤、路堑、道沟、桥梁、林木等用地
		102	公路用地	指用于国道、省道、县道和乡道的用地。包括设计内的路堤、路堑、道沟、桥梁、汽车停靠站、林木及直接为其服务的附属用地
		103	街巷用地	指用于城镇、村庄内部公用道路(含立交桥)及行道树的用地,包括公共停车场、汽车客货运输站点及停车场等用地
		104	农村道路	指公路用地以外的南方宽度≥1m,北方宽度≥2m 的村间、田间道路(含机耕道)
		105	机场用地	指用于民用机场的用地
		106	港口码头用地	指用于人工修建的客运、货运、捕捞及工作船舶停靠的场所及其附属建筑物的用地,不包括常水位以下部分
		107	管道运输用地	指用于运输煤炭、石油、天然气等管道及其相应附属设施的地上部分用地
11	水域及水利设施用地			指陆地水域、海涂、沟渠、水工建筑物等用地,不包括滞洪区和已垦滩涂中的耕地、园地、林地、居民点、道路等用地
		111	河流水面	指天然形成或人工开挖河流常水位岸线之间的水面,不包括被堤坝拦截后形成的水库水面
		112	湖泊水面	指天然形成的积水区常水位岸线所围成的水面
		113	水库水面	指人工拦截汇集而成的总库容≥10 万 m^3 的水库正常蓄水位岸线所围成的水面
		114	坑塘水面	指人工开挖或天然形成的蓄水量<10 万 m^3 的坑塘常水位岸线所围成的水面
		115	沿海滩涂	指沿海大潮高潮位与低潮位之间的潮浸地带,包括海岛的沿海滩涂,不包括已利用的滩涂

续 表

一级类		二级类		含义
编码	名称	编码	名称	
11	水域及水利设施用地	116	内陆滩涂	指河流、湖泊常水位至洪水位间的滩地，时令湖、河洪水位以下的滩地，水库、坑塘的正常蓄水位与洪水位间的滩地，包括海岛的内陆滩地，不包括已利用的滩地
		117	沟渠	指人工修建，南方宽度≥1m、北方宽度≥2m 用于引、排、灌的渠道，包括渠槽、渠堤、取土坑、护堤林
		118	水工建筑物用地	指人工修建的闸、坝、堤路林、水电厂房、扬水站等常水位岸线以上的建筑物用地
		119	冰川及永久积雪	指表层被冰雪常年覆盖的土地
12	其他土地			指上述地类以外的其他类型的土地
		121	空闲地	指城镇、村庄、工矿内部尚未利用的土地
		122	设施农用地	指直接用于经营性养殖的畜禽舍、工厂化作物栽培或水产养殖的生产设施用地及其相应附属用地，农村宅基地以外的晾晒场等农业设施用地
		123	田坎	主要指耕地中南方宽度≥1m、北方宽度≥2m 的地坎
		124	盐碱地	指表层盐碱聚集，生长天然耐盐植物的土地
		125	沼泽地	指经常积水或渍水，一般生长沼生、湿生植物的土地
		126	沙地	指表层为沙覆盖、基本无植被覆盖的土地，不包括滩涂中的沙地
		127	裸地	指表层为土质，基本无植被覆盖的土地；或表层为岩石或石砾，其覆盖面积≥70%的土地

附表 2　城镇村及工矿用地

一级类		二级类		含义
编码	名称	编码	名称	
20	城镇村及工矿用地			指城乡居民点、独立居民点以及居民点以外的工矿、国防、名胜古迹等企事业单位用地，包括其内部交通、绿化用地
		201	城市	指城市居民点，以及与城市连片的和区政府、县级市政府所在地镇级辖区内的商服、住宅、工业、仓储、机关、学校等单位用地
		202	建制镇	指建制镇居民点，以及辖区内的商服、住宅、工业、仓储、学校等企事业单位用地
		203	村庄	指农村居民点，以及所属的商服、住宅、工矿、工业、仓储、学校等用地
		204	采矿用地	指采矿、采石、采砂(沙)场，盐田、砖瓦窑等地面生产用地及尾矿堆放地
		205	风景名胜及特殊用地	指城镇村用地以外用于军事设施、涉外、宗教、监教、殡葬等的土地，以及风景名胜(包括名胜古迹、旅游景点、革命遗址等)景点及管理机构的建筑用地

注:开展农村土地调查时，对《土地利用现状分类》中 05、06、07、08、09 一级类和 103、121 二级类按表 2 进行归并。

资料来源:国家标准化管理委员会.《土地利用现状分类》(国家标准).2007 年 8 月 10 日.

附录五 土地利用现状分类与三大类对照表

三大类	土地利用现状分类			
	一级类		二级类	
	类别编码	类别名称	类别编码	类别名称
农用地	01	耕地	011	水田
			012	水浇地
			013	旱地
	02	园地	021	果园
			022	茶园
			023	其他园地
	03	林地	031	有林地
			032	灌木林地
			033	其他林地
	04	草地	041	天然牧草地
			042	人工牧草地
	10	交通用地	104	农村道路
	11	水域及水利设施用地	114	坑塘水面
			117	沟渠
	12	其他用地	122	设施农用地
			123	田坎
建设用地	05	商服用地	051	批发零售用地
			052	住宿餐饮用地
			053	商务金融用地
			054	其他商服用地
	06	工矿仓储用地	061	工业用地
			062	采矿用地
			063	仓储用地
	07	住宅用地	071	城镇住宅用地
			072	农村宅基地
	08	公共管理与公共服务用地	081	机关团体用地
			082	新闻出版用地
			083	科教用地
			084	医卫慈善用地
			085	文体娱乐用地
			086	公共设施用地
			087	公园与绿地
			088	风景名胜设施用地

续 表

三大类	土地利用现状分类			
	一级类		二级类	
	类别编码	类别名称	类别编码	类别名称
建设用地	09	特殊用地	091	军事设施用地
			092	使领馆用地
			093	监教场所用地
			094	宗教用地
			095	殡葬用地
	10	交通运输用地	101	铁路用地
			102	公路用地
			103	街巷用地
			105	机场用地
			106	港口码头用地
			107	管道运输用地
	11	水域及水利设施用地	113	水库水面
			118	水工建筑物用地
	12	其他土地	121	空闲地
未利用地	11	域及水利设施用地	111	河流水面
			112	湖泊水面
			115	沿海滩涂
			116	内陆滩涂
			119	冰川及永久积雪
	04	草地	043	其他草地
	12	其他土地	124	盐碱地
			125	沼泽地
			126	沙地
			127	裸地

资料来源：①国家标准管理委员会.《土地利用现状分类》(国家标准).2007 年 8 月 10 日.

②新《土地管理法》第四条规定，国家实行土地用途管理制度。规定土地用途，将土地分为农用地、建设用地和未利用地三大类。

附录六　土地利用现状分类与全国土地分类(过渡期间适用)对应关系表

土地利用现状分类				全国土地分类(过渡期间适用)					
一级类		二级类		三级类		二级类		一级类	
类别编码	类别名称	类别编码	类别名称	类别名称	类别编码	类别名称	类别编码	类别名称	类别编码
01	耕地	011	水田	灌溉水田	111	耕地	11	农用地	1
				望天田	112				
		012	水浇地	水浇地	113				
				菜地	115				
		013	旱地	旱地	114				
02	园地	021	果园	果园	121	园地	12		
		022	茶园	茶园	123				
		023	其他园地	桑园	122				
				橡胶园	124				
				其他园地	125				
03	林地	031	有林地	有林地	131	林地	13		
		032	灌木林地	灌木林地	132				
		033	其他林地	疏林地	133				
				未成林造林地	134				
				迹地	135				
				苗圃	136				
04	草地	041	天然牧草地	天然草地	141	草地	14		
		042	人工牧草地	改良草地	142				
				人工草地	143				
10	交通用地	104	农村道路	农村道路	153				
11	水域及水利设施用地	114	坑塘水面	坑塘水面	154				
				养殖水面	155				
		117	沟渠	农田水利用地	156				
12	其他用地	122	设施农用地	畜禽饲养地	151	其他农用地	15		
				设施农业用地	152				
				晒谷场等用地	158				
		123	田坎	田坎	157				

续 表

土地利用现状分类				全国土地分类(过渡期间适用)					
一级类		二级类		三级类		二级类		一级类	
类别编码	类别名称	类别编码	类别名称	类别名称	类别编码	类别名称	类别编码	类别名称	类别编码
05	商服用地	051	批发零售用地	城市建制镇农村居民点独立工矿用地	201 202 203 204	居民点及独立工矿用地	20	建设用地	2
		052	住宿餐饮用地						
		053	商务金融用地						
		054	其他商服用地						
07	住宅用地	071	城镇住宅用地						
		072	农村宅基地						
10	交通运输用地	103	街巷用地						
12	其他土地	121	空闲地						
06	工矿仓储用地	061	工业用地						
		063	仓储用地						
		062	采矿用地	独立工矿用地	204				
				盐田	205				
08	公共管理与公共服务用地	081	机关团体用地	城市建制镇农村居民点独立工矿用地	201 202 203 204				
		082	新闻出版用地						
		083	科教用地						
		084	医卫慈善用地						
		085	文体娱乐用地						
		086	公共设施用地						
		087	公园与绿地						
		088	风景名胜设施用地	特殊用地	206				
09	特殊用地	091	军事设施用地	城市建制镇特殊用地	201 202 206				
		092	使领馆用地						
		093	监教场所用地						
		094	宗教用地						
		095	殡葬用地						
10	交通运输用地	101	铁路用地	铁路用地	261	交通运输用地	26		
		102	公路用地	公路用地	262				
		105	机场用地	民用机场	263				
		106	港口码头用地	港口码头用地	264				
		107	管道运输用地	管道运输用地	265				
11	水域及水利设施用地	113	水库水面	水库水面	271	水利设施用地	27		
		117	沟渠	水工建筑用地	272				
		118	水工建筑物用地						

续　表

土地利用现状分类				全国土地分类(过渡期间适用)					
一级类		二级类		三级类		二级类		一级类	
类别编码	类别名称	类别编码	类别名称	类别名称	类别编码	类别名称	类别编码	类别名称	类别编码
11	水域及水利设施用地	111	河流水面	河流水面	321	其他土地	32	未利用地	3
		112	湖泊水面	湖泊水面	322				
		115	沿海滩涂	苇地	323				
				滩涂	324				
		116	内陆滩涂	苇地	323				
				滩涂	324				
		119	冰川及永久积雪	冰川及永久积雪	325				
04	草地	043	其他草地	荒草地	311	未利用土地	31		
				其他未利用土地	317				
12	其他土地	124	盐碱地	盐碱地	312				
		125	沼泽地	沼泽地	313				
				苇地	323				
		126	沙地	沙地	314				
		127	裸地	裸土地	315				
				裸岩石砾地	316				
				其他未利用土地	317				

资料来源:①国土资源部.全国土地分类(过渡期间适用).2000 年 1 月 1 日起执行.

②国家标准化管理委员会.《土地利用现状分类》(国家标准),2007 年 8 月 10 日.

附录七 土地利用现状分类与中国土地分类系统(试行)对应关系表

土地利用现状分类(国家标准)				中国土地分类系统(试行)					
一级类		二级类		三级类		二级类		一级类	
类别编码	类别名称	类别编码	类别名称	类别名称	类别编码	类别名称	类别编码	类别名称	类别编码
01	耕地	011	水田	灌溉水田	111	耕地	11	农用地	1
				望天田	112				
		012	水浇地	水浇地	113				
				菜地	115				
		013	旱地	旱地	114				
02	园地	021	果园	果园	121	园地	12		
		022	茶园	茶园	123				
		023	其他园地	桑园	122				
				橡胶园	124				
				其他园地	125				
03	林地	031	有林地	有林地	131	林地	13		
		032	灌木林地	灌木林地	132				
		033	其他林地	疏林地	133				
				未成林造林地	134				
				迹地	135				
				苗圃	136				
04	草地	041	天然牧草地	天然草地	141	草地	14		
		042	人工牧草地	改良草地	142				
				人工草地	143				
10	交通用地	104	农村道路	农村道路	153	其他农用地	15		
11	水域及水利设施用地	114	坑塘水面	坑塘水面	154				
				养殖水面	155				
		117	沟渠	农田水利用地	156				
12	其他用地	122	设施农用地	畜禽饲养地	151				
				设施农业用地	152				
				晒谷场等用地	158				
		123	田坎	田坎	157				
05	商服用地	051	批发零售用地	商业用地	211	商服用地	21	建设用地	2
				其他商服用地	214				
		052	住宿餐饮用地	餐饮旅馆业用地	213				
		053	商务金融用地	金融保险用地	212				
				其他商服用地	214				
		054	其他商服用地	其他商服用地	214				

续 表

土地利用现状分类(国家标准)				中国土地分类系统(试行)					
一级类		二级类		三级类		二级类		一级类	
类别编码	类别名称	类别编码	类别名称	类别名称	类别编码	类别名称	类别编码	类别名称	类别编码
06	工矿仓储用地	061	工业用地	工业用地	221	工矿仓储用地	22		
		062	采矿用地	采矿地	222				
		063	仓储用地	仓储用地	223				
07	住宅用地	071	城镇住宅用地	城镇单一住宅用地	251	住宅用地	25		
				城镇混合住宅用地	252				
		072	农村宅基地	农村宅基地	253				
12	其他土地	121	空闲地	空闲宅基地等	254				
08	公共管理与公共服务用地	081	机关团体用地	机关团体用地	241	公共建筑用地	24		
		082	新闻出版用地						
		083	科教用地	教育用地	242				
				科研设计用地	243				
		084	医卫慈善用地	医疗卫生用地	245				
				慈善用地	246				
		085	文体娱乐用地	文体用地	244				
				其他商服用地	214				
		086	公共设施用地	公共基础设施用地	231	公共设施用地	23	建设用地	2
		087	公园与绿地	瞻仰景观休闲用地	232				
		088	风景名胜设施用地						
09	特殊用地	091	军事设施用地	军事设施用地	281	特殊用地	28		
		092	使领馆用地	使领馆用地	282				
		093	监教场所用地	监教场所用地	284				
		094	宗教用地	宗教用地	283				
		095	殡葬用地	墓葬地	285				
10	交通运输用地	101	铁路用地	铁路用地	261	交通运输用地	26		
		102	公路用地	公路用地	262				
		103	街巷用地	街巷	266				
		105	机场用地	民用机场	263				
		106	港口码头用地	港口码头用地	264				
		107	管道运输用地	管道运输用地	265				
11	水域及水利设施用地	113	水库水面	水库水面	271	水利设施用地	27		
		117	沟渠	水工建筑用地	272				
		118	水工建筑物用地						

续 表

土地利用现状分类(国家标准)				中国土地分类系统(试行)					
一级类		二级类		三级类		二级类		一级类	
类别编码	类别名称	类别编码	类别名称	类别名称	类别编码	类别名称	类别编码	类别名称	类别编码
11	水域及水利设施用地	111	河流水面	河流水面	321	其他土地	32	未利用地	3
		112	湖泊水面	湖泊水面	322				
		115	沿海滩涂	苇地	323				
				滩涂	324				
		116	内陆滩涂	苇地	323				
				滩涂	324				
		119	冰川及永久积雪	冰川及永久积雪	325				
04	草地	043	其他草地	荒草地	311	未利用土地	31		
				其他未利用土地	317				
12	其他土地	124	盐碱地	盐碱地	312				
		125	沼泽地	沼泽地	313				
				苇地	323				
		126	沙地	沙地	314				
		127	裸地	裸土地	315				
				裸岩石砾地	316				
				其他未利用土地	317				

资料来源:①国家标准管理委员会.《土地利用现状分类》(国家标准).2007 年 8 月 10 日.

②国土资源部.《中国土地分类系统》(试行).2002 年 1 月 1 日执行.

附录八　本书相关的若干专业词汇汉英对照

包容性增长(inclusive growth)
草(牧)地(grassland)
草场载畜量(carrying capacity of pasture land)
草甸(meadow)
潮间带(inter-tidal zone)
城市化(城镇化)(urbanization)
城市信息系统(urban information system)
城市用地分析(urban land-use analysis)
城乡一体化(integration of rural-urban areas)
城镇用地(town land)
垂直地带性(altitudinal)
大陆架(continental shelf)
岛屿(island)
低地(low land)
低平原(low plain)
地表径流(surface runoff)
地表水(surface water)
地表形态(earth surface form)
地带性(zonality)
地带性(zonality)
地理拓扑空间(topological space in geography)
地理网络(geographical network)
地理信息系统(geographic information system, GIS)
地貌类型(geomorphic type)
地貌形态(geomorphic feature)
地貌要素(geomorphologic element)
地球表层学(epigeosphere science)
地势(relief)
地下水(groundwater)
地形(landform)
地域差异(area differentiation)
地政管理学(land registry administration)
非地带性(azonality)
非农用地(land for non-agricultural use)
分水岭(water divide, water shed)
高地(high land)
高平原(high plain)
耕地(cropland)
工矿用地(industry land)
光合生产潜力(photosynthetic potential productivity)
光温生产潜力(photosynthesis-temperature potential productivity)
国土管理(territory management)
海岸带(coastal zone)
环境污染(environment pollution)
环境信息系统(environmental information system)
环境质量(environmental quality)
荒地(wasteland, arable land)
荒漠(desert)
荒漠化(desertification)
积温(accumulating temperature)
基准地价(datum land price)
降水(precipitation)
交通用地(transportation land)
绝对高度、海拔(altitude)
可持续发展(sustainable development)
垦殖率(cultivation index)
空间信息(space information)
联合国粮食与农业组织(Food and Agriculture Organization, FAO)
林地(woodland)
陆地人类与环境系统(terrestrial-human-environment, T-H-E)
陆地水(land water)
面积、区域(area)
农用地(farm land)
盆地(basin)
坡地分析(slope analysis)
坡地类型(slope type)
坡度(angle of slope)
坡度等级(slope grade)
其他用地(other land)

气候生产潜力(climatic potential productivity)
切割深度(dissected depth)
丘陵(hill,hillock)
区域环境(regional environment)
全球定位系统(global position system, GPS)
人地关系论(man-land relationship)
人口、资源、环境与发展(population,resource, environment and development, PRED)
日照(sunshine)
容积率(floor area ratio)
三维地带性(three dimensional zonality)
森林覆盖率(percentage of forest cover)
沙漠(sandy desert)
沙漠化(sandy desertification)
山地(mountain land)
生态平衡(ecological balance)
生态系统(ecosystem)
生物生产力(biological productivity)
湿地(wetland)
数据库管理系统(data base management system, DBMS)
数字高程模型(digital elevation model, DEM)
水土保持(water and soil conservation)
水土流失(或水蚀荒漠化)(water erosion)
水域(water area)
台地(platform)
特殊用地(especial land)
梯田(terraced field)
土地(land)
土地产权(land property right)
土地承载能力(land carrying capacity)
土地的地域性(regionalization of land)
土地的社会性(sociality of land)
土地的稀缺性(scarcity of land)
土地调查(land survey)
土地定级(land grade)
土地法规(land statute)
土地法学(land law)
土地分等(land classification)
土地分级(land level)
土地分类(land classification)
土地分类系统(land system classification)
土地复垦(land rehabilitation)
土地覆被(land cover)
土地覆盖(land cover)
土地改良(land amelioration)
土地工程学(land engineering)
土地功能(land function)
土地管理(land management)
十地管理学(land administration)
土地管理制度学(the system of land management)
土地规划(land planning)
土地价值理论(land value thcory)
土地经济评价(land economic evaluation)
土地经济学(land economics)
土地开发(land development)
土地科学(land science)
土地可持续利用(sustainable land use, SLU)
土地可持续利用管理(sustainable land use management)
土地类型(land type)
土地利用(land use)
土地利用/覆被变化(land use and land cover change, LUCC)
土地利用调查(land-use survey)
土地利用方式(land utilization types)
土地利用分类(land-use classification)
土地利用规划(land use planning)
土地利用规划设计(land use planning and design)
土地利用集约度(intensity of land use)
土地利用监测(land-use monitoring)
土地利用结构(land use structure)
土地利用可持续性评价(sustainable evaluation of land use)
土地利用类型(land-use type)
土地利用率(land use index)
土地利用区划(land-use regionalization)
土地利用系统(land use system)
土地利用详细规划(detail planning of land use)
土地利用专项规划(special planning of land use)

土地利用总体规划(master planning of land use)
土地评价(land evaluation)
土地评价纲要》(*A Framework for Land Evaluation*)
土地潜力(land capability)
土地潜力分类(land capability classification)
土地潜力评价(land capacity evaluation)
土地潜在人口承载力(land potential capacity for carrying population)
土地人口承载能力(population supporting capacity of land, PSCL)
土地社会经济属性(social economic attribute of land)
土地生产力(land productivity)
土地生产率(land productivity index)
土地生产潜力(land potential productivity)
土地生态系统(land ecosystem)
土地生态学(land ecology)
土地使用制(the system of land use)
土地市场(land market)
土地适宜类型(land suitable type)
土地适宜性(land suitability)
土地适宜性评价(land suitability evaluation)
土地所有制(the system of land ownership)
土地特性(land characteristics)
土地退化(land degradation)
土地系统(land system)
土地限制型(land limited type)
土地限制性(land limitation)
土地信息学(land information)
土地性质(land character)
土地用途管制(land use regulation)
土地整理(land consolidation)
土地整治(land regulation)
土地制度(land institution)
土地质量(land quality)
土地质量等(land quality rank)
土地质量指标体系(land quality indicators, LQIS)
土地资产(land estate)
土地资源(land resources)
土地资源分类(land resource classification)
土地资源农业评价(agricultural appraisal of land resources)
土地资源信息系统(land resource information system)
土地资源学(land resources)
土地自然地理属性(nature and geography attributeof land)
土壤肥力(soil fertility)
土壤沙化(soil sandification)
土壤污染(soil pollution)
土壤养分(soil nutrient)
土壤质地(soil texture)
闲置土地(vacant land)
相对高度(relative altitude)
信息资源(information resource)
形态成因原则(morphogenetic principle)
盐渍化(salinization)
遥感(remote sensing, RS)
园地(garden plot)
植被分类(vegetation classification)
资源综合考察(integrated survey on resources)
自然地带(physical-geographic zone)
自然地理环境(physic-geographical environment)
自然地理系统(physic-geographical system)
自然地域分异规律(rule of regional differentiation)
自然环境(natural environment)
自然景观(natural landscape)
自然资源(nature resource)
自然综合体(natural complex)
作物气候生产潜力(crop-climatic potential productivity)

参考文献

[1] 石玉林.关于编制《中国1∶100万土地资源图》的分类系统问题.中国科学院自然资源综合考察委员会《土地资源研究文集》(第一集)自然资源,1982(1).

[2] 中国科学院自然资源综合考察委员会.《中国1∶100万土地资源图》土地资源分类系统(试行草案).土地资源研究文集(第二集).西安:西安地图出版社,1983.

[3] 中国1∶100万土地类型图编辑委员会.中国1∶100万土地类型图制图规范(试行草案).中国土地类型研究.北京:科学出版社,1986.

[4] 石玉林.土地资源研究三十年.自然资源.北京:科学出版社,1986(3).

[5] 日本农林省农林水产技术会议事务局.日本土地利用分类的程序和方法.山西省农业科学院农业情报研究室译.北京:农业出版社,1985.

[6] 张昭仁.浙江省亚热带坡地调查与农业开发利用评价.北京:中国科学技术出版社,1993.

[7] 张昭仁.土地构成的自然因素与土地自然分类.浙江土地资源.杭州:浙江教育出版社,1999.

[8] FAO.土地评价纲要.土壤丛书.罗马,1976.

[9] S.G.麦克雷,C.P.伯恩翰.土地评价.厉为民译.北京:中国展望出版社,1986.

[10] 国土资源部土地利用司等.农用地分等定级估价理论、方法、实践.北京:地质出版社,2004.

[11] 张昭仁,刘南等.浙江农用地类型、质量分析与开发利用评价.浙江省计划与经济委员会、浙江省科学技术委员会("八五"科技项目).1997.

[12] 毕宝德等.土地经济学.北京:中国人民大学出版社,1990.

[13] 董祚继.土地利用规划管理手册.北京:中国大地出版社,2002.

[14] 钱学森.谈地理科学的内容及研究方法.地理学报.1991,46(3).

[15] 刘成武等.资源科学导论.北京:科学出版社,2004.

[16] 林培.土地资源学.北京:中国农业大学出版社,1990.

[17] 叶艳妹,吴次芳.土地科学的基础立法、学科结构及其技术支持体系研究.中国土地科学,2002.

[18] 蒙吉军.土地评价与管理.北京:科学出版社,2002.

[19] 中华人民共和国国土资源部发布第二次全国土地调查技术规程.中华人民共和国土地管理行业标准.2007.

[20] 国务院第二次全国土地调查领导小组办公室.第二次全国土地调查汇编.北京:中国农业出版社,2006.
[21] 国土资源部地籍管理司.地籍管理文件汇编.北京:地质出版社,2009.
[22] 中国21世纪议程——中国21世纪人口、资源、环境与发展白皮书.北京:中国环境科学出版社,1994(1994年3月25日国务院第16次常务会议讨论通过).
[23] 刘培哲.当代的环境意识环境问题和经验教训.北京:海洋出版社,1993.
[24] 曾永昌.土地资源与土地资产.北京:中国大地出版社,2003.
[25] 国土资源部编.国土资源与科学发展观.北京:中共中央党校出版社,2004.
[26] 黄小虎.新时期中国土地管理研究(上、下卷).北京:当代中国出版社,2006.
[27] 裘善文等.中国东北西部沙地与沙漠化.北京:科学出版社,2008.
[28] 郎一环等.全球资源态势与中国对策.武汉:湖北科学技术出版社,2000.
[29] 全国农业区划委员会,中国农业资源与区划要览编委会.中国农业资源与区划要览.北京:测绘出版社,1987.
[30] 刘本培,蔡运龙.地球科学导论.北京:高等教育出版社,2000.

买卖或者以其他形式非法转让土地”;同时,规定“国有土地和集体所有的土地的使用权可以依法转让。土地使用权转让的具体办法,由国务院另行规定”;还规定了“国家依法实行国有土地有偿使用制度,国有土地有偿使用的具体办法,由国务院另行规定”。为了进一步加大对土地违法行为的制止力度,规定“受到限期拆除新建建筑物和其他设施处罚的单位和个人,必须立即停止施工。对继续施工的,作出处罚决定的机关有权制止。拒绝、阻碍土地管理工作人员依法执行职务的,依照治安管理处罚条例的有关规定处罚”。此外,修改后的《土地管理法》还明确了乡(镇)村公共设施、公益事业建设需要使用土地的,由县级以上地方人民政府批准。

1988 年《土地管理法》的修正,为中国土地使用制度改革扫清了法律障碍,成功实现了土地作为生产要素进入市场的法律创新,也把中国计划经济的最后壁垒——自然资源的政府供给推到了市场供给的边缘。以 1988 年修正的《土地管理法》确立的土地使用权转让制度创新为契机,矿业权转让制度,森林、林木、林地使用权转让制度,海域使用权转让制度相继建立。可以说,《土地管理法》的修正为中国自然资源法律制度提供了自然资源市场供给的制度路径,极大地推动了我国自然资源立法和法律制度创新的步伐。

2. 1998 年《土地管理法》的修订,确立了土地用途管制制度

20 世纪 90 年代后期,随着改革的深化、形势的发展和市场经济体制的建立,我国耕地保护再次面临十分严峻的形势,耕地面积锐减,耕地质量差,且后备资源不足,人地矛盾日趋尖锐。1988 年修正的《土地管理法》已经明显不能适应市场经济条件下加强土地管理、切实保护耕地的需要。

针对土地管理特别是耕地保护这个事关全国大局和中华民族子孙后代的大问题,党中央、国务院经过反复研究和深入分析,于 1997 年 4 月 15 日下发了《关于进一步加强土地管理切实保护耕地的通知》,明确了市场经济条件下改革和完善土地管理制度的一系列重大决策,包括:土地管理要以保证耕地总量只能增加,不能减少为主要目标;要发挥土地利用总体规划的整体控制作用,以土地用途管制制度代替分级限额审批制度,建设占用耕地“占一补一”;要调整土地收益分配办法;土地管理权力应适当集中;要强化执法监察等。中央还决定,要在冻结非农业建设占用耕地一年的时间里,完成《土地管理法》的修订工作。

原国家土地管理局于 1997 年 5 月成立了《土地管理法》修改小组,于 1997 年 8 月 18 日形成了《土地管理法》(修订草案)上报国务院审议。

1998 年 4 月 26 日,第九届全国人大常委会第二次会议对国务院上报的《土地管理法》(修订草案)进行了第一次审议。会后,全国人大常委会作出两项重要决定:一是考虑到《土地管理法》(修订草案)关系农业基础地位、9 亿农民切身利益和中华民族子孙后代,因此决定将《土地管理法》(修订草案)向全社会公布,广泛征求人民群众的意见。二是《土地管理法》(修订草案)需经全国人大常委会三次会议审议后方能通过。1998 年 6 月 22 日,第九届全国人大常委会第二次会议对《土地管理法》(修订草案)进行了第二次审议。1998 年 8 月 29 日第九届全国人大常委会第四次会议通过了《土地管理法》(修订草案)并于 1999 年 1 月 1 日起开始实施。

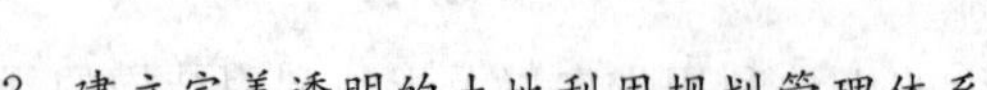

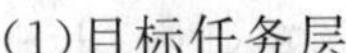

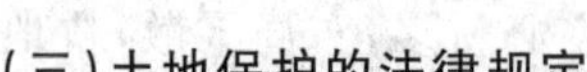

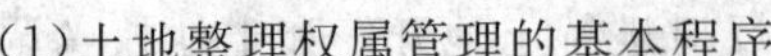

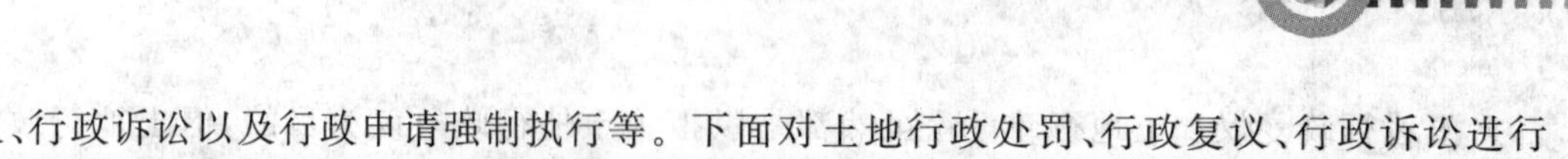

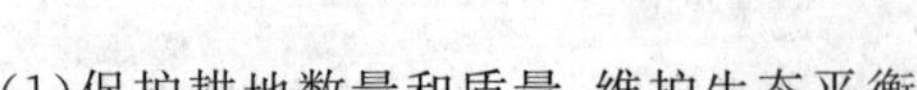

环境后果，要评估项目的可行性，把对环境的不利影响限制在最低限度。这也是 1979 年 9 月我国颁布的《环境保护法》所规定的。最终保证土地利用决策科学化，促进土地可持续利用的实现。

(4)实行土地资源资产化管理

土地资源资产化管理就是按照经济属性对土地资源与资产的界限进行划分，并将原来的数量管理与价值管理相结合，从而提高土地资源管理水平。土地资源有了客观的价值，不仅消耗自然资源的经济价值有了客观的反映，而且可以真正按资产的属性去经营土地资源，使土地资源作为重要的生产要素在市场作用下合理流动，有利于优化资源配置，盘活存量资产，节约交易成本。土地资源资产数量和价值的核算，有利于产权的界定与计量。进行土地资源资产核算有助于约束有意压低国有土地资产价格，造成其流失的不良行为，对保护债权人、投资者合法权益具有重要意义，同时从根本上理顺了土地资源价值补偿与价值实现过程中的经济关系。

资源性资产管理的核心是价值管理，价值管理的基础是会计核算。长期以来受土地“资源无价论”的影响，消耗和利用土地资源并不需要予以补偿，也无需考虑其价值的实现问题。目前的会计核算体系中，会计账户的建立、会计科目的设置均未将资源性资产作为企业的一种资产纳入会计核算体系。

土地核算必须包括土地实物量(数量)核算、价值量核算和质量核算三个方面，总量核算和质量核算两个部分，静态资源存量和动态资源流量核算两种形式，最终要把土地及其资源核算与经济核算有机结合。

数量调整、质量评价和价值评估是土地(资源)核算的三项基础工作。土地(资源)核算力求在土地粗放、低效利用，资源耗用与资源保护之间达到某种平衡，是约束各级政府利用资源的重要手段，以消除资源过度消耗行为，实施土地可持续利用。

2. 实施土地可持续利用的策略与措施

实施土地可持续利用的策略与措施主要有以下几点。

(1)协调好人口、资源、环境与经济社会发展的关系，夯实土地可持续利用的基础

“可持续发展”思想，即“既满足当代人需要，又不损害子孙后代满足其需求能力的发展”已为世人所接受并作为经济社会发展的指导思想。中共十四届五中全会和八届全国人大四次会议都确定把实施可持续发展作为我国实现经济和社会长期稳定、持续发展的战略决策。1999 年 3 月，中央召开的人口资源环境工作座谈会进一步提出，为促进我国经济和社会的可持续发展，必须在保持经济增长的同时，控制人口增长，保护自然资源，保持良好生态环境，并把它们作为我国的三大基本国策。土地作为最基本的自然资源和重要的社会生产要素，它的可持续利用，也必须以三大基本国策一起抓的精神，协调好经济社会发展和人口、土地、环境的关系。在新时期，要以科学发展观为指导，搞好土地管理，促使土地可持续利用，促进我国经济社会可持续发展。

(2)控制人口增长是实现土地可持续利用的前提

目前，世界人口超过 60 亿人，我国人口 1998 年已达到 12. 48 亿人，现今已超过 13 亿人，人口过多过快增长，不仅直接影响土地的可持续利用，而且影响到水资源、生物资